· 大学的邀请 ·

精装版

经济学的邀请
Foundations of Economics

［澳］雅尼斯·瓦鲁法克斯（Yanis Varoufakis）著
赵洱岽　刘力纬　译

著作权合同登记号 图字：01-2015-3613

图书在版编目(CIP)数据

经济学的邀请.精装版/(澳)瓦鲁法克斯(Varoufakis,Y.)著；赵洱崟,刘力纬译.— 北京：北京大学出版社,2015.11
（大学的邀请）
ISBN 978-7-301-26193-4

Ⅰ.①经… Ⅱ.①瓦… ②赵… ③刘… Ⅲ.①经济学－研究 Ⅳ.①F0

中国版本图书馆CIP数据核字(2015)第193105号

Foundations of Economics: A Beginner's Companion, 1st edition, by Yanis Varoufakis
ISBN: 0-415-17892-4
Copyright© 2007 by Routledge.
Authorized translation from English language edition published by Routledge, part of Taylor & Francis Group LLC;
All rights reserved; 本书原版由Taylor & Francis出版集团旗下Routledge出版, 并经其授权翻译出版, 版权所有, 侵权必究。

Peking University Press is authorized to publish and distribute exclusively the Chinese (Simplified Characters) language edition. This edition is authorized for sale throughout Mainland of China. No part of the publication may be reproduced or distributed by any means, or stored in a database or retrieval system, without the prior written permission of the publisher. 本书中文简体翻译版授权由北京大学出版社独家出版并仅限在中国大陆地区销售, 未经出版者书面许可, 不得以任何方式复制或发行本书的任何部分。

Copies of this book sold without a Taylor & Francis sticker on the cover are unauthorized and illegal. 本书封面贴有Taylor & Francis公司防伪标签, 无标签者不得销售。

书　　名	经济学的邀请（精装版）
著作责任者	[澳]雅尼斯·瓦鲁法克斯 著　赵洱崟 刘力纬 译
责任编辑	于铁红
标准书号	ISBN 978-7-301-26193-4
出版发行	北京大学出版社
地　　址	北京市海淀区成府路205号　100871
网　　址	http://www.pup.cn　新浪微博:@北京大学出版社 @培文图书
电子信箱	zpup@pup.cn
电　　话	邮购部62752015　发行部62750672　编辑部62750112
印刷者	天津光之彩印刷有限公司
经销者	新华书店
	650毫米×980毫米　16开本　33.75印张　340千字
	2015年11月第1版　2019年5月第2次印刷
定　　价	72.00元（精装版）

未经许可, 不得以任何方式复制或抄袭本书之部分或全部内容。
版权所有, 侵权必究
举报电话: 010-62752024　电子信箱: fd@pup.pku.edu.cn
图书如有印装质量问题, 请与出版部联系, 电话: 010-62756370

目录

前言 ………… 1

上卷：基础部分

第1章　引言 ………… 11

第一部分　消费选择 ………… 65

第2章　回顾：关于消费者和选择理论 ………… 67

第3章　教科书模式的历史：效用最大化的起源 ………… 111

第4章　批评：我们最大化效用了吗？我们应该这样做吗？ ………… 136

第二部分　产品和市场 ………… 169

第5章　回顾：公司、产品、市场 ………… 171

第6章　教科书模式的历史：通往完全竞争的学术之路 ………… 211

第7章　批评：教科书中的生产理论是好的经济学、政治学，还是两者都是或都不是？ ………… 234

第三部分　市场、国家与良好社会 285

第 8 章　回顾：教科书关于市场和社会福利的内容 287

第 9 章　教科书模式的历史：经济学领域内关于合法国家的
　　　　概念——起源、困境及两条逃脱路线 350

第 10 章　批评：资本主义社会能否优越？............ 400

上卷结论：基础与跨越 462

下卷：忧虑

第 11 章　经济学理论有价值吗？............ 479

第 12 章　对经济学的指责 504

深入阅读 535

前言

我写这本书，始终抱着这样一个理念：经济学教科书应该包含令人愉悦的思想难题、令人兴奋的哲理问题和许多饶有兴味的政治现象，而不仅仅只是提供大量例证。同时也抱着这样一个理念：那些因经验不足而被更深层次问题困扰的初学者们，也可以掌握必要的研究能力，体验到个中快乐。此外，我写这本书的目的是，在追寻探索发现的过程中，不仅要把一门可能平淡无味的课程变得生动有趣，还要帮助学生掌握用好它。或许这本书甚至对我们这些天天都要与这门既有挑战性有时又显得枯燥乏味的课程打交道的老师们也会有所启发。

我们必须这样做。翻开任何一本教科书，你都会发现完美的图形、众多的示例、有用的附录、电脑光盘等一系列解决问题的工具，这可以帮助你了解经济学家如何回答他们自己所提出的问题。现在的教科书在回答已设问题方面的能力是令人难以置信的。已经有经济学教科书的出版商在互联网上开设了网页，这些网页包含大量与每章主题相关的链接。购买他们图书的学生会得到密码，通过电子方式提交他们对书里设定问题的回答。事实上，教科书已经仅仅是一个有着惊人能力的为设定问题提供答案的多媒体切入点。但是症结也在这里，多媒体没法指导你：这些问题来自何处、为什么总问相同的问题、谁提出的问题。它就像是一本自助手册，手把手教你，演示做事的方法。

现在大家都知道这种手册是多么的无聊。难怪学生们觉得学习经济学太枯燥。然而，也许有人会说，如果你想学习如何去做，就要通过手册。例如在物理学中，初学者一定要征服枯燥的东西（比如经典力学），然后他们才能自如地大谈黑洞。我认为，对于经济学来说，这并不是一个好的类比。请允许我来具体解释一下。

所有的物理学家都认同力学方法。例如，你不会看到他们激烈地争论不同的描述流体运动方程的价值。然而，经济学家似乎无法达成同一层面的共识。在所有物理学家都认同的系列话题（像自然科学里的力学）和他们不认同的其他系列话题（像黑洞理论和宇宙的起源）之间，从有效性上来说，并不存在普遍认同的分界线。而经济学上的一系列分歧，几乎囊括了所有的经济生活。例如，一个凯恩斯主义者和一个新古典主义经济学家，甚至是对同一社会环境下概率的理解都不能达成一致意见。

因此，问题的关键在于：如果教经济学的人自己都发现，彼此很难在一些最基本的事情上达成一致，那么，给学生使用那些假装里面包含一套学生必须牢记的答案和问题的教科书，或是用教化学的方法去教学经济的学生，应当就是一种伪善。我认为伪善是可耻的，本书的写作也是抱着"以伪善为耻"的心态来撰写的。同时，它也倾注了我个人大量的激情，但我希望不会有浮躁与草率。

当然，也有人认为激情会妨碍合理的推理，他们更喜欢有着冷静客观风格的传统课本。对我而言，我认为，把情感和争议从经济学中剥离出来，使经济学丧失了很多分析能力。那些最伟大的经济思想家，无一不是在辩论中获得灵感，在争论中燃起激情，在思想碰撞中寻找答案。但危险的是，我们今天教授经济学的方式已经变得如此平庸，以至于最精彩的部分也变得十分无聊。未来的经济学毕业生，可能有一种成为只会拿着经济学工具在故纸堆里翻来找去的人的风险。也许已经到了给这些旧思想注入新激情的时候了。

本书面临的挑战是在认同教学受到约束的基础上，力求对读者有所启发。一个此前就对我写这本书的意图有所了解的评论家曾告诫我这种做法的危险，认为我的做法好比在教一个刚刚蹒跚学步的小孩子如何去使用细微的肢体语言。虽然我承认在对原理进行批判之前必须对其有充分的了解（的确没有什么比无知的批判更没意义的了），但我对此还是持有不同观点：学习社会科学（至少应该是）从根本上同学习走路不同。学好走路只需机械性地生搬硬套，学好社会科学理论则需借助灵活的批判性思考（当然，同时还要有大量严格的训练）。在社会科学理论中，严谨和批判性思维两者是相互依存的；没有批判思维的严谨会产生错误的结论，而不严谨的批判思维则会导致盲目主义。诀窍就在于在这两者中间找到一种适当的均衡。

本书的编写，源于我的两个切身经历。第一个经历是，早在1978年，我作为大一新生在埃塞克斯大学学经济学。经济学的无聊令我十分沮丧，以至于后来我换了专业改学数学。第二个经历是，我教一年级学生经济学的体会。我怎样才能让他们不再遭受我在1978年时遭受的痛苦？面对那些把学生看成需要训练的海豹（相反，人需要的是教育）、饶有兴味的经济学术语的相关争论都被删去的教材状况，我只能在原有教材的基础上另辟蹊径，大胆改革。我对书中的各种模型都给予了哲学意义上的注解。我的初衷就是希望赋予经济学以生命力，让学生一看到它眼前就仿佛出现了一个竞技场，不同观点的人为了赢得争论而进行拼争与角逐。随着时间推移，我的这些注解也日渐增多，并最终转化成了你手中的这本书。

本书架构

本书分为上卷和下卷两个部分。前者是主要部分，专门介绍经济学的基础。第二部分虽然篇幅较小，但却重点关注初学者的学习心理，即读者在面对经济学争论时产生的焦虑与困惑。

在上卷的引言中（第1章），对经济学的兴起做了历史性陈述，同时对经济学教科书为什么会是现在这个样子进行了简单解释。上卷的其他内容分为三个部分。第一部分从理论上阐述了人们如何在不同的可获得的选择中作出决策，该理论的直接体现是消费者行为模型；第二部分将该理论扩展用来探讨企业如何在"弱肉强食"的市场中获取财富并进行决策；第三部分则从更广阔的视野介绍了资本主义经济的职能，以及它对社会财富分配的影响。

在上卷的三个部分中，每部分都包括三章内容：回顾传统教科书中的相关内容、解释这些观点的来源、评价这些观点（本书始终坚信：理解的最好方式就是进行批判思考）。

具体来说，第2、5、8章回顾了传统教材中的相关内容。第3、6、9章是"考古"章节，旨在解释各部分前一章论述观点的起源。一般教科书都不会涉及这些内容，这往往给我们造成一种误解，认为很多观点就像自然法则一样早就自然存在。事实并非如此。通过挖掘这些观点的历史，我们能够更好地理解它们。当一个人尝试去学习的时候，没有什么比弄清楚那些神秘的东西更能给人以足够的信心。第4、7、10章是颠覆部分。在这些章节中，本书将向传统教科书的诸多概念发起挑战。本书不会像传统教科书那样，像躲避瘟疫一样极力避免争议。在这里我们质疑每个问题：为什么我们会想当然地盲目接受教科书中的各种假设？这些假设的含义到底是什么？如果每个人都照经济学家假设的要求来行动，我们的社会会变成什么样子？自由市场（资本主义）是否有其致命的缺陷？或者它是否是最符合人性的组织经济生活的制度？

按照我的很多同事的说法，第4、7、10章提出的问题，应该留给那些更"成熟"的学生。不过，我仍然希望这些章节能够给初学者带来参与其中的勇气而不是困惑不解。我的想法很简单：在快速发展的今天，学生们对于"与众不同"课程的追求和渴望，使我们不能把这些争论推到一边、以后再说。原因有三：

1. 把学生看做不成熟的儿童来教育绝不是个好主意。

2. 如果我们把这些争论放到旁边搁置一会儿，就会有一种我们不再重拾它们的危险，不仅仅因为我们可能会遗忘，也因为那些有思想、讨厌像儿童一样对待的学生可能会过早地放弃我们和对这一学科的兴趣。

3. 通过追问第4、7、10章中提出的似乎有些不够礼貌的问题，读者可以更好地明白，那些概念在今天仍然处于争论之中。很多经济学家可能早已忘记这样一句名言：一点点的激情就可能激励你在分析和思考的路上走得很远。所以，如果最后你认为经济学家的观点足以让你信服，你就可以了解其中的缘由；如果你认为你仍无法认同这些观点，也没有人能欺骗你。从某种意义上来说，第4、7、10章的写作始终秉持这样一个信念："不要轻信任何人的话。"

最后，还有下卷要学习，不是因为它包含了课程当中你可能遇到的问题，而是为了自我愉悦与满足！下卷跟你看到的其他教科书中的内容无法——对应，它的作用就是提出那些你可能想知道但又从不敢（或者担心）问老师的问题（也许是因为担心没有学过或者跟你的课程不相关）。第11章提出疑问：经济理论很重要吗？如今有多少学经济学的学生关注他们所选择的这一领域？在20世纪五六十年代，学生们通常认为学习经济学就是在学习社会，如今还有多少人这样认为？令人失望的是，这样的人很少。他们如此的愤世嫉俗有错吗？或者在经济学和经济之间是否的确存在松散的联系？为什么我们的经济学家往往都是各执一词、坚持己见？为什么我们不能对不同的理论进行检验并找出哪个更有效呢？为什么这本书要花费大量笔墨来探讨各种争论以及哲学与政治批判呢？……第11章给出了我的回答。

第12章从更加个人和具体的角度进行了简要叙述：学经济学对一个人的个人发展有什么影响？坦白而言，学经济学对你有益吗？为什么经济学日益成为一个形象问题——大量出色的学生中途放弃了经济学学位和课程，放弃了这个曾被那些充满激情的人认为是改变世界所不可缺少的学科？显然，他们受够了这个学科的冷漠和自大。或许你会感到惊讶，尽管本书的基调是质疑，但在第12章，我还是恳切地劝告那些准备放弃经济学的学生：不要轻言放弃！因为了解经济学依然至关重要。

致谢

如果不是因为连续教了悉尼大学七届（1989—1995）大一学生，

我不会有写这样一本书的想法。他们担当了我的准哲学课程的试验对象,阅读了我给经济学导论提供的注解,后来这些注解的内容都写入了本书。约翰·迈克尔·豪(John Michael Howe)是这些学生当中的一个,他认真地阅读了本书的初稿,针对发现的错误向我提出了改进建议。我还要感谢我在悉尼大学的同事,因为他们能够如此耐心地容忍我坚持用这种奇怪的方法讲授这门本应受人尊敬的课程。我尤其要感谢沃伦·霍根(Warren Hogan),他大胆地委派我讲授经济学导论。我们团队里的另外一些人,托尼·艾思普罗玛格(Tony Aspromourgos)、约翰·卡森(John Carson)、彼得·多彻蒂(Peter Docherty)、弗劳拉·吉尔(Flora Gill)、布鲁斯·罗斯(Bruce Ross)、格海姆·怀特(Graham White)、唐·赖特(Don Wright)和斯帝芬·吉斯(Steffen Ziss),克服重重困难,试图帮助我让经济学成为学生们的快乐体验。我很感激他们所创造的温暖氛围以及他们带给我的很多想法。我还要感谢悉尼大学的管理人员,他们不从任何道德规范上约束我,让我充满激情地教授经济学入门。

当然,我借鉴了其他许多人的想法,在这里我没有办法一一说出他们的名字。埃里森·柯克(Alison Kirk)提供了宝贵的编辑帮助并组织了匿名审查。我还必须感谢我的两个早期同事:在其他课题中一直合作的肖恩·哈格里夫斯·希普(Shaun Hargreaves Heap)和马丁·霍利斯(Martin Hollis)。

最后,我还要感谢美丽的格拉斯哥(我完成本书初稿的地方)以及我所钟爱的玛格丽塔。

基础部分

(上卷)

[第1章] 引言

教科书中对经济学的定义

经济学研究如何把稀缺的生产资料（例如，劳动力、机器、土地）分配给不同的生产主体（例如，工厂、企业、农场、劳动者和机器），他们的目的都是生产产品以满足消费者的需求。用经济学家的术语来说，经济学研究在稀缺或有限的生产要素（通常定义为土地、劳动力和资本）拥有多种竞争性用途的情况下，如何被明智地使用。简言之，经济学被誉为如何在资源稀缺的条件下作出理性决策的科学。

然而，并不是人人都同意……

经济学一直被定义为合乎理性的选择……经济学家说他们的研究对象是理性……可是他们中几乎没有人说他们研究的对象跟想象有关。

乔治·沙克，《经济思考的实质》（1996）

1.1 没有经济学的世界

让我们来面对一个没有经济学的世界。以经济学的定义作为本书的开场白（如上所示），好像并不能激起读者的兴奋劲儿。所以，请允许我换一种方式：为什么你对经济学感兴趣？如果你是名大学生，大学提供了从天文学到动物学各种各样的课程，为什么你不选其他学科，而偏偏选择了经济学？

对这些问题的回答，要么是"因为是我朋友或父母让我选的"，或者"因为我想找份工作，而要获得商学学位经济学是必修的"，要么就是说些经济在社会生活中如何重要之类的话。可我们不禁要问，难道在过去（例如在17世纪）经济生活就不重要吗？为什么在那个时候没有人把自己当成是学经济学的学生？（甚至连18世纪后半期著述颇丰的现代经济学奠基人亚当·斯密，也只是个道德哲学家。）并且为什么过了那么长时间（直到1890年），大学才开始授予经济学学位？

古老的经济学

在人类文明开始之际，学者们就已在思考有关的经济问题了。例如，亚里士多德就曾针对某些在今天看来属于经济范畴的问题进行过探讨。不过，同第一批西方经济学家（例如斯密）不同，那些古老的著作都不是作为一套完整经济理论的组成部分来探讨社会作为一个整体是如何运转的。

有人认为，对于知识的探求和经济学的研究，我们的祖先没有我们先进，因为这都需要时间，就像大学里的其他学科一样，需要逐步发展和演化。在某种程度上事情的确如此。追溯到 12 世纪，在欧洲最古老的大学里，教授的几乎全是古希腊罗马的语言和文学、法律和神学。自然科学（物理学、天文学、化学）都是在 16 世纪之后逐渐引入的。但是，为什么经济学多用了两三个世纪的时间呢？如果认为我们祖先的智商不够，那是完全错误的。古代的中国人、埃及人和希腊人创造的文明不仅不可思议，而且令人钦佩。他们深奥的哲学思想，至今仍在影响着今天的思想家们。中世纪之后，至少从 14 世纪开始，物理学、化学、植物学和数学都已蓬勃发展起来。然而，真正的经济思想却要再过四个世纪才刚刚起步。这是为什么呢？

我认为，对这个问题的思索，就是对经济学最好的介绍。它有助于我们认识到：现今经济学中的诸多概念，不过是最近才出现的。这些概念并不像我们想象的那样，早已待在教科书里就等着一代又一代的学生去消化理解；实际上，如果不了解它们是如何产生的，就不可能很好地理解这些经济模型。让我们再回到这样一些问题上来：为什么直到近代才有经济学学科？难道罗马人就不关心经济吗？难道伊丽莎白时代的人就没有认识到经济实力的重要性吗？难道所谓旧制度下的法国贵族（如法国大革命前的政权）对经济问题就不感兴趣吗？他们当然想拥有更多的权力和财富。那么，为什么他们不去研究出一个系统的经济方法呢？我的回答是，经济学对于早期社会没有用处，无须借助特殊的经济分析，他们也能很好地理解社会权力和财富问题。相比之下，今天如果没有这些特殊的经济工具，我们就无法厘清社会的状态（例如，收入分配、机会分配和权力分配）。

为什么过去的社会没有这么多的需要呢？考虑这样一个例子。在中世纪，西班牙商人在拉美市场上获得的成功，可以充分解释为由于西班牙在拉美地区的军事占领和征服而来。同样，英国和荷兰贸易的成功，也是通过各自军队对海上重要航线的控制取得的。将这种经济之外的解释与对日本企业能在美国成功销售汽车的解释进行比较，我们不难发现，现代商业的成功和失败，必须从纯粹经济概念的角度来进行阐释，例如，价格竞争力、生产成本、工厂里的质量控制和创新等。

现在，我要提出一个更有争议的看法：不仅是在早期社会经济学没有用，而且这些社会也不可能发展出你在任何一本现代教科书中所看到的那种经济学。为了弄清楚这一问题，请回顾前面线框里关于经济学的定义：经济学教科书指出，人们为了销售或交换而生产货物。这样的货物叫做商品。那么商品是由什么生产的呢？生产商品的必要成分叫做生产要素，在其下面又可分为三大类：土地、劳动力和资本（即生产过程中必需的工具和机器，也就是"生产方式"）。现代的教科书会继续分析：为了生产商品，企业需要把一些土地（以及在地表下发现的矿产和石油等）和一些劳动力以及更早期由其他人生产出来的一些机器适宜地组合起来。但是企业从哪里获得这些要素呢？标准经济学教科书会在接下来的章节里解释：企业获得要素和人们购买产品在同一个地方——市场。例如，出售或出租土地的地产商，进行劳动力交易的当地就业局（或报纸招聘专栏），以及完善的机器、计算机等市场（即所谓的资本货物市场）。

所以，生产就是企业利用所需的其他商品（即生产要素）制造消费者需要的商品。生产过程中投入和产出的，都是各类市场（例如，香蕉市场、土地市场和劳动力市场）上交易的商品。于是，经济学就被定义为，在众多生产者和消费者竞争的情况下，市场如何在总是需要更多商品的社会里合理地分配这些商品的科学。简言之，教科书中把经济学定义为，在资源稀缺的条件下，如何分配商品的科学。

我们今天所称的经济学学科，就是试图讲清上面所述的过程，解释社会的运作方式。社会中的物质产品和用来生产产品的原材料（人力的和非人力的）都是商品；也就是那些可以在市场上进行自由交易的商品。这也正是经济学与几个世纪之前的社会不甚相关的原因！如果这个结论出现得有些突兀，还可以这样考虑：我们刚刚描述的经济学所要实现的目标，是不在古希腊、罗马帝国或封建法国人的视野之内的。想当然地认为生产和交换的历史跟人类的历史一样长，就会忘记前工业社会与我们当今社会之间的巨大差异。上一段提到的三个生产要素：土地、劳动力和资本，虽然它们一直都存在，但与今天截然不同的是，它们不是作为完全成熟的商品而存在的。

让我们先从土地开始谈起。土地当然一直存在，但被称作土地的这种商品却并非从前就有。几个世纪以前，并没有特定的土地市场来决定哪块土地的归属，以及有人要想得到这块土地得花多少钱。在古代，当权者想获得更多的土地，是不会去找房地产商的；相反，他们会找来一群不幸的人，常常是奴隶，来组建一支军队，然后发动一场侵略战争。在那种环境下，没有人会迫切需要对土地所有权进行经济分析。在封建制度下，情况发生了改变。统治者拥有全部的庄园（包括居住在里面的农民），并且通常认为出售继承的土地是可耻的。实际上，土地的产权由国王和皇后赐予贵族们，以作为他们政治服务的报酬。尽管中世纪的档案资料中大量提及土地价格，但它并不同于土地价格在今天的作用（即调节房地产的需求和供给），它主要是用来反映地主们的权力和政治地位。简言之，土地不是一种有价商品，它的价格不是由迫切希望购买土地的潜在拥有者的需求水平决定的，而是由该土地在市场（如农产品市场）中的获利能力来决定。历史已经证明，发动战争和掌控政治，比用经济学来解释土地转让和土地价格要有效得多。

再来看看作为生产要素之一的劳动力。大量劳动力自古以来就一直存在。不计其数的埃及人民的血汗，筑成了举世闻名的金字塔。当柏拉图悠闲地研究他的理想国，四周被崇拜他的门徒和学术异己所包围的时候，那些奴隶和雅典的妇女们却在辛苦地劳动着。在封建制度下，除了那些有闲阶级，欧洲农民的工作比我们今天任何人的都要更加辛苦。尽管如此，奴隶、农民和妇女们的辛勤劳作都不是一种商品。他们生产出的产品，被那些从中获益的人（如哲学家、统治者和男人们）尽情地享用着。雇用他们的人，并没有按照由生产率和产出的需求而确定的价格（比如工资）去购买这些劳动。例如，在欧洲封建时代，那些不幸出生在农民家庭的人们，追随父辈的足迹，一代又一代地开垦着同一块土地。他们唯一的希望就是，地主能允许他们留下一部分收成来维持生命。要想理解他们自己能留下多少收成，现代的经济思想是爱莫能助的。为什么？因为在地主和农民之间，分配收成是一个政治问题，它取决于地主的残酷程度、对农民起义的恐惧程度、地主之间的团结程度（农民之间的团结程度）、政治中心（如国王或者皇后）与地方势力（如地主甚至是主教）之间的关系和外国军队的侵略威胁等。相比而言，如果我们今天想解释美国、德国或印尼农场工人的工资问题，就不能单纯依靠政治理论。相反，我们要从农产品的市场价值、农场工人的生产率和他们可选择的就业前景等方面来思考。简言之，我们需要一种经济方法，这种方法对于封建社会里单纯从农民那里收取部分收成的地主来说，可能是无法想象的。

前工业世界一瞥

公元 1305 年的欧洲

这一年通过 Saint Gothard 关口（*历史上第一座悬索桥*）进入法国的商品总量，还不够填满一列现代的货运列车；巨大的威尼斯舰队上装载的商品也填满不了一艘现代的货运钢船。

16 世纪

德国贸易商每十公里就得停下交纳海关通行费,这是经过了激烈的谈判而确定的费用。在伦敦有 112 个面积大小不同的村庄,并且大部分村庄都有自己的货币。此外,从法国到俄罗斯,从奥斯曼帝国到苏格兰,都没有今天我们看到的劳动力或土地市场。

罗伯特·海尔布隆纳,《世俗哲学家》(1953)

经济学教科书中提到的第三个生产因素(资本),当时还处在萌芽期。提醒大家注意一个事实,经济学家同会计人员不同,他们提到的资本并不是指金钱,而是指在更早时候生产出来用于其他生产过程(例如犁地)的商品(如拖拉机)。按照这种超出常规的定义,我们完全可以认为,如同土地、劳动力一样,资本同样以工具、犁等形式存在于旧石器时代,即使它们远不如今天的工业机器人、计算机和生产线在生产中那样重要。然而,关键在于:资本并不是以商品的形式存在。在古代,基本上都是奴隶为奴隶主生产资本。在封建庄园,工具是在当地生产的,而且通常就是由地位介于贵族和农民之间的工匠在庄园里制造的。甚至当这些工具在镇上出售时,也从来不会处在竞争的环境下,因为竞争已被排除掉了。即每一个市镇上只有一个单一的生产者,或是当生产者不止一个时,其所在行会就会明文禁止他们相互之间进行竞争。因此,在这种情况下,运用经济学家的术语来解释资本的使用问题是不可能的;换句话说,那

种"资本被当成一种稀缺的商品,竞争的市场会让其物尽其用"的说法是没有用武之地的。这里,我们再次发现经济学教科书里"资本"的概念与当时的社会背景是毫不相干的。

最后,市场和贸易也不是像今天这样。在中世纪,商人每到一个城镇,都会携带一些香料、漂亮的衣服和少量的奢侈品。这些商品数量极少,只占当地人们消费商品的很小的比例。(我们不要忘记,那个时候,农民和村民需要某些东西时,他们不是去商店购买,而是自己来制造。)此外,商人之间的竞争也是不存在的,因为在同一个村庄,不太可能会有两个商人卖同一类商品。即使有,当权者也会保证在这些商人之间没有价格竞争。在大一些的城镇里,手工业者和商人都有属于自己的行会,其职能就是防止因竞争而出现竞相降价的行为。与今天迥异,为利益驱使而形成的竞争,在当时被看成交易的破坏者。

远途的对外贸易也没有太多不同。商业成功与否,取决于把货物从世界的一个角落运到另一个地方的能力,以及一些非经济因素,例如航海技能、海军实力、对重要航线的控制等。与在欧洲的村庄和城镇里的情况一样,在海上远途航行的商人之间存在的经济竞争,几乎可以忽略不计。当商人彼此之间真正发生冲突时,问题的解决并不是看谁的产品成本更低,而是依靠政治或军事手段(正如今天全球化的市场)。

总之,在很多奢侈品的交易极为有限(只占生产总量的一小部分)、经济竞争微不足道、土地与劳动力或资本都还没有被商品化的情况下,不用任何经济学知识我们也能充分理解这些社会。它们的确构成了市场的特征。但是,它们却不是市场社会。由于单纯的经济关系嵌入了社会和政治关系之中,使得它们无法完全凸显出来,因此,当时的思想家也不能从现代经济学家的角度去分析问题。当然,这样说,并不是因为过去的思想家不够精深,才导致了经济思想发展的迟滞,而是因为在前工业社会结构中,经济思想几乎没有发展的空间。在经济学成为可能之前,我们不得不耐心地等待,直到资本主义工业革命将这种社会结构彻底清除。

1.2 经济学的诞生

1.2.1 工业革命的出现

如果说经济学时代之所以成为可能仅仅是由于工业革命,那么又是什么引起了这场革命呢?这是一个大问题,每个时代的历史学家都在苦苦地寻找答案。因此,对于历史学家来说,任何肯定的回答都有流于简单的嫌疑,而这也是他们所厌恶的。然而,如果没有对这个问题的初步回答,也就不可能去理解为什么使用经济学来解释问题会逐渐成为一种需要。

是什么打破了工业化前欧洲的平静?是什么导致有市场的社会转变成了市场社会?众所周知,商品化理论是历史上最著名的回答。这一理论指出:因航海和造船技术的提高而日益发展起来的国际贸易网,是促使封建主义灭亡并引发资本主义崛起的根源。当西班牙、荷兰、英国和葡萄牙的贸易商开始用羊毛交换中国丝绸，再用丝绸换日本的刀剑，用刀剑换香料，用香料再换比他们最初交换时能够得到的更多的羊毛时，某些商品本身就成了国际货币。那些用它们来进行贸易的人们逐渐变得富有。他们不断增加的财富完全不同于欧洲传统贵族拥有的财富，因为那些贵族是通过占有一些人的劳动成果来获得财富，而新兴的商人阶级并不从分享农民的生产成果中获益，而是通过在一个低价格的市场买进商品，在其他高价格的市场将其卖出而获得收益——这被经济学家称为"投机"。

同那些因生在富贵人家而拥有财富的地主绅士们相比，商人的财富都要通过精明的和有风险的交易来获得。有时候，他们要冒险将贵重的商品（当然是以大价钱）卖给军事戒严的国家，或是在印度和东南亚好战的殖民统治者的鼻子下走私。也许有那么一天他们会衣锦还乡（如果他们能顺利回到家的话）。

可悲的是，商品贸易并不是唯一一类迅速发展的贸易。随着新形成的国际商品贸易获得突出的地位（即为那些进行贸易的人创造了财富），一种可怕而不可避免的新贸易出现了：人口贸易，一种可以生产这些商品的生产力的贸易。从非洲贩卖来的奴隶与通过暴力从土著居民那里得来的土地相结合，生产出了各种各样的商品，随后这些商品就进入了国际贸易循环。正是通过这种方式，参与其中的商人获得了更多的财富。

到了一定阶段，英国的地主阶级认识到，其社会权力的最高地位正在受到威胁。他们开始极力维护自己的权力，但他们又无法阻止商人的活动，他们的唯一选择只能是也加入其中。他们是如何做的呢？例如，羊毛是畅销商品之一。农场主透过自家窗口看到的是：世世代代农民们耕种的土地，只能生产出数量微薄的小麦、土豆和玉米——只有能卖给国际商人的东西才是有用的东西——如果把那些占用大量土地的农民赶走而用优良的肥羊来替代他们，结果会怎样呢？答案是：羊毛成山、顾客盈门。这也正是成百上千个英格兰和苏格兰农场主的所作所为。与此同时，他们的土地的价值也就和在这些土地上"生长"的羊毛的价值紧密相连。慢慢地，土地不再是遗产，而是成为一种经济资产，其价值随着它生产出的商品（如羊毛）的价格而上下波动。

这一历史转折，不仅把土地，同时也把劳动力转变成了商品。在一个相当短的时期内，成千上万的农民流落街头。他们一点也不清楚这一切都是怎么发生的。在他们认为属于自己的土地上（依据传统而不是所有权来看）生活了一代又一代之后，他们发现自己现在无家可归，无处可去，只能流落街头。他们的困境引生出直到今天仍然存在的一个现象——城市化。产生这一问题的原因在于：在被赶出农场后，农民们能去哪里呢？答案就是：去最近的村庄乞讨。于是，英国的村庄变成了城镇，城镇又变成了城市。在封建社会早期阶段，农民的工作很简单，就是生产农作物，并把其中一部分留给自己，而现在他们发现自己无法获得土地，于是，他们被迫第一次尝试出卖自己的劳动力。设想这样一个场景：一个被驱逐出来的农民敲门，然后说"给我点吃的吧，我什么都可以为你做"，这就是一种将劳动力作为商品来出卖的企图。与此同时,越来越多的留在土地上的农民也通过缴纳地租被迫进入新成立的土地市场。与土地相关的市场关系,致使他们直接依赖于另外一个市场——农产品市场,在这个市场上,农民必须把他们的产品卖出一个好价钱,用以支付租金。这样一来,农产品、生产农产品的土地,以及一直为它们劳作的农民(无论是街上游荡的还是被允许留在土地上的农民),都变成了商品。

扼要重述,到此为止,商品化这一理论强调了三个相关方面的发展:商人从新世界获得大量财富,农民成为商品生产者(而不仅仅是商品),并出现了一批不幸被驱逐出来的农民,他们发现自己无法得到土地和工具(就像失去了赖以为生的能力),因此,第一次被迫出卖一种全新的叫做"劳动力"的商品。商品化理论提出了彼此相互关联的因素,并指出强化了的对外贸易是导致农民劳动力成为一种商品的因素。一方面,在伦敦我们积累了大量资金(主要通过国际市场上的商品贸易和殖民地的奴隶贸易),另一方面,在英格兰和苏格兰的众多小地方,大量走投无路的人们则要出卖他们的劳动力。再加上新制造的蒸汽机,我们得到了什么呢?工厂的出现。

最后一句暗示了下面这个大胆的论断:如果发明蒸汽机的瓦特,早出生几百年而且也成功地发明了蒸汽机,世人很可能就不会注意到他的发明,而蒸汽机最终可能就会成为宫殿里一些贵族用来娱乐宾客的玩具。正因蒸汽机介入了上述历史背景中,它也就成为改变历史的重要因素之一。蒸汽机超过其他任何单一的物理学上的发展给这个世界带来了巨大的变化，它的出现打破了中世纪的安宁，并彻底粉碎了封建社会原有的社会关系。

尽管很多历史学家都认同商品化理论中的大部分内容，但还是有那么一些人认为，封建社会的瓦解不能简单地用强化了的国际贸易来解释。对他们来说，这些发生在封建欧洲之外的事情只是一种外部因素，用它们来承载解释整个封建主义瓦解的重担不足以令人信服。相反，他们认为，瓦解的动力来自欧洲内部社会关系的变化，特别是英国内部的社会关系。可靠的货币形式（和金融机构）的发展，尤为重要的是城镇集市贸易的日益成熟，对于促进国际贸易具有同等重要的意义。于是，伴随着当地普通商品的贸易逐渐稳步摆脱封建制度的束缚，市场社会也就应运而生。

不过，另外一些历史学家则反对将商品化理论和前面提到的工业革命看成"解放"地方市场的结果。他们声称，这些观点对试图解释的问题进行了理论假设——假定资本主义总是存在的，至少也是初具雏形，在等着一些外在或内在的影响来"释放"或"解放"。这就好比说，随着市场社会的出现而变得清晰的经济逻辑一直都存在，甚至在市场社会建立之前就早已存在，只等着被解放。他们争辩说，如果确实是这样，我们就应该尝试去解释是什么原因导致资本主义这么久才出现（而不是为什么封建主义会瓦解）。此外，他们还指出，上述市场社会出现的任何原因，都无法解释为什么它发生在英国并迅速蔓延到欧洲其他国家，而不是同样商业化的东方。

对市场社会的产生还有另一种解释。它没有涉及"逻辑总是以雏形存在"这一预设,而是从英国土地所有权的演进角度,阐释了英国封建主义瓦解的事实。与世界上其他大部分地区相比,英国和苏格兰的土地所有权高度集中(为数不多的贵族掌握了不列颠群岛的大部分土地)。他们发现,由于土地面积过大和收成不同,使得向农民收取收成(像法国贵族那样做)很麻烦,便逐渐采取了向农民收取一定租金的方式。这样,农民就成了"承租人",进而也就刺激了农民增加产量、减少成本并在当地市场以高价卖出农产品,以便支付土地租金。正如前面解释过的,农民突然被迫进入市场寻找消费者,土地也就成为一种商品,其价值与承租人支付的租金紧密相关(租金反过来又与收成的价格相关)。这就是第一个市场经济社会出现在英国的原因之一。第二个是政治原因:英国的地主解除武装早于任何其他国家的贵族。此外,英国实行独特的中央集权制,时刻警惕地方士绅的权力扩大。因此,英国的统治阶级越来越依赖于把收取租金而不是物质强迫作为致富手段。他们开始把纯粹的经济工具当作武器而不是追随者的盔甲。随着地租上涨,越来越少的农民能够负担得起。于是,那些被逐出庄园给羊让路的农民,又被承租人雇用,成为靠工资生存的劳动者。至此,一条完整的新经济链也就形成了:地主日益提高的租金,促使承租人一方面缩减成本,进入当地市场寻求消费者;另一方面提高产量,降低工资劳动者的工资。经过一段时间之后,那些没有土地的迁至城镇的农民,已经变成工厂里一支产业工人队伍,而农业工作者生产力的日益提高,也使得维持庞大并不断增长的非农业人口成为可能。

总之，上述理论认为，英国农业土地的高度集中与政治上的中央集权创造出一种模式，即地主和其承租人为了各自的利益，都高度依赖于在市场上的成功。而在法国，地租只是名义上存在，地主仍然凭靠强行征收农民的收成获益，不存在对市场的依赖。再加上英国对重要海上航线的控制，以及非洲黑奴在加勒比地区源源不断地创造财富等方面因素的影响，英国成为第一个真正的市场社会诞生地也就是顺理成章的事。那么，为什么经济学作为一种独特的原理在英国能够生根发芽呢？

历史潮流导致了英国的曼彻斯特、伯明翰与苏格兰的格拉斯哥这些烟雾缭绕的工业城市的出现。当然，历史远比这种简单的叙述复杂多变。从封建主义向资本主义的转变，并不像前面解释的那样听起来天衣无缝。在农民被逐出庄园一个世纪之后，那些吸纳工人的工厂才建起来。在此期间，这些人的经历又是什么呢？忍饥挨饿、沿街乞讨，很多人都非自然死亡（除非饥荒也被算作自然原因）。不过工厂最终还是慢慢地出现了，尽管还不完善，可是新形成的工人阶级还是得以迈进工厂的大门。虽然工资和条件比任何能想象的恐怖片都要糟糕，但是，工业社会出现了。

商业道德

海尔布隆纳曾在其《世俗哲学家》一书中引述了一个男孩子罗伯特·布林科的故事。他是被送进Lowdham地区一家工厂里的80个孤儿中的一个。这些10岁左右的男孩

> 和女孩，在皮鞭日日夜夜的抽打下，生产率不断提高。在随后被带到的另一家工厂里，他们不得不与猪争夺可怜的食物。性虐待和体罚也是家常便饭。整个冬天，布林科几乎都是赤身裸体，冻得牙齿打战。尽管这只是特例而不是惯例，但是对于8—10岁的孩子来说，在当时一天工作14小时就是标准工作时间了。

随着工厂的出现，权力发生了根本转变。经济权力的重心，开始从那些有政治权力的人（贵族、地主和主教）手中向外转移。虽然一切权力都曾一度同时是政治和经济权力的集合（因为它是完全由土地所有权决定的），但是，资本主义却改变了这一切。经济权力逐渐光顾了地主阶级，后来慢慢扩展到那些经营工厂的人，那些社会地位相对较低从未享受过政治权利的人群，以及那些为国王和地主们所鄙夷和厌恶，认为"没有生产能力的人"，即那些无知的通过不值得追求的竞争和牟利行为积累起财富的人。或许最让权贵者气愤的是，这些人创造了大量的财富。由于钱能购买权力，贵族的政治权力也就随着经济、资本主义及新兴权力的独立崛起而被逐步篡夺。

经济势力作为一个单独的力量，从政治权力中的崛起，不仅对贵族和普通民众产生了极为深远的影响，也让知识分子感到吃不消。他们发现，那些对社会现象的传统分析已经没有什么用了。令他们不解的是，为什么宁静的乡村生活被突然中断？为什么整个社区被突然摧毁？工厂及其不满又从何而来？这些知识分子之所以无法理解其中任何一个现象的原因就在于：这是一种从未遇到过的飓风，它正以史无前例的猛烈势头席卷着一切。而对它进行解释的需求又是十分迫切的：社会正在经历一连串翻天覆地的变化，人们需要知道原因。他们想要知道，为什么无数的农民在没有任何过错的情况下却过着忍饥挨饿的生活？为什么工厂里的工人被迫拼死地工作？为什么无助的人们只能把自己的一切（包括自己的身体和劳动）都拿出来出卖？他们想了解这一切，他们更想找到解决的办法。最终，主教、国王和善良的慈善家们都失望了，因为主教和国王都已丧失影响，而慈善家们在面对这种突如其来的人类灾难时也是爱莫能助。

　　对那些试图了解这些发展的人来说，最有意思的是找不到可以责备的对象。如果在18世纪进行一次民意调查，那么获得的最为普遍的观点就是："我们不想改变。我们不想进行工业革命。"好像这种错位和痛苦并不像是国王或其他人造成的。事实上，国王跟普通人一样，也对这种变化感到震惊和惶恐。经济权力分配上的改变，意味着一些社会地位低下的"阶层"现在甚至有能力养得起一支军队，来对抗那些拥有政治权力的皇室成员。没有理由指责任何人。历史的发展既无法预料，也不以统治阶级的意志为转移。正如我们所见，似乎有一种匿藏的、黑暗的力量在背后推动着人们生活的改变，在这种情况下，经济理论就成了我们解释这种力量的必要选择。

1.2.2 道德哲学家斯密（1723—1790）

> **未预期的后果**
>
> **消极后果**：你在听一场音乐会。每个人都想要一个更好的视野，因此所有人都站了起来。结果，每个人的视野全都跟坐着时一样，只不过不如坐着更舒适。
>
> **积极结果**：黑手党选举领导人，每个人都想完全控制组织。然而，一个可能的（当然是事先没有预期的）结果是，教父把所有人都扫地出门。
>
> 斯密希望的是资本主义（和自由市场）可以形成多种积极的社会效果，尽管这并不是资本家们预先设想好的结果。

斯密是从宏观角度思考这种必要选择的第一人，他是格拉斯哥大学道德哲学教授。从他自己的窗户向外望去，斯密所看到的，不同于其他人所看到的灰暗、邪恶、痛苦及从工厂烟囱中冒出的浓烟，而是一个美丽新世界的诞生。作为一个哲学家，他意识到一个有趣的存在于人的意愿和人们得以实施这些意愿所带来的结果之间的关联关系。举一个无聊但却有用的例子：假设一群懒惰的农民得知，在他们土地所在的某个山谷里有一处金矿，他们必定会被疯狂的淘金热所驱使，夜以继日地翻挖土地。当然，他们什么也得不到，因为传言是假的。但最后终有一天他们会发现，由于所有的泥土都被翻挖过因而恢复了土壤活力，他们农场的生产力急剧增加，他们的状况也会变得比以前好得多。这就是人们的意愿和实施这些意愿所带来的结果之间关系的"未预期的后果"。

这个例子与斯密的关于一个美丽新世界的乐观远景有什么关系呢？我们必须从当时引发公开争论的社会忧虑开始说起。在中央权威瓦解及政治和经济权力联合体同时消亡之后，人们自然会问：既然国王的政府和地主们已经失去统治的权力，那国家将由谁来统治？以下两个问题可以概括他们的焦虑：

（1）没有了集中控制，我们如何能保证社会生产的商品可以满足需求，既不会过度生产不必要的东西，也不会产生必需品不足的状态？

（2）没有了任何政治对经济的控制，我们如何能知道苦难增加到何种程度就会导致社会解体、导致不同的利益群体之间为了最高权力和地位而发生冲突？

斯密对这两个问题的回答基于两个想法：第一个是经营者的逻辑已在企业家当中普遍存在。第二个是上面提到的未预期的后果的观点。以鞋这种有用的商品为例，会有许多制鞋企业和无数的买家。在没有任何人指导应该生产多少双鞋子（即供给）的情况下，怎样能使其与消费者想购买的数量相平衡（即需求）呢？肯定只能是在非常幸运的情况下才能不谋而合。然而斯密却认为，即使没人从中协调，让消费者和生产者按照各自的意愿自行其事，这两个数量也会自动达到平衡。

消费者的意愿是什么呢？是尽可能以最低的价格购买一定数量的鞋子。生产者的意愿呢？是以最高价格出售一定数量的鞋子。仅此而已。任何一方都对供需是否平衡不感兴趣。斯密认为，如果让他们按照自己的意愿行事的话，社会将会自动达到平衡。这是如何实现的呢？如果鞋子的数量供过于求，就会有很多鞋子无法卖出。卖家怎样才能将它们卖出呢？必须降低价格才可以。如果供不应求，将会出现货架空置和顾客抢购有限数量鞋子的情况。这样的话，鞋价就会上升。这就是价格波动如何使得供需平衡得以实现。只要消费者减少他们的购买数量或者生产者在价格上升时增加其产量，鞋子的价格就会自动浮动，直到供求平衡。价格最后会稳定在供求均衡这一水平上不再波动。因此，问题（1）也就有了答案。

斯密在《国富论》中论交易与美德

人总有机会可以帮助他的兄弟，然而期望他仅仅从善意的角度给予帮助将是徒劳的。他更可能是爱自己，就连帮助他人也是希望从他人身上获得好处。

论商人

通过追逐个人利益，他经常会增进社会利益，其效果比他真想促成社会利益时所能得到的要更好。我从未看到那些装作为公众利益做事的人会作出多少好事来。

答案的要点是,即使没有人来协调鞋子或其他商品的供需,市场也会自动采取行动以确保每一商品的生产数量与消费者的需求数量相平衡。结果的美妙之处就在于,这是自发的,而不是刻意的!就像上例中的农民,没有人在翻挖土地时想到增加土壤的生产力(尽管最后都得益于此),也没有消费者或生产者有意想要平衡市场的供需,这只是他们跟随自己的意愿行事后碰巧出现的结果而已。在他们的这种意愿下,双方都会受益,因为市场上的鞋子一双不多,一双不少,刚好均衡。

问题(2)的答案更加珍贵。斯密认为,一个工业社会成功的前提是商品的流通。在他看到身边有着大量穷人的现象时,他站在与道德学家的观点(即通过祈祷以赎回穷人的灵魂,并祝愿他们来世会有好运)相反的立场上,采纳了一个实际的视角。这些人其实需要更多的商品——更多的食品、更多的衣物和更多的住房。如果社会想要和谐,就必须向他们提供足够的这些物品。他是一位多么聪明的道德哲学家啊!

斯密的大胆假设

斯密的核心思想认为:通过彼此竞争我们可以共同获益——不用考虑我们的邻居(除非我们可以直接从他们身上得到什么,除非我们能为了自我获利而利用他们的"自爱")。这一说法一直以来都备受争议。美国当代哲学家罗蒂认为,这一说法很奇怪而且很危险。然而,这一理论现已成为遍布全世界的主流思潮，这也说明了该思想的影响力。

他的"未预期的后果"的概念被反复应用。对于那些指责富人、商人和资产阶级是从未对社会公益事业有任何贡献的人来说，斯密的态度是一种实用主义的观点：姑且假定这些商人不是我所希望的能和我的孩子们做朋友的人。他们在贪婪欲望的驱使下，最终却以一种完全与自我初衷不同的方式作出了贡献。他们为谋取私利而不惜明争暗斗，最后的结果是，他们的活动促进了社会公益。就像上述自私的农民一样，在追求金矿的过程里，无意中给整个社区带来了肥沃的土壤。

当然，在公共利益得以被重新定义之前，斯密还不能支持竞争和牟利是为公共利益服务的最好方式这一观点。因此，在其他人谈到团结、人和家庭的契约、安宁与稳定（所有这些都被工业时代的到来所摧毁）的重要性时，对斯密而言，公共利益只代表一件事：更低的价格、更多的商品（让老百姓最终能够买得起）。这解释了为什么在他眼里，那些不可信的商人们是功不可没的：商人们之所以成为新的救世主，是因为他们在使社会机械化过程中所扮演的角色。他们通过把越来越多的机器（比如说资本）引入生产环节，从而集中力量生产各种产品。那么，究竟企业家为什么要这样做呢？原因在于，他们并不是本来就想这么做，其实他们更注重的是他们自己的利益。资本家和商人的利益与社会利益达到无意中结合的前提条件就是，资本家和商人为数众多，而且他们都是为一己私利而奋斗。

对此，我们通常委婉地称之为"竞争"。

斯密所说的竞争的好处，用澳大利亚人的话来说就是，"它使得所有的混蛋都变得诚实"。事实上，因为竞争，所有人都必须根据商品的实际价值出售商品。一旦有人开始用高出实际价值的价格出售商品，跟着就会有无数人把价格拉下来。最后，价格还是会稳定在稍高于成本的水平上，没有人能再通过交易来获取利润。根据斯密的逻辑，正是这种情况，使得资本家不得不绞尽脑汁寻找创造利润的办法。他们首先会想到的，当然是怎样才能从雇用工人身上榨取更多。假设他们从工人身上榨取的都是一样的，那就没有人能通过降低工资来得到利润。斯密假设工资都有一个最低限度，如果低于这个水平，工人就会解除雇用关系（或饿死），这就是所谓的生存工资。

交易使价格保持在较低水平及均衡
——一个来自战俘集中营的例子

雷德福（R.A.Radford）在"二战"期间对他所在集中营的犯人的经济行为进行了研究。他在1945年发表的一篇论文中，阐释了犯人如何交换红十字会给他们的各种物品：一开始每个营区都建立了自己的商品价格，价格以香烟为单位。但是不久，就有一些犯人意识到可以通过从一个营区买东西转手卖给另一个营区来改善他们所在集中营的生活。比如说，本来英国营区的茶叶价格要比咖啡高（这反映了英国营区犯人的偏好），但接着一些有生意头脑的英国

> 人发现，他们可以从法国营区低价购入茶叶然后卖给英国营区，从而获得利润。经过多次这样的交易，最后两个营区的价格趋于相等。而且随着相当一部分犯人都从事交易活动，最终倒卖交易也不会有多少利润——正是从事交易活动的犯人相互间的竞争，把价格压到了可能的最低水平。

一旦资本家意识到，他们想获得更多的利润必须学会提高生产力，他们就会发现击败竞争对手而不亏本的最好办法就是，通过自动化生产流程来减少生产单位产品所需的必要劳动时间。也就是说，如果采用机械化生产或投入更多的资本用于生产，就将减少生产单位产品所需的必要劳动时间。如果他们成功地减少了生产单位产品的必要劳动时间，马上就可以借此（因为他们比其他生产者成本更低）攫取更多的市场份额并获得更多的利润。但是，要不了多久，所有其他生产者也会跟着他们，投资更多的机器设备以减少其生产单位产品所需的必要劳动时间。最后，所有坚持下来的企业的机械化程度都会提高到同一水平，没有一个企业再有更多的优势可言。最终，没有哪个企业能获得更多利润，唯一最大的受益者是整个社会。用一句通俗的话来说就是，私有恶习（资本家的逐利取向）促成了公共道德的产生（比如，满足公众需求的便宜商品的日益丰富）。

总的来说，斯密对当时工业资本主义兴起的乐观态度，可以归结到他的竞争理论：他认为，社会正是以竞争为操纵杆，利用资本家的自私和贪婪，把商业资本和工业化转变为经济增长和社会繁荣，而并不是如资本家所愿的那样,最大限度地攫取利润。推动社会进步并让人们远离痛苦的动力,来自于资本积累的冲动(或者是机械化和自动化程度的提高)。假如企业 A 从企业 B 那里购买了一台机器,即 A 把它的一部分利润转交给了 B,这部分利润会被用来雇用失业的劳动者生产这部分生产资料,同时劳动者也获得了更多的工资,这就意味着商品的需求量将随之增加。因此我们可以看到,企业 A 的利润,不是花在企业家去度假的消费上,而是重新进入整个经济循环。用这部分利润购买一定的生产资料,不仅能提高社会的机械化程度,提高生产力水平,而且它最后还是会回到工人手中,而工人则又会将这一部分利润转移给其他生产者。这就像一个没有止境的连锁反应,使得火种永不熄灭。

难怪斯密对资本主义是如此乐观。这是因为,如果之前的假设都是正确的,社会发展就会像电梯一样向上运动,虽然仍会有一定的社会阶级分化,但是各个阶级都会前进。作为电梯的发动机,社会必须不断地进行资本积累,而只有竞争才可以使资本积累不断地进行下去。一旦资本家之间的竞争有所缓解,或者资本积累的欲望有所松懈,其结果都将是悲剧性的——社会发展将会停滞,甚至开始倒退。

但是,只要资本积累不断地进行,社会必将如人们所期望的那样,走向繁荣和和谐。如果资本积累和经济进步开始趋于同步,社会阶层的差别就会缩小;不同背景的人们都会乘上永远上升的电梯,社会中的差距也将被缩短。这种情况的出现,主要是因为人们购买力的增强，资本家由于竞争只能获得微小的利润。资本家与工人之间的关系也将更加稳固。从长期来看，虽然资本家十分热衷于赚大钱，但事实上他们并不能赚到多少钱；永不满足的欲望，是公益进步最好的助推器。

那些在此之前听过斯密的理论，或看过其《国富论》的读者，可能会从中找到一些共鸣。人们需要从杂乱无序的事物中找出规律。虽然新的经济力量的操控者（资本家和商人）显得有些粗俗和贪婪，但这并不见得就是坏事。如果这些人弄巧成拙，使得这种贪婪最后能对社会作出贡献，这种贪婪也未尝不可。这仿佛是种天意：为了各自的利益一群自私的人忙碌奔波，而在他们背后则有一种无形的力量在构建可能的美好世界。这就好像有一双"看不见的手"，迫使那些无耻的人集体创造出适合道德高尚的人享用的成果。斯密毋庸置疑地成为他所处时代的名人。他给人们描述了一个20世纪好莱坞式的故事，情节曲折，结局完美。他的理论在当时可谓是盛极一时。

1.2.3 股票经纪人李嘉图（1772—1823）

那些看上去觉得很好的理论的问题是，总有一些人会对这种理论不满意，他们反对这种理论，有时甚至会提出替代它的理论。没有哪种理论可以违背历史。斯密死后不久，英国资本主义经济便急转直下。英国卷入了大陆冲突并由此引发了拿破仑战争。战争最直接的影响之一就是：由于海军船只的停用，使得经贸交易大大减缓。尤其是英国玉米进口的中断，令英国食品价格飞涨，从而导致了饥饿人口的增加。

斯密的"电梯"停了下来，随后开始倒退，这一切让斯密关于未来美好社会的憧憬变得支离破碎。许多工人阶级的家庭不得不花更多钱来购买食品，而作为少数派的地主们却叫嚣反对战后进口玉米，因为大多数人的艰难生活直接促进了他们财富的增加（玉米供应的短缺使得玉米价格飞涨，这也意味着地主们的收入随之增长）。

有感于此，李嘉图觉得有必要回过头来重新审视斯密所描述的美好未来。1817年，在其《政治经济学原理》中他给出了自己对未来的解答。斯密过于相信竞争力量的判断是否正确？资本积累是否真有那样神奇的作用？李嘉图总结到，尽管斯密关于长期资本积累（比如机械化和自动化）是社会唯一希望的观点是正确的，但是竞争并不一定能够带来长期资本积累。原因在于：有些生产要素（或资源，比如优质的土地）会受到数量的限制。当生产和收入都增长时，对于稀缺资源的需求也会随之增加，但是，这种资源的供应并不会因需求增加而出现相应的变化，这是与其他商品（面包或枪炮）很不一样的地方。那些由于某些历史原因而恰巧占有稀缺资源的人，他们的财富会随着使用这种稀缺资源商品需求的增加而增长。这就是李嘉图经济租金思想的来源。

按照李嘉图的说法，租金就是用来支付给供货商高于维持生产成本的那部分资金。对于社会来说，它会将所有多余的资本都用来购买更多的机器，所以从社会的角度来说，这种支出（租金）是一种浪费。在这一点上，斯密和李嘉图的认识是一致的。不过，斯密相信竞争会使租金消失，李嘉图则不这么认为。英国的地主们为了增加租金而禁止战后进口玉米这一事件让李嘉图意识到，竞争会让租金消失这一假设是不明智的。他得出这个结论的依据在于，地主们并不与其他人竞争。比如说一个人在伦敦市中心有一栋办公楼，那么在经济繁荣、办公空间需求高涨的时期，他要与谁去竞争呢？伦敦市中心的空间基本上是不变的，但由于其办公楼所处地理位置的缘故，持续繁荣的经济必然会给这个办公楼的拥有者带来高额的收入。根据这一点，李嘉图指出了斯密理论体系中的一个漏洞，即事实上存在这样一种收入（比如租金），它的获得既不是因为社会机械化，也不是因为可以提高社会生产能力，而是随着经济增长和市场竞争的加剧而增加。

经济租金是经济增长的制动器

按照斯密的理论，竞争会确保很多利润被投资到更先进的机器上（并因此提高生产力）。然而李嘉图指出，竞争并不能把经济租金转化为对机器的再投资。这主要是因为，经济租金并不像工业利润，工业利润是一种回报企业和企业生产力提高（扩大再生产）的收入，经济租金则是支付给那些有幸继承并占有生产资源（比如土地）的人的支出。这些人可以不用投资就享有利润（他们不像资本家那样对竞争诚惶诚恐）。因此，经济租金占社会总收入比重较大的社会，必然是经济发展比较慢的社会，也是容易出现停滞的社会。

最后这个论点令李嘉图十分担忧。租赁者们不像资本家那样,资本家得不断地投资再生产(如果他们想在激烈的竞争下站稳脚跟的话),租赁者们根本不用投资。毕竟他们所拥有的这种资源的供给是有限的,而且这种资源本身的价值也在不断地增加,因此,他们不需要与任何人竞争。他们可以把自己得到的租金收入消费掉或者直接存入金库,这样一来,这笔资金就跳出了斯密所说的由竞争和再投资所驱动的资本积累循环。李嘉图认为,租赁者从"生产—收益—再投资—扩大再生产……"的循环中所"偷"的钱,就好像是"偷"走了社会经济发展的能量。这些能量从经济系统中流失掉,从而妨碍了资本的快速积累。这就好像一个身在斯密所说的"电梯"中的人找到了一个吸取电梯动力的办法,于是他不断地吸取电梯动力,以推动自己飞速上升。唯一的问题是,如果他们真的这样做,电梯最终也会失去动力,停止上升。

总的来说,从19世纪初叶的历史中我们不难看出,有些事件其实已经孕育了经济衰退理论的萌芽。李嘉图对其地主身份和对地主们为了获利而禁止食物进口这种要求的厌恶,让他觉得有必要重新审视当时的主流经济理论。而令人震惊的是,李嘉图本人就是地主,而且收入颇丰。但是,无论是在学术上、意识上,还是在政治上,李嘉图都和斯密一样,把资本家比作社会进步的引路人。

学者气节与经济理论

尽管我始终认为历史形态和意识形态是经济学(也是

经济学家）的双生主宰，但这并不表示所有经济理论就一定会反映那些理论创始人的个人兴趣。比如，李嘉图自己就是一个地主，但他在议会下院（这个席位是他买来的）中极力反对使他自己受益匪浅的政策。他的朋友、也是他理论的反对者马尔萨斯（1766—1834）曾这样写道：

> 很奇怪，像李嘉图先生这样重量级的地租收入者，却如此轻视地租在国内的重要性，而我虽然从来没有收过地租，当然我也没有这个打算，但却总是被人指责说我高估了地租的重要性。不过我和李嘉图的不同立场和意见，至少表示出我们都很真诚，而且我有理由认为，我们思想上的任何偏见都源于我们所恪守的信条、不同的客观条件和兴趣。

另外一个与李嘉图情况很类似的思想家是马克思一生的好友和合作伙伴——恩格斯（1820—1895）。尽管恩格斯出生在一个优越的资本家家庭，但他一生都在为工人阶级获得拥有工厂的权力而战斗。

1.2.4 革命家马克思（1818—1883）

马克思在《1844年经济学哲学手稿》中关于资本主义条件下工人工资本质的论述

劳动力不仅生产出商品。它也创造其自身价值，并且通常说来，作为一种商品的工人所创造的自身价值，往往与其生产的产品价值是相等的。

也许我们有理由认为，总体来看，所有的主流经济理论都是以同一种方式产生的，即它们都是一定历史条件和意识形态相结合基础上的产物。拿破仑战争和笃信资本主义的意识形态影响了李嘉图，以至于他会反对自己所在的社会阶层，质疑斯密关于资本主义的乐观理论，并提出了自己的学说。在马克思的经济论著中，我们也可以找到同样的例子。和李嘉图一样，马克思也不看好竞争导致经济增长这一理论，他认为，社会的不平等会加剧社会的动荡和斗争。但是，他们两个人的理论形成环境却迥然不同。与李嘉图所处的政治环境不同，马克思的经济理论是在资本收益和地主地租之间的斗争逐渐消散的背景下慢慢形成的。（事实上，地租作为社会总收入的一部分，已经停止了增长。）马克思的思想源于另外一种冲突和同情，那就是劳资冲突（1848年达到顶峰，发生了遍布欧洲的革命）和对被马克思称为社会最底层的工人阶级的同情，而这恰恰是李嘉图所没有兴趣关注的。李嘉图关注的是地主和资本家之间的矛盾，马克思则是在资本主义社会发生剧烈动荡的时期进行其经济理论的研究，他试图找出这种动荡的根本原因所在（即证实工人阶级与资本主义的社会矛盾）。正是在这样的情况下，他提出了一个问题：到底是什么创造了商品的价值？

> **马克思在《资本论》中关于雇用与被雇用关系的论述**
>
> 如果资本家付给劳动力一天的报酬，劳动力当天的使用权就属于这个资本家。如果劳动力完成同样一天的劳动却只给劳动力相当于半天的报酬，这个劳动力在一天内创造的劳动价值就相当于是其自身价值的两倍。这对雇用劳动力的资本家来说固然是好事，但对劳动力来说却是很不公平的。
>
> 因此，与流行观点不同的是，马克思并没有指责资本主义的弊端。他的批判主要集中在"内部矛盾"，或者用我们今天的话来说就是一种体制的不合理，在这种体制下，工人的劳动力没有得到应有的报酬，而只是按照他们的劳动时间发给一定数量的工资。

马克思认为商品价值反映了生产该商品所需劳动数量的多少，这一说法在很大程度上受到了斯密和李嘉图的影响。（注意，马克思在意识形态上对工人阶级的忠诚，如何使他把经济价值和人类劳动联系在一起。）因此，生产自动化（或扩大再生产）降低了商品的价值，因为自动化生产使得凝结在商品中的劳动时间（不管是现在的还是以前的）减少了。商品的价值是凝聚在商品中的无差别的人类劳动。接着马克思又提出一个新的问题：利润从何而来？与斯密一样，马克思也认为利润不可能单纯通过低价买进高价卖出的办法来获得，因为市场竞争会使所有商品的价格都最大限度地接近商品的价值。如果不能以高于商品价值的价格出售商品，就没有人能获得利润。马克思指出，利润不是在商品的销售阶段，而是在商品的生产阶段产生。更准确地说，利润即劳动力作为商品的价值与劳动者投入在商品中的价值之间的差值。这里我们谨慎地定义这两种价值：(1) 劳动力作为商品的价值，即劳动时间价值；(2) 劳动者创造的商品的价值，即劳动价值。

1. 劳动时间（劳动力）价值

在生产要素市场中，劳动时间（劳动力）被当作商品在资本家与工人之间进行交易并在劳动力供需达到均衡时取得一个固定的价格，即工资。因此，工资符合劳动时间价值。但是这个价值是什么呢？例如对于一个叫做比尔的工人，什么是他劳动时间的（经济）价值？我们可以回忆一下马克思关于商品价值的定义：凝结在商品中的无差别的人类劳动。比尔的"劳动时间"又凝结了什么呢？那就是比尔维持生命所必需的所有商品（比如食物、住所），这是保证他一天工作质量的必需品。所以，这些商品（等于其他工人生产这些商品所花费的劳动力）的总价值，就是比尔的劳动时间价值。

2. 劳动价值

在生产商品的过程中，比尔把他自身的劳动转移到商品中，这样也就赋予了商品价值（见马克思关于商品价值的定义）。因此，比尔所生产的商品的价值，与他自身的劳动力价值是相对应的。

马克思还指出，上面所述的（1）和（2）并不相同；比尔维持生存所需的劳动总量与其他工人维持生存所需的劳动总量是不同的，而且除非比尔投入的劳动大于其他工人投入的以维持其生存所需的劳动（即比尔的老板付给他的工资），否则比尔的老板就不会雇用他。所以，要点就在于：(1)和（2）之间的差值被资本家所榨取，而这也正是资本家利润的来源。马克思把这一差值叫做剩余价值。资本家用剩余价值支付地租，支付银行利息，剩下的就是其利润。

那么剩余价值利润又是怎样解释资本主义财富波动的呢？马克思假设，我们从资本积累带动经济增长的阶段开始研究这个问题。这个时候，资本家都急切地想要把他们的利润用于投资扩大再生产，提高机械化生产水平，获得更多利润。但是这种情况会持续多久呢？马克思从这幅一派生机的资本主义经济发展的美好画卷中，窥见了隐含巨大经济危机的种子。随着生产自动化程度的提高，每个生产单位所需要的劳动力也在不断地减少。所以，既然后者决定了商品的价值，随着生产所需要的劳动力的减少，商品价值的减少也只是一个时间问题，然后价格会下降，利润也会随之下滑。接下来，那些实力较差的企业就会开始进入一个恶性循环：第一批失业的人减少了消费，许多企业的利润随之下降，利润下降导致企业解雇更多的员工，这批被解雇的人进一步减少消费，从而导致更多企业的利润下降，如此循环下去，直到经济停滞，大批大批的失业者绝望地在破败的甚至是倒闭的工厂门外等待工作机会。

也有观点认为，经济衰退的影响，会使那些幸存下来的企业获得一个更好的重新发展的机会。由于经济衰退使得大部分竞争者退出市场，某些企业会获得更大的市场份额。尽管市场这个大蛋糕缩水了，但分蛋糕的人也大大减少了，所以最后留下来的人就能获得更多的蛋糕。另外，经济衰退也提供了大批闲散资本和廉价劳动力，从而降低了企业的成本。通俗地讲，经济衰退中的幸存者可以轻易地获得原料、电脑设备和生产资料。而对工人来说，对失业的恐惧会使他们接受较低的工资，并会在同样的工资水平下付出正常情况下双倍的劳动。在马克思看来，经济大衰退对于资本家来说，就像地狱对于基督徒一样是不可或缺的。

然而，地狱是永恒存在的，经济衰退却不然。在经济衰退中幸存下来的企业，为了稳固自身在衰退中所获得的市场地位，会在衰退中期开始扩张。它们的扩张会刺激消费，增加就业，促进资本积累，从而把社会经济引入一个新的良性循环。因此，经济将会由一个衰退时期走向一个新的繁荣。但这种繁荣同时又孕育着下次经济危机的种子。如此不断地循环往复下去。

马克思还指出，每次资本主义经济的复苏，都会淘汰较弱的企业筛选出那些适应性更强的企业。后来有位奥地利经济学家约瑟夫·熊彼特将这个筛选过程称作"创造性的毁灭"。但是马克思认为，每次经济危机都会加剧社会贫富差距，社会不公也会越来越严重。每次新的经济增长不可能消除前次经济衰退所造成的社会和经济损失。最后资本家会用尽手段来利用资源，以提高所谓的生产效率。马克思指出，结束这种恶性循环的唯一途径就是，建立一个比资本主义制度更为优越、更为合理的社会制度，即社会主义制度。对这位革命思想家来说，资本主义并没有"错"，只是因为它不公平；这种不公平是由于它本身的不合理和巨大浪费造成的。

1.2.5 经济学的两大主宰：历史与意识形态

这本书并不旨在介绍经济学思想的发展史。我们对资本主义发展和资本主义经济理论一些表层的研究，主要是希望给予大家关于经济学偶然性的一个初步认识。经济学不同于物理学，它的任务不在于得出物体是如何存在和如何运动的规律；它也不同于自然科学，自然科学的理论基础触手可及，而经济学所研究的社会这一客体，与自然科学相比就显得难以定位：我们对社会的理论研究过分依赖于社会本身，所以社会学家很难像自然科学家一样，给出一个他们与研究客体间准确的关系定位。由此导致的结果就是，经济学往往被定义为一门半科学半意识形态的理论。而其科学性和意识形态性孰多孰少，也常常是经济学家争论的焦点。

撇开这些不说，经济学教科书似乎都严格遵守非主观性。事实上，每种经济理论都建立在一定的意识形态或政治立场之上。我们可以看到，在以市场社会代替封建社会飞快发展为特征的18世纪，斯密的理论与其对自由贸易的信念和历史条件都是高度一致的。斯密的逻辑是18世纪70年代佃户（从地主那里租来土地，并雇用劳工）的逻辑，是当时商人们的逻辑，是屠夫们的逻辑。他认为，每个理智的人无论什么时候、无论处在什么情况下（注意：当时妇女的理性很大程度上是建立在性别歧视的背景之下的）都会运用这套逻辑来思考。他忘记了他的这套逻辑其实也是历史的产物。一直到雇用关系时代开始，佃农、斯密、屠夫们和工人们才不得不随着历史的潮流接受竞争性市场，并形成以市场为核心的思考方式。正是斯密这种以市场为核心的思想体系，孕育了一种关于人与何种社会制度最为合适的独到看法。虽然斯密的视角令人印象深刻，但是，我们若是把它解释为一种客观的、科学的、非意识形态的社会模型，也是一种不明智的行为。

李嘉图的理论同样也是其意识形态和他所处时代的共同产物。他的理论不仅受其对地主厌恶情绪的影响，也在很大程度上受制于其时代历史的发展（比如说拿破仑战争和频繁的反对地主保护主义的政治斗争）。最后，马克思的资本主义模型，不仅反映了其团结无产阶级反对剥削者的立场，同时也折射出当时经济衰退和社会变革的状况。

经济学能是一门科学吗？

大部分经济学家都会给出肯定的回答。他们把经济学分为两种：实证经济学与规范经济学。实证经济学主要是指用一些科学的方法研究事物的状态以及一些特殊经济系统是如何运行的。规范经济学主要研究的是人们最期望什么样的经济系统，它反映的是人们的偏好和期望。（一般的教科书都会给出这两者的定义和区别，并且着力介绍实证经济学。比如理查德·利普西（Richard Lipsey）有一本著名的书叫做《实证经济学》，就是讲这方面的。他的观点是，研究者要尽量避免实证经济学研究受到意识形态、道德观点和政治热情等这些因素的影响，一旦找出一个可行的方案，大家就能把这种热情转移到确定满意的方案上。（这也就意味着转移到了规范经济学上。）

也有一部分经济学家（包括笔者在内）并不同意把经济学划归到科学当中。他们指出，实证经济学与规范经济学的区别定义根本就不成立。比如说，他们认为，每种实证经济思想都建立在其意识形态的立场之上。或者说，经济学并不像物理和化学那样，因为并不存在与意识形态完全无关的经济事实。就拿对通货膨胀、也就是对于价格涨幅的研究来说吧，我们应该算哪种价格呢？我们是测算劳斯莱斯的价格还是探讨一下公交车的车费，或是两者综合起来研究？如果我们选择后者，在计算运输综合成本的平均变动时，相对于公交车费我们应当在多大程度上偏重劳斯莱斯的价格呢？换句话说，每一种对于通货膨胀的测算都隐含着一定的政治立场，即你对哪个人群（比如，是

> 富人或是穷人）会更加关注？极力把经济学伪装成对可能事物的客观研究，其实就是一种政治上的企图，目的在于显示某种承载了政治的观点的客观性和优越性。

因此，我们可以看到，意识形态和历史条件在不断地塑造着经济观点完全相悖的经济学家，像罗萨·卢森堡、熊彼特、凯恩斯、哈耶克、保罗·斯维兹、约翰·加尔布雷斯、琼·罗宾逊、弗里德曼、罗伯特·卢卡斯等。他们之间的分歧，不在于其学术水平高低，而是因为他们最初的意识形态立场不一样，因为他们所处的历史背景不尽相同。

1.3 现代教科书经济学（或新古典主义经济学）

1.3.1 由古典经济学到新古典主义经济学的过渡

试想你是 19 世纪末欧洲一所著名大学的第一个经济学教授。你上完了第一节课，走进教授休息室。你坐在座位上默默地听着其他教授们的谈话。物理学教授正兴致勃勃地探讨关于热动力学的最新研究以及突破牛顿的传统方式来了解宇宙的可能性。生物学教授在畅谈达尔文理论最终是否会将关注的焦点从所有动物的进化转移到包括基因以及可能构成基因的更小实体的进化上。哲学、法律和语言学教授们则沉浸在对语言本质的热烈交流中。过了一会儿，他们注意到了你的存在并停止了讨论。其中一个人打破尴尬的沉默问道：

"你能告诉我们你讲的经济学是什么?研究它有意义吗?"

你会怎么回答呢?你会滔滔不绝地跟他们论述,当鞋子的需求大于供给时鞋价是如何升高的吗?还是跟他们讲斯密的"电梯"理论?或是李嘉图厌恶地主阶级?这的确令人尴尬,不是吗?我想,在那种情况下,你会很迫切地想向那些鄙视你的这些人证明你的学科和他们的一样,是应当受到尊敬的。无论最顶级的经济学者是否也那样认为,他们在学术上所做的努力都和经济学被称为古典政治经济或是古典经济学(如斯密、李嘉图、马克思及其他一些人的著作,被称为古典政治经济或古典经济学)时所体会到的尴尬是不相符的。

虽然他们承认古典经济学著作中主要经济思想的重要性,但是他们认为这些思想过于为政治立场、思维方式和主观臆测所约束;缺乏像物理学那样的规范性和专业性,妨碍了经济学的发展。在很短的时间里,阿尔弗雷德·马歇尔(1842—1924)和莱昂·瓦尔拉斯(1834—1910)(见 52 页线框)等经济学者,按照自然科学的框架重新修正了经济理论。到了世纪之交,经济学主要的新特点就是广泛地使用数学,明确地表示要把经济学中斯密、李嘉图和马克思等人曾经添加进去的政治、情感和哲学思想去除掉。今天,我们把这些人的工作称为新古典经济学。现代教科书试图恰如其分地概述从 19 世纪末到今天新古典经济学的发展成果。

现在假设由你来负责修正经济理论,让它更像物理学而不是政治学和哲学,你会怎么做呢?借鉴物理学中如何建立真正"科学"方法的思想,会是个很好的开始。当时占主导地位的物理模型就是牛顿构建的经典力学模型。这里我们简短地介绍一下这段悠久辉煌的历史,牛顿经典力学的构建有四个步骤。从确定研究的对象开始(例如,物体的某些特征如质量、位置、速度等),物理学对某些关于自然运作方式(如自然法则)的假设建立了理论基础,这是个伟大的突破。

新古典经济学的创始人之一瓦尔拉斯宣称

对于那些不懂数学以及仍然认为数学不可能有助于阐述经济学问题的经济学家,就让他们自行其是地去重复"绝不能把人类的自由转化为方程式"或者"数学忽略了在自然科学中随处可见的矛盾冲突"以及其他同样有说服力的华丽词句吧。他们永远阻止不了自由竞争下的定价理论成为一个数学理论。因此,他们始终要面临选择,要么避开这个学科,并由此不依靠纯经济学原理来阐述一个应用经济学理论,要么在没有必要工具的情况下去解决纯经济学的问题,这不仅会产生非常糟糕的纯经济学,也会产生非常糟糕的数学。

最顶级的经济学教授马歇尔在《经济学原理》(1891)中提出了"警惕"这个词

大部分经济现象"都无法轻易地用数学方式来表达"。因此,经济学家必须防止"各种经济力量分配在比例上出现错误；要警惕在那些最容易应用分析方法来分析的备受关注的因素上犯错误"。

其中这些假设之一就是能量守恒定律，这一定律简而言之就是，能量的产生从来不是从无到有，同样它也永远不会消失（这就是为什么当撞车发生爆炸时，动能不消失而转化为了热能）。这是一个理论命题，我们首先要注意它是怎么假设的。因为所有我们知道的，都可能是错误的。然后，物理学家选定研究对象，观察研究对象在这种假设下的行为反应。他们用数学方法算出哪种行为类型跟最初的假设相符。例如，他们表明，一个物体受到力的作用而加速所获得的能量，一定是关于它的质量和那个力大小的特殊函数。最后，检验整个模型。如果在实验室里，实验对象表现得与刚才数学推导出来的结果相符，我们就认为这个理论是正确的。否则就重新回到假设阶段。按照这种思路，我们如何建立一套经济理论呢？

经典力学的解释结构

步骤 1 明确研究对象

物体（例如原子、分子、电子、钟摆等）

步骤 2 阐明重要的理论假设

能量守恒定律（例如，能量既不消失也不无中生有）

步骤 3 用数学方法描述我们研究对象的行为，与步骤 2 相一致

质量 = 力 × 加速度

（如果一个力作用在某个物体上，其加速度等于其质量与力的大小之比）

步骤 4　在实验室里观察实际物体的表现是否与步骤 3 相符如果相符，就认为步骤 2 的假设和步骤 3 的理论是正确的。

1.3.2 新古典经济学的兴起：效用和等边际法则

如果我们遵循上述物理学研究方法，就很容易发现研究的对象是什么——就像自然科学的研究重点是原子、分子和物体，我们要解释的是个人、企业和组织（如大学或政府部门）的行为。这很简单。但是下个步骤就很困难。我们提出什么样的假设能就像物理学中的能量守恒定律涵盖一切呢？

新古典经济学的解释结构

步骤 1　明确研究对象

决策者（例如个人、企业、组织、政府等）

步骤 2　阐明重要的理论假设

效用最大化法则（例如，决策者尽力满足他们的偏好）

步骤 3　用数学方法描述我们研究对象的行为，与步骤 2 相一致

边际收益 = 边际成本

（例如，厂商将生产商品 X，直到最后一个单位的 X 产生的收益等于它的成本为止）

步骤 4　用统计方法（如计量经济学）检验步骤 3 是否正确 如果正确，就认为步骤 2 的假设和步骤 3 的理论是对的。

边沁在《道德与立法原则导论》（1789）中论效用原理

大自然将人类置于痛苦和快乐两个统治者的管理之下，由它们各自指出我们应该做什么并决定我们将怎么做。

假设你正在为我们新的"社会物理学"寻找一个适合的统一定律，你突然发现了线框里的言论，即关注人类的动机如何被简化为一个单一的尺度：积极的情绪（如快乐）或消极的情绪（如痛苦＝不快乐），前者相吸后者相斥，这跟电极非常相近。那么，这难道不是一个非常简单的依据（我们姑且称其为人类选择定律）吗？事实是这样的："做能给你带来快乐的事情，避免会给你带来痛苦的经历。"如果所有的经历都能简化为这种单一尺度的通用货币、各种不同的经历都可以用它来衡量，我们就可以说，人们总是会争取得到更多的这种货币。借用边沁的"效用"这一术语，最后你就可以向全世界宣布你的假设：这就是效用最大化原理。

这一原理说了些什么呢？那就是，人们会做使自己快乐的事情而避免做使自己不快乐的事情；看上去并没有什么特别的，不过这只是一个开始。如何再进一步呢？回顾物理学家从提出假设到用数学方法来表示自然规律的过程，我们的任务就明确了：我们需要一个数学公式来表述人性在经济环境下的作用。通过解决悖论来推动理论发展，是一个好方法。思考这样一个悖论：如果我们现在对体验或事物和商品等进行估价的话，因为它们给我们带来了快乐，为什么我们并没有打算为最能带给我们快乐的某样"东西"支付一分一毫呢——比如我们呼吸的空气？没有空气我们肯定会死，并且确知死亡将会损失我们很多个单位的"效用"。

这里我们第一次有机会建立一个逻辑/数学命题：根据效用最大化原理，假设我们得出结论认为，我们购买 X 的倾向不取决于拥有一定数量 X 而获得的总效用，而是取决于多获得一点 X 而增加的效用。也就是说，尽管我们从空气中获得的效用（或快乐）是巨大的，但如果有人再给我们多点的空气，对于我们来说并没有什么用处。因此，由于获得更多一点的空气而增加的效用是零（例如我们已经有了足够的空气），我们也就不会为这多余数量的空气付钱。不知不觉中我们就发现了第一个数学理论：X 的经济价值，取决于我们从 X 获得的效用变化率（而不是我们享受的总效用）。

马歇尔试图从生物学角度
在物理学和历史学之间开辟一门课程

尽管那些一流的专业经济学家对社会物理学所做的贡献是无可争议的，但是剑桥大学资深经济学教授马歇尔，则对这种试图模仿物理学来建立经济学模型的做法是否明智持怀疑态度。他认为，一方是客观的物理，另一方是主观的历史研究，经济学应该旨在解释这两者之间的某些问题。实际上，他认为生物学为经济学提供了一个很好的模型，因为与生物学家一样，经济学家也是试图了解"组织"的成长和发展（比如，可以把市场和公司看作复杂的组织机构）。生物学中最令他关注的，是个体和群体在面对不断变化的环境时如何进化演变的观点。

为了提高这一原理的普适性，我们假设问题是这样的：我们什么时候会停止"活动"（如慢跑、喝酒、消费、生产、唱歌或我们做的任何事情）？答案是，当我们做的最后一件事（比如我们走的最后一步路，找房子时看的最后一栋房子，吃的最后一根香蕉）带来的效用跟它花费我们的效用（比如走最后一步路带来的痛苦，看最后一栋房子的费用和额外劳累的成本，吃最后一根香蕉的成本）一样多时我们就会停止。用变化率来说，就是当效用的变化率等于非效用（或者损失／成本）的变化率时，我们就应该停止一切"活动"。"变化率"太晦涩了，如果我们用术语"边际"来替代它，就能简单地把我们的重要理论表述如下：当你从"活动"中获得的边际收益等于你的边际成本时，请停下来。这就是众所周知的边际均等原理（又译等边际原理），它是新古典经济学的核心原理，因此新古典经济学通常也被称为边际主义经济学。

概括起来，新社会物理学的步骤2包含了效用最大化原理，该原理形成了步骤 3 中的一个简单的数学关系式，即边际均等原理。最后，步骤 4 是统计分析测试，目的在于模仿物理学的实验室，为该理论的正确性提供实证。

1.3.3 新古典（或边际主义）经济学的帝国主义

上一节描述了边际均等原理如何找到作出各种决策（比如经济领域的和非经济领域的）的答案。很容易理解为什么众多经济学家对这一方法都十分热衷。不仅仅是因为它可以解释一切（各种各样的行为），还因为它的解释与牛顿物理学的科学原理的潮流相符合。经济学家终于有机会被看成"科学家"，而不是历史讲解员了。在这种方法的魔力下，经济学中出现了两种趋势。第一种是扼杀了古典经济学家（如斯密、李嘉图和马克思）研究出来的方法，第二种是开始向其他社会科学领域扩展。

第一个趋势（轻视古典经济学）导致研究重点发生了重大改变。始于斯密的古典经济学研究的是资本积累、社会各阶级间（如资本家、地主和工人）的收入分配、资本主义发展的动力（如经济衰退与经济繁荣的更替）这些重大问题，新古典经济学改变了这一切。其原因显而易见：由于侧重于个体研究，理论家的眼里不再有社会阶级，而是按照效用多少把人们简单地进行分类。于是，资本家或工人的概念就没有了，人人都变成了企业家、卖方和消费者。每个人都尽可能达到效用最大化。唯一不同的是他们出售的东西（例如商品或劳动）；那种把社会阶级作为一种正当的分析方法也显得不那么重要了。

同样，资本（其积累是古典经济学家理论的核心）也从理论家的视线里消失了。对于古典经济学来说，资本意味着机器进行物理生产的能力，而在新古典经济学理论中，唯一重要的是效用的生产。只要效用生产出来了即可，至于是如何生产的并不重要：不管是技术密集型工厂制造出的商品还是出自那些令人发笑的喜剧演员之手。换句话说，机器在斯密（还有李嘉图和马克思）的理论中所处的特殊地位，在新古典经济学中是看不到的。

总结一下新古典（边际主义）经济学的第一个发展趋势，其影响是模糊了古典经济学家使用的概念，改变了研究重点，从诸如资本积累、收入分配、周期和经济衰退等重大问题上，向受偏好驱使的个人行为的方向转移。这种趋势最终使得经济学发生了转变，从专业化的角度尝试从一个宏观的、思辨的、对资本主义发展的叙述性学科向一个普遍适用的人类行为科学（或者社会物理学）转变。古典经济学家谈论的是经济增长和衰退、收入不均以及社会各阶层的经济角色，新古典经济学家则似乎更乐意在观察小规模的现象（如茶叶价格的波动）上花费时间，并且一般说来，他们愿意相信市场会妥善地解决这些大问题（如经济增长与失业问题）。

第二种趋势是，新古典经济学将它的研究领地延伸到了其他社会科学。这是无法避免的，因为边际均等原理被看成人类理性行为的一般理论，经济学家声称，这种经济分析方法成为解决各种问题的万能钥匙——从政党为什么改变其政策立场（他们不断地调整政策直到在选票上获得的边际收益等于其边际成本）到为什么人们要结婚（因为考虑另外一个潜在伴侣的成本要大于与现在这个人结婚所将获得的收益）——仅仅是个时间问题。现在看来，有了一个能够回答所有关于人们行为问题的单一的、简单的原理。一个多么伟大的（夸张的？）断言！

经济扩张主义

诺贝尔经济学奖得主加里·贝克尔（1930— ），在他1976年的著作《人类行为的经济方法》中写道："我已经认识到了经济分析方法是一个全面的方法，它适用于所有的人类行为，无论其涉及的是价格还是影子价格。"他说他"把经济分析方法运用到了生育、教育、时间分配、犯罪、结婚和社交活动中"。反对他的观点的人认为，这种运用太简单了。他们怀疑这种运用是否真的那么有趣、那么令人称心如意。

最终，历史也没能逃过掌握了边际均等原理的经济学家的关注。如果边际均等原理是所有社会真理的核心，为什么不能用它去反思历史呢？事实上，一些有影响力的经济历史学家，运用新古典经济学的方法改写了奴隶制、封建制和向资本主义过渡的历史。从他们的角度来说，我在这一章开头所做的探讨（即在市场主体出现之前，经济学是没有用的）就会被认为是错误的。他们的观点是，如果新

古典经济学能解释过去的（市场存在以前）交易主体是如何运作甚至如何改变（利用边际均等原理）的，那么，在那个时代新古典经济学肯定也是十分有用的（即便不是完全想要的，也是可以想象的）。他们的观点正确吗？你自己决定吧。然而，你肯定会注意到这种说法中一个重要的问题：它的前提是人们的行为都依据完全相同的原理，无论人们是处在像今天这样的市场环境下，还是处在没有市场的社会里（例如古埃及的奴隶），或是处在基本上以少量表面交易为特征的没有市场的社会中。在某种意义上，它假设有市场的社会和市场社会没有很大的差别，因此可以对各种时期各种类型的社会采取同样的分析。不论这种假设正确与否，我们都把它称为新古典经济学的帝国主义。

1.3.4 经济学与教科书

显然，标准的经济学教科书采用新古典主义理论（或者是边际主义）。运用相同的边际均等原理，它解释了消费者、企业、政府、工会、中央银行和懒汉们的行为。这并不意味着所有的经济学家都认同新古典主义的观点。事实上，很多经济学家都不同意这种观点。他们中有些人信赖古典经济学家的分析方法，有些人倾向于采纳不同视角的分析方法。从新古典主义理论的产生开始，其受欢迎程度也随着经济学的主宰——历史和思想意识形态——而不断变化。鉴于它观察微观现象的本质趋势，而且暗含地相信市场可以解决宏观问题（或是所谓的宏观经济），新古典经济学家在低失业率和相对稳定的时期获得了认同。但是在市场失灵、不能提供大量货物的时期（如20世纪20年代末期、30年代、90年代），它就显得十分脆弱并被其他分析方法所替代。也正是在上述特定时期(20世纪30年代)，凯恩斯等经济学家将经济学从新古典主义的范围里移了出来，并明确地陈述了那些古典经济学使用的概念和方法：例如，对经济失去平衡时出现情况的兴趣、对经济在相当长的时期内持续失衡的确信，商品总（或整个经济）需求的概念、非自愿失业及对资本积累和社会收入分配的强调等。

总之，新古典主义方法的命运，随着历史变迁和思想潮流不断变化：越是强调自由市场的发展，对使用新古典主义的方法也就越有利。然而，从整体来看，无论是好是坏，这个专业已经接受了这样一个事实，即在大学本科课程的前两年里，学生必须以学习新古典主义的内容为主。各个大学的唯一差别就是，对接受这件事情所持有的热情或厌恶的程度。所以，通过你的教科书里那些迷宫一样的经济学模型，你已开始踏上一个危险的旅程。那么，这本小书能为你做些什么呢？

我希望能做到两件事。首先，回顾并突出经济学教材中核心的（新古典主义）经济概念。本书没有从细节上复习每个概念，而是强调了一些思想，如果你能很好地领会它们，这将有助于你对剩余部分的学习。其次，能够让学生重新获得对经济学的掌控能力。我的意思是，你的教科书看起来令人印象深刻且很有权威性。漂亮的纸页上呈现着各种经济问题的科学答案。事实上，如果你被这种智慧的力量所折服，也是可以谅解的。因为经济学似乎太强大了，而你则是那么渺小！然而，在每张漂亮的书页上，在每个图形背后，都有一些脆弱的、经常是处于黑暗之中的思想，它们被隐藏在了初学者的视线之外，而在我的一些同事看来，初学者是没有足够的能力来处理这些问题的。我想他们错了。因为，如果你获准去探寻藏在多姿多彩的曲线背后的问题时，你也许会经历一种如同战胜野兽一样意义的胜利。我相信，这将有助于你重获上面提到的掌控力。谁知道呢？你甚至可能会从此痴迷于经济学背后的学问。我认为，要学好一门学科，没有比对它着迷更好的办法。

为什么要学经济学？

常见的一种回答是，它能让毕业生找到工作。另一种回答是，它能帮助理解社会是如何运作的。不过，我认为学经济学的最好理由是琼·罗宾逊 1969 年在巴塞尔讲座中说过的一句话："学经济学的目的就是学会如何不被经济学家所骗。"

总结一下后面章节的主要目的，经济思想就是历史和意识形态的玩具。经济学教科书试图通过过滤掉所有的意识形态和强调技术方法的重要性而使你免受历史和意识形态的影响，这样做的代价就是，你只能获得一小部分的真理。本书的目的就是让你自己重新掌握获得真理的方向盘，了解诸多经济学概念的真理。为了帮助你获

得真知、免于愚昧，非常有必要强化这样一种理念，即每个经济理论都是需要意识形态和历史来支撑的。本书第一部分以理性选择这个经济理论开始，它是经济学家行为理论的核心。同以下三个部分一样，第 1 章仅仅是平静地回顾了你在任何一本正规的新古典教科书中都能发现的思想内容，第 2 章会解释教科书中这些思想的来源（这是一般教科书不写的东西），第 3 章则充满激情地对这些思想进行批判。

第一部分
消费选择

[第 2 章]
回顾：关于消费者和选择理论

2.1 理性选择模型

2.1.1 工具理性和均衡概念

疯狂的人令经济学家苦恼，因为他们的选择几乎不可预测。对于无知和健忘的人来说，同样如此。他们都会经常作出令自己后悔的决策，因此如果有机会，他们事后是很乐意反悔的。他们的行动即使在几乎相同的环境下也可能表现得不同；这对某些尝试研究选择理论的人（比如说经济学家？）来说，简直就是一个噩梦。

这也是经济学家集中精力研究理性选择的原因。心理学家喜欢研究非理性、矛盾、恐慌和诸如此类的人类复杂的心理现象，经济学家则渴望发明一个模型，模型里的人以自己的利益最大化为行动指南。他们不仅没有考虑创建一个包含愚蠢和疯狂选择的理性理论的可行性（这是一个显而易见的矛盾），也排除了各种家长式的结论（比如，理论学家告诉某个人："当你本想得到 Y 的时候你却得到 X"）。

当然，经济学家也发现，人们常在犯错后后悔。然而，经济学家假设人类自己就是判断利弊的最好法官是有意义的，因为对于一大群人而言，整个社会便是这些行动理性的人的集合（也就是说，从长远来看，他们犯的错误可以忽略不计）。

把这个假设转换成一个易于理解的概念便是：理性就是知道如何利用手段达到目的。换句话说，理性是一个工具，你可以通过它得到自己想要的。理性的你会利用手头的一切资源和技巧得到自己想要的。从这种意义上说，理性的消费者就是在给定预算下获得最大满意的人。另一方面，如果在给定预算和价格条件下你没有达到最大满意，你就会被认为不够理性。例如，当你逛完商场准备离开时，你选购的东西，而不是你所花的钱，能够让你体验到更多的满足。或者说，如果你挑选了使自己效用最大化的商品组合，你便是个理性的人。

经济学与店务管理逻辑

远离市场的人对"合理"的理解，与那些以在某个市场的成功为生的人的理解，意义完全不同。后者定义"合理"和"理性"为"可获利"或"有效率"。前者（比如，在非洲饥荒地区工作的志愿者、学校老师、失业的单身母亲等）很可能会找出"合理"和"理性"的一些同义词：

比如"责任感""适当的""聪明的""有同情心"等。自从多数人（农民、工人和老板）被迫进入市场后，市场逻辑就取代了其他逻辑。经济学自身作为市场社会出现的产物，假定任何人在任何地点、任何时间都按照斯密所说的啤酒制造商、面包师和屠夫的"理性"方式在行动。人类经济学的逻辑，也是店务管理人的逻辑。

工具理性的定义

一个人如果有效利用她的资源满足了自己的偏好，她便具有工具理性。

当然，这也是一个陷阱。尽管简单的解决方法有一种简单的美，但经济学家认为，对"顾客知道一切（顾客知道什么对自己有利）"这一简单理论的迷信是有代价的：比如说，如果我故意用头撞墙并坚持说这对我有好处，你便没有理由和我争执。因此，理性在这里仅被定义为一种满足偏好的工具，它不能用于评价偏好。

尽管如此，工具理性仍是主流经济学（比如新古典主义）里一个坚实的假设。在资深经济学家看来，工具理性是社会均衡理论的核心，这也是主流经济学的主要贡献所在。什么是均衡呢？它是主体或系统趋向于达到的一种自然状态。比如石头从山顶向下滚动是为了达到一种平衡。当它滚到平地停下来便达到了平衡状态。这一隐喻令无数斯密之后的经济学家兴奋无比：他们认为除非这种均衡被打破，否则社会便没有前进的动力。就像物理学家根据运动学规律描述一块坠落的石头如何达到停止点（这就是一个平衡点）一样，经济学家也想通过描述价格和产量的变动来揭示社会经济如何达到均衡，他们对这一想法兴奋不已。

工具理性如何帮助人们形成经济均衡的概念？考虑一下你和一群朋友玩的游戏：每个人在 1 到 100 间猜一个数字。规则是和最大数字的一半相差最小的人获胜。如果你的六个朋友分别选择了 50、80、40、60、30、100，选择 50 的人便胜出，因为最大数字是 100，一半就是 50。如果你也来参加这个游戏并告诉你获胜奖金有 1000 美元，你会选择什么数字呢？答案取决于你认为该组里最大数字的可能是多少。但是反过来，那个最大数字的选择者也会像你一样去猜某个最大的数字。这时工具理性便会发挥作用，它可以帮助经济学家创造一个预测未来的均衡理论。

显而易见，小组里的每个人都想赢得 1000 美元。如果他们都是工具理性的，每个人首先会猜测其他人最可能选择的数，然后自己选择那个数的一半（因此，如果你认为其他人最可能选 80，你就会选 40）。但是如果每个人都这么想（而且大家都意识到其他人也是这么想的），那么每个人都会不断地调低他们估计的最大数，最后每个人都会选择 0。这是游戏的均衡：每个参与者都选 0，这和石头滚到平地停下来消耗掉所有的动量是等价的。

当然，这个游戏要达到均衡，不仅需要每个参与者都具备工具理性，而且需要每个人都知道别的人也是以相同的方式在思考。其实你可能认为自己是理性的而其他人却不是。你也许会认为你的小组里有某个不知道游戏规则的愚蠢的人，他选择 100 仅仅因为这是一个最大的整数。在这种情况下，你的最佳选择就是 50 而不是 0。这也是为什么经济学家的工作比物理学家的更复杂：人类的行为完全由精神过程决定，而磁场和下落的石头则不会影响人的行为。

但经济学家希望，经验可以帮助他们解决问题并取得理论上的均衡。如果游戏不断重复下去，选择 100 的人马上就会意识到选这个数字是个错误，因为只有选择小于 50 的数才有意义（回想一下，奖金是由选择最大数一半的人获得的；既然可能的最大选择是 100，那么为什么要选大于 50 的数呢？）。因此下次她最多会选 50。但是此时 50 又成了可选的最大数，她仍然赢不了，因为奖金会被发给选择 25（最大可选数的一半）或某个接近这个数的人。这样第三次玩的时候，她最多会选 25。如此几轮之后，所有选择都将趋于 0——工具理性的人趋于达到的均衡。

上文中简单的例子，说明了经济学家如何从假设出发创建群体行为理论，以及如何从均衡的角度去理解这种集合行为的群体行为理论。假设认为，人们在实现目标的过程中是有效率的（或者通过不断学习而变得更有效率），在我们的小游戏中，你的朋友在奖金激励和自我推理能力的帮助下，会选择越来越小的数字，他们就像是被引导着作出均衡决策（0）。市场中也是如此：买卖双方为了追求效用或利润最大化而改变他们的行为（生产更多产品或购买更少产品等），这样价格和物品数量便趋于达到一个市场均衡。当市场达到均衡状态时，商品的价格和数量都会停止改变，市场变得稳定，就像石头从山上滚下后停在某个地方。

总之，经济学家相信，与自然界中重力定律和其他自然定律导致的均衡不同，市场均衡是社会中每个个体的理性使然。新古典经济学家从实用角度定义理性（比如你的理性就是达到既定目标的工具），并把人类的决策行为模型化为决策者最大化其效用的过程。

2.1.2 效用和边际均等原理

可以确信，理性人都会想方设法满足自身偏好，可我们该怎样去创建一个精确的行为理论来描述它呢？答案在 1.3.2 节里已有所论及：如果你的行动是为了满足自身偏好，那么每次偏好被满足时，你的幸福感就在不断增加。此时我们就可以说，你得到了更多满足或效用。

究竟什么是效用呢？一种定义是：我们的不同体验（比如商品消费、令人愉悦的服务、一首歌，甚至是痛苦）带给我们不同程度的满足，这就是效用。如果偏好越能得到满足，我们体验到的效用就越大，那么我们立刻就能得到工具理性的数学表达：工具理性就是最大化个人效用。

然而，现在经济学家已不再热衷于把效用概念理解为我们想得到的某种内在心理能量。他们认为这样会使人性假设模型变得过于简单，并会引来许多不必要的批评（比如批评他们把人看成只会享乐不能欣赏生活中高级事物的动物）。所以，他们不再把效用定义为人内心的某种微小能量，而是引导我们列出一个我们想得到的体验或事物的序列，然后按照偏好顺序进行排列：最想得到的排在最上面，最不喜欢的排在最下面。本文假设人人都希望自己处于序列中较高的位置。位置越高，人们得到的效用（满意）也越大（请注意，根据这种解释，人的内心是不存在什么温存感的），于是工具理性就意味着每个人都努力去占据序列中的较高位置以获得更多效用，这和效用最大化的意思是相同的。

不管我们认为效用是人的心理能量还是序列中的一个满意偏好项，选择的形式依然不变。正如在 1.3.2 节里论述的，从效用概念出发会得出一个唯一确切的结论：当效用的变化率等于非效用的变化率时（效用减少的比率），具备效用偏好的人应该停止行动。为了说明这一点，思考下面这个例子。

假如你可以选择不同数量的某种体验，那么你选择的该体验量越多，你得到的效用也越大。但是，每种体验都是有代价的。假设表 2.1a 的数据描述了现在的情况，那么多少体验量才是合适的呢？

为了使问题更易于理解，假设题中的体验是慢跑。这样问题便简化为在 1000—7000 米之间你想跑的距离。不难理解代价是跑步带来的身体疲劳或肌肉酸痛。你喜欢在公园里跑步（跑步让你的效用不断增加），但你跑得越久就会越感觉疲劳。如果非效用单元（如疲劳）和效用单元（如快乐）是等价的，很明显，你会选择一个使自己总快乐（快乐减去痛苦）最大化的跑步距离。

在继续往下讨论前，看看图 2.1a 所示的效用波动图是大有裨益

表 2.1a　效用与非效用

数量	效用	非效用
1	10	2
2	18	4
3	22	6
4	25	8
5	25.5	10
6	24.5	12
7	21.5	14

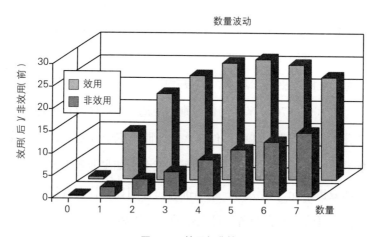

图 2.1a　效用与非效用

的：为什么一段时间后效用开始下降了呢？本文给出的唯一解释就是，跑了 5000 米后你开始厌烦了。换句话说，即使你在跑了第一个 5000 米后完全感觉不到疲劳，你也不会再跑下去。总而言之，经济学家相信，当我们从一种体验中得到的效用越多，我们从这种体验中继续得到的效用的上升速率就会越慢（比如，口渴时你喝的第一杯水比第二杯水更令你愉悦，即使你喝第二杯水时也很渴）。最后，当我们不需要更多该种体验（比如喝了足够多的水）时，便会停止该行为。为了更好地理解这一点，由表 2.1a 引申出另一个表 2.1b，它描绘了效用和非效用的改变。我们把效用的改变称为边际效用，即效用的微小变化。

一般来说，经济学家会把 X 的改变称为 X 的边际——不管 X 是

表 2.1b　计算快乐值

数量	边际效用	边际非效用	净效用
1	10	2	8
2	8	2	14
3	4	2	16
4	3	2	17
5	0.5	2	15.5
6	－1	2	12.5
7	－3	2	7.5

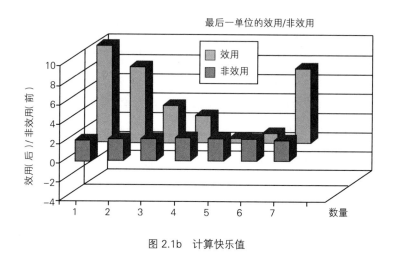

图 2.1b　计算快乐值

什么（效用、成本、收益等）。因此，效用的改变取决于我们体验的最后一单位效用，即边际效用。比如你跑第 2000 米时效用从 10 变为 18，即增加了 8 单位效用。但跑到第 6000 米时，效用却降低了 1 单位（主要由于厌烦）。跑到第 7000 米时则降低了 3 单位。所以我们说，第 2000、6000、7000 米的边际效用分别为 8、－1、－3。

很快我们就会发现，对于具备效用偏好的人来说，当边际效用降为 0 或负数时，他们会停止做该行为（如跑步、吃饭、休息、工作）。如果效用是有代价的，人们会更早地停止这种行为。在跑步的例子中代价是疲劳：你每跑 1000 米，疲劳总量就会增加 2 单位。也可以说：不管你已经跑了多长距离，你的边际负效用都是 2。（其实变化的边际负效用可能更符合实际：比如，你跑的距离越长，每多跑 1000 米所增加的痛苦也就越多。）

假如你想最大化净效用（即效用减去疲劳），你该何时停止跑步呢？跑了1000米之后吗？如图2.1b所示，我们发现第2000米对效用（增加10单位）的贡献比对疲劳或非效用（增加2单位）的贡献大。因此，你至少应该跑完2000米。那么你应该跑第3000米吗？尽管跑第3000米的额外效用（8单位）比第2000米的少（10单位），但它仍比额外增加的疲劳大（2单位）。所以你还应该继续跑。什么时候应该停下呢？很明显，当继续跑步所增加的疲劳比增加的效用多时，你就应该考虑停下来了。在跑第5000米时这种情况发生了，显然此时你就不该再跑了。

边际均等原理

当边际效用（即最后一次行动对效用的贡献）和边际非效用（即最后一次行动带来的效用损失）非常接近（但不小于它）时，我们就应停止行动。

按照边际效用的说法，当你跑下一个1000米的边际效用可能低于边际非效用时，你就不应该再跑了。或者简单来说，在边际效用等于边际非效用时停止行动——这就是边际均等原理。（在我们的例子中，该原理建议你跑了4000米后就应停下来。）

从工具理性到边际均等原理

根据工具理性，在考虑所有情况下（如成本、疲劳等），

> 理性的人会选择最优化其偏好的数量。如果偏好可以转换为效用，工具理性就是在考虑各种约束条件（如疲劳、成本等）的情况下最大化效用。因为当边际均等原理条件满足时，效用就可以达到最大化，所以工具理性的人更容易接受这个原理。

边际均等原理阐述了这样一个几何学事实：当边际效用和边际非效用足够接近时，净效用达到最大。在表 2.1b 中，跑第 4000 米时净效用最大（17 单位），这时边际效用（3 单位）最接近边际非效用（2 单位）。

当然，该模型不仅可以用来选择最理想的跑步距离，几乎还可适用于在各种体验的不同数量间进行选择的任何情况。例如，为了充饥，你在田野里边走边捡草莓。一开始你饥不择食，因此，最初的几个草莓令你极其满意。但是，你捡的草莓越多，你从下一个草莓中得到的效用就越少。假设捡草莓会令你疲劳（我们假定这是固定的——如 2.1b 中的边际非效用），某个时候你就会碰到一颗不值得捡的草莓（在表 2.1a 中可能是第五颗草莓）。

听起来可能有些可笑，但这确实是经济学的一个原始理论：把生产（捡草莓）和消费（吃草莓）联系起来的理论。对于新古典经济学家而言，从一个简化的例子引申出一个包含金钱和其他人的复杂理论是可以理解的。为了看到这一转变是如何完成的，假想你现在非常渴，决定买杯橙汁。此时柱状的效用图意味着你打算花多少钱买数量不同的橙汁。事实上，第一杯橙汁的效用高，说明一开始你非常渴，你愿意花 10 美元买第一杯。然而，一旦你喝下第一杯，第二杯对你的价值就降低了（比如 8 美元，因为你已没有先前那么渴了），第三杯价值更小（4 美元）。喝了五杯后你已经饱了——即使免费让你喝，你也不想碰它！（边际效用为负，意味着只有在得到补偿时，你才愿意继续喝下一杯橙汁。）

所以我们看到，即使橙汁是免费的，你也只会喝五杯。但是如果每杯 2 美元呢？你只会喝四杯。道理很简单：你愿意花多少钱支付第五杯橙汁呢？表 2.1b 给出的答案是 50 美分。那么花 2 美元去买是不是很傻呢？相比而言，第四杯价格比较便宜，当它只卖 2 美元时你甚至愿意花 3 美元去购买。当然，你的最佳选择（喝四杯）并不是在边际收益和边际损失完全相等时作出的（或者说边际效用等于边际非效用）。原因在于你只能买整数杯的橙汁。如果橙汁可以按吞咽次数计价，你会不停地喝直到最后一口带给你的愉悦和不快（因为有成本）相等为止。与慢跑的例子一样，如果你可以在任何想停的地方停下来，你将只会跑到 4000—5000 米间的某个距离。这时边际效用和边际非效用会完全相等。

图 2.2 提供了一个边际均等原理的图表解释，图中你可以选择非整数单元（并不限制你选择非连续的数量）。另外，本例也摒弃了边际非效用恒定的假设（请注意，体验的数量越多，负效用上升的速率也越快）。边际效用（或边际非效用），即不同数量下效用（或非效用）的变化率，可以在几何学上定义为效用（或非效用）曲线。图

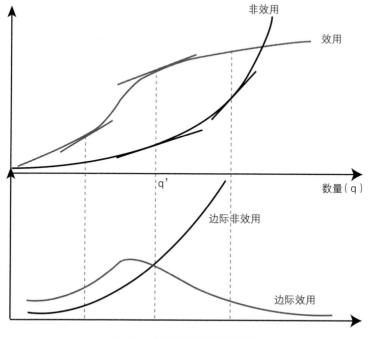

图 2.2 边际均等原理的几何图

2.2 画出了不同数量下的边际效用及非效用。

容易看出,当数量小于 q′ 时,因为边际效用的上升速度大于边际非效用,选择更多数量是有意义的(也即边际效用大于边际非效用,或者说效用曲线斜率大于非效用曲线斜率)。与之相对应,大于 q′ 就代表不明智的选择:注意当 q>q′ 时,效用上升速度小于非效用上升速度。因此,最后一单位选择带来的痛苦必将多于快乐(理性的人不会做这种选择)。

最后，我们观察到的最佳选择，自然而然地也就符合边际均等原理：在（且仅在）q′数量下，两条线（效用和非效用）距离最大——净效用最大。请注意，在这一点上，两条曲线斜率相等。这并不是巧合——两条曲线垂直距离最大时斜率相等。或者说在q′点，边际效用（曲线斜率或是效用的变化率）等于边际非效用（曲线斜率或是负效用的变化率）。

> 问题：为什么经济学喜欢假设边际效用递减？
> 答案：否则，工具理性的人可能看起来很蠢！
>
> 举例：假如问题中的数量不是橙汁而是威士忌酒。那么可以想象边际效用递增的情况：你喝得越多，你喝下一杯也越快乐。在这个例子中，你会发现，边际均等原理建议我们不停地喝下去。最后，不是你没钱了就是身体垮掉了——这几乎不可能是个明智的选择。

2.1.3 理性的一致性偏好

边际均等原理可以推广到人们对各种不同体验（比如超市里的商品、各种音乐、在网球场上奔跑等）的选择问题上。利用上面的模型我们可以选择一个组合而抛弃另一个，但前提是一个工具理性的人会选择令其偏好得到最大满足的体验组合（因为这能使他的净效用最大）。

然而，事情此时开始变得有点复杂。在单一体验（商品）的例子中，比较各种选择很容易（例如选择一杯还是两杯橙汁并不难），但是当体验或商品多于一种时，事情就变得复杂起来。比如有人告诉你在莫扎特和贝多芬之间她更喜欢莫扎特。如果要在贝多芬的《第五交响曲》和涅槃乐队（Nirvana）的摇滚乐之间选择，她宁愿听贝多芬。但她又承认，当她看见莫扎特的精选集和涅槃乐队的专辑时，她有种奇怪的感觉并会选择听涅槃乐队的 CD。现在的问题是：如果你相信她的偏好，你会在她过生日时送她谁的 CD？

问题的关键在于，你朋友的偏好是不一致的：她喜欢莫扎特多于贝多芬，喜欢贝多芬多于涅槃，喜欢涅槃又多于莫扎特。你会买莫扎特的 CD 给她吗（因为和贝多芬相比她更喜欢它）？不，送她涅槃的 CD 会更好。但是在贝多芬和涅槃之间她不是更喜欢贝多芬吗？可是如果你选择贝多芬，那又为什么不给她买莫扎特的 CD 呢？结果就是：如果你试图满足（或最大化其效用）一个有这种偏好的人，最终你会陷入一个狗咬狗尾巴的圈套。从理论上讲，这意味着这种偏好不能预测行动。因此，经济学家假设偏好具有一致性是可以理解的：如果他们对 A 的偏好大于 B，对 B 的偏好大于 C，那么对 A 的偏好也总大于 C（这被称为偏好的可传递性，它排除了循环偏好的存在）。

以上内容加深并进一步澄清了我们对工具理性的理解。如前所述，一个理性的人会有效满足她的偏好，但要预测行动，她的偏好必须是一致的：如果她喜欢 A 多于 B，那么她必须保持这种偏好顺序。并且如果她还喜欢 B 多于 C，她就不能同时喜欢 C 多于 A。最后，如果她的偏好在任何情况下都可以指导她的选择，那她只能作出一种决策，即给定 A 和 B 两个选项，她必须知道自己喜欢 A 还是 B 或是对此不关心，但她不能说："我不知道我想要哪个。"

现在我们知道为什么经济学家要对人的偏好作出这种规定了：因为如果不这么做，选择模型就会失效。因此，指明这些规定是明智的。如果有时你在去剧院和去餐厅之间举棋不定，并不意味着你有什么问题。相似地，如果你对音乐的偏好模糊不定（如前例中莫扎特、贝多芬和涅槃的循环偏好），这可能会让你成为一个有趣的人。唯一的问题是，这种有趣的非一致性，使得经济学家很难预测你的行为，但这是经济学家的问题而不是你的问题。

尽管如此，在许多情况下一致性都至关重要。线框中给出了一个关系着生存和死亡的理性选择的例子，它必须具有一致性。经济学家假设，所有的理性选择都是一致的。尽管假设的初衷是为了达到他们的目的，但是为了建立一个理性选择理论，这仍称得上是一个很吸引人的假设。他们可能会说，如果一定程度的不一致让人变得更有趣，这很好，但这并不影响他们的研究：他们试图整合理性人的行动模型（而不是什么使人变得有趣的模型）。让我们顺着这个思路继续往下走。

工具理性与一致性

工具理性要求选择和偏好一致。因此，给定相同的信息、相同的偏好必须导致相同的行动。1982 年，《新英国医学杂志》发表了一篇研究，247个人被问及以下这一假设问题："考虑以下信息，你会选择哪种肺癌治疗法？"

- 手术：100个做手术的人中，90个可以活过术后阶段，68个可以活到年末，34个可以活五年。
- 放射性治疗：100个治疗的人中，治疗期全部存活，一年后77个存活，五年后22个还活着。

247个人的回答中，只有18%的人选择放射性治疗。然后研究人员问了336个人相同的问题，不过信息换成了：

- 手术：100个做手术的人中，10个人死于术后阶段，32个一年后死去，66个五年后死去。
- 放射性治疗：100个治疗的人中，治疗阶段无人死亡，23个一年后死去，78个五年后死去。

这次44%的人选择放射性治疗。因此，信息是关键，信息的组织方式（如以存活率或死亡率的形式表达）影响很大。工具理性坚持认为这种差别是非理性的，并且一个理性的人应该可以看出这种表达上的差别。但不管怎样表述，偏好应该是一致的。

我们如何把边际均等原理扩展到多于一种体验（或商品）的决策中呢？首先，我们必须获得像图2.1和图2.2那样单一体验的个人偏好。图2.3则显示了两种体验的情形：X和Y。图2.3中的每一点代表了你能支配的X和Y的某个组合。让我们从X为1、Y为6的

组合开始讨论吧。

假设你现在失去一单位Y——我打算拿走它（这会沿着向下的箭头移动）。如果我告诉你："我知道Y从6下降为5让你很沮丧。我打算弥补一下。为了补偿1单位Y的损失，你想要多少单位的X？"你会作何反应？你想了想回答道："给我1单位的X我们就扯平了。"

在本例中，我推测你对A和B的组合已经不关心了。实际上，如果交换1单位Y和X，你感觉得到了补偿（但不是感觉更好），那么A和B肯定会带给你相同的效用。现在在A、E和C的组合中，我画了一些从这些点出发的箭头，其中向下的箭头代表1单位Y的

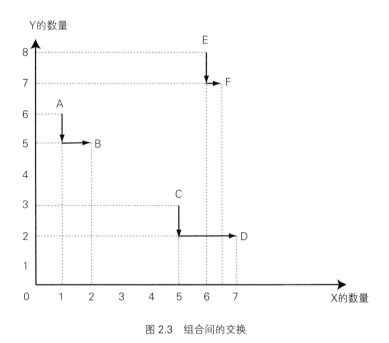

图2.3 组合间的交换

损失,向右的箭头代表补偿这三种情况下的损失所需要的额外的 X 的数量。

正如我们已经看到的,如果你在 A 点,1 单位 Y 的损失需要 1 单位 X 来补偿。但如果你的组合是 C,1 单位 Y 的损失让你更伤心,所以你需要 2 单位 X 的补偿,以使你和在 C 点一样开心。(一个合理的解释是,在 C 点比在 A 点你拥有的 Y 的数量更少,于是 1 单位的损失让你更舍不得。看你能不能把这与图 2.2 里边际效用递减的概念联系起来。)最后,在 E 点时你似乎有足够多的 Y(准确地说是 8 单位),因此 1 单位 Y 的损失可以用少于 1 单位的 X 来补偿(又是边际效用递减)。

到目前为止,我们知道你对 A 和 B,C 和 D,E 和 F 没有偏爱。但我们不知道你如何评价 A、C、E 的组合。如果你告诉我 X 和 Y(或者是商品)是你喜欢的体验(结果你想得到更多的 X 和 Y),显然你偏好 E 多于 A,因为 E 包含更多 X 和 Y。现在情况还不错:我们已经知道你偏好 E 或 F 多于 A 或 B。

最后,如果你告诉我:"想想吧,我真的不介意我有 2 单位 X 和 7 单位 Y 或者 6 单位 X 和 1 单位 Y。这两个组合让我一样快乐。"那么,你的确告诉了我很多信息。因为这意味着在组合 A 和 D 之间你没有偏爱。但我已经知道在组合 A 和 B 以及 C 和 D 之间你也没有偏爱。很明显,如果你的偏好是一致的,你不会介意使用 A、B、C、D 中任何一个。它们就像一群使你同样快乐的组合;也就是给你相同的效用。在图 2.4 中,这些组合以一条向下倾斜的线画了出来,其中点 A、B、C、D 都在这条线上——我们称其为无差异曲线，它的定义是所有相同偏好或效用组合点的集合。

总之，同一条无差异曲线上的组合，效用是相同的（比如你已经承认 A、B、C、D 对你效用一样。并且 E 和 F 也一样）。另一方面，对人们而言，任何无差异曲线右边的组合都会比曲线上的组合更有价值。所以你喜欢 E 多于 A、B、C、D，因为 E 所在的无差异曲线在 ABCD 曲线的右边。现在就让我们看看图 2.4 如何帮助我们把边际均等原理扩展到两种以上经验或商品的例子。

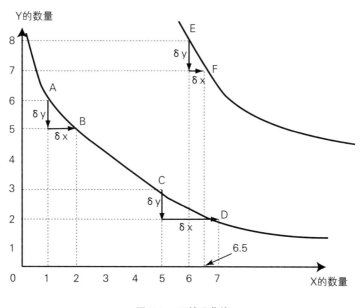

图 2.4　无差异曲线

2.1.4 边际均等原理的扩展

假设你在 A 组合点。我们已经知道你愿意用 1 单位 Y 交换 1 单位 X。假设 Y 的价格是 X 的两倍,即每单位 X 的成本(价格)相对于每单位 Y 的成本是 0.5。更确切地说,我们定义 X 和 Y 的相对价格为 X 的价格 PX 和 Y 的价格 PY 的比率。因此,相对价格 =PX/PY。问题于是也就变成了:购买 A 对你而言是不是工具理性的呢?答案是否定的。后面我们将会看到其原因在于,购买 A 组合并不能满足你的偏好,而你的偏好其实是可以满足的。

机会成本和边际替代率

经济学家衡量 X 的成本不是看你花了多少钱而是看为了得到 X 你所放弃的成本(或金钱)。因此,读本书的机会成本就是:(1)如果不买本书你可能买的其他东西;(2)做其他事情而不是读这本书的收益。所以即使你没有花钱从图书馆借这本书,阅读它也是有机会成本的。这印证了一句最被推崇的经济学名言:天底下没有免费的午餐。

注意边际替代率如何衡量一小部分的体验或商品 Y 的机会成本:它说明了你用多少数量的 X 来评价一小部分 Y 的损失,这就是那一单位 Y 的机会成本。

考虑以下例子:假如在购买 1X 和 6Y 之后,你要把第六单位的 Y 交换为 1 单位 X。你介意这样做吗?当然不会,因为你会从图 2.4

中的 A 点移动到 B 点——你得到的效用和交换前一样（回想一下 A 和 B 在同一条无差异曲线上）。但是交换为你节约了金钱，因为取得 1 单位 X 的成本只有 1 单位 Y 的一半。所以从 A 点移动到 B 点你不仅可以享受相同的效用而且还省了钱。结论是：A 组合并不是一个很明智的选择，因为 B 组合和它效用相同却花费更少。

总之，交换 1 单位 Y 和 1 单位 X 效用不变，是由比率 $\delta X/\delta Y$ 决定的，其中 $\delta Y/\delta X$ 等于 Y 的变化率除以 X 的变化率——比如，在 A 点该比率是 1/1、C 点是 1/2、E 点是 2——我们称其为边际替代率。如果它和价格比率不一样，就说明你的决策不是最佳的。在 A 点相对价格为 0.5，说明移动到 B 点你的决策会更好。相似地，如果相对价格 P_X/P_Y 等于 0.5，E 组合也不是个好选择。请注意在 E 点，你愿意用 1 单位 Y 交换 0.5 单位 X（也就是移动到 F 点）。因为 X 比 Y 更便宜，所以购买 0.5 单位的 X 比 1 单位的 Y 也便宜，在效用相同的情况下也就为你省了钱，很明显你应该放弃选择 E。现在的问题是：我们什么时候能得到一个明智选择？答案是：当边际替代率和相对价格（或价格比率）足够接近时（理想情况下两者相等）。

究其原因，可以考虑 C 组合，它的相对价格 P_X/P_Y 是 0.5。Y 的价格还是 X 的两倍。但在本例中，失去 1 单位 Y 你会要求 2 单位 X 的补偿（也就是从 C 点到 D 点）。然而这却没有取得好处：事实上，从 C 点移动到 D 点并没有什么意义，因为两个组合的成本和效用是一样的。因此，你可能还会待在 C 点。从几何学上来说，这是因为相对价格（也就是价格比率）和边际替代率相等。

图 2.5a、2.5b 和 2.5c 从几何学上进行了解释。三个例子都检验了当两种商品的相对价格由经过 A 和 D 的直线斜率给出时,购买 A 是否明智。为什么这条线能代表相对价格呢?如果我们从 A 点开始,它说明我们愿意在得到 BD 单位的 X(水平轴上的商品)时放弃 AB 单位的 Y(垂直轴上的商品)。这和 X 的价格相对于 Y 的价格即 AB/BD 是等价的。问题是:即使如此,我们就愿意放弃 AB 单位的 Y 以得到 BD 单位的 X 吗?

例 1 中(图 2.5a)你愿意交换 AB 单位的 Y 和 BC 单位的 X,因为 A 点和 C 点位于同一条无差异曲线上。但我们知道,如果放弃 AB 单位的 Y,你可以得到 BD 单位的 X——这比补偿 AB 单位 Y 的损失所需要的 X 还多出了 CD 单位的 X。因此从 A 点移动到 D 点,你花费相同却得到了更多的效用。这时选择 A 就不是个好主意了。

让我们看看例 2(图 2.5b)。你会选择 A 组合吗?不会,因为如果你能付得起 A 组合你也能付得起 D 组合,而 D 的效用更大。从 A 点移动到 D 点,意味着失去 BA 单位的 X 以交换 DB 单位的 Y。然而,无差异曲线告诉我们,BA 单位 X 的损失,完全可以由 CB 单位的 Y 补偿。但是在 D 点,你不仅可以得到 CB 单位的 Y,还能获得 CD 单位额外的 Y;因此你得到的补偿超过了 BA 单位的损失。总之,从 A 点移动到 D 点,情况变得更好了。

例 3(图 2.5c)给出了一个均衡选择:你没有理由远离 A 点。最终我们找到了一个 X 和 Y 的合理组合。是什么让组合变得合理呢?从几何学上讲,无差异曲线通过 A 点但不和相对价格曲线相交(正

例1：你不应该选择A，它包含的Y太多X太少

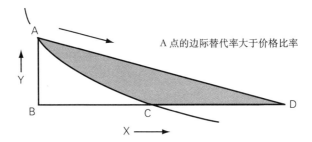

AB=1；BC=2；BD=4
A点的边际替代率 =AB/BC=1/2
价格比率 =AB/BD=1/4
沿着箭头的方向移动，你可以在不增加成本的情况下增加效用

图 2.5a　X 偏少

例2：你不应该选择A，它包含的Y太少X太多

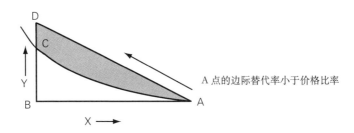

AB=3；BC=1；BD=3/2
A点的边际替代率 =BC/BA=1/3
价格比率 =BD/BA=1/2
沿着箭头的方向移动，你可以在不增加成本的情况下增加效用

图 2.5b　Y 偏少

例3：选择A，它是你的最佳选择

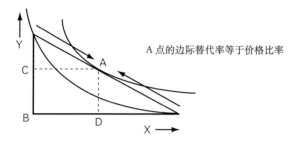

BC=1；BD=3/2
A 点的边际替代率 =BC/BD=2/3
价格比率 =BC/BD=2/3
在不增加成本的情况下，从 A 点不管向哪个方向移动都不会增加效用

图 2.5c　X 和 Y 刚好合适

如在例 1、例 2 中看到的），而只是和它在 A 点相切，使得组合变得合理。换句话说，无差异曲线和相对价格曲线共处一个点，一个切点：A。这就是为什么在没有额外补偿的情况下，A 选择不能改进的原因：在前两个例子中（图 2.5a 和图 2.5b），无差异曲线通过 A 点和相对价格曲线构成了一个比 A 便宜（因为它们落在相对价格下面）但比 A 好（因为它们落在无差异曲线上方）的点的集合（见图 2.5a 和图 2.5b 中的阴影区域），在例 3 中没有这种区域，因为 A 点是两条线间唯一的点。A 点的唯一性证明了其是最优选择。

或者说，A 点（无差异曲线和相对价格曲线的唯一交点）的特征是：无差异曲线和相对价格曲线在该点斜率相等。在经济学上这意味着 A 点的边际替代率等于价格比率。正是因为达到了例 3 中 A 点的等斜率情况，个人才能取得最佳决策。

边际均等原理的扩展现在已经完成，请回答以下问题：怎样的组合选择才是明智的？答案就是：当边际替代率和相对价格（或价格比率）足够接近时（理想情况下两者相等）。

简言之，我们已经知道为什么 A 组合在例 3 中是最佳选择。相比而言，在例 1 和例 2 中，A 组合就不那么吸引人，为什么呢？我们发现，例 1 中在 A 组合点无差异曲线比相对价格曲线陡峭，这意味着价格比率比边际替代率小，也就是说，在没有额外成本的情况下，增加 X 减少 Y 可以提高效用。

相似地，在例 2 中，通过 A 点的无差异曲线比相对价格曲线平坦（这时，A 有太多的 X 而 Y 却不足）。但是在例 3 中，无差异曲线和相对价格线在 A 点斜率相等。无差异曲线的斜率在经济学上有什么意义呢？从图 2.2 我们得知它就是所谓的边际替代率。那么相对价格曲线的斜率又代表什么呢？当然就是相对价格（或价格比率）！下面的线框中总结了该边际均等原理的扩展。

2.1.5 从边际均等原理到消费者需求原理

构建消费者需求原理现在只是一个程序问题。需求原理的目的是什么呢？找出商品价格与一个消费者（或许多消费者）购买商品数量之间的关系。假设 M 是消费者拥有的购买 X 和 Y 商品的总钱数。如果它们的每单位价格为 P_X 和 P_Y，那么 $M=P_X X+P_Y Y$（也就是 X 的花费和 Y 的花费总和为 M)，重新排列变为：$Y = M/P_Y - (P_X/P_Y)X$。(注意，这条线的斜率等于相对价格。)这个等式代表了图 2.6 里的直线 AB，它包含了所有消费者有能力购买的 X 与 Y 的组合，我们把这条线称为消费者预算线。根据以上边际均等原理的推理，这条线上的最佳选择是 C 点——因为它是预算线 AB 和一条无差异曲线的切点。在给定价格和钱数 M 的情况下，她想买多少单位的 X 呢？答案是：与预算线 AB 上 C 点对应的 X 值。

边际均等原理的扩展

当一个人在两种体验或两种商品 X 和 Y 的不同数量组合间进行选择时，边际均等原理建议她选择一个组合使得 Y 的边际效用与 X 的边际效用的比值等于价格 Y 和价格 X 的比值。

快速证明如下：根据边际均等原理，当边际替代率等于价格比率时决策最佳。但是，任何组合（见图 2.4）的边际替代率不过是通过那一点的无差异曲线的斜率：δ_Y/δ_X。在这个人可以选择的最佳决策点（比如图 2.5c 中的 A 点），$\delta_Y/\delta_X = P_Y/P_X$。我们把 X 和 Y 的边际效用定义为效用的变化率，也就是说 U，而 U 分别受到 X 和 Y 的数量变化的影响：δ_U/δ_X 和 δ_U/δ_Y。把两个相除有：$\delta_U/\delta_X / \delta_U/\delta_Y = \delta_Y/\delta_X$。因为边际替代率等于边际效用的比率，所以边际均等原理可以表述为：

> 当有多于一种经验或产品的选择时：选择一个数量组合使得边际效用的变化率等于边际非效用变化率（或价格）。
>
> 把这与 2.1.2 节里单一体验或商品 X 在不同数量间选择时做一个比较。
>
> 只有一种经验或商品 X 时的边际均等原理：选择某个数量的 X 使得 X 的边际效用等于 X 的边际非效用（或 X 的价格）。
>
> 显然，当我们从一种体验或商品变为两种时，原理并没有变化太多。其实，不管我们在什么数量间进行选择，这个原理都是适用的。

现在假设 X 的价格从 PX 下降为 PX′，然后又下降为 PX″。这使得预算线的斜率变小，它从 AB 位置旋转到 AD 和 AE（分别对应价格 PX′ 和 PX″）。这时最佳选择分别变成了 F 和 G，对 X 的需求量也从 X 上升为 X′ 和 X″。因此，我们最后得到了三个价格和消费者对 X 的三个需求水平。把这些组合表示在一个图里（见图 2.6），就完成了我们对需求曲线 X 的推导。

总之，需求曲线的推导是边际均等原理的一个简单应用。一旦理解了后者，需求理论便很容易得出。图 2.6 显示了一个人的需求是如何构成的。下一步就是把不同人对 X 的需求加总以得到 X 的总需求曲线。如果能把两条或更多曲线水平相加，这种集合效用就会表现得更明显。

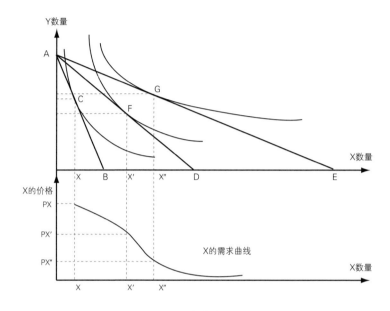

图 2.6　需求曲线的诞生

那么这一切都是为了什么呢？难道我们的分析只是为了得出，效用曲线向下倾斜反映个人偏好（也就是无差异曲线的位置和斜率）、其他商品价格（比如 Y）以及消费者打算花多少钱的结论？其实，之前我们就已知道这些了。然而，我们的分析没有优先考虑叙述一个完整的过程，即在个人资源允许的情况下满足偏好的意图如何得到了这个唯一的选择（比如决定买 X 单位 X 的决策）。只有模型（或过程）建好了，扩展（没有上述理论，一些扩展我们可能想都没想过）的各种形式才变得可能。经济学家让我们经历这些是为了证明，利用我们背后的所有神秘图表，我们可以向世界呈现一个统一的人类行为理论。

需求曲线：经济学家的虚幻朋友

需求曲线问题是经济学家虚构的。现实中根本找不到！这就是为什么在图 2.6 中，我们引申出了 X 的需求。为了做到这一点，我们假设 X 的价格是唯一变量（这也是为什么预算约束线是旋转的），其他量必须保持不变。

做这个假设的原因在于，除非其他量（比如 Y 的价格、可用的金钱和偏好）保持不变，否则我们就不能用现在的方法研究 X 的需求。为了说明这一点，让我们看一下当 X 的价格变化时 Y 的需求会怎么变：尽管 Y 的价格恒定，它的需求却会改变。所以我们研究 X 需求的唯一方法（正如我们现在用的），就是假设除了 X 价格之外的其他量都保持恒定。

当然，在现实生活中其他变量都很难保持不变：其他商品的价格会变、人们的收入会波动，更糟的是他们的偏好也会改变。因此，我们可以观察到的唯一商品需求曲线就是一个点——该商品现在的价格和数量的组合。需求曲线的其他部分都是经济学家虚构出来的。

2.2 普遍适用的选择理论：边际均等原理野心勃勃

在解释了一个人何时停止跑步、该买多少香蕉、为什么放弃戏剧演出而去看电影等行为后，新古典经济学家意识到一个伟大的结论唾手可得——边际均等原理可能成为解释人类行为的基础。就像所有伟大的理论一样，理解边际均等原理也需要有想象力的飞跃，有的人喜欢这样做，有的人则对此嗤之以鼻。一方面，经济学家对边际均等原理的理论启示充满期望，这也使得他们认为经济学会成为社会科学的皇冠；另一方面，这也为那些认为整个理论根本就是一个闹剧的人提供了足够的弹药。

以下给出了四个例子，它们说明了经济学家如何努力把边际均等原理抬高到超过其他世俗的普通理论（比如，一个消费者挑选放入购物车商品组合的理论）的地位。每个例子后面都对该原理引发的批评进行了简要评述。

2.2.1 收集信息

在这个价格、品牌、商品、收入甚至偏好不断变化的不确定性世界里，假设你在决策前就知道你应该知道的一切理论会显得非常荒唐。然而，我们目前对边际均等原理的探索正是基于这个假设：对于每个可能的选择，我们都可以精确地预测效用和非效用的数量（比如痛苦、成本、疲劳、价格等）。除非经济学家能够证明他们的原理可以经受不确定性的考验——当我们对影响选择的重要因素不甚了解并被这种无知束缚时，边际均等原理仍可以指引我们进行选择——否则该原理的通用性就将受到怀疑。

> **人们为什么结婚？**
>
> 根据诺贝尔经济学奖得主加里·贝克尔的观点，结婚是因为人们找到了可接受的伴侣。或者说，人们决定停止寻找伴侣，是因为自身认为继续这样已经不值得。他接着说，理论原因是，人们认为寻找更多信息（比如寻找下一个约会对象）的额外效用，不大于继续寻找的非效用（比如额外的花费、失望的可能性等）。
>
> 对于这种想法，哲学家马丁·霍利斯（Martin Hollis）评论说，如果这是人们寻找伴侣的方法，那要祝他们好运：他们真的太需要这种方法了！

新古典经济学家试图解决这个问题。他们采用了一个很有创意的方法：他们证明处理不确定性的最好策略就是利用边际均等原理本身。这多么有趣：为了证明该原理在不确定性存在时也不是毫无用处，他们思路一转，把对该理论的质疑转变成了"利用该原理就是对付不确定性最好方法"的说辞。

争论是这样展开的：当不确定性接踵而至时，很难让人作出最佳决策。你收集的信息越多，选择的正确性就越高；不确定性就像迷雾笼罩着你，而信息则帮助你拨开迷雾重见天日。可是取得信息是需要付出成本的，于是问题也就变成了：决策前你应该收集多少信息？

经济学家的回答并不令人吃惊：用边际均等原理确定应该收集

的信息数量（或者是，决定何时停止寻找信息）。回顾原理的原始模型，答案肯定是：当寻找信息的边际效用等于边际非效用（或成本）时停止收集信息。

例如你刚搬到一个新地方准备买房子。刚开始可以帮助你进行选择的信息很少，于是你访问不同的房地产商，参观不同的房子。你什么时候会停止呢？存在一个问题：即使你找到了真正喜欢的房子，你还是可能会去找一个同样好（如果不是更好）但价格更低的房子。但是这种悬而未决会让你感到疲惫。你总会在某个时间停下来。（记住，决定采取行动必须先于决定停止收集信息。）那么何时停止收集信息才好呢？

边际均等原理告诉我们，当你访问的最后一所房子提供的信息的效用（或者价值），等于访问这所房子的非效用（也就是访问另一所房子的成本以及由此造成的不便和你对时间的估价）时，你就应该停下来。只要你认为访问下一所房子所得到的信息的效用超过了非效用，你就应该访问下一所房子，否则就要停下来！

批评

这一分析存在的问题是，它的假设极具争议：在访问下一所房子之前，你就已经精确地知道这次访问所得信息的效用。但是在你访问之前，你怎么会知道这些信息呢？你何时停止收集那些目的是帮你决定何时停止搜集的信息呢？

对该原理这一扩展的批评认为，信息并不像其他商品。对于其他商品（比如咖啡和香蕉），你很清楚它们额外的增加所带来的满意水平。然而，对于信息，情况就不一样了。信息更像是一种智慧而不是商品：在你拥有前你不知道它的价值（甚至没法估计它的价值）——请看下例。

智慧与信息

据神话记载，一个女巫想把九本包含人类所有智慧的书卖给一个名叫塔克维尼斯的罗马百夫长。由于要价太高，塔克维尼斯没有买。于是女巫就把其中三本在他面前烧掉，剩下的仍然出价相同。他又拒绝了。女巫继续她的策略：又烧了三本，但最后三本的要价依旧不变。百夫长最终屈服买下了剩下的三本，但付的却是之前九本的价格。显然，交易很成功。

你能解释他的决定吗？边际均等原理解释不了！

2.2.2 从需求到供给：时间和储蓄的供给

对该理论的另一个批判是，它没有考虑时间因素。在边际均等原理中，决策都是瞬时作出、立即起效且只有短期效应。时间就像是停滞的，在资源和环境允许的情况下，行为人一下子就进入偏好的最满意阶段。然而事实却并非如此。我们现在做的决定，不仅影响现在，也会影响未来的自己。时间不等人，这对任何人来说都是平等的，尤其是对新古典经济学家的决策理论来说，就显得更加重要。那些从短期看似乎很简单的决策，一旦从长远来看就会显得很复杂。

这很容易理解，你只要设想一下，如果明天是世界末日，人们的行为会作何改变就可以知道了。

正如人们所预料的，古典经济学家宣称他们知道了解决办法。他们问：如果一个人不仅想满足现在的偏好而且关心未来的偏好，那么是什么在阻止我们顺利地解决如何最好地满足现在和未来的偏好这个更重要的决策问题呢？让我们看看他们到底是如何解决这个问题的。假设你生日时祖母给了你1000美元，你可以去商店一次花完，也可以存到银行以得到利息，或者做一个中间决策（比如现在只花400美元，剩下的存到银行）。

但你为何会把钱存起来呢？和工具理性一致的答案是，除了满足你现在的偏好，你还要考虑满足自己未来的偏好。而且满足未来偏好的想法，现在也给你带来了效用。或者说你现在有满足未来偏好的偏好。这种超越现在和未来偏好的偏好（哲学家称其为后偏好），就是你为什么存下祖母给你的一部分钱的原因。

准确地说，你会存多少钱由两件事决定：第一，和未来偏好相比，你认为现在偏好的重要程度，即你今天关注未来福利的程度。显然，你越是关心未来的自己，你存的钱就会越多。反过来也是一样。第二，它取决于利率：利率越高，你今天每选择少花1美元将来就会得到更多的钱。

那么边际均等原理如何帮助我们决定正确的储蓄量呢？其实，上段中的第一个决定因素可以简述为：在今天效用和明年效用之间的偏好选择。回想图2.4，无差异曲线描绘了你对两种"体验"的偏好：X 和 Y。当然，在最简单的情况下，X 和 Y 分别代表：X= 吃香蕉的体验，Y= 喝酒的体验。但是，我们可以把 X 和 Y 在更广的意义上形象化。比如我们可以设 X= 满足现在偏好的体验，Y= 存钱以满足未来偏好的体验。只要 X 和 Y 现在对你有效用（即使是对未来效用的预计），我们就可以假设你试图从现在更低的无差异曲线移动到更高的无差异曲线。

边际均等原理会建议你怎么做呢？它让你选择 X 和 Y 的组合，以使得边际替代率等于相对价格。相对价格在这里是指什么呢？我们说今天的花费相对于下一年的花费有意义吗？当然有，如图 2.7 所示。

假设利率 r=0.1 或 10%，这意味着你今天节省的每 1 美元（即今天放弃消费的每 1 美元），在下一年会得到 1.1 美元。另一种表述方法是，10% 的利率意味着今天花费 1 美元的代价（或机会成本）是明年你不能花 1.1 美元；它是为了今天消费所必须放弃的未来效用。一般而言，如果利率是 r，那么今天消费 1 美元的价格就是未来 $(1+r)$ 的花费。

因此，未来消费相对于今天消费的相对价格就是 $(1+r)/1=1+r$。我们现在已经知道了解决问题的方法：今天你应该消费 1000 美元中的一部分以使得无差异曲线的斜率等于相对价格 $(1+r)$。比如图 2.7 中的 A 点。换句话说，你选择的储蓄量，应该使得明天和今天花费的边际效用比率等于 1+ 利率。

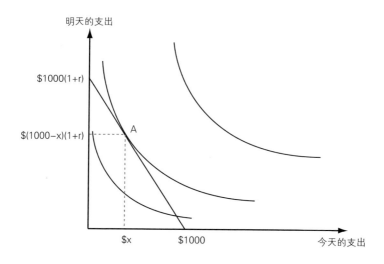

最佳储蓄/支出：今天消费 $X，储蓄 $(1000 − X)
明天的支出 =$(1000 − X)(1+r)，r 为利率

图 2.7 储蓄是预期的未来支出在今天享受的结果

批评

为了使得模型如图 2.7 那样简洁，必须假设你事先知道两件事。第一，知道全年的利率。实际上我们很难知道这一点。经济学家解释说，如果利率是不定的，你会在脑海中对平均利率有一个估计值，并根据这个预测行动。如果你要做一个更全面的决策,可以使用 2.2.1 节里叙述的边际均等原理。第二个不可或缺的假设是：你事先不仅知道你下一年的偏好，而且能把现在和未来的偏好比率精确地测量出来。那么，这其中有什么问题呢？

如果你恰巧认为跨时间的明智选择就是对现在满意和未来收益

的重视程度的一致，上面的假设就没有问题。相反，如果你有这样的看法：为了未来幸福而成为现在相对价值的奴隶并不是一个聪明人的所作所为，该理论就显得不可接受了。对他们而言，真正聪明的人是那些有能力忽略由现在的自己构想的未来效用价值的人。可以理解，这些人对边际均等原理这方面的应用并不在意。（如果你觉得这听起来有些复杂，更详细的解释将会在第 4 章给出。）

2.2.3 从需求到供给：提供劳动力的决定

这一扩展很容易理解。只需把产生效用的体验 X 和 Y 分别视作收入和休闲。图 2.8 的无差异曲线斜率，反映了一个人在有能力买某个东西和有机会休息或是作画、写诗等之间的偏好。最后，休闲相对于收入的价格由工资决定。如果给定工资是 10 美元 / 小时，一小时休闲的成本（其形式是放弃的收入）就是 10 美元。因此，本例中的相对价格就是小时工资率。

总之，如果在给定工资率的前提下你可以选择工作时间，边际均等原理建议你选择一个可以使工资（相对价格）等于金钱（或者收入）的边际效用和休闲的边际效用之比（如图 2.8 中的 A 点）的工作时间。

批评

在实际生活中，工人几乎不能选择自己的工作时间。如果足够幸运的话（特别是在高失业率的地区和时期），他们可以得到一个固定时间的工作。结果，图 2.8 中的分析，更像是对一个自我雇用的人

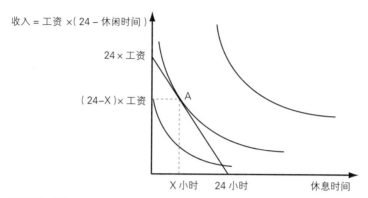

图 2.8 选择工作

的描述，而不是一个现实工人的实际决策问题。

另一个批评是，在该模型的几何假设背后，它假设休闲产生效用，工作产生非效用。因此，人们工作的唯一目的就是赚钱。它忽略了对大多数人而言，工作不仅是谋生的手段这一事实：即使金钱是首要目标，工作也是自尊、社会地位和培养创造力与自制力的源泉。这样看来，边际均等原理是一个很原始的工具，它试图把所有这些想法囊括在对劳动力供给决策的解释中。

2.2.4 生命的价值

如果我问你："给你多少钱你才能同意我把你杀了？"这听起来有点荒诞。换句话说，你生命的货币价值是多少？你一定会劝我放弃这个念头。然而，问题并不像看起来那么荒谬。实际上，政府部门每天都会遇到这种问题。

比如，你是卫生部部长，你的助手告诉你，如果给医院安装新的医疗设备，平均每个财政年度就会多救活一个人。你会批准这笔急需的资金吗？当然，这取决于资金的数量。如果这种购置费用是100美元，那么你拒绝购买就是一种犯罪。但如果成本是10亿美元呢？当然，这里有一个临界价格，超过了它你会说社会无法承担拯救那条生命的成本。但是，如果要找出这一临界点，就要回答最初的问题：一个人生命的货币价值是多少？

这个问题有时简直无从回答。尽管很难想象，但新古典经济学家还是建议我们使用边际均等原理来解决这个问题。他们认为，当涉及人的生命的时候，价值就是无法回避的。回顾1.3.2节里空气的经济价值问题是如何解决的：尽管空气的总效用是无限的（即等于生命的价值），它的经济价值却等于零，因为空气的边际效用为零；也就是说，额外一小部分空气的价值是零。如果我们用相同的原理衡量生命的价值，我们需要衡量一小部分生命的价值，即把生命细分为微小的等分并评估每一部分的价值。

这恐怕永远也办不到！我们认为，人不可以拆成许多小部分，然后对每一部分分别计算价值。感谢上帝，我们无须诉诸残忍就可以得到结论。假设我们社区有100万人，每个人都被问及以下问题：

> 假设你某天死去的概率从一百万分之一开始增长。假

如让这种微小的死亡概率发生在 24 小时内,你会同意吗?

答案当然是否定的。不管死亡的概率多么小,也没有人愿意。但如果政府给人们钱,以使得他们接受这种额外的死亡风险呢?比如给你 10 美元你会同意吗?毕竟你只需承担一个微小的、几乎可以忽略不计的概率——小于过马路的风险。为了理论上方便起见,我们假设人们都接受了交易。那么古典经济学家就会告诉你,在这个社区中,一个人的生命价值是 1 亿美元。

这个结果是怎么得到的呢?回顾一下每个人把 10 美元作为额外的一百万分之一的死亡概率的补偿。这总共花费政府 10×1000 万美元 =1 亿美元。换句话说,该社区内一条生命的价值是 1 亿美元。为什么呢?

当我们承认每个人的死亡概率是千万分之一时,我们就默认由于集体决策的原因,平均每 24 小时就有一个人(请记住有 1000 万人)死去。我们收集的每 1 美元钱汇总后是 1 亿美元。新古典经济学家总结道,在一个社区里,这肯定就是我们下意识认为的一个人生命的货币价值。但具有讽刺意味的是,在测量出生命价值后,我们并不知道谁会死去。

用边际均等原理评价邻居的生命

边际均等原理表明,我们对任何商品或经验的经济评价,并不依赖于它让我们感到有多幸福。相反,它依赖于最后一单位它使我们感到有多幸福（即，是边际效用，而非整体效用在决定价值）。

在评价一个人生命的经济价值时，原理按照同样的方式起作用。我们邻居生命的价值，并不是根据整体来测量。相反，原理鼓励我们去找寻人类生命一个微小部分（比如额外的小的存活或死亡的机会）的经济价值。给定我们每个人的评价，估量整个社会对我们邻居生命的评价，也就只是一个数学问题。

批评

抛开这个理论的精巧设计不谈，人们只会被它的假想过程所吓倒。难道这仅仅是不够理智的担心吗？或是在这个例子中还包含其他内容？然而，这种情况的确存在。试想，如果市民们都有一种赌博心态，又会怎样？如果他们都能接受风险增加而补偿降低（比如说5美元）的条件，事情又会如何？这时社区居民的生命价值就会减少。难道我们想得出"当参与赌博的人越多，单人生命的价值就变得越小"的结论吗？

更通俗地说，有人试图从主观的视角来评价社区居民的生命价值。当然，他们可能会说，并不是所有人的观点都要考虑。比如，我的邻居有种族歧视倾向，他宣称少数民族的人应该被消灭，此时他就应被排除在评价社区价值的人群之外。

2.3 总结：从工具理性到经济选择理论

随着新古典经济学理论的兴起，经济学在 19 世纪下半叶发生了巨大的变化。现代教科书里教授的经济学也是自那之后发展起来的。本章阐述了边际方法的精髓。从一开始（即假设人们是工具理性的），它就发展了新古典经济学最核心的部分——边际均等原理——并将其应用于不同领域。

在该原理的代数和几何模型确立之后，我们用四个实例解释了个人如何理解这些从储蓄到人类生活的货币价值的选择。但随着理论的不断扩展，潜在的批评声音也开始出现。这并不令人吃惊。人类自古以来就在研讨智慧和美好生活的真谛。如果有哪种理论宣称握有一把可以使人类逃脱这些古老争论的钥匙（理性选择），反而会令人不解。经济学教科书试图避免这些争论，然而，本书的一个基本前提就是：沉浸在这些争论中的我们，能够帮助自己更好地理解经济学的力所能及和力所不及。第 3 章将遵循这种思路追溯新古典选择理论的历史渊源。随后的第 4 章将重点讨论这一点：我们真的是在按照边际均等原理行事吗？我们应该这样去做吗？

[第3章]

教科书模式的历史：效用最大化的起源

3.1 探寻效用最大化的渊源

3.1.1 利己主义和工具理性简史

苏格拉底和萨特论自我与他人

苏格拉底（公元前470—前399年）认为，他人才是我们生活方式的真正评判者。因此，当务之急是，行动前必须站在他人的立场上来审视自己的行为。行为能否让自身满足则并不重要。正如苏格拉底所说："未经审视的生活是不值得过的。"

法国哲学家萨特（1905—1980）认为，我们只能通过他人来认识自己。他甚至宣称，只有当我们参加自己的葬礼聆听自己的讣告时，我们才真正知道自己是谁、想要什么。他曾说："他人即地狱。"

效用最大化建立在人们关心自己的利益这一基础上。谁会不赞同这一点呢？可是"关心自己"又该如何理解呢？对经济学家而言，这意味着你潜意识里就有对偏好满足的执着追求。但这种对好生活的定义却不是通用的。古希腊哲学家就认为人都是为了活得更好，但对如何活得更好却有不同的理解。比如苏格拉底就曾追问：我们应该怎样活着？

他说，我们的目标是拥有一个完美的生活。尽管如此，他并不认为我们就能在没有帮助的情况下达到这个目标。这也暗示，过上完美的生活，比满足我们的欲望要复杂得多。如果我们现在的欲望不能成为明智行为的最好向导，我们就需要对自己的行为和动机进行反省、推理、检验和再检验。

星移斗转，希腊哲学家们的探究精神在中世纪就已成为遥远的历史。在许多个世纪中，人们被迫信教而不再探寻如何过上好的生活；他们甚至被告知过上好生活的愿望是罪恶的。在绝对服从国王和主教的时代，今生的痛苦和受难是为了修得来世的幸福。随着中世纪的疑云渐渐散去，封建制度也逐渐变得宽松起来，欧洲和北美的商人阶级可以庆祝他们追求自己幸福维护自身权利的新理念的诞生了。

很自然地，人们会把在市场中追求利润和令人愉快的自由概念联系在一起。商品、资本和财富的积累意味着，这个越来越占主导地位的社会阶层，不仅拥有了追求幸福的权利，也获得了使这种权利得以实施的经济和政治权力。美国宪法明确规定了公民追求幸福的权利，它生动地记载了个人主义从封建时代定义的罪恶范畴中崛起的全过程。

于是，追求幸福便成了一个完美的可以辩护的哲学远景。从历史上来看，它和市场逻辑、蒸汽机及市民观念同出一源。在英国这个市场经济的诞生地，第一个把人作为主体来看待进而成为现代功利主义先驱的作家是托马斯·霍布斯（1588—1679）。为了维护国家（或统治者）的权力，霍布斯在《利维坦》（1651）一书中如实地写下了人类的自私本性，以及他们为了满足自身欲望如何残忍地伤害他人。在这个悲观的论述里，生活在国家之外（在一个天然国度里）的人将被卷入一场翻天覆地的战争，生活将变得孤独、贫穷、险恶、野蛮和短暂。

霍布斯在《哲学基础》（1642）中论善良与邪恶

因为每个人都渴望得到对自己有利的东西，躲避对自己不利的东西——大体来说，对人最不利的就是死亡——在一种自然力的驱使下人们趋利避害，就好像石头沿斜坡向下运动一样。

所以霍布斯引入了一个模型，在这一模型中，人都以自我为中心

(甚至是极度的自私),为了得到他们想要的,他们不惜伤害他人。那么理性又在哪里呢?霍布斯回答说,除去人类自私好斗的本性,当人类有能力去理解和平和秩序的好处,愿意建立一个组织、国家来维持和平共存的状态时,人类的理性便显现出来。

但是,霍布斯补充说,达成一致并不够。尽管人们认识到和平比战争好,睦邻友好比邻里不和好,但他们也认识到,在一个有秩序的社区里,不遵守秩序却能最大限度使自己受益。如果每个人都假定其他人遵守法律而自己可以欺骗、偷窃、胁迫和谋杀,人们之间的约定便毫无价值,相互对抗的战争也会重演。霍布斯总结说,一些比约定更有强制力的东西是必须的;在一个更高的权威(比如国家)面前,为了取得和平,个人必须放弃自己的一些权利。

总体而言,在一个由自私驱动的自由个体组成的社会中,尽管比起相互残害,人们更喜欢一个行为友善的社会环境,但人们却没有这样做的动力。因而,人们都会表现出自己的残忍(请注意这一结果是由无意识导致的)。霍布斯认为,他们唯一的希望就是,依靠自己的理性去认识这一切,并授权某个强有力的人(比如元首、国家和法律)来监督他们。尽管在偷窃和抢掠之后成功逃脱追究符合工具理性,但同意警察介入以防止自己被偷窃和抢掠更符合工具理性。原因在于,如果你不同意这一点,你从做坏事中获得的益处,就会小于你担心生活在人人都很险恶的社会里的恐惧。因此,自由国度的概念与个人对利益的自私追求可以并行不悖。

新古典经济学的工具理性植根于霍布斯的哲学。但自霍布斯之后,它的意义不断更新,其纯粹自私自利的性质也被苏格兰哲学家大卫·休谟(1711—1776)所削弱。让我们回顾一下工具理性的概念,以便更好地评价休谟对它的贡献:工具理性被定义为选择最大限度满足个人目标的能力。休谟澄清并确立了如何以工具理性的方式行动,他找出了行为的三个决定因素:喜好(即终点、目标或需求)、手段(即资源)和推理(逻辑思考能力,评价不同选择的能力)。这的确是一个非常简要的模型。

我们有不同的喜好和欲望(比如喜欢巧克力、歌剧、跑车和正义等)。然后,我们有可利用的手段或资源来满足我们的喜好和欲望。这些手段是我们满足自身喜好和欲望的工具。最后,我们有推理的能力。休谟认为,推理能力是喜好和欲望的奴仆。它让我们更好地遵守规则并服务于喜好和欲望。

休谟在《人类天性论》(1739)中论推理

当我们谈及热望和推理的争斗时,我们的说法并不严格具有哲学意义。推理是(且应该是)喜好和欲望的奴仆,除了服务和遵从热情,它们什么也不是。

这是不是意味着我们就像霍布斯所担心的那样自私和残忍呢?休谟说完全不是。人有好坏,但他们的优秀品质和人性污点,既不取决于资源也不取决于他们的推理能力,而是存在于他们的喜好里。好人有好的喜好,坏人有坏的喜好。一个人可以同时具备工具理性却令人厌恶（比如纳粹在进行他们的恐怖活动时技术很高明）和非理性但却表现得很善良的特点。休谟认为，我们的民族精神与道德，存在于我们的喜好而不是推理中。

休谟在《人类天性论》(1739)中区分道德和理性

道德可以刺激喜好并促进或阻碍行动，此时推理就显得很无力。因此，道德准则不是我们推理的结果。

区分喜好和推理具有非常重要的意义。如果你恰好有一个邪恶的欲念，推理是无能为力的：不管存在多大的争议，推理都必须服从这种欲念。（所以我们不要期望纳粹有能力去理解他们的所作所为有多么的骇人听闻。）休谟认为，推理能力就像一架天平：不管你放什么东西在它上面，其相对重量都是不公正的。正如一件东西如果证明比另一个重，你绝不会去责怪天平。休谟认为，对于个人行为，我们既不应该批评推理能力也不应该褒奖它。如果你要指责，那就去指责个人的喜好和欲望吧。（你同意这一点吗？不是每个人都赞同。参见以下内容。）

3.1.2 功利主义的诞生

功利主义是从休谟的理性人模型中引申出来的。它的主要原理是边沁创立的。他认为，人人都有享乐的欲望（广义的）和对痛苦的厌恶：大自然将人类置于痛苦和快乐两个主人的统治之下。它们分别指示我们必须做什么，也决定了我们应该做什么。边沁在他那个时期是善良而又优异的。他坚信人们应该竭尽所能去活得快乐，因此结论便是，主教或国王想什么并不重要，重要的是人们感觉到多少快乐。

康德在《实践理性批判》（1788）中
论作为纯粹理性的道德

不是每个人都赞同休谟。比如，德国哲学家康德（1724—1804）就认为，推理能力能约束自己以使生活变得更美好。他区分了享乐和义务，并解释说，有时两者会把我们指向不同的方向。当这种情况发生时，只有那些具有真正理性并忽略最大化享乐的人才能做他们必须做的：义务的最高形式与生活中的享乐没有关系。

边沁的功利主义包括两个方面：首先是作为个体行为（或心理）的理论，他运用休谟的模型并把休谟使用的喜好换成了效用。或者说，他把我们所有的喜好放在了一个篮子里：追求更多幸福的欲望（或效用）。另一方面，该理论偏向伦理和政治：每个人都应该为大多数人的最大幸福着想。也就是说，我们不仅应该追求个人效用的最大化，也要建立一个实现大多数人最大幸福的社会。第 2 章里的行为经济理论和边沁的第一点相吻合，但它却不关注第二点。不论是因为什么原因，值得说明的是，边沁没有也不可能证明最大化个

人效用的人也希望大多数人的效用最大化。（我们以后还会回到这个有趣的话题——特别是在第 9 和 10 章。）

正如我们所能预见到的那样，边沁的理论受到了大量的攻击和批判。坚定的道德学家们，一看到边沁的"效用最大化"，立刻认为这是对仅制造快乐的罪恶的宽恕。知识分子则担心如果都用"效用"来衡量的话，生活中的"阳春白雪"（艺术、音乐和文学）也会沦落为与人类本能（比如喝啤酒）一样。左翼分子则认为，它是新兴企业家们在为他们的鲁莽行为寻找借口等。

穆勒在《功利主义》（1863）中论快乐的笨蛋

宁做烦恼的人不做快乐的猪，宁愿成为痛苦的苏格拉底也不做快乐的笨蛋。如果笨蛋或猪持有不同意见，那是因为他们从故事的另一面去理解了。

新一代的功利主义者试图弥补边沁的最初理论以回击这些批评。比如，穆勒（1806—1873）和摩尔（1873—1958）扩展了幸福（或者说效用）概念以区分其各种不同的程度。与此同时，经济学家则发现了"效用"这一概念。正如在 1.3.2 节里描述的，效用好像是专门为构建社会科学而设计出来的。效用之于经济学家，就像能量之于物理学家；于是一个普遍行为理论便能在这个核心概念的基础（个人而不是原子或天体）上建立起来。之前我们用很多篇幅讲述的边际均等原理，就是功利主义自然发展的结果。

> **功利主义的先驱**
>
> "我们说,快乐是幸福生活的起点和终点。因为我们把快乐看成一种根本而天生的好东西。我们根据快乐与否来作出行动或躲避选择,把快乐的经验作为美好事物的评判标准……当我们把快乐当成一种目标时,我们指的不是挥霍的快感,也不是构成这个快乐过程的事物,而是指远离身体的痛苦和精神的负担。"
>
> 这些话是边沁或穆勒说的吗?不是,它们在伊壁鸠鲁(公元前341—前270年)给美诺西斯的信中就已提及。哲学就像历史一样在不断重复。

3.1.3 从边沁的效用到新古典经济学

最初,新古典经济学家把边沁的效用作为某种存在于商品或体验中的财富甚至是精神能量。我们一旦接受这一点,脑子里便会被效用理论所占据。于是,我们买苹果就是因为我们要得到苹果的效用,换句话说,就像效用是存在于苹果中的某种事物。苹果中的效用越多,我们从品尝中得到的效用也越多。该模型只要稍做改动就也可适合于其他模型:每个人的感觉器官都不一样,所以有的人喜欢苹果的程度更甚于他人。最后我们发现,效用概念从商品上升到了人的精神层面,并以某种(潜在的)可测量的精神能量的方式被可视化。

但是，这种观点并未持续多久。效用理论（特别是其最初形式）存在的一个普遍问题是：它会引起政治争议。比如，假设效用是可以测量的，那么至少从理论上讲，以下问题是可以回答的：如果把吉尔的 X 给杰克，吉尔会失去多少效用而杰克又会得到多少效用呢？如果我能证明杰克得到的效用大于吉尔失去的效用，这难道不是强迫吉尔把 X 给杰克的一个理由吗？也许边沁会非常赞同这一点；因为这会支持对富人征高税以有利于穷人的观念。绝大多数新古典经济学家对这种效用的人际比较都很感兴趣，于是他们便不断挖掘原始效用概念的内涵，原因有二：

禁止效用的人际比较：一个摆脱政治因素的失败尝试

杰克从 X 中可以得到效用。吉尔也一样。但如果杰克和吉尔的效用衡量标准不一样，那么我们就不能说谁得到了更多效用。这样来看，我们只知道杰克和吉尔是否想要得到 X（如果 X 给他们每个人都是正效用，他们的确都渴望得到 X），但是我们并不知道谁更需要 X，是杰克还是吉尔呢？

这种理论上的变动，把政治因素从效用理论中剔除了吗？根本没有。它只是简单地把它变成了一个极端保守的理论。假如杰克是一个千万富翁，吉尔是一个等待救济的人，而 X 是 5 美元。这些钱足够吉尔过一天。那么应该向杰克征 5 美元税以养活吉尔吗？这是该理论拒绝回答的问题，因为杰克和吉尔从 5 美元中得到的效用已被禁止进行比较。尽管如此，该理论还是支持这一现实状况的。

第一，正如他们自己承认的，他们要建立一个非政治的经济学。显然，把杰克和吉尔的 X 的效用进行比较会产生政治争议。（试想，如果 X 不是一罐橘子酱而是吉尔和杰克的孩子怎么比。）如果效用概念的这一缺口引发了潜在的政治争议，我们又该怎么办呢？

第二个原因在于，除了不想在经济学里掺入政治外，他们特别反感把经济学当作政府干预的正当理由。（当市场调节失败时除外——比如公司串通以避免竞争和干扰市场时。）如果吉尔和杰克之间的效用真的可以测量，并且把吉尔的 X 转移给杰克增加了总效用，那么政府便有理由剥夺吉尔的 X 了。那些想创建经济学理论的人，有一个不安的想法并宣称这样一个信条：最好的政府要远离人们的琐事。

当然，早期的效用主义不会被那些推崇政治权利的人所轻视。那些中间和偏左派的人认为，效用的可测量性（又名基数效用）是很危险的，因为它可以为暴政和其他恐怖活动辩护。例如，假设杰克拷问了吉尔。如果我们只关注平均效用最大化，那么如果杰克从拷打吉尔中得到的效用大于吉尔因此而失去的效用，他的拷打行为就有了理由。总之，这种效用主义为一种行为提供了可能，那就是对"剥削少数人以利于大多数人"的宽恕。

总之，边沁的目的是要建立一个关于美好社会的理论，在这样一个社会里，以效用最大化为准则的个人，可以按对大多数人都适用的效用最大化的理论来行动。效用最大化概念作为一个个人行为模型引起新古典经济学家的注意，是在 19 世纪末。但是，他们对边沁的美好社会效用理论并不感兴趣。那么，他们都做了些什么呢？

他们采纳了最大化个人效用概念，却没有接受边沁的美好社会的一个假设前提：我们从同一个橘子中得到的效用可以相互比较。舍弃了效用可以在人与人之间进行比较的观点，经济学家们也就摆脱了前面章节里叙述的许多政治争议。同样，他们也否定了我们知道什么是公共利益，因为我们不能把个人的效用加总在一起以求得社会总福利。除了庇古等经济学家曾做过不懈努力之外，最初的功利主义只留下了个人行动理论：个人会想方设法最大化他的效用，这种效用不能在个人间进行比较。

3.2 序数、基数和期望效用

3.2.1 从休谟的喜好到基数效用

休谟认为，喜好驱使我们行动。推理能力只是一个帮助我们找到如何最好地服务于它的工具。从新古典经济学家的观点来看，喜好太复杂而不能用方程和几何学来分析。喝咖啡的喜好也许可以被量化，但是对文学、自由、正义和美的喜好呢？很复杂！所以，经济学家选择一个更容易掌握的效用概念也就没有什么可吃惊的。一种有效的方法是让我们只有一种喜好：对效用的偏好。

但正如我们在前面看到的，经济学家热衷于改善效用概念以避免政治分歧。他们的解决办法很简单：假设人们在不同选择间有偏好顺序；比如，他们喜欢 X 多于 Y，喜欢 Y 多于 Z。他们唯一的喜好是达到偏好顺序的顶端（我们的例子中是 X）。这样，效用就是偏好满足的一个简略形式。它不再如边沁和早期的效用主义者所说的，人们从事物或经验中获得的效用是某种精神能量；取而代之，他们想满足人们的偏好。

我们（观察者或理论家）认为，人们所处的偏好顺序越高，他们得到的效用也越多。但这只是我们的想象，它并不意味着人们就能感受到某种他们想得到的特殊精神体验。总之，效用是我们衡量一个人偏好满足程度的概念，而不用于描述人们的某种感觉。经济学家一再强调他们的理论是关于理性选择的，与心理学无关。

简言之，边沁的功利主义是一个关于通过选择达到至善社会的原始心理学理论，但新古典经济学家却将其改头换面为一个关于个人选择的微积分学，不能用于判断社会的好坏。至于效用，它从心理学的内在能量形式变为按偏好排列的一系列选择。后者则成为我们今天所熟知的普通效用概念，因为它传递了顺序概念，与之前的程度概念形成了鲜明对比。（偏好的强弱前提是，效用可以被度量。之前我们称这种效用为基数效用。）现代正统经济学家则假设，人都是这种序数效用的最大化者。

3.2.2 序数效用的局限和基数效用的部分回归

假设一个人面临着是开车上班还是坐火车去的选择。开车去可以节省等待时间并有更多私人空间,坐火车时你可以看书并且车速更快。序数效用最大化以下列方式发生作用。经济学家认为,每个人都清晰地知道他的偏好顺序,在花时间考虑过两难困境后,每个人都会列出两种可能性。因此在考虑了所有情况后,你选择开车意味着你把开车列为等级1,坐火车则为等级2。在这种情况下,选择开车你将最大化你的效用。正因如此,这种效用被称为序数效用,因为它向我们传递了偏好的顺序信息。(相似地,在第2章中所述的无差异曲线中,比如图2.4和2.5,每一条无差异曲线都对应某种效用等级,人们都希望从低等级的曲线移动到一条高等级的曲线。因为序数效用并不能被测量,所以无差异曲线间的距离,也就不能作为人们跨到更高等级的无差异曲线时就能体验更多快乐的度量标准。)

记住序数效用的排列数(它们其实只是等级的一个标识)的关键在于,它们不给任何偏好强度存在的可能性。这就像一个朋友告诉你她喜欢荷马多于莎士比亚。她的偏好可能是差别很小或者差别很大,比如她崇拜荷马而厌恶莎士比亚。但是在序数效用信息基础上,你永远不知道是哪一种。也正因如此,一个人对荷马的序数效用和另一个人对莎士比亚的序数效用无法进行比较(因为序数效用的排列仅在描述同一个人对某事的满足上才有意义)。

序数效用在处理许多简单决策问题时是有用的,因为这些问题的解决可以不依赖偏好的强度。比如,上例中你在开车和坐车之间所做的选择。但在很多其他例子中序数效用就不太有用。比如,考虑2.2.1节里的问题,我们的代理商没有足够的信息并且还不得不决定如何收集信息的情况。序数效用并不能告诉你该收集多少信息。下面这个例子也说明了这一点：

假如你离开家并需要决定是开车还是步行到达目的地。你自己喜欢走过去但可能下雨，这会让步行变得很不愉快。我们假设下雨的概率像广播电台预报的那样，为50%。这时你会怎么办？此时行动取决于不下雨时步行与驾驶的偏好强度及下雨时步行与驾驶的偏好强度。假如比起被雨淋湿，在不下雨时步行对你的诱惑更大，你很可能就会冒险而把车放到一边。一个旁观者要预测这一点，知晓关于偏好的强度信息是必须的（回想一下，序数效用就不包含这一点，它们只告诉你偏好的顺序）。

基数效用提供了上述必须的信息。如果晴天步行、雨中驾驶、晴天驾驶和雨中步行分别对应10、6、1、0的基数效用，我们不仅知道偏好的先后，也知道了偏好间相差的程度。本例中，晴天步行比晴天驾驶好10倍。因此我们发现，当决策问题包含风险时，基数效用变得必不可少。如果你明确知道不会下雨，那么单有你的序数效用偏好（即，仅把结果按等级列出来）就足够了：你会选择步行。下雨的不确定性使问题变得复杂。基数效用通过对欲望的计算，改变了从一种效用最大化到另一种效用最大化的决策问题：通过预期效用最大化进行决策。

我们依旧假设下雨的可能性为50对50，即下雨的概率为1/2（当概率为1时，下雨为必然事件，概率为0时，下雨为不可能事件）。如果你选择步行，你有0.5的概率获得10个基数效用和0.5

的概率得到 0 个基数效用。平均而言，你的总效用为 5 个基数效用（$0.5 \times 10 + 0.5 \times 0$）。相反，如果你选择驾驶，你有 0.5 的概率获得 6 个基数效用，0.5 的概率得到仅仅 1 个基数效用。驾驶的平均效用为 3.5 个基数效用。如果以最大化平均效用为行动准则，你的决定就很明确了：选择步行。原因在于，用概率乘以序数效用毫无意义，因为序数效用并没有揭示偏好的强度，级别的划分本身并不合理。

但是请注意，基数效用让我们更接近 19 世纪的功利主义。我之所以这么说是因为，偏好强度在被新古典经济学家遗弃多年后再次得到重视。突然之间某种和喜好相似的东西（而不是满足偏好的热望）又回来了：一个人可能喜欢步行是驾驶的 1000 倍！但是，我们离边沁的功利主义仍然相差甚远。原因是杰克的基数效用单元依然没法和吉尔的相比。因此我们说你晴天步行的基数效用为 10 时，这个 10 在离开你之后毫无意义，因为它不能和另一个人在晴天步行的基数效用进行比较。

现在有趣的是：我们是否赞成新古典经济学家风险情况下的行为模型？这一点的重要性绝不能被忽视。如果我们对这一点视而不见，那么第 2 章中的理论就会因毫不相干而被遗弃。请注意，到处都存在不确定性。即使是买一块巧克力，在吃之前你也可能不太确定自己能得到多少快乐的体验。因此，选择理论（甚至是消费理论）如果要发挥作用，就必须考虑不确定性。经济学家认为他们的理论做到了这一点：我们所要假设的仅仅是个人行动以最大化平均效用或期望效用为原则。这一点非常有趣。原因如下：

首先,从历史角度看,它让我们想起了边沁和19世纪的功利主义。回忆一下边沁的观点:最多数人的最大效用。那么,如果这样不能最大化平均效用怎么办?其实它们是一回事。但请不要忘记新古典经济学家已经迈出了排除边沁复活的关键一步:禁止效用在人际间进行比较。所以,当现代的新古典经济学家论及预期效用最大化时,他不是指不同人之间的平均效用最大化,而是指一个人在可重复选择时,作出对自己效用最大化的决策。可重复选择就是他可以不停地重复作出决策。这仍然是对早期功利主义一个有趣的模仿。

其次(也是更重要的一点),它使我们有可能在实验室验证理论。不幸的是,对于预期效用最大化理论,这些验证测试招致了许多怀疑。其实研究的毁灭性结论在于,人们并不以预期效用最大化原则来行动。下面的线框中给出了一个例子,我们能从中得到什么结论呢?两个结论立刻浮现在脑海中。

1. 新古典经济学不能提供一个其所宣称的关于选择的普遍适用的理论。

2. 经济学(或者更普遍地说,社会科学)和自然科学有着很大的差别。

爱尔斯伯格悖论(Ellsberg Paradox)

(因爱尔斯伯格发明该试验而得名)

如果你面前的盒子里有90个球,其中30个是红的,另外 60 个不是黑的就是黄的，但你并没有被告知多少个是黑的多少个是黄的。现在从盒子中随机取出一个球，接下来你面临两种奖励选择。第一种奖励是，如果抽到红球给你 100 美元。第二种奖励是，如果抽到黑球给你 100 美元。你会选择哪种呢？为了帮你决策，以下是对两种奖励的总结：

盒子里球的数量	红（30）	黑（X）	黄（Y）X+Y=60
奖励 1	100	0	0
奖励 2	0	100	0

你会选择第一种奖励还是第二种奖励呢？现在考虑另两种奖励：奖励 3 和奖励 4。

盒子里球的数量	红（30）	黑（X）	黄（Y）X+Y=60
奖励 3	100	0	100
奖励 4	0	100	100

在这个例子中，只有当你选择奖励 3 而抽到黑球，或选择奖励 4 而抽到红球时，才会失去这 100 美元。

期望效用告诉我们，如果在奖励 1 和 2 之间你选择 1，那么在 3 和 4 之间你也应该选择奖励 3。试着想想，如果你选择 1，意味着在给定盒子中有 30 个红球的前提下，你认为盒子中的黑球数少于 30 个。但如果你这样认为，你为什么不选择奖励 3 呢？因为如果你认为盒子中的黑球数少于

30，奖励4就是个坏的选择（因为如果盒子中的黑球少于30个，选择奖励3更有意义）。反过来也是这样。

但是，试验表明，大多数人，包括期望效用理论的奠基人之一伦纳德·萨维奇在内，都作出了如下选择：一开始选择了奖励1，之后又选择了奖励4。我们从中能得出什么结论呢？

1.人的非理性具有不一致性（换句话说，人的理性具有一致性）。这对那些想维护这个理论的人而言方便了很多。但这对经济学来说，又暗含着其他更为严峻的问题。经济学创造了一个人们如何行动或人们应该如何行动的理论了吗？如果它做到了后者，它就不能提供一个对社会的客观分析了。

2.人是理性的，但关注的不只是期望效用。奖励1和4有什么共同点呢？事实是，当人们选择时，他们明确地知道自己赢得100美元的概率（奖励1是1/3，奖励2是0到2/3）。有没有可能人们不想知道自己中奖的概率呢？人们会不会由于对模棱两可的厌恶而选择最小化奖金的决策呢？如果是这样，谁又能说他们是不理性的呢？如果说他们的选择是理性的，他们的选择就是对经济学家模型的挑战，而且那些经济学家的模型也不是理性选择的唯一向导。

简言之，不管我们作出哪种选择，经济学家的模型都受到了挑战。

上面线框中的第一个结论显而易见：如果理论不能预测人们实际选择如何，模型本身又有什么用处呢？许多经济学家宣称，他们并不认为模型有什么问题，仅仅是因为个体不遵从原理行事。他们认为存在一个理性选择的理论，因为人有时并不理性，所以模型也许不如我们预料的那么好。于是，我们就得到了上述第二个结论。

为什么经济学和其他学科，比如说物理学，存在如此深刻的差异呢？因为和我们前面讨论的经济学家不同，物理学家永远也不能为一个在实验室无法证明的理论来辩护。如果他们的理论在实验室失败了，物理学家不会转而责怪原子或天体不遵循支配其行为的自然定律行事！而这却正是前几章中经济学家所做的（即，责备个体不遵从经济学家的理性行为模型行事）。但是，紧接着，经济学出现了一个问题：如果我们每次都责备人们（而不是理论本身）不按验证的理论行事，那就没有哪一个理论能被证明是错的。在这种情况下，为什么还要进行试验呢？

3.3 工具理性和效用最大化：表象下隐藏的政治学

到目前为止，我们发现新古典经济学家把理性作为满足欲望的工具，这可以追溯到休谟把喜好作为动机唯一源泉的思想。通过指明超越一切的喜好和欲望，即对快乐的热望，19 世纪末期的功利主义为现代经济学家设定了一个哲学基础（不论是狭义还是广义的）。这是一种自由的政治转移。它告诉主教、王子、君主和国家，停止保护那些权力已经增长到和他们的社会地位不相匹配的商人、店主和资本家：他们自己才是唯一可以决定什么是对自己最有利的人。实际上，想要获得快乐、变得富有并按自己的方式追求幸福并没有什么错。但毫无疑问，在当时的时代这却是对政治的一个严峻挑战。

此后，新古典经济学家采纳了功利主义中的部分内容，即他们认为对创建一个非政治的经济学有益的那部分。结果是功利主义丧失了许多政治元素。最后，经济学家把效用变成了某种偏好顺序。这也超越了边沁关于追求个人幸福和社会福利概念的论述。随之而来的是一个关于个人行为的数学理论，它解释了各种人类的行为。其最终目的是：阐释由工具理性人构成的市场的协调作用，这些人的逻辑和市场逻辑恰巧吻合。

现在的问题是：经济学家的效用理论是如何具有非政治意义的呢？他们能简化边沁的效用并将其变为一个客观、科学、非政治的工具吗？假设社会中的每个人都是理性的，这是个好主意吗？如果我们真的做此假设，我们会不会（不自觉地）陷入政治争论中呢？可以看出，禁止效用的人际比较，如何给效用理论增添了一层保守的政治色彩。第4章中我们还会讨论甚至超越上述问题。现在有必要关注一下一些有影响的学者在第2章中关于经济学家行为的描述。

让我们从一个简答的问题谈起：哲学家同意存在普遍理性吗？大多数人都会接受这样一个事实，即每个人都具备推理能力。笛卡儿曾在《方法论》（1637）中这样写道：

> 判断力在这个世界上是最公平分配的：每个人都认为自己被赋予了这种能力，即使是那些各种事情都很难做到最好的人也不会觉得自己缺乏这种能力。这暗示了分辨能力，也就是我们常说的判断力或推理能力，是每个人天生都具备的。

但是，假设我们都是工具理性（比如，最大化我们的效用）与承认大多数人都具备判断能力并不是一回事。工具理性需要具备的条件更多（或者如某些人所说的更少）：它需要我们绝对遵从自己的偏好顺序。它假设我们的目标以偏好清单的形式列出。一旦列出这个清单，我们全部要做的就是想方设法达到我们清单的最顶部。新古典经济学家正是基于对人类的这一假设来展开他们的选择理论及社会理论的。

在政治权力斗争领域中，最早也是最敏锐的工具理性提倡者是马基雅维利（1469—1527）。他在佛罗伦萨时期的多个政府都身兼要职，并写下了也许是第一本也是最有价值的一本论统治的手册（教科书？）。他给当时的政治家（一个虚构的君主）提供建议，并为个人如何达到政治目标进行了如下规划：

> 从表面看，仁慈、忠诚、人性、真诚、虔诚都是很好的，但你脑子中必须有一种想法，即只要需要，你就可以变成具备以上相反气质的人，并且有一点必须明确，即一

个君主特别是一个刚上任的君主，不可能下令执行所有被认为是人性中好的事情，为了统治这个国家，不仁慈、非人性和反宗教的行为有时也是必要的。

他是不是看起来像一个工具理性的支持者？他对结果的重视和对手段的轻视，与经济学教科书中的信息颇为相似：是结果而不是得到结果的过程给你带来了效用（当然，除非避免或使用某种方法是你目标的一部分）。但是这种只注重结果的行为是理性的吗？如果不能让理性战胜欲望我们还能说他是理性的吗？这的确是个复杂的问题。

但可以肯定的是，不管你如何回答，你在重要的政治争议中都已表明了立场。如果你反对结果第一，你就在做一种政治表述（比如，美国人认为，尽管日本政府有过失，即因为其过失而造成了后果，但是美国人也不应该轰炸广岛）。如果你接受结果可以替手段辩护，同样你还是带有政治倾向。非常有意思的是，经济学教科书常常对这个问题保持沉默，它们的沉默似乎在暗示没有政治倾向还是可能的。可是，这实际上是办不到的。根据定义，如果第 2 章中的模型排除了对偏好的理性评价，情况又会如何呢？因此，一个百万富翁在一个聚会上烧掉 1000 美元以愉悦来宾的欲望，和一个第三世界的母亲喂养她饥饿的孩子的欲望都是理性的（或非理性的）。萧伯纳曾不无讽刺地说："理性试着把自己调整到和世界同步，非理性则试图改变自己和整个世界。"支持经济学教科书里关于人类行为模型的人很难欣赏萧伯纳的讽刺，恰恰说明模型是带有政治色彩的。

最后，正如黑格尔所说，如果我们允许世界反过来理性地看待我们，它一定会看着我们然后问：我是从哪里得到我的偏好的呢？它们是否都是好的东西呢？这可能意味着我们又回到了苏格拉底的观点，他建议我们在评价自己的选择时，不仅要以我们的偏好为准，也要看它是否有益于我们的"好生活"。工具理性的人不会考虑这些。他们只顾忙着满足自己的偏好。

黑格尔在《历史中的理性》（1837）中论述推理的自恋

哲学对待历史的唯一方式是"推理"这一简单概念的提出：推理能力是世界运行的法则，因此，在世界历史里，事情都按理性的方式发生着……任何科学的事情中都存在推理能力及其应用。以理性的方式看待世界的人，世界也会理性地看待他。这种关系是相互的。

3.4 总结

在第4章深入讨论这些问题之前，画一个这些问题的利弊平衡表是大有裨益的。一方面，在第2章中我们有了经济学家的模型。它为我们提供了一个关于人们如何行动的精确、简单而又炫目的图景。其所依据的效用概念，最大限度地剔除了政治因素的影响。经济学家已经摆脱了判断人们需要什么的角色，而创造了一个人们为了得到而如何采取行动的理论。它允许人们决定自己的偏好,并且由于其不袒护人们的偏好(比如它不会告诉他们"你实际需要 Y 时,你想要得到 X")也使其越来越不具备政治意义,同时该模型也不允许其他人这么做(比如禁止效用在人与人之间比较)。

另一方面,一种批评的声音则认为它具有政治危险,这不仅是因为其催生了保守的政治观点,而且因为它在科学面纱的伪装下悄然发展着其政治。对他们而言,假装经济学中没有夹杂政治因素,有点像把神创论当成是没有受到宗教影响的科学一样。总之,新古典经济学可以从两个截然不同的角度去理解:一种是尝试科学地理解社会;另一种是创立一种理论并在理论中阐述,不管在什么情况下,都不能剥夺那些现在已经具备一定社会和经济实力的人的权力。这种说法在经济学教科书里是一种关于社会的理性理论呢,还是仅仅是一种维持事物现状的修辞手段呢?

[第 4 章]

批评：我们最大化效用了吗？
我们应该这样做吗？

4.1 透过经济学教科书看人性

假设一些外星人得到一本经济学教科书，以便在访问我们之前通过它来了解我们人类。他们会有什么期待呢？新古典经济学理论给我们呈现的模型中的男男女女冷酷而挑剔，这些人得到了自己想要的，也想要自己所得到的。作为一种被私利支配的动物，人类一丝不苟地运用仅有的几种方法追求着这种私利。如果这些外星人读得懂教科书字里行间的意思，他们就会知道，这种叫做私利的东西和它臭名昭著的亲戚"自私"是不一样的。但是，他们也无法进一步证实这一点。书中给出的唯一结论是，我们能够有效地利用手段和结果，但它并没有说这种结果是仁慈的还是邪恶的。

像本书上卷中每一部分的最后一章一样，本章主要阐述批评观点。这里我们首先提出两组问题，第一组仔细分析了经济学家所描绘的人的准确性：

1. 当外星人来到地球亲眼（或者用其他什么感应器）看到我们，他们会不会大为震惊呢？或者说，经济学家的人类（让我们把这种生活在经济学教科书里的动物称为经济人）模型是我们真实的反映吗？还是这个模型完全偏离了事实？

第二组则从描述问题转为解决问题：

2. 如果我们不像经济学教科书中描述的那样思考、行动和相互交流，这是否会成为我们所担心的事情？这是否暗示了我们并没有教科书假想的那么完美呢？我们是否应该努力变得更一致、更有效率、更像经济人呢？或者正因人们远没有经济学家理论当中所设想的那样复杂，因而那种在教科书中被经济学家称为是弱点的东西，在现实中却可能是一种强大的力量呢？

第三个问题将在第11章中讨论：如果经济学家关于人类的模型是不现实的，他们会在意这一点吗？

4.2 我们和经济人有多相似？

4.2.1 按理论行动，尽管我们对它一无所知

刚刚接触经济学的人，常常会对经济学的严格产生异议。当我们在两种物品间进行选择时，我们是否真的考虑过边际替代率等于价格比率？显然，我们在这一点上的表现永远是即兴的、极富创造性和不可预测的。但是，新古典经济学家认为，这些反对意见根本不能令人信服。举一个网球运动员参加巡回赛的例子。物理学家通过分析运动员比赛录像的回放，然后用纯数学的语言解释运动员运动的力学原理：手臂的晃动、身体的摇摆，以及如何调整初始姿势以获得最大发力、如何有效运用手腕以使得球落地后产生强烈的上旋等等。但是，进行所有这些科学分析时，并不依赖运动员的主观意识。

在上例中，不论运动员是一个连自己都搞不清为什么球技如此高超的网球天才，或是物理学家调教出来的网球选手，也不论运动员是否脾气不好或性格古怪等各种情况，科学分析都可以很好地解释他在球场上的良好表现。事实上，我们需要假设的全部内容就是他在全力赢得比赛（并且凑巧也在最大化他的比赛奖金）。

相似地，当我们在产品组合间进行选择时，新古典经济学家并不否认我们在有意遵从边际均等原理（即选择无差异曲线和预算约束线的切点）；相反，他们极力模仿物理学家的做法，试图对那些出于本能的行为进行科学分析。

真实的假设不是个体如何按照原理行动,而是一旦个体掌握了达到自己目标的技能之后,他就好像在遵照原理来行事,而他自己很可能并没有意识到这种或那种理论的存在。

工具理性是一种本能

> 英国哲学家、数学家罗素(1872—1970)曾写道:当一个人正确使用词语时,他为什么要说出其意义呢?这正如按轨道运行的星球并不需要知道开普勒定律一样。一个新古典经济学家大概会用"最大化效用的人应该知道边际效用是多少"来取代"正确使用语言的人应该知道它们的意义"。

更深入地分析可以看出,就像瑞士网球明星辛吉斯不懂物理学也能打好网球一样,消费者即使不知道边际均等原理也能作出理性的选择。可能经济学家会天真地辩解说,只有当工人知道自己在无差异曲线上的位置时,他才能作出合理选择。事实上,这很容易反驳:只要他试图最大化自己的效用,他就会向A点靠近(即使他对经济学一无所知)。

假设他最初选择的工作量多于图2.8中A点对应的工作量。某天订单不足,老板让他早点回家。令他吃惊的是,他发现下午4点回家感觉很好,并且有很多休闲时间。第二天早晨他与老板达成协议:减少工作时间并降低工资。此时他甚至没有意识到自己在向最佳选择点 A 点靠近。总之，即使他完全不懂经济学原理，不知道边际替代率，不知道图 2.8 等，但是出于好奇心，他的选择恰好遵循了图 2.8 的分析原理，因此也就证实了边际均等原理。

新古典经济学家假设每个人都是聪明的、充满好奇心的，并知道什么对自己是有利的，也就是说，人是有工具理性的。我们需要记住的是：边际均等原理并不会建议我们如何去行事。简言之，它只会用数学语言描述工具理性人的行为。但是明白了这一点，有个问题依旧存在：我们是工具理性的（即最大化效用者）吗？或者更进一步说，我们愿意变得工具理性吗？

4.2.2 怀疑欲望与理性愚蠢的威胁

人的思想远比经济理论中的人要复杂和精细得多。面对那些令我们困惑的选择，连古希腊悲剧家索福克勒斯的安提戈涅和莎翁笔下的哈姆雷特都在不断地向我们阐释着人类对自己有多么的不了解。简洁明了的边际均等原理难道可以结束这个千年的难题吗？它能告诉我们人究竟是什么吗？不太可能。

选择我们的性格

19 世纪伟大的思想家穆勒，由于对哲学和政治感兴趣进而转向了经济学，他曾在《逻辑体系》（1843）一书中这样写道：

当个人觉得自己不被习惯或诱惑主宰时，他就会感到

> 道德上的自由，但人们往往不是这样；甚至是那些屈服于习惯或诱惑但觉得自己还有能力抵抗的人，其在道德上也是可以趋于自由的……或者至少我们要知道，当我们的欲望和性格处于某种行为冲突中时，即使我们的愿望没有强烈到改变我们的性格，它也足以战胜我们的性格。因此实事求是地说，除了确实具备美德的人可以感到自由之外，其他人都很难感到自由。

个人除了有效满足目标外还有更明智的选择，为了理解这一点，个人不必成为莎士比亚或古希腊悲剧诗人。从一个更现实的角度看，我们也会有一个疑虑：我们渴望得到的东西其实并不值得追求。当我们开始怀疑自己的欲望时，仅仅为满足欲望（包括满足未来需求的愿望）而发挥作用的边际均等原理就开始显得肤浅。

为了易于理解，让我们回顾一个简单的伊索寓言（你会慢慢发现其实它并不简单），伊索是公元前6世纪的古希腊寓言家。

> 一个夏日里，动物们都过得很安逸。但是，当一只蚱蜢晒着太阳懒散地躺在无花果树旁弹吉他的时候，一只蚂蚁却在为过冬而辛苦地劳作。当蚂蚁走过无花果树旁时，它生气地看着蚱蜢说："你真是笨。你不为过冬去准备食物却在这里浪费时间唱歌休闲。在我看来，智慧的人需要对自己的未来作出承诺。这就是为什么你应该做我正在做的，并

进行投资以尽可能拥有一个美好的未来。"

蚱蜢微笑着回答说:"我也许很蠢但我很理性。其实我和你一样理性。因为我对现在的关心永远都不够,所以对未来会拥有什么我永远不会感兴趣。很自然你会认为当冬天来临时我会很痛苦,但我除了我现在的幸福不会在意任何事情,所以我会继续唱歌。"蚂蚁摇摇头,喃喃自语地走开了:"冬天来了可别怪我没提醒你呀。"

即使看起来很愚蠢,可蚱蜢有没有理性的地方呢?这取决于我们如何定义理性,因为它已经说它不在乎未来的效用,很明显,从工具理性的角度看,它的最佳选择是最大化今天的效用。相对而言,蚂蚁则认为它现在的效用为零(最大价值是其预期效用)。或者说,由于它们的偏好不同,蚂蚁选择把一切投资于未来而蚱蜢则选择了完全相反的策略。因为它们在给定约束的情况下都最大化了自己的效用,所以从新古典理性主义的角度来看它们都是理性的。

冬天来了,大地结冰,树叶一片一片落下来。蚂蚁们依偎在温暖的洞穴里,一点点消耗着它们储藏的食物(不是因为它们担心在春天来临前就吃完所有的食物,而是因为蚂蚁们对现在的享乐没有兴趣,它们对未来的自己是如此的负责,以至于活下来只是为了未来的自己)。相比而言,蚱蜢的处境就很尴尬。在饱受寒冷和营养不良的煎熬后,它来到蚂蚁的洞前求助。出人意料的是,蚂蚁并没有利用这个机会让蚱蜢回忆它们以前的谈话,相反它说:"即使帮助你让我很快乐,但是令人难过的是我不能帮你。你看,我只在意未来可能得到的幸福而不是现在的幸福,因此我不能给你食物。但是,我可以用另一种方式帮助你。在路的尽头有一堆灌木丛,它们的叶子营养可口。但是,它们有毒,食用十天后你会死于一种很痛苦的疾病。但是考虑到你并不在乎未来怎么样,我想你还是会吃的。""当然,非常感谢你提供的信息",蚱蜢回答后便起身去寻找那堆灌木丛。

十天后,蚱蜢在临死前痛苦地攥着自己的胃。突然,蚂蚁出现了。"看到你理性愚蠢的后果让我很难过,"蚂蚁说,"我给你带来了一个好消息一个坏消息。你想先听哪一个?""好消息",蚱蜢痛苦地答道。"有一种解毒药可以在24小时内挽救你的生命。这是好消息。坏消息则是在那24小时中你会比现在还痛苦。考虑到你和你的偏好,你肯定是不会服用的。"蚱蜢叹息地点点头。"永别了!"它痛苦地大叫了一声,因为(从新古典经济学角度来看)投资于未来对它而言并不理性。

多年后蚂蚁已头发花白,它遗憾地追忆道:"我羡慕蚱蜢。虽然它把生命浪费在当下的享乐上,但至少它有过美好的时刻。而我则把一生都浪费在那个永远不会到来的未来上。我一次也没有享受过自己劳动的成果,永远都只关注自己在未来是否得到满足,从来没有满足过现在的自己。"而在临死前它承认:"我羡慕那只蚱蜢,因为至少它活着时活得很好。"

故事的寓意:

懂得保持聪明的头脑,比懂得如何有效地满足自己的目标更困难。(伊索总是在他寓言的结尾给我们留下深刻的道德思考。)

严肃地看这个问题,伊索的蚂蚁与蚱蜢让我们关注工具理性自身存在的偏激性。用我们这个时代的经济学家阿玛蒂亚·森的话说,它提醒我们,人很可能成为理性的工具:一个知道如何达到目标的人可能不清楚目标的价值。希望我们不要如此行事,而是要质问我们自身目标的合理性。

但是,这种理性动物(他们帮助我们评价自己的目标和角色)在我们的经济学课本里却找不到。为什么呢?因为经济学只研究行动和选择,而不对它们所服务的欲望进行判断。那么经济学家又如何能反过来建议人们去质问他们的选择呢?(显然,伊索想要我们的两只昆虫做到这一点。)更深入地分析可以看出,当值得怀疑的欲望决定个人效用时,它建议我们不按照边际均等原理行事(参见下面的线框)。对经济学而言,这是一个严重的问题吗?

质疑个人的目标与边际均等原理

试想一个人愿意付 10 美元买一盒香烟，15 美元买两盒，18 美元买三盒。每盒的单价是 5 美元。一个人应该买几盒呢？边际均等原理提供的答案是两盒（因为从第二盒开始边际效用等于成本）。请注意上一句中使用的"应该"。经济学家的效用反映了他们的假设，即人们的目标是他们自己的事情。所以到目前为止，这些目标还没有疑问，人们应该买两盒香烟，而这也正是经济学家预测人们会做的。但这并不是说理性人必须（或者应该）买两盒香烟。也许这个人在仔细检查了自己的目标后应该选择戒烟。当然，经济学家可能会回答说：人们应该要什么并不是他们所要研究的。事实正是如此。但如果他们坚持本例中的理性选择就是买两盒香烟，这虽然很符合逻辑，却有一定风险。

回顾一下经济学家所说的：他们做的是一种描述（即是纯科学）而不是预测（这交给了伦理学、政治、哲学和宗教等）。从这种意义上说，如果人们在质问自己的目标时和伊索的昆虫一样无助（如果说人们有这种缺点，经济学却没有），蚂蚁和蚱蜢寓言中所传达的信息对经济学家也就不构成一个问题。但是，假使我们都有推理能力，并且凑巧我们现在没有欲望且认为不值得采取行动，理论就会存在问题，因为我们选择的行为可能不能反映我们的目标。因此，除非理论能说明人们会拒绝那些非理性的目标，否则该理论就不能解释我们的行为。但这却是经济学有意回避的问题。其实，理性和非理性的目标概念，并不是经济学思考方式的一部分。

总之，伊索寓言引起的评论有两方面。第一个在前一章中已经处理了：新古典经济学理论不能完美地预测实际理性选择问题。但是，从这里可以得出一个推论，它给我们带来了第二个批评：新古典理论做了过多的预测！让我们坦然面对这一点吧。我如何把伊索寓言与本章的主旨联系起来呢？不管蚂蚁和蚱蜢做了什么蠢事，我都能画出无差异曲线以解释它们的行动是理性的。因此我们看到，当我们观察别人的行为时，我们总能编出某个特定的目标以使得行为看起来合乎理性。所以，你如果看见我用头撞墙，你会为这个悲伤的场面辩护说：我的效用随着我的头盖骨不断撞击墙壁而上升。最终我们担心的是：可以理性地解释一切的理论，并不能区分理性和彻底的傻瓜。

4.2.3 效用机器

无法给出明确解决办法的批评是没有意义的。4.2.2 节可以很好地解释现实中人们的行为。尽管它可能会引起愚蠢理性（比如蚂蚁或蚱蜢），尽管它引出了关于理性和智慧的有趣讨论、关于认真思考我们需求的重要性，但最后它让我们站在比新古典理论更高的角度意识到：最佳选择模型（即边际均等原理）可能是正确的，它可以分析决定人类行为的每一个关键点；人类大部分时间都试图在给定资源下得到自己想要的，即使在个别情况下得不到也不会影响他们的行为。最后，争论不断继续，大多数时候我们还是效用最大化者，即使我们不想成为这样的人或没有意识到我们是这样的人。经济学把个人想要的都识别出来了。

事情果真如此吗？我们是效用最大化的人吗？尽管上述阐述有着强大的解释力，但还是存在一点问题。一些人认为不能轻视人类的天性。那是由于我们的虚荣心吗？还是由于我们评价了性格中的非理性部分或者在这些反对的声音中存在一些理性成分？我们可以换一个方式替自己回答这个问题。该假设会帮助你识别出自己是否是一个效用最大化者。

假如一个杰出的电脑专家发明了一个终极快乐机器。你躺在床上，电极附在头上，身体被各种人工设备包围着，比如静脉注射和其他高科技东西。此时电脑取代了你的大脑。但你无须恐慌。电脑是完全友好的，它是你的朋友而不是某种占有你灵魂侵占你生命的机械怪物。它知道你的偏好，明白你的价值取向，了解什么让你不快乐，它可以运用这些信息创造一个符合你愿望的理想生活。

由于你和电脑连为一体，你不会意识到自己躺在床上、头上插满了电极且看起来很痛苦，因为你确信电脑产生的画面是真实的。你在夏威夷冲浪，赢得摩纳哥大奖赛冠军，证明爱因斯坦的相对论是错误的——任何遐想你都能实现；这就是这个机器的神奇之处。现在的问题是：假如你对以上情况都很满意，并且和电脑连起的身体也被照顾得很好，你愿意下半生都和电脑一起生活吗？

回答前请想清楚，这个机器是一个纯粹的效用最大化者：不管你偏好清单（即序数排列）的最顶端是什么，它都会实现。由于实际生活恰恰就是各种体验的汇总，这个机器也就创造了符合自己愿望的一生体验。现在，我们提出一个更大胆的结论：如果你拒绝和电脑一起生活，你的这个决定就和"个人是效用最大化者"的经济学观点彻底相反了。

那么，你是否会和这个效用机器连在一起呢？如果答案是愿意，那么在新古典经济理论中，你就是有效率的效用最大化者（因为把自己和电脑连起来是实现效用最大化的最好方法）。如果这么做是值得的，你就已经发现了一个关于人类天性的简单理论。该理论具有一致性，并可在任何经济学教科书里找到。但如果答案是否定的，你就有问题了！请听我解释。

一个合理的拒绝理由是：你并不完全信任医生的承诺，即当你和电脑连在一起时，身体的良好状态和平常一样，不受影响。显然，这也正是你拒绝和机器连在一起的合理解释，即使你是工具理性的。但如果和电脑连在一起时你的身体不会感觉到任何痛苦，你还会拒绝吗？如果你选择不接受，你就不是一个效用最大化的人。为什么呢？因为你发现生活中还存在一些比效用（或是得到自己想要的）更重要的东西（否则你就会接受）。可那又是什么呢？在确信自己的身体状况不会变坏时，一个效用最大化的人是否可能同时又拒绝和电脑连在一起呢？

考虑以下争论：你是一个效用主义者，但你把别人的幸福放在自己偏好顺序的顶端,你会通过帮助他人而不是追求私利而获得个人效用。但这并不能令人信服!即使你想要帮助他人,机器也会以最有效的方式替你完成。请记住机器会在你的灵魂或大脑中,创造所有你想要的体验。所以如果对他人友善、帮助穷人和其他需要你的人、做一个利他主义者时你会感到满足,机器就会为你创造这样的生活体验。如果你不想得到赢得奥运会冠军或在好莱坞成名的体验,电脑就会严格遵照你的偏好顺序,让你体验在非洲架设医疗器材,在那里照顾成千上万无助的孩子和他们的家庭,或者体验任何让你的灵魂感觉安宁的温暖感受。

但实际上你却没有帮助任何人。这会是一个拒绝和机器连在一起的好理由吗?效用最大化者可不这么认为。请记住,你自己并不会意识到自己和电脑连在一起。你脑海中的画面会和你阅读我的文字一样真实。当然你可能还会坚持说,虽然电脑可以很完美地欺骗你,但你还是愿意帮助真实存在的人而不是电脑创造的虚幻的画面。

但什么是真实什么又是虚假呢?如果有人说你不能证明当下的现实没有电脑创造的现实更真实呢?如果此刻电脑让你产生阅读这些文字、阅读一本书的体验,而你其实躺在床上、头上插满电极,你又如何知道你不是和这台电脑连在一起呢?"我确实不知道,"你可能会说,"但是此刻,站在电脑面前的你让我和电脑永远连在一起,我就可以在实际生活和电脑为我创造的虚拟生活之间作出选择。即使选择后者可能得到更多效用,我还是会认为活在真实的现在(不管我是否能证明这一点)更有价值,这就是我不和电脑连在一起、放弃效用最大化的理由。"很好的观点。如果电脑在未经你同意的情况下占据了你的大脑并在你的脑海中创造了一个效用满足的假象，你承认你会感觉很快乐。但是，如果你被问及是否会自己作出这个选择时，你就不会这么做，因为在现实和机器虚拟的现实之间进行选择时，你会体验到更多的当下现实带给你的效用。这很好。但此时你又不得不承认一种情况的存在，即这台电脑通过无线技术在你意识不到的情况下占据了你的大脑！

"等等，"你可能会反对说，"我们是不是有点跑题了？"的确如此。但请允许我重申一点，如果拒绝机器的理由是：你不想过一种非真实的生活（当和电脑连在一起时），那么你就不能只关心效用。你含蓄地告诉我们你还对某种叫做现实的东西感兴趣，但是我们也许应该把这一点概念化。

总结一下这个复杂的争论：如果不选择和机器连在一起，你就不能只关注效用。教科书宣称个人只在乎效用。由于电脑可以最大化个人效用，不管是因为道德原因还是某种对现实的承诺，你不选择和电脑连在一起，效用对你而言也就并不意味着一切。你不得不承认，除了效用以外，还有更重要的东西。

但如果大多数人都这么想，理性选择模型在解释人们的行为时就会失去作用。而且，如果存在拒绝电脑的正当理由，经济学家就不能宣称反对边际均等原理是一种非理性的行为。所以，对于回避这台机器的原因，我们能给出一个理性的解释吗？除了效用，还有什么值得我们关心吗？

4.2.4 避开效用机器的第一个理由：欲望的不稳定性

和机器永远连在一起，意味着我们把自己的生活交付给了欲望。我们不希望这种情况发生的一个原因是，我们担心现在的欲望可能没有价值。以下是一个简单的例子。

> 罗纳德从不爱去看古典音乐演出。直到有一天，老板命令他晚上带一个重要的客户去音乐会，如果他不去，他就会被解雇。于是罗纳德郁郁寡欢地在音乐厅坐下来，当帷幕拉开，他生平第一次沉浸在莫扎特的音乐之中。
>
> 他惊呆了。他发现自己的内心突然发生了改变。古典音乐并不无聊，也不是只适合老年人。它令人激动并且充满激情。他从大厅走出来，整晚脑子中都是音乐会最后时刻的场景。第二天，他去了当地的音像店，倾其所有买回了莫扎特的音乐CD。然后去查询音乐会指南，为自己预定了明晚的座位。用经济学术语解释这一现象：他的无差异曲线围绕音乐会做了一个巨大的翻转，这意味着他现在是一个古典音乐消费者。

"那又怎么样"，你可能会问。其实，当偏好和选择变得相互依赖，新古典模型便很难预测我们将会采取的行动。在这个两难处境中（比如选择不同数量的苹果或香蕉），我们发现个人行为受偏好、价格和收入的影响。然而在本例中，这些信息是不充分的。为了预测罗纳德购买古典音乐的行为,我们还需要知道一场音乐会对其偏好的影响程度。简单地说,当选择影响了偏好,该理论就有不足之处。这是因为理论假设:只有偏好会影响选择而不是反过来选择影响偏好,除非指出另外一条路(即,我们的体验如何影响我们的欲望),否则当它们可以相互影响时,该理论就不起作用。不幸的是,书本中的模型并不能解决这一问题。

让我们看看这一点(偏好和体验的依赖性)为我们拒绝和效用机器一起生活所提供的新解释:其实这很简单。罗纳德一开始对古典音乐没有兴趣。一旦他把自己的身体和思想给了机器,后者给他创造的虚拟现实将不包括莫扎特音乐的体验以及随后可能的改变。电脑作为他偏好的忠诚拥护者,只会不断满足他现在的偏好,永远不会让他去听音乐会,因为程序禁止对他进行洗脑(即创造新偏好)。但是,有的人期望偏好有意外的、不可预见的改变。而也正是这种对不断改变和发展的自己的美好期望,让我们意识到自己不是机器;我们生存的环境中到处都孕育着这些不可预测的可能性。对于那些认为这种感觉比满足偏好更有价值的人而言,不和电脑一起生活更有意义,因为他们既不最大化自己的效用,也不认为有必要这么做。

4.2.5 逃避效用机器的第二个理由:寻找幸福并不像寻找黄金

有些人不愿和电脑一起生活的另一个原因是:寻找幸福时遇到的问题和掘金者遇到的问题并不一样。当我们找到黄金时,它是一个确切的客体并可以验证其真假性。但是幸福却不能验证！愚蠢的人即使痛苦也可能会真心感到快乐。第二个原因在于，幸福不仅难以辨识，同时也是一种很奇怪的体验。比如在19世纪60年代的一个晚上，出现了一个很有意义的现象：成千上万的美国人都哭了。拉丝（当时一个流行电视节目中的一条狗）在连续剧的最后一个故事情节里死了。他们的哭泣肯定会令人很沮丧。但是他们选择了观看这个节目，并且不太可能说他们会后悔做这个选择。

我们如何解释他们虽然感到难过却认为自己从观看节目中得到了效用这一现象呢？悲伤也能产生效用吗？很明显，没人会把痛苦放在自己偏好菜单的最顶部，然后试图实现它。他们会不会认为这种不期而至的悲伤或震惊有价值，随后又希望拉丝还没有死呢？如果第二天新闻网宣布最后的情节并不是拉丝的创造者本来所构想的那样，而是一个永远也不会被搬上银幕的个人创意，情况又会怎么样呢？成千上万的悲伤者希望这种情况改变吗？很难说。本例中有趣的是，观众喜欢情节创造的悲伤，并且不想抹去它。

幸福的确是一种很奇怪的体验。不管我们是去影院或是去读书，也许我们是按照新古典模型描述的方式选择作者或导演（即满足我们的感官或是增加我们的效用）。但是，一旦我们开始观看或阅读，如果我们沉浸在情节中，我们的愉悦感就会被破坏。对于电影或书中发生的事情，我们期望自己不要作出选择。我们甚至会选择看恐怖片，因为它使得我们在恐怖的两小时里胆战心惊。尽管这种感觉会很痛苦，但是如果写得好或演得好，我们还是很喜欢。

> 我不能得不到满足
>
> 米克·贾格尔和凯斯·理查德,《滚石》(1965)

尽管我们希望存在某种能替我们做琐事、减轻我们痛苦的机器,但我们并不期望过一种没有痛苦、没有琐事的生活。那种无聊的生活可能会让我们以自杀而告终。因此,幸福就是由一些未经计划的、频繁把我们带向痛苦的短途旅行构成。一台能满足我们所有偏好的机器,并不能制造一种真实的幸福生活,因为快乐可能是由痛苦引起的。

换句话说,我们没法区分好的体验和坏的体验。但是,效用机器则会作出这种区分并将其作为一个输入变量,用以决定让你体验什么经历然后决定是否保留。然而,真实生活并不是由偏好顺序主导的,效用机器不能区分痛苦和快乐、效用与非效用、恐怖与精神享受之间的界线。因此,与机器相连的生活也许没有痛苦,但也缺乏一种如陀思妥耶夫斯基小说里描述的困惑的快乐。这时谁又能说避开效用机器(即关注其他事情而不是效用)是非理性的呢?

4.3 幸福、自由和创造力

4.3.1 酸葡萄和制造的欲望

蚂蚁、蚱蜢和罗纳德的音乐会体验告诉我们:好生活不仅是满足偏好那么简单。电视里拉丝的死亡让我们意识到,一个通用而有意义的效用定义可能是徒劳的。但如果我们不最大化效用,我们又能做些什么呢?关于这一点,让我们看一下罗素的观点:

> 人类所有的行为都源自两点:冲动和欲望……孩子们奔跑喊叫,不是因为他们期望得到什么好的东西,而仅仅是因为他们有一种奔跑和喊叫的冲动。那些认为人类是理性动物的人,认为人们自吹自擂是为了让他人称赞自己。但大多数人都有过这样的经历:我们明明知道自吹自擂会受到他人的鄙夷,但我们还是照做不误。当冲动不再沉溺于它产生的时刻,人们就会有一种纵容这种冲动产生出一定结果的愿望。如果合乎逻辑的期望的后果并不被认同,远见和冲动之间的矛盾便出现了。如果冲动较弱,远见就会战胜冲动(依理性办事);反之,或者远见被歪曲,被反对的后果所遗忘,或者为一个勇敢的人不假思索地接受……但是这种勇气和鲁莽是很少见的。当冲动强烈时,大多数人都会通过潜意识的选择使得自己相信:纵容冲动会带来可以接受的结果。

如果罗素是正确的,行为就不可能用一个只关注欲望的模型来解释。即使我们同意冲动创造了欲望,它们也不可能取代欲望。罗素提出了两个重要观点:第一,许多行为只由一种驱动、冲动、情感所驱使（而不是某种欲望或追求幸福的迫切感）。第二，理性不仅是个人得到自己想要的东西的工具，它也是让我们信服我们得到的就是自己想要的东西的工具。这一点对经济学家的模型是一个巨大的威胁，因为在模型中他们把选择粉饰为对有序欲望的理性回应。相反，罗素建议我们应该经常按冲动行动，并且只有那时才能在潜意识里形成一种激励我们选择的欲望。如果事情都是这样的话，一种能够控制偏好和理性的选择理论，就是我们自我欺骗能力的一个可悲的延伸。

酸葡萄

思考很少是原创的。伊索早在许多世纪前就通过葡萄寓言精彩地传达了罗素的观点。狐狸走到葡萄园边看见挂着的葡萄很想吃。它跳了几次都没够着。然后它想了想，觉得自己并不需要它们——"它们肯定很酸"，它告诉自己。这是一个经典的改变偏好以接受一个我们得不到自己想要的现实的例子。（这也就是我们今天知道的事后理性。）

孩子们奔跑喊叫、成年人大笑、强迫购买自己不需要也不想要的商品、无知的军队包围城市、百万富翁因偷窃被抓、学生做白日梦——这些行为都不能用经济学家的模型做一个更深层次的解释。然而，如果有足够冲动的话，经济学家就能创造一个产生这些行为的欲望清单。

选择后寻找原因

一个市场研究显示：在那些能够阅读完整版名牌汽车广告的人中，有93%的人是最近刚刚购买该品牌和型号汽车的消费者。为什么呢？因为他们刚刚买了那种车。

心理学家提供的答案是：在作出一个困难的选择后，人们通常想要为他们的选择找一个原因（后理性）。因此，他们就去阅读那些为自己买的那种车唱赞歌的文章。

当然，这些清单只是原因的幻象，就像我们在头脑中创造原因只是为了证明自己选择的正确性。问题是：这些欲望、冲动、感情的混合物是如何产生的呢？对此，经济学家的模型没有回答，而且经济学家对此也不感兴趣。有一点是可以肯定的——最终，从哲学和心理学的角度来看，把我们的生活降低为一列偏好的清单（成为效用功能）是不能令人满意的。经济学家可以宣扬很多种观点，但他们不能说哲学和心理学已经不适用了。

4.3.2 创造性的自我控制与识别

面对自身的复杂性（经济学家不近情理，甚至是错误地称之为非理性），我们经常能用富有创造性的方法去解决它们。荷马曾经讲过一个故事，尤利西斯从特洛伊乘船回家，路上碰见海妖。尤利西斯知道海妖美妙的歌声名扬天下，但他也明白那些被歌声吸引的人在进入海妖圈套后的悲惨命运。由于自身无法抵制歌声的诱惑，同时也不愿危及自身的安全，他命令船员把自己紧紧绑在桅杆上，同时堵住他们的耳朵并不理睬他们的抗议，一直到船远离海妖。最后他通过约束自己，明智地作出了最佳选择，同时也避免了因效用增加而带来的厄运。

灵魂研究显示，我们很多时候都被想象的桅杆所蒙蔽，并且大多数时候也都做得不如尤利西斯明智。如果我们故意出门不带信用卡，并且知道自己这样做时花的钱会比应该要花的少得多，那么我们就是在追随尤利西斯的路。我们要做的是，在满足自己欲望的同时，考虑冲动行为带来的危险。我们在拯救或部分地拯救效用最大化原理吗？看看下面尤利西斯的策略在实践中的应用。我明天早上要完成经济学作业，但回家前你拉我去喝几杯。我想去，但又不相信自己能够适可而止。

尽管我想和你一起喝几杯，但我明白在喝了两杯后我会想喝更多，这样作业就永远也不能完成。因此，我担心冲动会改变我的偏好并把我弄得酩酊大醉。试试尤利西斯的策略。如果我把所有的钱给你，让你给我买两杯酒会怎么样？如果我想要更多，你就会拒绝我。采用这种策略，我就创造性地处理了自己的冲动并由此最大化了自己的效用。但是，考虑到你的处境，如果我喝了两杯之后告诉你：

> 我知道我让你不要给我买第三杯酒，谢谢你是个忠诚的朋友，但现在我要反悔了。我学经济学的原因是：我一

直是一个害羞和忧郁的人，屈从于社会和家庭的压力。实际上，我一直认为自己应该做一个艺术家却没有勇气去追求。现在两杯酒下肚后我发现自己想通了。去它的经济学吧！因此，真实的我现在要求你把钱还给我，这样我就能再多喝点以找回去做自己感兴趣事情的勇气——放弃经济学并告诉父母自己想要成为艺术家。

这会把你置于一个可怕的两难境地。在我有点醉的时候告诉你，现在的我才是真实的我，你会作何反应？你会相信现在的我，还是对以前的我保持忠诚？答案是，如果我们坚持新古典理论就没有答案。因为我们怎么能对两个自己的相对价值进行比较呢？单纯基于效用我们不可能知道哪一个自己更真实。还有一些其他问题，比如说道德判断在选择过程中也是需要的，而功利主义却无法做到。正是这种选择中道德因素的缺失，进一步解释了我为什么不愿被机器控制的缘由。

个体和组织

经济学家承认，在考虑组织中代理人的不同利益后，组织可能很难作出一个明确而具备优先顺序的选择（参见第8章）。有一种观点甚至认为，正是因为利益需求的不一致，组织才能发展。另一方面，经济学家假设理智的个体都有指导其行为的偏好序列。我的同事兼朋友希普认为，如果

> 经济学家把个人看成与组织一样，是拥有不确定的和不可比较动机的复杂系统的话，关于人类选择的经济理论就可以得到改进。

4.3.3 效用最大化和自由

迄今为止，关于人类本性的问题有了两个完全对立的观点。一个是经济学在教科书中提到的：效用消费者的最佳选择和偏好创造没有关系，只与偏好满足相关。另一个观点是，人是创造者，是奋斗的主体，是一种通过其本身或周边主体的行为塑造的一个客观存在。虽然这两个观点都非常有意思，但是在我看来，只有第二种观点才是自主而真实的，（更重要的是）才是自由的。如果我的这个观点是对的，这种自由的前提就是找出经济学教科书中男人和女人选择模型的差异。当然，这种区分需要证明。我从一个简单的问题（什么是自由？）入手，尝试给出证明。

生活中的自由含义极其丰富：言论自由、贸易自由、市场自由。自由的一个明显的含义就是：没有限制，个人做自己想做事情的能力。但这是不是一个令人满意的定义呢？如果是，效用机器将会是终结者（因为它就是为扫除所有障碍以实现利益最大化而设计的），但就像效用最大化的人也可能行为表现得极其愚蠢（想想蚂蚁和蚱蜢），个人也可能会成为幸福的奴隶。因此，不被限制的效用并不能保证自由，看看下面这个例子。

假设你和我因如何分配 100 万美元而发生纠纷。你按下一个按键,我的大脑就设定一个对金钱厌恶的程序。这会发生什么呢？此时你得到了所有的钱,而这对我们两个都好。通过改变我的偏好,你让我们都获得了自由,因为此时我们都得到了自己想要的（你得到了钱,我则避开了它们）。将自由等同于没有约束,我们此时都很自由。但从另一点来看,你让我变成了一个得到了自己喜欢的并喜欢自己所得到的快乐笨蛋。

因此,你不仅没有让我得到自由,相反由于允许我最大化效用,你把我彻底变成了效用的奴隶。但这却也让我们明白了,为什么有的人不选择最大化效用,甚至试图逃避效用机器：我们怀疑效用机器会让我们失去真正的自由,而不是让我们自由地去享受。机器是否这么做,取决于我们如何理解自由这一概念。如果我们从经济学教科书的角度去理解自由,效用机器就可以让我们得到自由。如果不是,它就是极权主义的代表。试想一下,每个人都躺在一个与巨大的快乐机器连在一起的世界会是什么样子！

4.4 结论

如前言所述,本书上卷三个部分中的第三个章节都会扮演唱反调的角色,对经济学教科书的内容进行批评。本章对教科书的选择理论（也就是新古典经济学）也进行了大量批评。这是某种毫无理由的练习？还是它真有被批判的理由呢？显然,我必须说明这个问题。随便拿来一本教科书,在一些简短的段落中,它省略了一个困扰了哲学家、政治学家和学者们几个世纪的核心问题，即在社会中，理智行为意味着什么？

经济学家对这个重大问题的回答不仅相当狭隘（参见第 2 章），而且盲目自大。理性经常只需一句话就可以被否定，动机被按照优先选择的顺序安排，最优的选择通过边际均等原理的方式来表达。因此，我们可以谅解学生们机械地去学习这些他们认为完全是技术上的东西。

经济学家可能没必要为了画出需求曲线图和价格经济理论去钻研复杂的哲学和心理学问题。然而，教科书没有理由假装理性、明智选择或欲望的起源等问题都可以通过经济学的方法去解决，更没有理由对现今方法的局限性避而不谈，同样没有理由把经济学家的表面研究方法推广到人性的研究当中去，并将其作为分析人类的一个权威模型。

本章就是对以上自大行为的反思。在第 3 章中，我们看到了经济学家如何借用政治理论中的"效用"概念来创造一个社会科学的概念。"效用"失去了人文色彩，而早期像穆勒这样的功利主义哲学家的警告也被遗忘。本章运用了寓言来阐释经济学研究方法中早已遗失的人性。

穆勒在《论自由》(1859) 中论述渐进的效用

我将效用看作是对所有伦理问题上的终极要求，但是，它是最广义上的效用，而且是建立在人类利益是渐进的基础上的。

为什么这些会这么重要呢？因为间接教化具备强大的力量。当经济学老师告诉学生一个理性人行为（或者说是必须这么做）模型后，学生们出现像"如果我不是这样的人我就不够理智"这样的想法是可以理解的。这一悲剧性误导信息本应被扼杀在萌芽状态。例如，如果经济学家能够退一步承认模型可能不够精确，因为个人并不总是像模型假设的那样理智的话，这种让步不失为一个很好的策略！在现实中，尽管人类缺乏像计算机一样的计算能力（也缺少由此产生的精确地依照边际均等原理作出行动的能力）是个无须争辩的事实，但是，我们通常也不会像经济学家所说的理论那样行动，因为我们的理智比经济模型或任何计算机所能理解的都要更为复杂。

这里有两个人类具备更高理性（和经济学家的工具理性相比）的例子：(1)我们让自己的欲望屈从于理智；(2)当它们不协调时，我们会人为地调节它们的关系。而且，我们明白偏好可以不断被创造，当各种广告和宣传充斥我们的大脑时，我们会采取各种措施来保证自己的独立性；简而言之，我们以经济学家无法想象的方式行事。因此，经济学家的模型不能很好地预测我们的行为，并不是因为我们在计算成本和收益时没有计算机那么熟练，主要是因为我们比模型中的人聪明得多。这一信息需要大声宣传。

穆勒在《论自由》(1859)中论自由选择

自由，作为一项原则，在人类已经有能力通过自由和平等的讨论提升自己的时候，已经不需要任何事先的声明。

简而言之，本章竭力告诫初学者：自治、创造力和自由等无价美德，在经济学家的研究中不会出现。然后（在第三部分）我们会发现，经济学在保证社会正义和福利方面存在问题。这些问题的根源难道不正是存在于经济学家推销的人类行为模型里吗？对此我们将拭目以待。

同时，用对悖论的思考来结束本章是非常有用的。一方面，上面已经提到，经济学中充满了对自由的赞词（尤其是在市场中）。然而，另一方面，经济学教科书中所提到的自由，就像科幻小说中的自由。在科幻小说中，人们排成一列列，等待着效用机器为他们提供无尽的满足。从中我们可能得出对我们最有帮助的结论是：经济学教科书中的理性选择模型，是市场逻辑发展的顶点。当陷入这个逻辑的时候，有一个问题是值得注意的：一个快乐的奴隶（一个封建地主的奴隶，或者是现今广告的奴隶）是不是也能够自由（不论那个人的效用水平处在什么层次）？

如果自由不仅仅是需求的满足，那么自由又有什么意义呢？没有人可以回答这个问题，但这里有一个建议：个人自由应该体现在行动自由上，不只是为了满足已经存在的效用（机器可以很令人羡慕地完成这一点），也是为了创造新的效用偏好，不断提高自己。只要我们不仅仅关注现在效用的满足，我们就能做到这一点。这当然不是说我们是受虐狂，以从一本伤感小说或者看悲剧时感受到的现实悲伤中来得到效用。想想刚从奥运会竞赛中获得第一的马拉松运动员的那份幸福。这份幸福难道能和使用大量药物来消除运动员身体的疼痛相等同吗？不可能。但这并不是说运动员就喜欢这种痛苦。相反，实际上这些痛苦、悲伤和伤痛能帮助我们进行重新定位，重新挖掘我们的潜力（甚至是比之前更好的潜力），去创造新的东西，去用不断变化的眼光看待这个世界。拥有这种复杂经验也许就是自由。

不愉快的所有权

1993年，在澳大利亚东南部一大片地区发生了一起由灌木丛引起的火灾，大部分森林被毁坏，但却没有任何房子或农场受到侵害，媒体报道说："很庆幸，没有财产损失。"这与市场社会中的一个趋势是一致的，那就是，如果不消费或者没有所有权，就忘记了如何去获取满足感。从某种程度上来说，这是人性的一种丧失，甚至是自由的缩减。马克思在他的辩证法体系（《资本论》）里，曾经警告过人们不要过分在意经济学家关于人类行为的模型。

私人财产让我们变得如此愚蠢和自私，以至于一个东西只有当它以资本而存在或是为我们直接所有时才认为是我们的……人为了能够产生他的内部财富不得不屈从于这种绝对的贫穷……物质世界价值的提高和人类价值的降低是直接成比例的。

最后一次回顾理性选择模型，它的主要缺陷似乎是，无法识别人类众多的体验因而把效用误以为自由。动物的行为仅仅是冲动产生的需求所导致的，这是千真万确的，并且这种需求以一种相当明确的方式指导着它们的行动。但是，人类进行选择的能力，将我们与动物区分开来，让我们不仅在偏好和结果（消费组合）间进行选择，也包括在偏好间进行选择。与猫和老鼠不同，我们可以自己思考："我想要这个吗？"或是"我不喜欢爵士音乐，但是我要是喜欢该多好"，甚至是："去年我是多么不成熟啊，感谢上帝，我不再在乎我是否减了3斤体重。"所以，请记住：教科书中的古典经济学家提出的行为模型，并不能解决所有复杂的动机，而恰恰是这些动机，才能让你的生活变得有意义。如果这是对的，经济学家的行为理论对老鼠和智能电脑就是十分合适的。我们人类则需要一个更为丰富的理论。

老鼠选择理论

约翰·卡格尔（John Kagel）及其合作者证明了，老鼠是古典经济学选择理论的"忠实追随者"。在他们1981年发表的论文（发表于《经济学季刊》）中，他们报告了一个实验。这个实验是将一只雄鼠关在一个有两个杠杆的笼子里几天。每次老鼠踩踏第一个杠杆，就会得到一些准备好的食物。每次它踩到第二个杠杆的时候，就会流出准备好的水。踩踏杠杆是老鼠获得食物和水的唯一方式。实验者控制着全部数量的食物和水，每天踩踏十次杠杆后，就没有食物也没有水了。

食物和水的总量就是老鼠一天的"收入"。他们也控制着老鼠踩踏杠杆的次数。例如，某天，老鼠可能需要踩踏两次食物杠杆才能得到一定量的食物，而踩一下出水的杠杆，水就够喝了。假如这只老鼠偏好少碰几次杠杆来得到一定数量的水和食物，那么它得到食物和水而需要分别踩踏的比率就等同于食物和水的相对价格。

实验进行了几天以后，给定它的总体收入和价格比率，老鼠会发现自己最中意的食物和水的混合比例。接着，实验者改变它的收入及价格比率来看老鼠的行为是否符合古典经济学家的选择模式。这个实验的主要发现是：事实上，老鼠的行为完全符合效用最大化！任何时候价格比率发生变化，它都会通过消费更多的"便宜"部分来改变自己对食物和水的消费量。

第二部分
产品和市场

[第5章]

回顾：公司、产品、市场

5.1 公司与边际均等原理

是不是很惊讶这个边际均等原理怎么又回来了？其实你完全不用惊讶。无论人们如何选择，第一部分的选择理论就是为应用而设计的。我们已经看到了消费者如何被当成模型中的黑匣子，消费商品

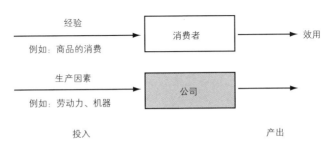

图 5.1 公司与消费者

（或消费经验）被视为一种投入，生产效用被视为一种产出。如果我们把黑匣子比作公司，那么投入的就是用于生产过程中的商品（比如劳动力、土地、机器和原材料），产出的就是生产线上生产出来的产品（图5.1）。因此，边际均等原理不仅说明了第一个盒子（即消费者）如何从投入（如商品）中得到最大的产出（效用），也解释了第二个盒子（即公司）如何从其投入（如土地、劳动力、机器）中获得最大的产出（即商品）。

公司为何存在？

为什么一个像福特汽车这样的大公司里的许多工厂可以不经过市场而进行商品（像汽车零部件）交换呢？例如，在西班牙分公司生产的变速箱，被安装在了福特公司在德国工厂生产的汽车上，而后者并未向前者购买变速箱。事实上，在这里，公司取代了市场。然而，如果市场运行良好，为何公司要这么做呢？公司到底因何而存在？为什么人们不一对一地进行交易，而是以组成被称作公司的组织去交易？

罗纳德·科斯给出了答案（他因此获得了诺贝尔经济学奖），即在市场上交易需要成本，比如，讨价还价的时间、你要承担买到劣质商品的风险，以及当你需要购买某个零部件但市场上的供应量却不足等。根据科斯的解释，一个公司会扩张下去，直到在公司内部组织一个交易的成本等于在公开市场上进行一个相同交易的成本为止。当其在公司内部组织下一个活动（如建一个新的变速箱厂）的成本超过从外部供应商（如一个独立的变速箱生产商）购买一个变速箱所花费的交易成本时，公司就会停止扩张。注意在最后一句中，公司的规模是怎样通过边际均等原理来解释的。

5.1.1 公司投入的本质

对一个生产过程来说，什么是投入？首先，原材料（如矿石、电等）无疑都像苹果和橘子一样是在市场上交换的商品。接下来，我们看一下被新古典主义经济学家称为商品的主要生产要素。比如，工人们在生产线上费力地使用机器把原材料转变成最终的产品。这些工人是商品吗？机器、传送带本身也是商品吗？工厂所在的土地也是商品吗？

就像我在第 1 章所说过的那样，这些要素并不总是商品。事实上，这些要素转化为商品是伴随着工业社会、以市场为基础的社会（即资本主义）的产生而产生的。尽管如此，可能仍会有人说工业革命早已远去，我们完全可以把生产要素当成商品来看待。但是，这样做会引起一个看似很小却十分重要的新问题。

在消费者与公司的类比中，把生产要素当成商品来对待的前提是，公司不是要素的所有者。我来解释一下这一细微差异：对消费者来说，他们购买商品然后消费。事实上，消费者通过消费"投入"

而获得了商品的所有权。

相反，公司却不能被放在模型里，并被当成其投入的生产要素的所有者。想象一下下面这句话会产生的争议："可口可乐拥有其员工。"事实并非如此，实际上，任何公司都是雇用劳动者的单位劳动（或时间），而单位劳动真正的拥有者则是工人。虽然公司毫无疑问可以拥有资本和土地，但是对于这个理论来说，假定公司是租用其所需的土地和机器则会更为有益。为什么呢？因为这个理论希望指出，公司不同时间里需要使用不同数量的土地或机器的原因。如果一个公司已经拥有了一定数量的土地和资本，那么试图找出该公司究竟应该使用多少这些要素又有何意义呢？

当然，你可以指出，企业往往拥有自己的土地或机器。如果事情都是这样的话，经济学家便可以就此快乐地生活。他们的目的是要提醒我们，土地和机器是有机会成本的。因此，即使商家拥有自己的土地，没有充分利用也会为此付出代价，原因在于：公司本可以将部分土地出租给那些能够更好地利用土地的其他人而增加公司收益。因此，公司即便拥有机器和土地，经济学家在分析时仍然假设这些机器和土地是租来的（即便是自己租自己的）。

简要重述一下，在经济学理论中，消费者（除了小偷）被假设为在消费商品之前就拥有了商品；公司并不拥有（而是租用）他们所"消费"的生产要素。然而，公司确确实实拥有生产线辛苦生产出来的，以及之后在市场上交易的商品。为什么这是个重要的观察发现呢？有两个原因。

第一，可以帮助我们理解公司理论所要解释的内容，即讲述公司如何在不同要素组合之间进行选择，从而将生产一定量商品所需的成本降到最小。这种公司在其雇用的生产要素里进行选择的观点，使得我们可以考虑那些公司暂时并不拥有（或者是公司拥有却并不自己使用而是出租给他人）的土地、劳动力和资本的数量。

第二个原因与政治有关。正如我们将要在第 6 章和第 7 章中看到的那样，将公司视作土地、劳动力和资本的非拥有者，会给商业创造出一种十分特殊的形象。如果公司一无所有，它的角色又是什么呢？对公司这样的描述，很容易让人得出这样一个结论：商业的作用是生产要素活动的协调人，是乐队的指挥。这是一个美化了的形象，如果我是一个在非洲拥有一座煤矿的欧洲人，我会什么都不介意，而如果我是那里的矿工，我可能就会表示反对。然而，我还是暂且将政治因素放在一边，在本章的最后再来探讨它为宜。

5.1.2 公司的投入组合选择

还记得消费者对不同篮子里的商品作出的最佳选择，是如何受到边际均等原理决定的吗？边际均等原理同样适用于公司在不同生产要素组合中做选择。公司与消费者一样有着预算约束。公司的投入是商品，每个单位商品都有价格。此外，公司会准备一部分资本用来购买投入。同消费者会在一定的预算里尽量获得最多的效用一样，公司也会尽力确保一定的投入（如劳动力和土地）获得最大的产出。

当然，消费者和公司之间有一个很重要的不同之处：消费者需要商品仅仅是为了自己获得效用，公司关心产出则是因为将商品卖出之后所得的利润。不管怎么说，假如公司能将其产出的产品以一定价格（或一定价格范围）出售，消费者和公司的选择就可用相同的模型来分析。因此，对公司运作的分析可以反映在图表的这些线段上，这个图表与第 2 章里那些无差异曲线和预算约束线相差无几。

看图 5.2，我们会发现这个图与第 2 章的图 2.4 非常相似。图中的轴线并不表示虚构的消费者所消费的商品，而是公司所雇用的生产要素（如劳动力和机器）。由于这些曲线代表无差异曲线，因此被称为等量曲线，因为它们对应具有同样数量产出的生产要素数量的组合（例子里指劳动力和机器）。正如无差异曲线上的任意一点对消

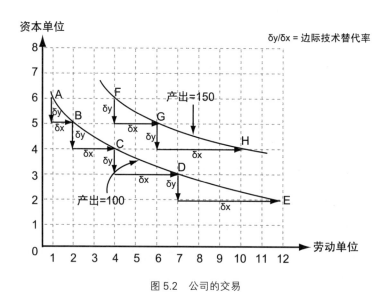

图 5.2　公司的交易

费者来说效用水平一样,等量曲线上的任意一点对公司来说都会获得同样的产出。例如,6个单位的资本(即机器)和1个单位的劳动力生产出100个单位的产出,2个单位的资本和12个单位的劳动力同样生产100个单位的产出(见图5.2中的A点和E点)。

等量曲线及其斜率:边际技术替代率

等量曲线的斜率反映了公司的生产能力,同样,无差异曲线反映了消费者的偏好。在图5.2中,在A点上公司生产出100个单位的产品花费了6个单位的资本和1个单位的劳动力。在保持产出不变的情况下,如果降低一个单位的资本,就要增加一个单位的劳动力,比率是1/1。这个比率(必须增加一个劳动力的使用来弥补其他因素的损失的比率)被称为边际技术替代率。这个比率用几何描述出来就是等量曲线的斜率。以D点为例,边际技术替代率是1/5。

简要来说,等量曲线通过把不同的投入组合转变为不同水平的产出,捕捉了公司产品生产的全过程。现在的问题是,公司如何在这些组合间进行选择?显然,公司必须首先弄清它愿意在投入上花多少钱,以及劳动力、资本和土地等的价格(租用价格)是多少。在这个例子里,我们假设该公司希望得到100个单位的产出,每单位资本的租用费用为单位时间内10美元,劳动在单位时间内的租用费用为5美元,而且公司承担得起单位时间内支付60美元的劳动和资

本。由于计划产量是 100 个单位，公司必须处在等量曲线的 A、B、C、D 和 E 点上。依次看一下这些组合：A 和 D 要 65 美元，B 和 C 是 60 美元。很明显，组合 A 和 D 的支出超出了公司预算，而 B 和 C 则是公司可以支付得起的，并且还可以生产出等量的产出（因为所有这些点都属于同一条等量曲线）。

再仔细分析图 5.2，我们可以从几何学角度看清组合 B 和 C 为何比 A 和 D 更有意义。看 A 点，如果公司减少 1 个资本的使用，要雇用多少劳动力才能保持在同一条等量曲线上？答案是 1 单位的劳动力，即边际技术替代率为 1/1。然而我们都知道，雇用劳动力是租用资本的一半价格。因此，公司毫无疑问要从 A 点移到 B 点，因为这样可以将昂贵的资本替换为廉价的劳动力而丝毫不影响产量。同样，如果公司开始于 D 点，可以看出其移向 C 点是非常明智的。在 D 点公司要雇用 7 个劳动力和 3 个单位资本。在保证生产 100 个单位产出不变的前提下，要放弃多少劳动力来租用更多的资本？答案是 3 个，即边际技术替代率为 1/3。这就意味着公司去掉 3 个劳动力（从而节省单位时间 15 美元），然后用 2/3 的开支（10 美元）租用资本。公司无疑会这样做来节省成本。

总之，资本和劳动力的组合 B 和 C 更为合理，A 和 D 则是令人无法接受的。但在 B 和 C 中哪个更好些呢？答案是它们一样好，因为它们的成本相同（单位时间 60 美元），生产出的产品也相同。这一答案已为边际均等原理所证实。回顾第 2 章消费者的选择：对两种商品数量的选择，其边际替代率接近于价格比率。这令人惊讶吧——

令人惊讶的事正是出现在这儿。B 和 C 之间的边际技术替代率是多少？图 5.2 清晰地表明是 1/2。劳动力和资本的比率是多少？也是 1/2。怪不得 B 和 C 的组合要优于其他组合，因为它们符合了无处不在的边际均等原理。

在 B 或 C 之间还有没有更好的组合呢？也许会有。图 5.3 将 B 和 C 点之间进行放大，使我们看得更细致。X 是其中一点。

我们立刻发现 X 的花费与 B 和 C 相同。因此，毫无疑问，这也是公司可以承受的。那么它更可取吗？答案是十分肯定的。很明显，X 位于 B 和 C 的等量曲线（单位时间生产 100 个单位产品）之上。然而，即使成本相同，X 也要比 B 和 C 能生产更多的产品（X 位于高的那条等量曲线，单位时间可以生产 105 个单位产出）。换个角度

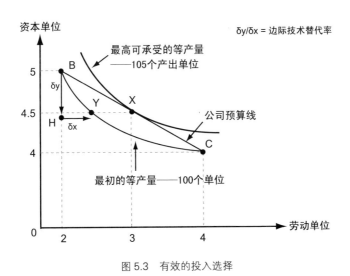

图 5.3　有效的投入选择

来说，假设公司开始于 B 点。它是否该降低半个单位的资本使用？如果公司这样做了，它又该雇用多少劳动力来保持相同的产量？答案是不到一个单位的劳动力（多需的劳动力即 HY 这段线）。但如果公司放弃半个单位的资本（即图表中 BH 这段），公司可以购买另外一个单位的劳动力（即从点 H 到点 X 这段），也就是说，需要半个单位劳动力来维持产量仍在 B 点。然而，从 B 点顺着预算线（或预算约束）移动到 X 点，公司将单位时间产出从 100 增加到 105，而成本不变。在什么条件下，公司会没有改善其处境的机会呢？答案是，如果公司处于 X 点，在这点上就没有什么进一步的改善空间了。图中显示，公司最佳组合选择的等量曲线会与其预算线相切，切点就是 X。这是对第 2 章里详述的边际均等原理的重述（见下面线框）。

边际均等原理与公司的投入选择

我们只需在这里重述一下第 2 章里的边际均等原理。比较图 2.5 和图 5.3：当等量曲线的斜率与公司的预算约束线的斜率相等时——当公司的边际技术率与投入价格比率相等时——公司的投入就达到了最优化。

总而言之，公司要考虑的最佳投入要素组合，既与其想在投入上花多少钱无关，也与其想生产多少产品无关，而是与 X 相关；也就是说，它们包含了资本、劳动力、土地等的数量，使得边际技术替代率等于这些因素的价格比率，在图中反映出来就是公司的预算线

[第5章]回顾:公司、产品、市场

(或预算约束)与等量曲线的切点。我们再来看一下公司在扩张之后会发生些什么——公司在投入上投资越来越多,试图创造更多的产出。在图 5.3 中,假定公司单位时间内花费 60 美元。假设那是两年前的情况。去年公司业务快速发展,决定在投入上花 80 美元。今年投入进一步增加到 100 美元。对于资本和劳动力的需求每年是如何转换的?在新的投入水平上又会有多少产出?图 5.4 回答了这些问题,前提是在劳动力和资本单位价格不变的情况下(分别是 5 美元和 10 美元)。

从公司有 60 美元投入时的最优组合(组合 X,已在图 5.4 中证实过了)开始,现在我们移动公司的预算线(在图中向上和向右移动),随着预算的增加,观察与预算线和等量曲线的切点相对应的新

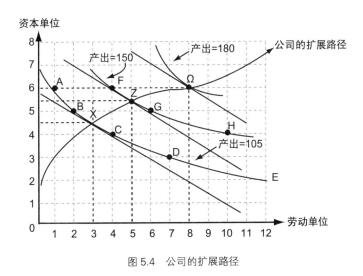

图 5.4 公司的扩展路径

表 5.1　投入选择：算例

因素	劳动力	资本	费用	公司
X	3	4.5	60	105
Z	5	5.5	80	150
Ω	8	6	100	180

预算约束下的投入要素组合。表 5.1 总结了我们的发现。

根据图 5.4，直接应用边际均等原理，把投入的费用从 60 增加到 80 然后到 100，公司的产出从 105 分别增加到 150 和 180。当然，要达到这种效果，公司雇用（或"融合"）资本和劳动力的方式必须十分明智；必须十分有效（关于经济效率的确切定义见下页线框）。在给定的情况下，资本和劳动力上的投入如果要达到最大产出量，公司必须精确地选择上述提到的组合点。如果公司没有选择准确（比如，如果公司将 80 美元投在 4 个单位的劳动力和 6 个单位的资本上，而不是像在表中第二行那样投在 5 个单位的劳动力和 5.5 个单位的资本上，即组合点 Z），它将不能生产 150 个单位产出（注意组合点 [4, 6]，在这一点上，公司就不能达到等量曲线，相应地也就无法生产出 150 个单位产出）。

图 5.4 中的三个组合点，X、Z 和 Ω，都是边际均等原理所推荐的，也就是说都是有效率的（或最优的），这样它们就能以一定的成本得到最多的产出（或是在产出一定时最小化成本）。把它们连接起

来就构成了所谓公司的扩展路径：当公司增加其产出时，如果想维持经济或帕累托效率（见下面的线框），就必须保持在这条路径上。再重说一遍，公司的扩展路径由这些组合点组成，这些组合点就是公司等量曲线和各种预算线的切点（每个点都代表一个花费水平）。

经济上的有效：帕累托效率/最优

在关于公司的理论里，如果对一个投入组合进行变动，没有导致成本增加，产出得到提高，它就是低效率的。相反，如果对这个组合的任何变动都会导致增加成本或降低产出量，就说明这个组合是有效率的。从图上来看，公司扩展路径组合都是有效率的，其他的则不是。

这个效益的简单定义是以意大利经济学家帕累托（1848—1923）命名的。它常被用来指与技术有效相对的经济有效。为了说明二者的不同，假设某公司使用图 5.2 和 5.4 中的投入组合 A：6 个单位资本和 1 个单位劳动力。根据经过 A 点的等量曲线，公司能在 A 点获得 100 个单位产出。但这并不意味着一定会生产那么多。比如，工人可能很懒惰，或者技术人员操作机器也不尽完美。技术上有效意味着这些问题都不会出现，公司将生产在图 5.2、图 5.3 和图 5.4 中等量曲线上任意一点的产量（即那点上给定的要素组合的最大可能性）。相比之下，经济上有效或帕累托效率要求较多：它不仅需要你要有能力让这些要素有效工作，还需要有能力在一定的公司预算下正确选择产品要素组合（即图 5.3 中的 X 点或者图 5.4 中的公司扩展路径上的点）。

注意，在经济学里，效率（efficiency）和最优（optimality）可以互换。

5.1.3 公司生产成本

在荷马史诗《奥德赛》中有这样一个故事，说的是帕涅罗佩用十年时间编制一件外套来保护尤利西斯（她丈夫）的王位。她向那些王位觊觎者们许诺，当她织完这件衣服就从他们中选出一个王位继承人，然后她白天织衣服，晚上再把织好的衣服拆掉。如果一个人是浪费的，不管是像帕涅罗佩这样出于有意还是无意，做任何一种东西的成本都会是无限的。因此，当经济学家说能创造一定产出的成本，他们指的就是最低成本。

如果事情是这样的话，图 5.4 就是无价的。公司的扩展路径一旦画出来，我们就可以立即读出生产不同水平产品的最低成本。获得 105 个、150 个和 180 个单位的产出，要分别花去的公司成本为 60 美元、80 美元和 100 美元。但要记住，这是最低成本，如果公司选择 X、Z 和 Ω 之外的其他组合点，成本就会上升。为什么公司会犯这样的错误呢？有时是因管理不当，有时是因公司无法获得它想要的组合点（比如缺乏劳动力或需排队等用拖拉机）。

图 5.5 将图 5.4 简化了，仅仅体现了生产不同水平产出量的最低

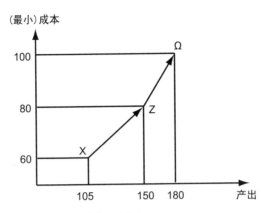

点 X、Z 与 Ω 都在扩展路径上

图 5.5 成本曲线的发展

成本。在参考这个图的时候，一定要切记，只有当公司严格执行图 5.4 所示的扩展路径时，此成本曲线才适用。最后，在这一阶段我们也应观察到：获得单位产出的平均成本不是不变的。当公司的产出从 105 到 150 再到 180 的时候，单位成本（或平均成本）从最初的 57 美分降到 53.3 美分，然后又上升到 55.5 美分。

5.1.4 利润最大化

到目前为止，这一理论已经解释了公司想获得一定量的产出，或者投资一定数量的金钱来生产一种商品，它要选择其投入。现在要问的是：公司想要生产多少产品？为了回答这个问题，我们必须弄清公司的目标是什么。新古典主义经济学家的标准假设就是，公司追逐利润最大化。正如效用最大化是第 1 章的核心思想一样，利润最大化也是公司理论的关键所在。

经济学家定义的利润，是指收益和经济成本（机会成本）之差。因此，可以使利润最大化的产出水平，便是尽量拉大收益与成本的差距。因此，公司通过增加产出来增加其收益的做法，并不一定是拉大差距的好理由。只有在额外的产出带来的收益高过其成本的情况下，增加产出才能提高利润。

用经济学术语来说，利润最大化的公司在边际收益超过边际成本时会增加产出量，在边际收益低于边际成本时会减少产出量。由此，利润最大化的产出水平，就是在边际收益等于边际成本的时候。图 5.6 再次体现了边际均等原理，产出 q′ 将会使利润最大化，因为在 q′ 上，收益曲线（即边际收益）的斜率与成本曲线（即边际成本）的斜率相等。注意，该图几乎与图 2.2 一样（唯一的不同在于，原来的"效用"和"非效用"被换成了"收益"和"成本"）。基于这一原因，对边际均等原理的几何学阐述就不在这里重复讲了。

总之，图 5.2 和图 5.3 解决的是公司如何选择的问题：花多少钱投入或获得多大产出的问题。图 5.5 将解决办法转化为成本曲线，用以告知不同产量水平的最低成本。图 5.6 通过提供公司在不同产出水平上的收益情况，完整地解释了在最初的选择下，产出所涉及的若干因素（即公司打算花多少钱进行投入）。

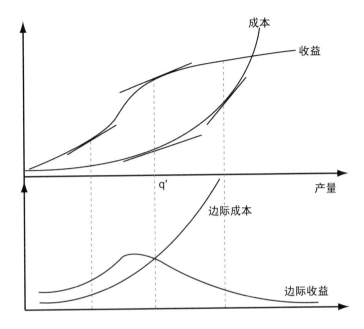

图 5.6　再现边际均等原理的几何图

5.2　公司和市场

5.2.1　竞争决定公司的收益

你可能注意到了，在前面几页我们致力于推导公司的成本曲线，关于收益曲线仅在最后的图 5.6 中探讨了一下。必须承认这样做有点欠妥。收益曲线从何而来？当然，我们已经在第 2 章学会了如何得出作为需求曲线延伸的收益曲线。我们在那里学了怎样得出需求曲线，既包括个体消费者的需求曲线，也包括群体消费者的需求曲线（通过把个体需求曲线合并成群体消费者需求曲线，然后再合并成为整个市场的需求曲线)。我们还没学到的是，怎样得出一个公司的需求曲线（或收益曲线）。

设想这样一个问题。假设在某海滩上有两个卖冰淇淋的人：吉尔和杰克。吉尔每个冰淇淋卖2美元。如果杰克每个冰淇淋卖3美元，那么他的收益是多少（我们假设他们卖的冰淇淋没有任何区别）？有些人认为很少。为什么可以花2美元却要花3美元呢？现在假设吉尔累了回家休息去了，海滩上只有杰克一个人卖冰淇淋。没有了竞争者，杰克就可把价格涨到3美元而不会损失收益，而这一收益就是吉尔继续卖2美元一个冰淇淋给杰克带来的损失。

假如公司收益受到市场上竞争的影响，我们如何得出其在不同价格下的收益情况呢？在我们继续下去之前，我们必须承认问题的复杂性。假设我和你同在一个市场上竞争。在我决定定价之前，或者生产多少产品之前，我必须先预测你的决定。但我如何能做到呢？预测你会做什么，可不像预测天气那样。天气与我的想法无关，而你的决定则取决于你认为我会怎么做，正如我的决定也取决于我对你的决定的猜想一样。我们的难题就是：我对产量和价格的决定，取决于我认为你怎么认为我怎么认为你怎么认为……如何选择！

竞争会对公司在不同价格和产出上的收益产生不确定性。如果一个市场被某公司完全垄断，就不会出现这样的问题，这时消费者的需求曲线就将成为公司的需求曲线（得出其收益曲线也会是再容易不过的了）。然而，上例中我们面临的难题仅仅只有两个卖主。卖主越多，问题也就越复杂。5.2.2节给出了两个卖主（双头垄断）的市场。5.2.3 节介绍了多个竞争者的情况，5.2.4 节讲了一个竞争者退出的情况并分析了垄断的案例。

例如：阿尔法公司生产 5 个单位产品的成本 =16（第一个工厂生产 3 个单位产品的成本）+11（第二个工厂生产 2 个单位产品的成本）= 27

5.2.2 市场上只有两个竞争者：双头垄断

假设这是一个专业汽车零部件市场，再假设只有 6 个工厂能生产这种部件。每年每个工厂只能生产 1 到 2 个单位最多 3 个单位这种零部件，成本分别是 8、11 和 16（表 5.2）。现在假设，两个公司阿尔法和贝塔分别拥有 3 个工厂。如果订单只要 3 个单位或 3 个单位以下，两家公司都只会动用一个工厂去生产。但是，如果需求在 4—6 个单位的话，阿尔法和贝塔公司就会启动第二家工厂投入生产。如果需求超过 6 个单位，阿尔法和贝塔公司的三家工厂都会投入生产。我们姑且假设工厂是相继投入生产的。当需求小于 4 个单位时，启用第一个工厂；当需求超过 3 个单位时，启用第二个工厂，最后，当需求超过 6 个单位时，启用第三个工厂（即第一和第二家工厂已

表 5.2 工厂的生产成本

产出单位	1	2	3
总成本	8	11	16

经开足马力生产时)。

从上表我们可以得出阿尔法和贝塔公司生产 1 到 9 个单位产品的成本列表。产量从 1 个单位到 3 个单位时,整个公司的成本列表与单个生产厂相一致。但在生产 4 个单位产品时,每个公司都要动用第二个工厂生产第 4 个单位产品。这样,生产第 4 个单位产品的成本就将是 16(第一个工厂生产 3 个单位产品的成本)+8(第二个工厂生产第 4 个单位产品的成本)。往下依次类推。

表 5.3 总结了阿尔法和贝塔公司的成本列表。当然,在现实生活中,公司的成本列表会与此有所不同。但为了便于分析,我们假设阿尔法和贝塔公司的成本一样,因为它们拥有的三家工厂是完全一样的。

表 5.3 两个公司的成本和需求

需求	1	2	3	4	5	6	7	8	9
成本	8	11	16	24	27	32	40	43	48

我们已经有了关于成本的数据,现在我们要把注意力放在需求上:阿尔法和贝塔公司的消费者准备花多少钱来买?如果市场调查显示整个市场只有 1 个单位商品,这个单位商品就会拍卖出 19 美元的价格。若是两个单位商品被拍卖,每个单位都会拍卖到 18 美元的价格。再次为了简便起见,我们假设每个单位商品的价格大约等于

20 减市场上该商品的数量。在这种情况下,如果阿尔法公司生产 3 个单位产品,贝塔公司生产 4 个单位,这一单位商品的市场价格就是(在所有 7 个单位产品都已销售的情况下)20 − (4+3) =13。

即便我们的两个公司都准确地获得了市场调查得来的信息,也还是不能决定生产多少产品。原因在于阿尔法公司产品的价格,不仅取决于阿尔法公司生产了多少产品,还取决于贝塔公司生产了多少产品。对贝塔公司来说也是一样。这样刚才的难题在兜了一圈后又回来了:阿尔法公司产量的决定取决于贝塔公司认为阿尔法公司认为贝塔公司……真是一团糟!幸运的是,这里还有一个方法可以理清所有的想法、预想和规划。

假定你是阿尔法公司的总裁。你不知道贝塔公司将生产多少产品,因而也就不知道你的产品卖什么价格。你该怎么办?你的问题类似于象棋选手遇到的问题:不知道对方公司的打算就像不知道对手下一步怎么走,你被迫要思考各种各样的情形:"如果贝塔公司这样做,你该采取什么样的行动回应?如果那样做,又该如何对付?"就像一个象棋大师那样,你考虑的情形越多,你就能对所有可能发生的事做更好的准备,有更好的机会作出更正确的决定。

之前给定的每个公司的最大产量是 9(3 个工厂,每个最大产量是 3),贝塔公司有 9 种可能的选择。它可能选择生产 1 个单位、2 个单位……或者 9 个单位。你能做的就是针对这九种可能性作出九种对策。假设你在自言自语:"贝塔公司如果生产 X 个单位产品,我若是生产 Y 个单位,那么我的利润是多少?"虽然很消耗时间,但计算起来并不困难。拿一种情形为例,贝塔公司生产 3 个单位你的公司生产 4 个单位。总产量(两个公司的共同产量)就是 7 个单位,每个单位在市场上得到的价格是 13(价格等于 20 - 总产量)。

既然你生产了 4 个单位,你的收益就是 4× 价格(13)=52。减去生产 4 个单位产品的成本(根据表 5.3 是 24),你就得到了 28 的利润。你可以用同样的方法算出两个公司所有可能的决定下的利润。为了帮你从这么多的计算中解脱出来,表 5.4 把你想的不同情况下的

表 5.4　阿尔法公司在 80 种可能情况下的利润

		贝塔公司的产业								
		1	2	3	4	5	6	7	8	9
阿尔法公司的产业	1	10	9	8	7	6	5	4	3	2
	2	23	21	19	17	15	13	11	9	7
	3	32	29	26	23	20	17	14	11	8
	4	36	32	28	24	20	16	12	8	4
	5	43	38	33	28	23	18	13	8	3
	6	46	40	34	28	22	16	10	4	<0
	7	44	37	30	23	16	9	2	<0	<0
	8	45	37	29	21	13	5	<0	<0	<0
	9	42	33	24	15	6	<0	<0	<0	<0

注:每竖列表示贝塔公司的产量,每行表示阿尔法公司的产量。就像前段里的例子那样,如果贝塔公司生产 3 个单位,阿尔法公司生产 4 个单位,我们来看表中第四行第三列,可得出阿尔法公司的利润是 28。

利润都列了出来（包括两个公司分别9种可能性）。

如果你希望贝塔公司生产5或6个单位产品，显然你最好的选择是生产5个单位产品。如果贝塔公司生产7到9个单位产品，你最好只生产3个单位。整体来看，贝塔公司生产越少，你的利润就越高（见第一列）；如果市场上充斥着你竞争对手的商品，你的最大利润就会急剧下降（甚至会降到零利润以下）。既然你已经知道了这些，现在你该知道生产多少产品了吧？

如果你非常谨慎，你可以坚持生产3个单位产品，寄希望于贝塔公司生产7个单位或7个单位以上。如果不是特别谨慎的话，你可以生产5—6个单位产品（如果你期望贝塔公司生产4—5个单位你就生产5个单位，其他情况下你就生产6个单位）。一般经济学教材在这个案例上都会建议你生产5个单位产品，理由很简单，因为你没有理由期待你的竞争对手会与你生产不同数量的产品，因为你们两家公司是如此相像。因此，你同样不应期待你的竞争对手生产的数量超过你计划生产的数量，竞争对手也不应该期待你生产的数量超过他们计划生产的数量。唯一的例外就是第一家公司先于第二家公司进入市场一段时间。先进入市场的公司，由于历史机遇，往往生产较多的产品且比其他公司享受着较高的利润，即使它们成本相同。如果贝塔公司比阿尔法公司先进入市场，而且已经固定地在单位时间内生产7个单位产品，阿尔法公司的最佳策略就是仅生产3个单位。在这种情况下，阿尔法和贝塔公司的利润分别是14和30。就像经济学家所说，贝塔公司受益于先发优势。

总之，在这个双头垄断的简单例子里，期待每个公司平均的生产数量是 5 个单位。合起来产量应在 10 个单位左右，这样每个公司得到的平均利润就是 23。最后，如果本理论正确的话，这一零部件的价格应该是平均 10 美元。

5.2.3 共谋、卡特尔和垄断

你依然是阿尔法公司的经理。你和你的竞争者都生产 5 个单位产品，分别收获 23 美元利润。这里你会发现一些有趣的事。如果你和贝塔公司的经理都同意降低产量到 3 个单位，你的利润（及贝塔公司的利润）都将从目前的 23 涨到 26（参考表 5.4）。为什么不达成这样一种协议呢？有两个原因使这一协议很难达成。第一个是大多数国家都有立法规定，禁止竞争者之间达成这样的协议。当然，如果这是公司之间共谋的唯一障碍的话，那么，这依然无法阻止它们。

但是，第二个原因是一个更有说服力的原因。虽然阿尔法公司有意与贝塔公司达成生产 3 个单位产品的协议，但它也有欲望在贝塔公司生产 3 个单位时打破协议生产 6 个单位（看表 5.4，当贝塔公司坚持协议仅生产 3 个单位，阿尔法公司却生产 6 个单位时，其利润就会从 26 增至 34）。因为对贝塔公司来说这也是个折磨人的诱惑（即欺诈阿尔法公司的冲动），所以，这会破坏公司之间的信任，从而使这种协议无法达成。

当然，这并不意味着公司就无法形成共谋。比如，明智的经理就会抵抗这种诱惑，因为靠欺诈得来的盈利是短期的，共谋获得的利润则是长期的。如果经理采取这种举措，两个公司之间的竞争就会结束，两家公司会像一个合并公司那样运作：表面上是个合并的垄断或者暗地里是个卡特尔。这样的结果是什么呢？总产量将从 10 个单位降到 6 个单位（每公司 3 个单位），价格将涨到 14（商品价格等于 20 − 总的产量）。很明显，竞争的结束能够带来价格的增长，从而提高了卖方的利润，降低了消费者能够获得的汽车零部件的生产数量。简要地说，共谋和垄断都会增加利润，因为这可以让生产者降低产量水平。

5.2.4 扩大竞争

在阿尔法公司和贝塔公司相互联合的例子里，产量几乎减少了一半。但即使这种勾结没发生，产量也是相对较低的：每个公司的产量在 5—6 个单位左右，这样一来就会使每个公司的一个工厂闲置（每个公司拥有 3 个工厂，每个工厂的生产能力是 3 个单位）。假设政府关注到这种情况，决定对这种生产能力的浪费现象采取措施。政府依据某些限制性法令起诉阿尔法公司和贝塔公司，并成功地拆开两家公司。两个公司被迫放弃它们闲置的工厂，这两个工厂合并成立了一个独立的公司伽玛，这个市场上的新公司，与阿尔法和贝塔公司有着相同的生产能力（从现在起三家公司分别拥有两个工厂）。

如果阿尔法和贝塔公司总共生产 10 个单位产品（阿尔法生产 5 个单位，贝塔生产 5 个单位），并且价格定在 10 美元（价格 =20 − 总产量），伽玛公司该生产多少产品？有件事伽玛公司必须牢记，它生产多少产品的决定,将会影响价格。假设之前的市场研究仍然有效,即市场价格等于 20 — 提供给消费者的总产品量,表 5.5 反映了伽玛公司的选择。

表 5.5　第三个公司进入市场的影响

伽玛公司的产量	总产量	价格	伽玛公司的收益	伽玛公司的成本	伽玛公司的利润
0	10	10	0	0	0
1	11	9	9	8	1
2	12	8	16	11	5
3	13	7	21	16	5

第一行是指伽玛公司进入市场之前的情形。总产量即阿尔法公司和贝塔公司产量的总和。在这种情况下,产品价格是 10（20 — 总产量）,但伽玛公司进入市场生产 1 个单位产品,总产量就涨到 11 价格则跌至 9（否则,伽玛公司多生产出的产品就会找不到买主）。关于利润,生产 1 个单位产品成本为 8,在市场上售得 9,利润为 1 美元。但是,如果伽玛公司生产 2 个单位产品,即使价格降到 8,卖出之后也会得到 16 而其生产成本仅是 11。这 5 美元的利润是经济学家所称的规模经济,这种情形就是你的成本增加 X 个百分比（为了生产更多）,你的产量（和收益）则增加了超过 X 个百分比。在这种情况下,伽玛公司的产量增长了 100%（从 1 个单位产品到 2 个单位产

品），而其成本仅增加了 37.5%。这就是为什么生产 2 个单位产品比 1 个单位产品可以带来更高的利润。

规模经济适用于当公司的生产远低于其生产能力时。当产量增加接近于工厂的最大生产能力时，压缩一个单位的产出就会导致成本迅速增加。因此，生产第 3 个单位产品的边际成本增长到了 5（成本从 11 增加到 16，相差 5）。总之，伽玛公司进入的市场是：原先仅有两家公司（阿尔法和贝塔）且每家公司都生产 5 个单位产品（总产量 =10），根据这种情况伽玛公司将其产量定为 2 个单位。新出现的竞争对企业造成了影响，使得原有公司的利润随着整个市场的产量增加和价格下降而受到抑制。确切地说，阿尔法公司和贝塔公司的利润从 23 降到 13，价格从 10 降到 8。而所有这些，都是因为伽玛公司给消费者额外生产了 2 个单位产品。

伽玛公司为什么不生产 3 个单位呢？虽然根据表 5.5 其利润是同样的（5 美元），但是伽玛公司不想因此激怒阿尔法公司和贝塔公司。如果伽玛公司生产 3 个单位的话，会促使阿尔法和贝塔公司的利润下降至 8 美元，自己却没有得到任何好处。既然如此，又何必用这种没必要的方式惹恼那两家公司呢？（需注意的是，如果阿尔法和贝塔公司达成协议共同将产量定在 7 个单位的话，伽玛公司将会被逐出市场。）这样，我们就有信心预测市场结构如下：

产出：阿尔法和贝塔公司每家生产 5 个单位产品，伽玛公司生产 2 个单位产品，总产量 12 个单位产品。

价格：20 － 12 = 8

利润：阿尔法和贝塔公司是 13，伽玛公司是 5，总利润是 31。

我们如何知道这将是一个稳定的状态呢？观察得知，当任何一家公司都没有改变其产量的动机时，市场结构将会稳定在这个状态。我们已经清楚了为什么伽玛公司会约束自己不再生产更多产品的原因。再看阿尔法和贝塔公司，如果他们中任何一家公司将产量从 5 降到 4，它的利润就会从 13 降到 12。因此，两家公司都没有单独改变其产量的动机。当然，如果它们联合起来一致削减产量，他们将会获得成功。而这也就成了共谋。

同双头垄断（伽玛公司成立之前）的情形一样，如果公司为限制产量而协调一致，它们将会以损害消费者利益的方式来增加利润。例如，三家公司达成共识都降低 1 个单位的产量，即阿尔法公司和贝塔公司从产量 5 个单位降到 4 个单位，伽玛公司从 2 个单位降到 1 个单位。那么阿尔法公司和贝塔公司的利润将会从 13 增加到 20，只有伽玛公司的利润从 5 降到 3。但是，如果阿尔法公司和贝塔公司付给伽玛公司费用，伽玛公司可能会同意这个协定，为了达成这个协议，阿尔法公司和贝塔公司将利润的 50% 转给伽玛公司，即 50% × (7 + 7) =7。这个协议意味着，阿尔法公司得到额外利润 3.5，贝塔公司得到额外利润 3.5，伽玛公司得到额外利润 7——所有这些都是因为产品总产量削减了 3 个单位（因而价格增加了 3）。

另一方面，前面曾提到过，阿尔法公司和贝塔公司可以采取一个更好的行动：将产量增加到 7 个单位，这样可以迫使伽玛公司即使生产 1 个单位产品也不能获得丝毫利润。过不了多久，伽玛公司就会退出市场，使得阿尔法公司和贝塔公司再度恢复其双头垄断的舒服局面。尽管采取这一策略两个公司要付出很大代价（如果两个公司分别生产 7 个单位产品，它们得到的利润仅仅是 2），但从长远利益来看，能驱逐第三个竞争者，这个策略也是非常诱人的。

总之，伽玛公司进入市场首先增加了产品的供应量，带来价格的下跌及两个现有企业利润的下降。新的竞争者使得价格下降，增加了消费者可购买的产品数量。但是，公司数量从两个变为三个这一事件本身，并不能保证上述现象的出现。正如我们看到的，还有其他两种可能性：(1) 现有公司与新公司的共谋和勾结；(2) 现有企业之间相互勾结驱逐新的竞争者。

5.2.5 完全竞争

你听过数学家将两条永不相交的直线定义为平行线吗？这句话的含义是什么？这是一个理论上十分有趣的问题，即人们在建造桥梁，或者寻找去邮局最近的路时，说两条平行线永不相交就足够了。经济学家也愿意做些理论性陈述，尽管这些观点并没有什么明显的实用价值，但从理论角度来看却十分有趣。其中最为著名的观点就叫做完全竞争市场。

在上一部分我们看到了第三个公司的加入是如何加强了竞争、

降低了价格、增加了供应量。现在假设市场上一开始仅有几家公司，然后越来越多的公司没有任何限制地进入市场。再进一步假设，它们都卖相同的产品，这样就没有公司能宣称自己的产品比其他家的好。最后，再假设消费者同样知晓所有公司，并且知道每家产品的价格。理想竞争市场的雏形就展现在你面前了。

为初步体验完全竞争，假设上例中的四个工厂都是独立运作。四个工厂以最大的生产能力（每家工厂生产3个单位）生产，每个工厂的成本是16，产品价格是8（市场的总产量是3×4，产品价格等于20－总产量）。每个公司保持8美元的利润，总利润为32。现在的问题是，第五家工厂或公司开始生产是否有意义？如果它生产1个单位产品，价格将从8降到7。所以，假如生产1个单位产品的成本是8，第五家公司就会亏损。但如果它生产2个单位产品，即使价格进一步跌到6（道理很简单，为了说服消费者购买更多产品商家必须降低价格），它的收益就是2×6=12，而生产2个单位产品的成本仅是11。所以，第五个公司通过生产2个单位产品使其获得了不多的利润。但是，再看其他四家公司：由于价格降到6，它们的收益暴跌3×6=18，利润也随之从8降到了2（18－16）。

简要重述，在一个新的竞争者可以自由进入的市场，现有公司的利润吸引了新的竞争者。供给增加、价格下降，使得利润全面下降。这不过是斯密所坚信的市场力量的重述：使产量不断扩大，价格将最终保持在成本之上一点点（导致利润在零利润附近浮动）。注意斯密的未预期后果是如何运作的：在我们的例子里，没有企业打算降

表 5.6 竞争加剧下的利润、收益、价格和成本

产出	1	2	3	4	5	6	7	8	9	10	11	12	13	14	15
价格	19	18	17	16	15	14	13	12	11	10	9	8	7	6	5
收益	19	36	51	64	75	84	91	96	99	100	99	96	91	84	75
成本	8	11	16	24	27	32	40	43	48	56	59	64	72	75	80
总利润	11	25	35	40	48	52	51	53	51	46	40	34	19	9	5

低价格或总和利润。但实际情况则恰恰相反，企业为了增加自己的利润，反而降低了所有人的利润，包括其自身的。表 5.6 和图 5.7 证明了这一点。

只要有利润，就会有越来越多的公司投入这一产业。如我们所见，四个公司总共生产 12 个单位产品，第五个公司受利益驱使进入市场并生产 2 个单位产品，这使得整个行业的利润曲线开始下降。图 5.7 证明了逐利者自由进入有利可图的市场，将最终导致利润减少。从图示的角度来观察斯密的未预期后果，同样反映了公司相互勾结的重要动机。倘若它们同意将总产量降到 8 个单位，它们的总利润将会迅速上扬（利润曲线在总产量为 8 时达到高峰）。接下来你可能会问：那他们为什么不把他们的总产量控制在 8 个单位呢？如前所述，共谋与勾结的动机拥有道德上的天敌：不管达成怎样的共谋协议，每个公司都有欺诈其他公司的动机。

为了更好地理解这一点，请看图 5.7 里的总利润、收益等。该图

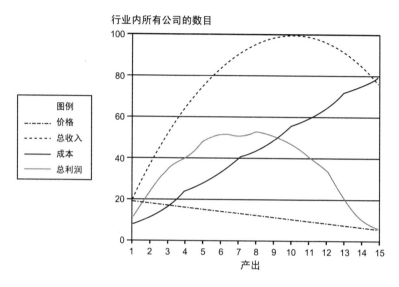

图 5.7 行业内所有公司的总收益、成本和利润

清晰地展示了公司勾结的好处。但是，如果从单个经营者的角度来看这个问题（而不是从整个行业的角度），就会得出一个不一样的结果。例如，假设四个公司都同意生产 2 个单位产品，总共生产的 8 个单位产品会使总利润最大化。这样的协议不可行的原因有两个：(1) 第五个公司有进入市场的动机，生产 2 个单位产品（这将给它带来 9 美元的利润）；(2) 即使没有新公司进入市场，任何一个公司都会在其他公司坚守协议的时候，增加产量以提高自己的利润。

这个例子中的四五家公司是否遵守协议是未知的。这取决于公司之间的沟通状况、它们想在这个市场上合作多久、每个公司对现有利润与未来收益的权衡等。然而，经济学家（特别是经济类教科书）

认为，公司的数量越多，它们勾结的可能性就越小。这是完全竞争这一概念产生的基准。完全竞争发生在十分有限的情况下。由于公司多如牛毛，以至于它们无法彼此协调行动。它们的力量如此微弱，犹如大海中的一滴水，根本无法对任何人任何事产生影响，哪怕是产品的价格。

在上述例子中，市场都非常小（最多6家公司，最大总产量是18）。在这种背景下，一个公司增加其产量会对价格产生重要影响就是很自然的事情（准确来说，我们假设产量增加1个单位，价格就会下降1美元）。原因是，每个公司的产量都是总产量的重要组成部分。但是，当公司的产量相对于整个行业而言极微小时，公司的产量变化对价格的作用就微乎其微了。这就是假设的完全竞争的例子。公司接受市场决定的价格（经济学家称这种公司为价格接受者），并努力选择能使其利润最大化的产量。因此，只要公司是盈利的，新进入这个行业的公司都是从外界（从其他不盈利的行业退出来的）新进入者，产量的增加就会导致整个行业的利润下降。这种移动何时结束？当该行业的利润下降到不再吸引新公司投入的水平时（从图5.7来看，这发生于行业总收益接近于成本线时，即利润曲线到达横坐标时）。

5.2.6 完全竞争的重要性

有类似这样完全竞争的市场存在吗？在这样的市场里，公司无权改变价格，大家都销售相同的产品，产品触手可及而无须运输成本，消费者对产品的价格都了如指掌，从来不会多花一分钱。

不可能存在。那为什么经济学家还会在他们的理论中经常使用"完全竞争"这个概念呢？最普遍的回答就是，它的用处体现在有限情况下。与完全竞争相反的极端实例，就是完全垄断或勾结。

再来看图 5.7，很容易找到两个极端的例子（垄断和完全竞争）的位置。前者恰巧与总利润最大化时的产量水平（大约 8 个单位）相合。后者位于利润下降到几乎为零时的产量（大约 15 个单位），而这恰恰是每个试图获得最大化利润公司激烈竞争的结果。这两个例子可被当作脱离实际市场情况的"记号"（或边界）。

以 5.2.2 节的一个情形为例，两个公司，每个公司生产 5 个单位产品，总产量 10 个单位。把垄断下的产量（比如，8 个单位）和完全竞争下的产量（比如，15 个单位）进行比较，我们一眼就可看出市场上的竞争程度。例如，双头垄断的例子似乎就是位于两个极端的中间。勾结的程度越低，或者竞争者的数目越多，就越接近完全竞争。即使我们确信永远达不到完全竞争，知道我们离其有多远还是十分有用的。

5.2.7 市场的生产要素

公司在市场上销售其产品（或服务），市场的结构决定了公司产品的成本、价格水平、产量以及利润。但是，公司不仅是销售者也是购买者。更确切地说，它要购买原材料、电力和其他消费品（即其他公司的商品），还要租用生产要素（如劳动力、资本和土地）。这些要素的租用价格是如何确定的？我们可以对本章的公司理论做一调整，而非简单用来提供答案。表5.7给出了一个例子。

在完全竞争劳动力市场，雇主付给工人的工资是工人向公司提供劳动所得，与公司想以这个工资雇用工人的工资相同。我们在第二列和第五列里找一行相等的值。这样我们就得到了60美元的工资，60个工人被雇用一天，对雇主来说一天的劳动力成本总共是3600美元。

表5.7　一天劳动的市场

一天雇用的劳动者数量	能吸引那么多数量工人的必要工资（假设每个工人得到的工资相同）	雇主总共的劳动力成本	雇主的边际成本（雇用最后一个工人所用成本）	对这些数量的工人雇主准备付给他们的工资
10	10	100	10	100
20	20	400	30	90
30	30	900	50	80
40	40	1600	70	70
50	50	2500	90	65
60	60	3600	110	60
70	70	4900	130	45
80	80	6400	150	30
90	90	8100	170	20
100	100	10000	180	10

在买方垄断市场下，一个雇主雇用一群工人所给的工资，是当他想付给的数量等于他雇用最后一伙（10人）工人的成本，即他的边际成本（我们在第四列和第五列找一行相等的值）。40个工人以40美元的工资被雇用，这一个雇主的所有劳动力成本是1600美元（注意，一个雇主的边际成本是70美元；与此相反，在完全竞争劳动力市场下，每个雇主的边际成本仅是60美元）。

同其他市场一样，既有卖方也有买方。这回是个人卖东西给公司而非公司卖东西给个人，比如工人出卖他们的劳动力。假设一天劳动力价格只有可怜的10美元，仅有10个工人愿来工作。为了吸引20个工人，雇主必须付20美元，想招30人就得付30美元一天。这个信息包含在表5.7的前两列里。第三列是将前两列相乘得出的数据，是不同劳动力使用水平下所有雇主支付的工资总和。第四列是雇主雇用最后一个工人所需的平均成本（例如，雇用了40个工人，从雇用30人增到40人所增加的成本是700美元，700美元除以10个工人就等于70美元）。最后一列（假定是由市场研究得来），告诉我们雇主在不同雇用水平下想付给工人的工资。当劳动力缺乏，仅能雇到10个工人时，雇主甚至愿意支付工人每天100美元的工资。但随着劳动力的增加，雇主们的慷慨度也就下降了。

假定分析模式与先前的公司产量和价格决定理论相同，这里得出相同的结论也就不足为奇了。在商品市场下，最大的"数量"也会在完全竞争的条件下转手。这些条件包括：出售的劳动力的单位是相同的（工人的勤劳程度和熟练程度都相同）、信息完备（即所有工人都知道不同公司提供的工资水平)、市场上小规模的雇主多如牛毛(因此他们中任何一个人都没有能力改变市场决定的工资)。如果这些条件都具备,雇用水平就将是能暂时激励工人工作动机的工资等于雇主准备支付的工资。在上述例子里,这种情形出现在有60个工人被雇用时(请看第二列和第五列的工资是如何吻合的)。

但如果市场不是竞争性的呢? 完全竞争的相反情况又是怎样的? 这里我们运用"买方垄断"这个术语。如果所有工人都想将劳动力卖给一个雇主(或是一个雇主们的卡特尔),工资就会低于市场上有许多雇主争相购买劳动力的时候。原因是,这个唯一的雇主能通过雇用少量工人的方式来压低工资。

从上述角度来看,买方垄断市场和竞争性劳动力市场的主要区别就是:竞争性市场里有太多雇主,因此,任何一个雇主对工资的影响都不大。相反,唯一的雇主拥有整个劳动力市场,只要改变雇用数量,就会直接影响工资。从这种意义上说,竞争性市场下的雇主提供的工资,不依赖于他们想雇用工人的数量,他们认为工资是不变的。

但是,在买方垄断市场上情况则有所不同。假设你拥有这个市场上的所有公司成为唯一的雇主。一开始,你会继续雇用你接手公司里留下的60个工人。你会一直雇用下去吗? 让我们来想想。如果你解雇10个工人,你会省下多少钱? 从第四列(第六行)中,我们知道这10个工人每人花了你110美元的成本(60美元工资加上额外的50美元,这50美元是用来吸引50个工人的费用,你雇用后来10

人的成本就是60美元而不是50美元）。你想在这10个工人身上花多少钱？根据第五列（第六行），你想给他们每人付60美元的工资，但他们却花了你110美元。因此，结论就是：你必须解雇他们。

最低工资：这会增加失业吗？

本理论提供的答案是：看情况而定！如果劳动力市场是竞争性的，最低工资就会增加失业。如果市场上存在很强的买主垄断因素（包括寡头垄断，比如采购垄断），实行最低工资会产生更多的工作。

原因在于：在竞争市场下，工资从60美元涨到70美元，将使雇用人数从60降到40。而在买方垄断下，我们雇用40人，每人工资40美元。如果政府规定最低工资为60美元，垄断雇主就不能再雇用少于60人，因为将工资从60美元降至40美元的唯一原因就是减少雇用。由于降低工资属于不合法行为，因此，垄断雇主就会选择一个最低工资与他想支付的工资相等的雇用水平，在表5.7中的第五列中可以找到最接近60美元的位置（第五行意味着雇用水平是60人）。

最低工资的作用，是使买方垄断市场像竞争市场一样运作。当然，这里的最低工资必须与竞争市场下的最低工资相一致。如果定得过高（如70美元），垄断雇主将会雇用低于竞争市场的雇用水平的工人（40人）。

你是会就此停止还是会解雇更多的工人呢？答案是，你必须再解雇 10 个工人（总共 20 个工人）。为什么？看第五行第四列，50 个工人中的最后那 10 个工人，每人花了你 90 美元成本，而你想付每人的工资是 65 美元（见第五行第五列）。因此，他们必须被解雇。你何时会停止解雇工人呢？答案已经在表 5.7 中给出，即雇用 40 个人的时候。为什么？因为那个水平上的劳动力边际成本（最后 10 人的每人成本等于这个垄断雇主想要付的工资）。

总之，这个垄断雇主从竞争市场下接管公司，将会把工人工资从 60 美元降到 40 美元，同时把工人从 60 人精简到 40 人。结果是，工人的总收入从 3600 美元降到 1600 美元。

就像垄断者以限制产量的方式来获取利润一样，劳动力市场上的垄断者，也是通过减少雇用的方式来获利。唯一的不同是，在前一种情况下受害者是消费者，在后一种情形下受害者是工人（当然，这两类人往往是同一群人），就像我们所看到的那样，他们备受低工资和工作机会匮乏的煎熬。

5.3 总结

经济学教材里的商店、公司、企业，与消费者不同。与消费者消费威士忌酒、汉堡包和电影票不同，它们要消费资本、劳动力、土地和原材料。这些可消费的"投入"并不生产"产品"给个人，而是生产商品给雇用它们的公司。尽管如此，最后分析的仍是它们生产出的"效用":商品被生产出来之后,在市场上销售,所得收益回报这些要素的拥有者(租借土地的土地所有者、"出租"劳动力的工人、投资的企业家)。这些回报最终用来购买会给个人带来效用的消费品。这样,一个完整的循环就形成了。

新古典主义关于生产的核心理念是,公司是组织和交换资本和劳动力(以及其他投入因素)的经纪人。产品仅被视为交换。理性的(有效的)公司会根据边际均等原理来选择投入要素的组合,决定产出和价格。它们的利润范围取决于其竞争程度,而竞争程度通常又取决于本行业公司的数量和规模。

[第6章]

教科书模式的历史：通往完全竞争的学术之路

6.1 产品：从古典主义到新古典主义模型

在前工业社会，生产即使不是在家庭内部进行，也大都与家庭紧密相关。消费和生产之间这种共栖的关系，很难像今天教科书里见到的那样，把二者截然分开来进行分析。只有当明确的市场社会建立之后，人们生产的不再是货物而是商品（比如，货物被生产出来的原因是在某个市场上交易），工厂也随之出现的时候，生产才得以从人们生活和睡觉的地方移开。工业革命的巨大力量，创造出了在我们今天看来本应如此的个人和公共领域的划分，也恰恰是这种区分，推动了经济学家花时间去分析在家庭（ekos，经济学 economics 一词的词根，源于古希腊词汇，意思是"家庭"）之外进行的生产活动。

与封建社会不同,资本主义社会建立在这样一个基础之上——生产出来的产品,不是为了供生产这些产品的人吃掉或使用,而是为了在公共市场上卖给那些陌生的人。经济学家(同样也是资本主义市场经济的产物)花费大量时间研究这些工业社会里新出现的商品生产。尽管如此,直到19世纪末,随着新古典主义经济学的发展(即至少150多年后),个体家庭领域和工业生产进行的公共领域才得以正式分离,并导致消费和生产的理论分野(通常是在现代教材里)。

6.1.1 古典主义观点:公司是资本的聚合

第一批经济学家,即古典主义经济学家们,并没有花太多的精力去研究设计适用于公司个体的复杂理论(就像他们对个体消费理论不感兴趣一样)。他们着迷于更大的图景,将市场经济看成一个可以自我组织的系统,他们热衷于探究彼此联结的市场中的竞争机制,以及整个工业部门的变动。比如,斯密将公司视为企业家通过资本集结(即机器)而建立的组织,目的是在商品进入国内国际市场交易之前将成本降到最低。

斯密认为,资本主义社会"狗咬狗"的一面是有意义的,它能迫使企业经营者积聚资本(机器)、降低成本并不被排斥出局。正是这些机器或(资本)的积累,提高了整个社会的生产力,并导致商品的充足供应,广大群众的生活更有保障。在这一意义上,公司就是资本(蒸汽机、缝纫机等)的聚集,经营者就是这种积累的协调者。于是,生产也就被理解成将原材料和半成品变为可供零售的最终商品的转化过程。这个过程需要机器的力量（资本）和人的力量（劳动力）相结合。

其他古典经济学家则持这样一种观点：生产与工业活动相关，这些工业活动涉及对某种先前不存在的真实事物的物质创造。尽管他们在对资本主义的诸多方面存在意见差异，但都一致认为生产是一个强势的老板监督相对弱势的工人使用机器创造商品的过程。他们在分析和观念上的差异，则超越了这一普通视角，触及了其他更为微妙的问题。为了了解这些差异，我再简要回顾一下第1章中提到的李嘉图和马克思。

也许你还记得，李嘉图是个忧虑颇多的人。他与斯密不同，认为资本主义竞争的所有因素并不都是值得的。正如在第1章里谈到过的，他担心资本积累的能量会被一些人逐渐消耗掉，这些人在创造财富的过程中虽毫无用处，却有权分配生产出来的绝大部分财富。所以他担心如果这种分配没有减弱（甚至反而增加），经济的增长就会停滞。用李嘉图的话来说，如果大部分社会剩余产品变成经济租金，社会生产未来剩余产品的能力就会被损坏。

道理很简单：如果那些愿意在机器上进行投资的人（工业公司是彼此竞争的）分得蛋糕的分额在逐渐缩小，他们就会降低投资速度，这样蛋糕也就不会继续增长（可能会开始缩小）。但事情怎么会是这样呢？为什么会有人挪用而不是去创造蛋糕呢？

物质商品：请使我们免于道德的训化

你不必为了赞成斯密关于商品的理念而成为资本主义的支持者。萧伯纳曾在《巴巴拉少校》(1905)的前言中这样写道：

> 一个国家迫切需要的不是良好的道德、廉价的面包、节制、自由、文化、堕落男女的救赎，也不是优雅、爱情和对上帝的追随，而仅仅是足够的金钱。需要受到攻击的罪恶不是犯罪、痛苦、贪婪、神父的手段、治国之术、煽动行为、垄断行为、无知、酗酒、战争、瘟疫，也不是那些改革者牺牲的替罪羊，而仅仅是贫穷。

以两家公司为例：一个是生产钉子的公司，另一个是用租用的土地种植玉米的农场。前者在开放的市场上与其他钉子生产商竞争。后者也在竞争市场上交易，但其生产却是在价值不菲的土地上进行。由于经济增长，钉子和玉米的需求量增加了。然而，在钉子行业，需求增长带来了更多公司生产钉子，而且成本也基本相同；在玉米行业，我们的农场却占据优势，因为肥沃土壤的数量是有限的。由于玉米需求量增长，其他不太肥沃的土地也投入生产，这些新农场的成本就会比原来农场的高。现在两个企业的区别就很清晰了。

一方面，原先的农场也在经济增长中获益，因为额外的玉米需求增加了玉米的价格而不影响成本。为了满足市场对玉米需求量的增加,新的农场要建在不太肥沃的土壤上。新的农场(生产成本高于原有农场)开始生产,玉米的价格必须上涨才能弥补在贫瘠土壤上进行生产而产生的额外成本。同时,我们原先的农场也继续快乐地开垦它那块肥沃的土地,生产着与原先一样低成本、高价格的产品。在这种情况下,农场的土地所有者会怎么做呢?显然,他会增加租金(他知道他的承租人负担得起,因为玉米在市场上非常畅销)。何时他会停止增加租金呢?何时租金只要再增加一点,承租人就会放弃种玉米,搬到邻近城市呢?李嘉图解释说,拥有肥沃土地的所有者,不用投资新机器,不用更努力工作,就能获得更多收益而成本却没有任何增加。对玉米的需求量越多,他分得的蛋糕就越大,而无须更多努力或投资。

另一方面,没有土地或土壤不够肥沃的农场主,与钉子生产商们却没有这种特权。虽然钉子需求增加会带来利润增加,但是新的钉子生产商的进入,也会导致初始阶段的利润增加停止并最终再次降为零。同样,我们的农场主的利润,也会由于地租增加而被地主吃掉。这就是地主和资本家的区别,经济增长给生产商而不是地主创造了更多竞争,因为土地的数量是一定的。资本家(工业家或佃农们)必须想方设法降低成本维持生存(如将利润投资到新的能降低成本的机器上),而地主就无此忧虑。事实上,只要经济增长,他们就可以不用做更多努力得到更多租金。总之,生产商和从地主那儿租用土地的农户,通过投资新技术、使用效率更高的生产方式等,都促进了社会的机械化和现代化。但是他们的利润却持续地被不断增加的竞争吃掉。相反，很吃香的土地所有者却几乎连手指都不用动一下就可以获得更多的利润。这就是李嘉图所担心的：这些投资社会基础设施的人（资本家）获利很少，而那些做了很少或根本不做事的人（地主）却瓜分了利润。

李嘉图的结论是：除非采取措施（如税收）限制部分利润被第一类生产者（例如，所有那些恰好拥有某种短缺资源的人）获得，否则那些真正为资本积累和增长做贡献的生产商，就会由于缺乏必要资源而无法继续进行生产活动。

先将李嘉图理论的含义放在一边，我们可以很清晰地看到李嘉图区分了两种不同类型的收益：（1）在企业家的努力和投资新技术的情况下，公司获得的回报；（2）仅仅由于历史的偶然拥有某些资源，并依靠这些资源获得收益。当经济增长时，这些资源变得更有价值并能给其拥有者提供更多的经济租金。由于上述差异，公司可分为其利润反映其生产对经济贡献的公司和那些从社会获取的远远超过其贡献的（指租金）类型。毫无疑问，李嘉图（至少是在心理上）将制造工业视为前者，而将地主、地产代理、采矿业和住房出租视为后者。

马克思使用并修改了斯密和李嘉图两人的理论：一个是斯密的关于公司是基于诸多资本之上的组织的理论，另一个是李嘉图的区分生产和非生产行为及其经济角色的理论。他采用了生产是进行市场交易商品的物质创造过程的观点，并区分了生产价值的行为和对现存价值进行再分配的行为。比如，农场主、矿工和制造商将原材料的价值加入到了生产出来的产品玉米、煤炭和钉子里。他们劳动的价值成为这些商品价值的一部分。

相反,出版商或股票经纪人则不生产任何价值。他们仅是帮助已生产出的价值在不同人之间进行再分配,以费用的形式留用部分价值作为报酬。与李嘉图一样,马克思认为资本主义的动力机制与其"最小化非生产行为,将更多的资源注入更多的生产行为"的能力有关。因此,马克思也将工厂主、制造业资本家(与地主和银行家相对)视为资本主义最重要的力量。

生产性劳动和非生产性劳动

区分这两种劳动一个适当而有趣的方法,就是看下面这个问题:产品 X 的生产能否帮助社会增加剩余?如果能,那么生产 X 的劳动就是生产性的。反之,就是非生产性的。

马克思在《资本论》中对资本家追逐资本积累的评价

资本家作为狂热的守财奴在社会机制中的作用就如同一个齿轮。资本家生产的发展,使工业企业产生的资本持续增长。每个资本家在参与竞争时,都要服从资本主义外部的和强制性的法律。这迫使资本家只有通过逐步积累来扩大和保存资本。

虽然是工人创造了价值(把自己的劳动转化到商品里),但却是资本家独自控制和组织了这个创造过程，并收取剩余价值。这部分剩余价值又变成了什么呢？在付给工厂所在地地主租金，以及付给银行贷款和利息之后，余下的利润转化为更多的机器（资本积累）。

马克思关于公司理论中最具创新的方面就是，他认为生产过程与市场是彼此不同的。在市场上，人们用苹果交换橘子，拿钱买汽车音响，用信用卡买旅行包等。而根据马克思的观点，在企业内部，工人和雇主的关系却不像买者和卖者的关系。他们的关系更类似于竞争的关系：雇主在给定的工资下，尽可能地榨取工人的劳动，工人则竭力抵抗。从这种意义上说，市场社会的规则和传统，仅限于工厂大门之内。一旦工人为了一定的工资出卖劳动，走进大门，他们就开始持续不断地为自己的权利而抗争（如工厂允许他们上厕所花多长时间、怎样才是合适的工作节奏、获得休息的权利和照料生病孩子的权利等）。根据马克思的观点，如果要充分理解企业内部的事情，我们必须同时是社会学家、心理学家、政治学家和工程师，仅仅依靠供求关系模型将是无济于事的。

此外，基于工人劳动创造了价值，马克思创立了一套有趣的关于资本的理论：资本不过是凝结在商品中的劳动，即，嵌入在机器中不同层级的劳动加上发明者的脑力劳动共同促进了生产效率的提高。由于工人创造的但不能索取的生产价值用于购买了机器，因此劳动和资本是相同的生产因素。工人在工厂挥汗生产价值导致了资本积累，资本家则运用其社会权力（由于对工厂和设备的所有权）榨取工人的价值。简言之，资本就是凝结在商品中的劳动，反映了工人和资本家的社会关系。

请注意,假如工人一周出售40小时的劳动,在这40小时内雇主想要获取的实际劳动是没有限制的。市场施压于雇主,雇主又将压力转嫁给工人,希望工人付出更多的努力和劳动。因此,在工厂里,劳动是生产的主要因素,资本则是劳动的产物,更抽象地说,劳动是老板与工人彼此关系的反映。

最后,马克思关于资本主义生产观点的特点,是一种有意的矛盾。一方面,他充满激情地认为,资本主义工厂的出现是创造资本、将社会生产力从禁锢的封建社会解放出来的必需。另一方面,他又认为,在资本主义生产方式建立之后,就不能再有效地利用社会资源进行生产。用今天的专业术语来说就是,资本主义是无效率的。

马克思是这样解释的。他认为,工厂私有制和工厂主对剩余价值的占有,造成了工人和工厂主之间的矛盾会永远存在,这使得工厂主不去采用最有效的生产技术,而是尽最大可能榨取工人的价值。由于工人不占有其生产出来的产品,因此,他们也没有进行生产创新的动力。简言之,马克思认为,资本主义的到来是必然的,但却并非有效利用资源的最佳阶段。

6.1.2 新古典主义的观点:生产作为一种交换

古典主义经济学家关注的是通过工厂、传送带、蒸汽机、商品的大规模生产以及劳动分工来大幅度降低成本。他们是崭新工业社会的产物。虽然他们在许多方面(从资本主义社会的前景、工厂主和工人的道德关系或效率关系，到对非生产性人群分享社会财富不同程度的担忧）意见分歧，但他们也有一个基本共识：通过烟雾缭绕的工业社会所创造的奇迹，社会获得了进步。对他们来说，现代词汇如"娱乐产业"显得相当荒谬。娱乐固然很好，斯密和马克思也会同意，但它不属于工业范畴！生产是创造实实在在物品的行为。音乐、剧院等固然美好，却都在工业范畴之外。换句话说，它们只能产生并兴盛于那些工业部门十分强大或者掌握稀缺资源（如石油）的国家。

新古典主义迫切需要一种统一的原则，使得经济学分析能变得像牛顿物理学那样。通过使用"效用"作为"流通货币"，新古典主义经济学家从传统古典主义中突破出来。所有事物都被简化为"效用"来解释（效仿牛顿对所有物理现象的解释都归结为"能量"的概念的做法）。因而，"消费"就被认为是人类渴望"效用"而作出的反应，生产则是创造这种"效用"（人们渴求的不是商品或经验本身，而是从它们当中获得的价值）。

事实上，我们已经在第 2 章介绍消费理论的时候谈到过新古典主义生产理论了。回想一下一个人在地里采草莓的例子。她何时会停止采摘（即生产）？答案就是：当她摘最后一个草莓的效用与非效用相等时，她才会停下来。因此，新古典主义经济学家为了使"效用"成为一个进行经济分析时使用的统一概念，必须将生产定义为效用的产生过程。

这一概念让新古典主义与古典主义相去甚远。古典主义的"生产"让人们想起那些带有浓重工业色彩的事物：机器轰鸣、汽笛声声、满脸煤尘的矿工。对新古典主义经济学家来说，古典主义经济学里的生产工人，就如同一名矿工一样。这一概念不仅让古典主义经济学家关于生产性劳动和非生产性劳动的区别骤然消失，而且让他们关于生产是一个将中间产品转化为物质商品的过程的坚定信念也荡然无存。经济成功的标准，比如很多的资本积累，也让位给了"效用"。斯密等人关注的是，什么方法对于资本积累最为优越，而在新古典主义经济学家眼里，唯一的检验标准就是看它是否增大了效用。

确认了生产是效用的创造过程（与物质产品的创造相对），新古典主义经济学家又迈出了第二大步，将生产和消费看成性质相同的事物——他们把工厂里发生的事情，看成一种不同生产要素所有者之间单纯的交换关系（与马克思的观点不同，马克思认为只有劳动是生产要素，新古典主义经济学家则认为土地、劳动力、资金，甚至包括企业家身份都是生产因素）。根据这种观点，资本家用资金与工人交换劳动，就像他们在市场上用苹果换香蕉一样。资本家也用资金与地主交换土地。然后，当交易完成（如当4个单位劳动力加上3个单位资本），这种结合的结果就转化为一定量的产出。至于这是如何得出的则未予解释。它仅假设这是一个技术问题，把这些工人和机器结合起来，就生产出了许多产品。

这一理论隐含着一些重要因素。第一,企业内部的政治和社会因素在理论中被删掉了。正如某地水果市场上的买者和卖者之间，除了实际的交易不需要有其他关系一样，新古典主义经济学家将劳动视为工人和工厂主之间的一种简单交易。工人和工厂主之间似乎没有任何社会关系，互不影响。

第二，新古典主义经济学家不仅拿掉了企业内部的社会关系，连实际的生产过程也不予考虑。当工人和企业达成协议，以一定的价格把劳动与资本进行交换时，整个复杂的商品生产过程都消失了。在工人和工厂主交换之后，生产就似一个无须特定方式就可以自动地按部就班地发生的事情一样。第三，新古典主义关于资本主义企业的理论根本不需要资本，如工厂主可以用土地来交换劳动力。与古典主义经济学将资本和积累放在首要位置不同，新古典主义的产品交换模型非常抽象，资本在模型中并不是必须出现的。

从这三点因素中我们可以得出什么结论呢？这取决于个人的观点。有人得出的结论可能是，新古典主义经济学成功地将两种经济学（消费理论和生产理论）统一起来，抽离了企业分析中的政治和社会因素。从这个角度（新古典主义经济学）看，经济学摆脱了不科学的因素，让我们从客观角度来认识企业和生产。相反的结论是，把生产转化为一系列消费（这种消费包括各种不同生产要素之间的交换）的做法，也让很多资本主义社会生产当中所呈现出的诸多兴趣点（特别是那些被经济学创立者讨论甚多的有趣问题）消失在了我们的视线之外。

总之，新古典主义对企业的描述，很偶然地与现代的教科书相一致（见第5章）。当然，这种企业是一个小型的市场，其资金拥有者与劳动力、土地、原材料拥有者彼此进行交易。一旦交易完成，产品就奇迹般地从生产线上冒出来。此外，生产水平是把不同生产要素进行结合的一对一的关系（即3个单位劳动、5个单位资本和2个单位土地结合生产出来一定量的玉米；所有这些都忽略了工人和工厂主之间的特殊关系，以及工厂的社会和经济条件）。由于企业不拥有投入因素，而仅仅是雇用，因此，企业主只是生产要素的协调者，他可以索取产出，是因为他最初拥有可以雇用生产要素的资金。

6.2 市场和竞争

6.2.1 古典主义经济学关于市场的理论：自然法则哲学的起源

知识的进步，促成了现代物理学和生物学的产生，同样也令经济学的创始人兴奋无比，他们发现，不再依赖某些高高在上的权威（如教会、国王甚至哲学家）来认识世界已经成为可能。现代的自然科学家，牛顿和达尔文的继承者们，已经找到了关于宇宙和物种的规律。早期经济学与这股科学浪潮拥有的一个共同背景就是：自然法则哲学。根据这一哲学的观点，"良好"的状态就意味着事物都要按照其固有的趋势规则发展。任何迫使某事或某人与其内在趋势相反的做法，都是"不好的"。你可以想象，自然法则传统可以一直追溯到神学。

意大利神学家阿奎那（1225—1274）在其《神学大全》一书中提到："善是万物所趋……善是用来实现的和用来追求的，恶则是要避免的。"所以，当牛顿发现钟摆的数学规律，或太阳系的规律，他发现事物都有趋向性，甚至行星也有趋向性，这种状态是自然的、安全的和良好的。当斯密将竞争市场下价格反映成本这一趋势告知世界，他的这份热忱证明了阿奎那的"万物趋善"的理论。因此，竞争的市场就能产生"好"的结果。

斯密在《国富论》中
对"市场规则是对自然法则干涉"的评价

政治家应指导个人如何运用资金，他们不仅应当把自己置于最不被关注的位置，而且应当承担起可被个人、议会或国会所信任的权威职责。但是，让一个荒唐冒昧的人来负责是非常危险的。

上面这个线框反映了斯密如何受自然法则哲学的影响，如何将市场视为"看不见的手"，能以任何个人无法做到的方式引导人们的行为；如果任何个人（或者团体，比如政府）试图取代这种"看不见的手"的作用，这种行为就会迫使系统脱离"自然"状态。这种干预自然法则的行为，会导致不良的经济结果，斯密用了诸如"危险""荒唐"和"冒昧"这些词汇来形容这种做法。

支持斯密的古典主义经济学家与其观点相同，认为应允许社会自然和谐地发展（此种乐观主义产生并成长于欧洲启蒙运动时期）。就连那些反对自由资本主义市场的人，他们的观点也是基于类似于自然法则的观念。他们可能会批评斯密的部分观点，但都不会严重偏离这样一种观念，即"良好"的事物会从趋向平衡和均衡的过程中产生。他们的意见分歧之处仅是，"对经济系统来说，怎样才算自然状态"。

为了进一步证明这一点，我们回顾一下前面提到的两个古典主义经济学家。李嘉图认为，那些靠租金生活的人，削弱了看不见的手的作用。他们阻碍了市场力量，并减慢了或者甚至会使建立斯密所谓的愉快的平衡成为不可能。尽管马克思的贡献无疑比李嘉图要大，但他同样没有脱离这一领域：马克思认为，资本主义的矛盾是不可调和的，不稳定的状态是无法治愈的。资本主义的经济和社会系统建立在对工厂、农场、机器等非对称的所有权基础上，它是不可能产生稳定的均衡的。马克思对资本主义的批评可以解释为，自由市场导致了与自然法则相悖的不稳定的社会条件。长期失业、经济危机和通货膨胀是这种制度弊端的指征，这种制度是不可能产生平衡、和谐和均衡的状态的，因为事实上，一些阶层（工厂主、农场主等）为让自己发财致富而顽固地垄断着生产方式。

6.2.2 古典主义关于市场的理论：竞争和利润均等

如果有人要用一个词来概括古典主义关于市场的观点，他可能会选择"过程"这个词。正如牛顿物理学发现了决定太阳系行星运动的等式那样，古典主义经济学家也试图找到类似的理论来描绘市场过程。我们以企业为例，看一下这些经济学家所做的努力尝试。现代教科书往往都假设企业会最大化利润。事实上，这是阶段性的。在这一假设的前提下，企业对利润的追逐会带来企业冲突。与之相比，古典主义经济学家认为，企业的目标并不是一定的、不变的，而是不断演变的产物。

为了从动态视角演示企业，假设一些新的企业进入了现有市场。竞争迫使原有的企业为了获胜，比以前更加无情地追逐利润。在这种情况下，利润的追逐和竞争互为基础，彼此强化。另一方面，当竞争导致利润危机，企业就会开始想方设法缓解这种对抗，共谋合作。然后他们认识到，为了合作，必须避免为获短期利润而降价的想法，必须学会有所节制（即获得的利润少于最大利润即可），通过加强企业之间的合作，使各方都获益。结果也就出现了一幅企业对利润的期望随着竞争环境上下波动的动态画面。

上面我们得出了古典主义经济学家关于市场观点的基本特征：利润追逐与竞争之间的矛盾。企业为了获取高额利润，被迫处于一种竞争状态。然而，企业之间的勾结可以比竞争带来更高的利润。如前所述，这种勾结也是不稳定的，如果企业的所有竞争者都控制自己不去采用进攻性的策略，就会有企业屈从于市场的诱惑，钻市场的空子。如果它这么做了，其他企业就会效仿，一场价格大战就开始了。（见下面线框里的例子，当利润不再是唯一目标时，利润是如何轻松地自然增加的。）市场上的竞争，使得企业在冲突和合作之间摇摆不定。这种动态过程的描述，就是古典主义经济学家关于市场观点的特色。

只有在不考虑利益的情况下才能获益

假如你诚恳地许诺你明早会喝一杯猪尿,不管你明早是否真的喝了那可怕的液体,我都马上给你 100 万美元。假如我可以测出你的许诺是否真诚(比如我可用测谎器来测试你),那么你能得到这 100 万美元的前景又如何呢?答案是:如果你唯一在意的就是钱的话,你 1 分钱都得不到。原因是,为了得到钱,你必须使测谎器相信你会喝那杯猪尿。而能达到这样效果的唯一方式就是让你自己相信你会那么做。但当你清楚地知道你只要拿到了钱明天就不会去喝那杯猪尿的时候,你怎么可能会做到呢?

但是,如果你关心的不只是钱,而是比如兑现你的承诺,情况就会有所不同。如果你许下诺言不为欺骗,你就可以相信承诺就是承诺,如果你许诺喝猪尿,那你就确实打算要做这件事。在这种情况下,你将顺利通过测谎器的测试,得到那笔钱。你没通过就表示你唯一想得到的是那 100 万美元,而不是诚实的承诺。诚实会让你受到奖赏,但当你这样做只是为了得到奖赏时(不够诚实),你反而得不到。

把这个故事的道德观用在企业上就是,当竞争让位于合作时,利润就会提高,但是合作不能依赖于企业对利润的追逐。企业对合作产生兴趣的原因必须是与钱无关的(就像你必须有真诚的目的,才能赢得100万美元)。例如,不同企业的管理者可能会在处事过程中,形成一种与利润无关的道德让他们能合作下去。虽然这种道德很难产生,但也不是完全不可能。毕竟,就连小偷(和黑手党领袖)都将"荣誉"看得很重!

古典主义经济学家关于市场观点的另外一个十分重要的方面就是,对利润的追逐,会使企业从一个产业转入另一个产业,企业往往会放弃那种企业过多、竞争过于激烈的行业。这种转移会降低转入部门的利润率,但当此部门利润率与其他部门相同时,这种转移就会结束。这种资本从一个行业流向另一个行业的情形,就好比水在连通的瓶子间流动一样。这种流动止于利润水平在不同行业相等时(就像水在不同瓶子中水面一样平时就停止流动)。这就是利润均等原则。

资金是如何实现流动的? 当资本设备在低利润部门发生损耗时,它并非被换掉。相反,会有新资本被带入经济中更获利的行业。其结果就是,获利行业中每个企业的利润下降(由于越来越多的公司在市场上竞争),原本获利不多的行业利润却在增加(由于竞争程度降低了),这种变动直至利润率在所有行业都相同时才会停止。然而,这种均衡以及这种利润率在整个经济范围内都相同的平衡状态是很难达到的。在这种利润率均衡的状态达到之前,经济可能已经发生了变化。

比如，技术革新或消费者偏好的改变，可以提高原本利润较低行业的利润率，而使流走的资本流回。因此，古典经济学家认识到，市场趋向的利润均衡在不断变化，永远难以到达。在这种动态理论的背景下，利润均衡的理论与利润在经济中不是平均分配的现象是一致的。

这里我们再举一个例子来说明，古典主义经济学家认为企业是一个过程的观点。假如发明一样新产品使得发明者处于一种垄断地位，获得高额利润。其他企业不可避免地会生产类似产品使得发明者的高额利润下降。由于这个过程是大多数市场的特征，利润率就会持续波动——生产从前产品的经济部门利润率降低，生产新产品的部门利润率升高。不足为奇，即使我们可以正确地描述所发生的一切，了解利润均衡的趋势，利润永远也不会均衡。

6.2.3 新古典主义市场理论：完全竞争是一种理想状态

我们在第 5 章已经证实过了，新古典主义理解市场的方法不同于古典主义。古典主义经济学家认为市场过程是无序的（在合作与激烈竞争之间变化），新古典主义经济学家在现在的教科书中则关注稳定的市场环境。打个比方，古典主义认为市场过程就像咆哮的山间河流，河水奔向宁静的海洋。新古典主义经济学家描述的均衡则好比宁静的湖泊，即那种水没有任何流走趋势的平衡状态。

二者的区别在于强调的重点不同。古典主义者强调流动，认为均衡状态是市场所趋，但永远无法达到。相反，新古典主义者则侧重于均衡状态，而对市场通过何种途径达到这种均衡未太关注。强调的重点不同，意味着古典主义（对过程的兴趣）创造出了竞争压力出现的故事，或者关于垄断条件在某些部门的产生，在这些部门，某些企业有市场权力，能将其他企业挤垮或者取代。相反，新古典主义者（对市场均衡状态的兴趣）则讲述了稳定的市场是什么样子。

为了更好地理解新古典主义关于经济的观点，我们来分析一下竞争的概念。在一本典型的经济学教材里，什么才是最高形式的竞争？完全竞争：一种理想的市场形式，在这一市场上，企业都无力改变价格或利润，数量众多的企业将利润稳定在极低水平。当利润开始上升，就会有新企业进入市场，利润再次下降。为什么说这种想法是理想化的呢？因为当价格降到接近成本的水平时，产量将会最大化，消费者收益最多。

当然，古典主义与新古典主义还是有许多相似之处。他们都认为企业为追逐利润，会从一个行业进入另一行业，从而平均了各个行业的利润率并调节了资源的分配。尽管如此，二者的差异也是客观存在的。古典主义讲述了企业之间的激烈竞争（如价格冲突、技术革新、短暂联合、合并和接管），教科书中讲述的完全竞争则是没有真正竞争的。如果任何企业都不能影响市场，而且它们也都知道这一点的话，它们就会接受这一现实，采取被动运作的策略，而不采取任何措施以超出竞争对手。从这个意义上说，完全竞争就是想象中的、没有任何实在竞争的市场。

当然，这并不意味着新古典主义经济学家就认为这种平静的市场真实存在。如下面线框所示，他们心里非常清楚，这种完全竞争完全是假定的、非真实的，这种模型仅供教学和分析之用。那这一完全竞争的理念是如何使用的呢？其目的就是为了建造一个理论模型，即价格尽可能的低，产量尽可能的高，资源利用尽可能的少。新古典主义经济学家认为，研究这种理论模型，他们可以领悟理想市场是什么样子，从而得到所要研究市场的优势和劣势。应当注意的是，古典主义和新古典主义经济学家所使用的方法是不同的。前者尽可能描述真实市场（和市场内在的无序性），从而了解市场。后者采用了一种更为迂回的方式：他们创造了一种现实中不太可能存在的市场的极端例子，仅仅是为了给真正市场做一个参考标准，并借助对比更好地理解市场。

斯科特·戈登论完全竞争状态
是一种理想化的不可能实现的市场

完全竞争并非对任何真实经济的描述，也非对任何现实情况的描述。它的作用是使人推理出一系列定理，来解释经济的生产资源在创造各种商品和服务时的最佳分配状态。

为什么会有此区别？回想一下第1章中新古典主义经济学家使用的方法。与并不专业的狂热的古典主义经济学家（在周围发生的重大事件的推动下要建立理论）不同，新古典主义经济学家有意效仿古典力学（当时的一门学科）。他们开始创立理想经济的模型，就像

工程师思考如何建造桥梁时会建造一个理想桥梁的模型一样。同样，与桥梁模型外观上看是静止的、固定不变的东西（期望如此）一样，经济学的模型也是静态的。

最后，我们再来通过研究两种经济派别对竞争的分析来看一下二者的不同效果。古典主义者认为，竞争是一个永远变动的过程，技术的革新、需求的变化、控制企业经营者之间关系的规范与传统（包括政治的和社会上的），都会导致这种变动。

现代（新古典主义）教科书则讲述了不同的情况。它先讨论了两种极端情形：垄断（即单一公司）和完全竞争（大量小公司生产类似产品，企业进入市场没有任何阻碍的情况）。一个行业的竞争程度，就是在垄断和完全竞争之间的某个定位。实际中的定位（竞争的程度），最终可以归结为此行业中企业的数量。

6.3 总结

当代经济学教材将生产定义为对效用的创造。换句话说，就是生产等于效用的创造。这一定义使得新古典主义理论可以将其对生产（创造效用）和消费（对效用的渴望）的分析统一起来。对生产本身，企业协调三种生产因素（土地、劳动力和资金），就像在市场社会里经济活动的非市场协调，使得资本所有者、劳动力和土地所有者能够在企业主的监管下实现交换。这种交换的结果就是商品在市场上大范围销售。最后，理想市场（以完全竞争为特征）是稳定的，无人可以定价，利润为零（在弥补了机会成本之后），产量最大化。

新古典主义观点出现之前，古典主义的观点一直占据首要地位。古典主义经济学认为：企业是"资本的聚集"，生产就是在这些聚集的资本下，将中间产品变为最终产品的物质转化过程。市场机制被比喻成一个不停息的锅炉，里面的任何东西都不是静止的；市场机制也被比喻成一个森林，残酷的竞争促使资本积累遍布整个社会。一个市场机制运行良好的标志就是，更多的机器在经济领域中很好地得到分配，其分配模式反映了一种利润均衡的趋势，但是这种均衡永远无法达到。

教材里的分析与古典主义经济学的分析的基本区别是什么呢？它们是否在使用不同的叙述方式却在讲述同一件事？这里有三点是可以确定的。古典主义者的注意力集中在变化、流动、过程和动态上，新古典主义则将时间花在分析平衡和均衡的状态上。古典主义者将生产视为社会过程，涉及权力博弈、交换、哄骗、威胁甚至剥削，新古典主义者则认为，生产只是一种纯交换。古典主义者试图从精确的和宏观的角度理解市场，新古典主义者则创建了一个理想市场的模型来理解市场。

[第7章]

批评：教科书中的生产理论是好的经济学、政治学，还是两者都是或都不是？

7.1 工作和生产

7.1.1 区别生产和消费的困难

如果将生产定义为有成本地创造效用（经济学教材定义的），那么，专业的喜剧演员就是生产者。可那些饭桌上逗得我们开怀大笑的朋友又是什么呢？教科书将他们排除在生产者之外，因为讲笑话并没有花费他们任何成本，不像专业喜剧演员必须面对观众，放弃其他赚钱机会。根据新古典主义的观点，喜剧演员只有在表演时付出了个人成本才被认为是一个生产者。这的确很有趣。如果母亲想逗生病的孩子笑呢？这是生产吗？或者是某种形式的消费（如，享受母爱）？

一方面，这的确是一个关于生产的清晰案例。为了给整个家庭创造效用，母亲留在家里照看生病的孩子（因此放弃了收入），并讲笑话取悦小孩（尽管她自己并不必然处于这种幽默情绪之中）。另一方面，她自己也没有想过去做其他事情。在这种情况下，她所做的事情就类似于饭桌上的朋友。两者都产生了效用（对他们自己和对其他人），却又都没有明显的机会成本。

把母亲对孩子的照顾定义为生产显得十分怪异，除非她认为照顾孩子的时间是她必须放弃的。将这一点继续往下延伸，新古典主义经济学对生产的定义（有成本地创造效用）就会招致这样的批评，即那些热爱工作、工作了却不收取报酬的人不应被看成生产者（因为他们做的工作很难和休闲区分开来）。

反对观点是：所有事情都有机会成本（一个人要做某些事就要放弃其他一些事情）。一个充满母爱的妈妈，并没有因为留在家里照料孩子而觉得放弃了什么，或者一个工作狂宁愿去死都不会去度假，这两者都是为了他们所爱之事而放弃了其他。所有的事情都有机会成本，这是很正确的。但是，所有能够产生某种通常与消费相关的活动的效用，将会构成生产——从听音乐到建造桥梁。

7.1.2 区分工作与休闲的困难之处

研究土著文化的人类学家经常评论说，靠打猎和采集为生的社会成员，工作时间非常少。他们一天仅用几个小时的时间寻找食物和搭建帐篷。其余时间都用来谈话、跳舞和进行其他公共活动。请注意一下人类学家都做了些什么：他们将与工作相关的行为和与工作无关的行为区分开。他们是怎么做的呢？就是通过把一些任务定为必须的（如打猎），把其他一些任务（如雨中跳舞）定为无关紧要的。但我们凭什么可以说哪些是必须的？哪些又是无关紧要的呢？换句话说，如果把这些研究人员派到我们的城市，他们是否会将议会设置、广告、银行、股票交易都归为无关紧要的追求呢？

教科书（反映新古典主义经济的方法）试图以相同的观念——效用——来定义消费和生产。消费者消费了效用，生产者以一定成本为他人生产效用。但正如我们所见，经济学家并没有给出一个令人信服的区分消费和生产的定义。在区分效用和非效用时，早期理论也遇到了相似的困境。正如无法将阅读一本伤感却精彩的小说后的满足感与小说本身所产生的心痛和悲伤区分开一样，将工作后的疲劳感与工作中的乐趣区分开也是很荒谬的。

然而，教科书必须编得看上去毫无问题（如果它想使读者确信其选择模型是没有问题的）！回想一下，整个工作理论都是建立在收入（相当于消费）和休闲的交易基础之上的。这一理念就是，人们既想要钱（因为它能提供商品）也想要休闲，即与工作相反。每个劳动者的问题是，如何在收入和休闲间选择最好的结合点。最后，考虑到工资以及个人对工作的喜好程度，他决定为了 Y 的收入，放弃 X 的休闲。因而，教科书（新古典主义）中工作理论的前提假设是：在给定收入的情况下，人们将最小化工作量（或是最大化休闲）。

[第7章] 批评：教科书中的生产理论是好的经济学、政治学，还是两者都是或都不是？

工作和休息

> 没有工作，你也就没有休闲。
>
> 匿名失业工人

然而，什么是休闲呢？人们会说：工作的对立面。我们暂且同意这种说法。现在假设一个失业的人不再去找工作，因为他住的地方似乎没有太多的工作机会。根据书上的理论，他正享受着最大程度的休闲，代价是没有任何收入（除了社会福利和其他存款）。因此，如果有人给他钱，钱的数额与一个普通雇员的薪水相当，那么他一定会比给他工作更加高兴。多项社会学研究显示，人们在工作中会体验到一种自我价值感，一个人如果缺少这种感觉，他就会觉得生命在渐渐枯萎。在许多情况下，工作中产生的社会联系，都是不可替代的。不过，这并不意味着工人每天早上都会满心欢喜地期待着去上班。人是非常复杂的，这种非黑即白的分析并不适用。

总之，经济学教材中关于工作和生产的定义是存在问题的。(1)工作被定义为休闲（不工作）的对立面，个人被假定为更喜爱休闲，而不是工作，其他的喜好（如收入）都是相同的。这种过分的简化歪曲了工作和休闲的真正本质。(2)生产被定义为以一定成本创造效用。这个定义太宽泛了，按照这一定义，看一部恐怖电影（看电影的恐惧感形成一种成本）也可被定义为生产。坦率地说，经济学教材对工作和生产的解释都相当模糊。

7.1.3 工作和生产的现代发明

对于西方人类学者所研究的土著文化来说,雨中跳舞和采集食物一样是生产所必需的。甚至是那些在西方人眼里看来就像是某种公共娱乐的仪式,实际上也是土著维持劳动分工的重要手段。因此,西方学者对于工作和休闲的区别,在这里是没有意义的。事实上,直到现在,在全世界这种情况依然存在:市场社会的产生,让大多数人变得别无选择,只能靠出卖劳力为生。在工业市场社会出现之前,商品都是在家庭、社区,或同一封建阶层中生产和消费。工作和休闲发生在同一地点,很难将它们区分开。当消费和生产被限定在同一社区内时,将它们严格区分开是没有意义的。

体育是工作还是娱乐?

直到现在,体育仍被认为是一种非生产性活动;从事体育运动虽然辛苦,却与在矿场和银行的工作不同。在今天,古代奥林匹克的非职业精神仍然经常被提及(如胜利并不重要,重在参与)。商业电视的普及,使得观众可以看到运动现场,将此以一定价格出售给广告商,事情就发生了变化。对体育运动的金钱估价成为可能,体育运动成为了商品,经营体育活动的人成了企业家。国际奥委会放弃这种业余精神,只是一个时间问题。

在人类经历工业革命和随之而来的在工厂中(与在家庭中和庄

[第7章] 批评：教科书中的生产理论是好的经济学、政治学，还是两者都是或都不是？

园中相对）对工作行为进行严格界定之后，我们才能明白地说，工作和生产的对立面是休闲和消费。在这种意义上，经济学教材在任何时间任何地点理解工作和生产都存在困难，因为它试图在脱离最普通的社会条件的情况下，独立地定义工作和生产。书中的模型似乎可用于澳大利亚土著、欧洲殖民者、古希腊和现代的日本。事实上这是不可能的。工作和休闲仅在工业社会下才有意义，即人们为了生存出卖他们的劳动时间，雇主用劳动时间来生产商品，在市场上出售。出售劳动时间的行为，导致将时间作为他用的概念得以产生，才使得休闲，甚至是生产性的工作的概念变得具有实际意义。从这种意义上说，只有当工业生产的发展成形了，工作的概念（区别于活动）才得以实质化。

你注意到贯穿本书的历史主题了吗？在第1章，我论述了在工业革命之前，不存在任何生产要素（例如，商品），也没有对纯经济学思想的巨大"需求"。工业革命创造了劳动力、土地、资本这些在生产过程中可以出售的投入要素。对于这一点，我现在要加上一点评论：工业革命创造的工作有别于其他令人疲劳的活动（如爱好、仪式、抚养孩子和赡养老人）。生产延伸为与"工业"相关的、在丑陋的工厂里发生的过程，工厂的产生标志着工作和非工作性活动的区别。

不幸的是，经济学教材（也是工业革命的非直接产物）却没有认识到这些细微之处。它们将工作的对立面定义为非工作、生产的对立面定义为消费，显得相当粗糙。它们为什么会这样做呢？在我

（带着我的偏见）看来，它们是急于从历史中抽象出来，以创造出独立于历史变化之外的"科学"定义。在这一过程中，产生了一个不好的定义（在我看来）。然而，有些人或许会认为，这些不现实的定义也许对市场来说是个好理论。真是这样吗？我们接着往下看。

7.2 生产是一种交换

7.2.1 劳动不仅是商品

经济学教材将劳动与其他商品同等看待。它们用边际均等原理来模拟价格（即工资）和出售商品数量（即以工作小时或天数来衡量雇用水平）的决定因素。一旦工作被转化成商品，它就假设劳动能够以类似于市场上买香蕉的方式购买到。这是第一个重要假设：劳动就像其他产品一样可以被量化和购买。雇主在进入劳动力市场时，可能会这样讲："我要购买有 5.6 个单位的劳动。"第二个关键假设是，劳动一经购买，与其他生产要素相结合，就会有一个特定量的产出。劳动和其他生产要素的特定结合，并生产出一定数量的产品，看上去就像是一个简单的技术性问题，就像一个食谱：拿杯牛奶，加三茶匙糖，你就可以给 6 个人喝了。（这正是第 5 章无差异曲线所假设的。）

妇女在家未付报酬的工作

几个世纪以来，家务活一直被认为是女性的责任。现在，我们则认识到，妇女在家庭的工作也和其他人一样辛苦，甚至更加辛劳。女性主义坦率地认为，女性被称为家庭妇女是为了掩饰她们其实是未被付报酬的女管家的事实。为什么我们直到现在才发现这一点呢？苏·希姆莱维（Sue Himmelweit，1995），一个女性主义者，回答了这个问题：

> 我的观点是这样的。使用为分析付酬工作而设计的方法来谈论家务劳动的愿望，甚至是讨论家务劳动是否应被包含在国民核算统计当中的愿望，来自于经济内部的一些趋势，即把付酬工作和不付酬工作放在一起做明显的对比……所有家务劳动都可在市场上买到替代的，这提供了它们可被估量的直接方法。
>
> 家政服务市场（如洗衣服、熨衣服、打扫卫生、照看婴儿等）的出现，都使我们认识到妇女的家务活也是工作！

当然，这两个假设都与工作场所的现实情况没有多大联系。第一，当劳动合同签订时，工人就不能再出售其劳动了。他们能做的就是在特定时间"勤奋地"工作。但这个"勤奋"意味着什么呢？谁来解释它的含义？怎样勤奋才算足够勤奋？

在卖苹果的市场里，人们在交易之前就很容易弄清卖者要卖多少苹果。与此相比，劳动力市场的特点则是：雇主和工人之间不可能有清楚的合同。英国保守党1979年的竞选口号，就很好地记录了工人和其他商品之间的差异（即使这并不是他们本来的意图）。对于其他商品来说，在买者和卖者签了合同之后，协商和竞争就此结束。而劳动力的情况则正好相反。

劳动并非工作……

英国保守党竞选口号，1979年

但是如果第一个假设（劳动在购买时可以被量化）不成立，那么第二个假设（劳动转化为商品）也就不成立。例如，我们怎么能说 X 个单位的劳动与 Y 个单位的资本结合产生了 Z 个单位的产品？这些个单位劳动是什么？这可以用合同中规定的工作小时来计算吗？如果可以的话，我怎么知道他们工作的努力程度如何、带着怎样的热情工作、工作强度又是如何？工作强度和热情是雇主无法连同工人的工作时间一起购买来的。这些都是可变的，取决于一系列的环境因素，其中之一就是工资。

监督工作、劳动投入和工资合同

新古典主义经济学家开始认识到，对工人不完善的监督，给他们的分析造成了困难。例如，工厂主很难知道工人工作的努力程度（一个原因是，工作的本质就是雇主不能时刻去监视工人的工作，另一个原因是，产量的波动有时可能与工人的努力程度无关，比如天气变化或需求变化），最好的办法是向工人收取固定费用，并让他们再去创造利

[第7章] 批评：教科书中的生产理论是好的经济学、政治学，还是两者都是或都不是？

润。在这种情况下（经济学家称之为委托代理问题），工人付给工厂主费用，获得的收益是收入减去付给工厂主的费用。这种情况在出租车行业较为普遍。出租车司机每天付给出租车拥有者一笔固定的费用，剩下的钱就是他每天的收入。（请注意：这种做法把由需求变化产生的风险转嫁给了工人。）

当然，如果监督是可能的，就无法解释执行机制。如果合同中事先没有就工作节奏达成协议，雇主怎样保证一定的工作节奏呢？答案是：用解雇或其他心理战术。教科书中的理论，都没有说明这些决定利润与工资之间联系的重要因素。

事实上，工人的热情和工作强度，也与雇主和工人之间的关系、工人之间的关系，以及员工对被解雇的担心程度等有关。由于人际关系、富有的雇主与贫穷的工人之间的关系、工作场所的文化等都是复杂和无法量化的变量，经济学家在这种情况下仍能计算出工厂主购买多少劳动以获得相应的产出，他们该是多么的聪明啊！

企业中的工作努力程度以及经济学和其他经济的联系

工厂主只有监督和以解雇来威胁工人时，才能防止他们偷懒——见上一线框。但是，这种威慑效用也取决于工人得到这份工作的难易程度，即失业水平。因而，劳动生产率取决于附属于整个经济的变量（宏观经济变量）。但在这种情况下，没有整个经济如何运作的完整模型，我们便无法绘制出企业的等产量曲线。

只有当社会变量被包含在生产函数（即将输入变为输出的数学原则）中时，第 5 章所分析的等产量曲线才能反映现实。由于这些变量是无法量化的，所以曲线不可能反映现实。所以第 5 章中关于生产的理论必然是不能令人信服的。从不同的角度来说，从新古典主义经济学理论的核心边际均等原则来看，一旦要考虑商品的社会属性，其理论就无法成立。

为什么会这样？我们先来讲述企业理论是如何产生的。在图 5.3 中，企业的最佳资本投入在 X 点上。这是怎样分析得出的呢？很简单，改变劳动和资本的结合而保持等量的产出（即保持在同一条等量曲线上），直到边际技术替代率（即等量曲线的斜率）等于工资比率和资本价格。

边际技术转换率被定义为劳动边际产品和资本边际产品的比率（即多生产一件产品就要多用劳动力或多用资金），了解等产量曲线（边际技术转换率）需要我们了解劳动的边际产品和资本的边际产品。如果这部分论述是正确的，以及劳动的输入（或其产出产品的劳动）不能直接计算（仅能从工作时间上测量），那么就不可能知道劳动的边际产品或是劳动和资本怎样的结合才能维持相同的产出量。总之，企业的等产量曲线是无法定义的。

[第7章] 批评：教科书中的生产理论是好的经济学、政治学，还是两者都是或都不是？

例如，沿着等产量曲线下滑，意味着劳动力投入的减少，同时伴随着资本投入的增加。通常情况下，这就意味着需要解雇工人。这样发展下去，就会直接影响其余工人的工作效率。但是，其余的工人如果因为解雇了他们的同事而被激怒，他们同样会降低工作效率（甚至罢工）以示抗议，那么劳动生产率还会下降。

请注意：这一复杂情况给新古典主义理论出了一个理论难题。从几何学上讲，绘制合理的等产量区域是很难的，甚至是不可能的。原因在于，劳动力投入与非劳动力投入和产出的关系不再是孤立的：它取决于许多无法量化的因素（如社会的、心理的和政治的等），而这些因素则正是雇主和工人之间关系的特点所在。尽管用100个劳动力交换1件工业机器人的效果可在事后计量出来，但其数量大小既不取决于绝对的"经济"因素，也不取决于某一特定企业的情况（比如，它可以取决于整个经济内部的失业率）。因此，等产量曲线很难（或许是不可能）解释这样一种情况，即如果其中一个因素下滑（如企业将工人替换为机器）会导致各种不同情况。如果证实等产量曲线由于定义不佳而失去了功用，那么公司的扩张路线与成本曲线也都会有问题（参见图5.5和5.6）。

如果的确是这样（我认为是这样），为什么新古典主义经济学家仍坚守生产理论、等产量曲线和成本曲线等不放呢？为什么他们继续将劳动力与香蕉等同视之（即同样是商品）？回答是，只有这样看待劳动力，他们才能使用与选择和消费理论同样的方法（如边际均等原理）来分析生产。

试想一下，如果经济学家不得不承认：一个理论里面没有考虑雇主与工人、工人与工人之间的社会关系或者企业运行的社会环境因素就无法正确地考察生产活动，情况将会如何？这就好比让他们承认历史学、社会学和政治学等在企业理论当中应当有发言权一样。如果说经济学家有一件事是非常确定的，那就是垄断。经济学理论一百年来，闭门造车，将其他社会科学家排斥在外，如果现在再将这些人请回来，那就真的是疯了！

7.2.2 将政治因素排除在外：等产量曲线的隐蔽功能

经济学教材坚持把劳动力视为纯商品的另一个原因是政治因素。新古典主义经济学之前的经济学家，并不掩饰其政治因素：他们的分析中充满了政治观点。

斯密清楚地告诉我们，他的理论是立足于他所处时代的诸多政治事件之上的。李嘉图活跃在议会中，穿梭于地主阶层，坚决拥护工业社会资本家的事业。马克思将其毕生精力都奉献给了工人阶级的政治活动。直到新古典主义经济学的出现，经济学家才将自己定位为超脱于政治之上的科学家，构造了神秘的"实证经济学"（见下面线框）。

实证经济学

为了显示经济学是门纯科学，新古典主义经济学家将经济学分为两类：实证经济学和规范经济学。实证经济学

> 是客观分析什么是经济。规范经济学则是我们对期待经济状况的思索和研究，一种主观的、负载着我们价值观的理念。针对这种不同，绝大多数新古典主义经济学家都声称他们所做的是实证经济学研究（即客观科学）。
>
> 但是，如果我们遇见一个社会理论家或者一个政治家，告诉我们他们对社会的观点或者对政策的建议都是超越政治的，那我们就应当小心了。推行一个政治议程的最好方式，就是使他人信服其没有政治议程。

这种将政治因素排除在理论之外的观点，是如何解释经济学教材中关于劳动是一种纯粹的、量化的商品，以及生产是劳动和资本在简单市场中的交换这些理念的呢？让我用提出另一个问题的方式来回答这个疑问：当两个达成共识的人在做一件共赢的事，彼此不损害对方利益，我们其余的人是否有正当理由介入？当然没有。政治发生在公共领地，而不仅仅是这样一种关系当中。如果经济学家能使我们确信雇主和工人之间的关系是这样的性质（即彼此互利，两厢情愿），其表面价值就可被接受而无须更多质疑和分析。从经济学角度看，唯一要紧的事就只剩下雇主和工人交易时劳动的价格和数量问题。

请注意第5章的分析是怎样确保这种观点使得生产与政治、社会以及伦理的因素毫不相关：工人是自愿出卖劳力的，就像市场上的其他商品一样有价格，那些适用于水果市场的原则同样也可用于劳动力市场。在这种情况下，工厂主没有可能剥削工人或施加权力，由此可以推论，工厂里没有任何政治。经济学教科书对生产智慧的垄断就此得到了确保。

7.2.1 节的论述（如劳动不只是商品那么简单，它不能轻易地被量化，由于劳动力不能被量化以及工人不能一开始就承诺一定量的劳动力，雇主和工人的关系就成了一种力量角逐，即雇主在合同签订之后想尽可能多地榨取劳动力），似乎是对将经济学独立于政治之外这种观点的一种威胁。不足为奇，很多经济学教科书并没有过多地关注这些方面。我们不能忘记，那些编写教科书的人（当然也包括我在内）本身的既得利益与纯粹的真理上的追求也是相互冲突的。如果大家共同达成默契并保持沉默，当然毫无问题。所要做的只是：不去质疑那些权威教科书，这些教科书往往是作者带着盈利动机写作并常常被老师推荐给学生使用。挑战职业权威的教科书，是不能以营利赚钱为目的的，因为按照市场原则，它是不能被出版的！

7.2.3 等量曲线背后的政治因素

等量曲线（见第 5 章）仅是描述劳动力和非劳动力生产要素的不同投入组合，如何自动转化成一定数量的产品的曲线。这里有政治因素吗？没有太多的政治因素。然而，企业在市场上购买一定量的劳动力然后投入生产过程最后产出一定量产品的这种论点，却是一种政治声明。为了证明这一点，让我们把生产模型与下面这个可怕的情形相对比：孕妇和孩子们在一个锡矿里连续工作许多小时，在监工的谩骂下，他们以非人的工作速度在劳动。听起来非常极端吧？也许是吧。但是这种情形的确发生在工业革命中以及之后的英国和现在的第三世界国家中（也许就在你正在阅读这样的文字的时候）。

很多印度次大陆的地毯生产厂就以雇用童工而臭名昭著，这些童工几乎如同奴隶一样受到非人的待遇，每天连续工作14小时，报酬少得可怜。即使这种情况不复存在，这也深深地提醒我们等量曲线的政治内涵。我们的观点很简单：在教科书中，我们难以区分上述恶劣的劳工条件和西方工人更为文明人道的工作环境。比如，上述的地毯工厂主会辩解说，他并没有强迫这些童工为他工作，是这些童工和他们的家人同意他们在这样的环境下工作，拿这么低的薪水也是他们自愿的。他们也"的确从我给他们的工作中得到了钱"。

任何理论如果不关注这种地毯工厂，不研究发生在那里的疯狂剥削，都是盲目的理论。如果理论自身存在这种将政治排除在外的盲目性，它就不仅是糟糕的经济学，也是粗鄙的政治学。在这种情境下，一些新古典主义经济学的批评者指出，将政治剥离经济的企图，不仅是一种理论缺陷，而且是一种有意的政治企图——确切地说，所有工厂主都能逃脱处罚的政治观点都是好的！如果这是真的，等量曲线就反映了某种特定的政治意图，它使得工厂主的剥削和压迫变得难以察觉。

个人的即政治的

你在 7.2.2 节开头见过的那种自由状态：那些取得共识的人关着门做的事，不是出于政治原因，而是出于个人原因。如果承认这是一个值得维护和吸引人的原则（谁想让他人干涉自己的私事？），女性就会注意到这种说法在某些方面有些不对头：她们在家庭里和社会中的二等公民的地位，丈夫对她们的打骂或剥削及对她们工作的轻视……所有这些令人不快的事情，都被女性所接受。最可怕的奴役就是被奴役者将其视为本应如此。20 世纪 70 年代兴起的女性主义运动，就是试图消灭这种自愿的剥削，他们的口号就是"个人的也是政治的"。这一行动提醒人们这样一个事实，个人愿意交换，并不意味着这种交换就是无关政治的、自由的和可接受的。最可恶的专政是所有人都甘受奴役的专政。

7.2.4 同意剥削

如果工人出售他们的劳动给雇主，就如同早上卖报人卖给你一张报纸一样，他们是否被剥削了呢？你剥削了那个卖报人了吗？正如卖报人那样，如果工人在判断之后，发现条件对他们不利，他们可以不同意出售自己的劳力给雇主。这仅仅是经济学教材暗中使用的政治借口，用来证明生产是一个毫无争议的技术过程。答案当然可能是工人没有其他选择。尽管我们承认没人逼他们去接受那份工作，他们的雇主也没有将他们锁在工作台上，但这并不能抹杀剥削的本质。毫无疑问，绝望的人会作出疯狂的事。如果你在沙漠里快渴死了，你一定愿意花 10 000 美元买一杯水。同样，当你的孩子快要死于营养不良时，你也会同意工作 18 小时来挣些面包和水。在这种情况下，工厂主不需要把你锁在工作台上——你自己就会把自己锁在那上面。

由此看来，问题的关键在于，市场交换双方真正取得认同的程度，取决于卖者拒绝顾客的机会大小，即说"对不起，我不想卖"。当卖水果的人或卖报人有充足的机会拒绝卖商品给你时，他们就可以免于处于一种劣势的交易地位。

卖家受到其他买家的保护，而不仅仅是你个人想要购买水果或报纸的愿望。同样，作为潜在的消费者，你也可以对剥削进行免疫，因为你可以选择在其他地方买香蕉和杂志（如果他要价过高）。下一个线框包含了公平交易的两个定义。第一个是经济学教材中所包含的：在自愿的前提下，交换是自由的和单纯的。第二个定义要求同意交换的人处于某种平等地位。任何一方都不能剥削缺乏拒绝机会的一方。

自由交易：两种相冲突的定义

1. 交易（或合同）是自由公平的，只要交易各方都同意。

2. 交易（或合同）是自由公平的，只要交易各方都有多个可以的选择并且决定继续交易。

但企业的情况也是如此吗？出售劳动力的工人拒绝工作（放弃工作）的能力，与购买劳动力的人解雇工人而用其他人来替代他们的能力是一样的吗？也许这种平衡在商品需求旺盛劳动力短缺的特殊时期会出现。但情况并非经常如此。

只要有失业，找到一个工作永远比找一个工人要难得多。这种工人和雇主选择机会的不平衡，意味着他们之间的关系和你在水果市场所见到的不一样。选择权在工人和雇主之间的非均衡分配，转化成了双方在相对权利方面的不平衡。失业率越高，雇主强迫工人工作的能力就越强，尽管工人仍有权利辞掉工作。在这个无情的世界里，权利很少转化成能力。

这与其他市场有什么不同吗？如果市场上水果过剩而很少有人想买，此时，我们也不能说水果市场的卖者被买者剥削吧？或许你可能遇见一个倒霉的卖主，愿意以低廉的价格把水果卖给你。你可能会问，难道这不是剥削吗？也许是吧。但是，一旦水果被转手，剥削也就结束了。这是一次性事件。

相反,劳动力不能像香蕉那样从卖者手中转到买者手中。一旦劳动力价格商定了，工人就必须天天来到工厂付出他们的劳动力。他们甚至没有卖水果商贩们的特权，确切地知道自己愿意出卖多少个单位的商品。雇主常常能强迫工人在合同中约定的工作时间付出更多的单位劳动（即更努力地工作）。对于怎样努力才算努力（即，多少的劳动才能满足公司的胃口），根本没有一个明确的界限。

[第7章] 批评：教科书中的生产理论是好的经济学、政治学，还是两者都是或都不是？

> **塞缪尔·鲍尔斯论权力角逐和生产力**
>
> 资本家会使用那些能提高其对工人的控制力而不是增强生产效率的生产方式。由于这一原因，资本主义的技术……不能有效解决资源不足的问题，它更像是（至少部分是）阶级利益的代言。

总之，我们将劳动看成是种特殊的商品。这种劳动力在出售时无法测量，它附着在人身上，被另一个人（雇主）购买，其目的是将其从劳动者身上尽可能多地分离出来。把这个过程伪装成可以由等量曲线充分表达出来的技术过程的做法，实际上就是利用数学工具来掩盖生产过程的本质，是在混淆视听而不是探索未知。

7.3 竞争市场下的利润来源

7.3.1 利润的政治因素

通常，最难回答的问题往往是最简单的问题。"什么是利润，它从何而来？"这个问题就是一个典型例子。书中将利润定义为收益和经济成本之间的差异。这个定义的问题是，它未将利润和生产行为紧密联系在一起。例如，黑手党的保护费（即每周店主缴纳一定的费用，作为不被砸店的报答）是高利润的。然而，这种"利润"仅是对他人财产的窃取，与社会财富的产生没有任何关系。

如果你对黑手党老大说这番话，毫无疑问，他会说他的利润是合理的收入，因为他的"生意"中也充满了风险和辛劳。的确，大多数黑手党老大工作都很辛苦，并担负着巨大的风险。但这并不能改变这样一个事实，那就是这些"利润"是他人生产并被黑手党"夺走"的。黑手党得到了一种形式的经济利润，我们会认为利润取决于（也许是非自愿的）政治、意识形态、伦理等。或许这是个极端的例子，但它并不会误导我们，它可以告诉我们什么是合理的和什么是不合理的利润、经济学家怎样从他们的意识形态出发调整自己的观点。

例如，我们可以再回忆一下李嘉图对地主在经济作用中的谴责（见第1章和第3章）。在他看来，聚敛大笔金钱仅仅是因为偶然继承的财产，淡化了资本主义资本积累的动机，破坏了其动力。地主收到的钱是他人（资本家和工人）辛劳的成果，是一种偷窃行为。如果这种支持企业家反对地主的政治倾向能够持续下去的话，李嘉图就会展示利润（即企业家的回报）与地主的获利是截然不同的。随后，李嘉图在其理论中，阐明了资本家努力获得的回报和地主获得的租金的区别，维护了他反对地主的观点。

另一个对其政治观点毫不保留的政治经济学家是马克思。与李嘉图想严惩地主通过租金方式榨取他人（资本家）生产的财富一样，马克思努力想证明资本家以利润的方式榨取工人生产的财富的实质。因此，马克思所指的利润和李嘉图所指的租金一样，都被视为非生产阶级对生产阶级剥削的副产品。

很自然，那些对地主抱以政治上同情的经济学家会尽力反对李嘉图的租金理论，而那些同情资本家的经济学家则迫切想要证明马克思的观点是错误的，那些利润是合理的收入，是对生产贡献的回报。

7.3.2 利润是公平的回报

针对马克思的批判，对于盈利中的伦理的标准（新古典主义）辩护就是：资本家也像其他产品和生产要素（如土地、劳动力）的所有者一样，在保持对市场经济"供给"的同时，需要得到相应的报酬。坦率地说，每件商品都有价格。例如，除非公寓的租金合适，否则是无人来租的。除非工资能够反映工人的生产力，否则工人宁可选择失业，这样就无劳动力可供应。同样，新古典主义经济学家辩解说，如果资本不将利润返回给积累资本的人，资本就会缩水。如果市场上所有的要素都是竞争性的，每种要素都有价格，也就没有了剥削和压榨。

对资本利润最好的辩护，来自本书前面章节中论述的新古典主义经济的核心——边际均等原理。让我们再回顾一下那个论点。问题：对 Y 来说什么决定了 X 的价值？回答：Y 准备买下一件 X 的价格。根据新古典主义经济学，计算一个劳动力的价值，就是公司雇用另外一个工人所耗去的收入。即雇用一个额外工人时产量增加多少。衡量产品的价值取决于市场上其价格。这种雇用一个额外工人产生的价值，我们称为劳动的*边际生产收益*。

只要*边际生产收益*超过一个额外工人的工资，公司就会雇用一个额外的工人(因为这样劳动力生产的收益多于其成本)。另一方面，如果边际生产收益低于最后一个工人的工资，这个工人就会被解雇。公司将会雇用一定数量的工人，使得其工资正好等于劳动力的边际生产收益。在这种情况下，工人将会得到其劳动力价值的完全回报，一分不多一分不少——详见下面线框中的例子。

新古典主义理论的劳动力价值

假设一家企业生产床，如果企业雇用一个额外的工人，企业每周就会增产一张床，而成本没有任何增加（即生产这个增产出来的床不需要额外的原材料和电力等）。如果企业每周以300美元的价格出售这张增产的床，那么企业就很乐意雇用一个额外的工人，每周支付不超过300美元的工资。现在假设价格下降，每张床超过280美元就卖不出去。那么，那个新工人就会被解雇或是其工资下降到最多280美元。总之，反映劳动力价值的工资，是由劳动力的边际生产收益决定的，即取决于（1）最后一个工人的产量和（2）产品在市场上的价格。

这种分析，同样可被用来解释利润是资本的价格或回报。雇用额外一个单位的资本，看看企业收益如何变化，这就是资本的边际生产收益（多使用一个单位的资本多生产多少产品，产品价格由市场决定）。只要资本价格低于边际生产收益，就会使用更多的资本。

当资本的边际生产收益与每单位资本价格相同时,公司就会停止增加成本。如果我们认为利润是资本的价格,利润就取决于资本的边际生产率。

上述利润分析,从一个独特的视角分析了 7.2 节中所讨论的问题,在 7.2 节中,有大量对劳动力仅是商品这一假设的批评。7.2 节中支持劳动力不仅仅是单纯商品的论点相当有分量,那么为什么经济学教材还在继续将劳动力市场描述成和香蕉市场无异呢?上一段中可能包含了答案。

如果我们接受劳动力只是一种普通的商品,我们就必须同意其价值与其提供给买者(像其他产品那样)的边际效用相一致。如果资本也被认为是种商品,那么就必须同意其价值是与其提供给买者的边际效用相一致。因此,每个人都要同意在竞争性市场经济下,劳动力和资本也与其他商品一样,所获报酬与其边际生产率相一致。从这个结论我们很容易相信:在资本主义条件下,劳动力和资本也能得到恰当的回报。

这难道不是对资本主义一个很好的辩护吗?通过辩护,让其免受像马克思这样的颠覆者们关于"利润是资本家对工人的剥削"的攻击。把劳动和资本描述成商品、其所获价值与其所作出的生产贡献成比例,"劳动力被剥削"的命题就显得有些荒谬。说明了利润是对资本提供者的生产贡献的自然回报之后,利润就与窃取、剥削和压迫没有任何关系了。

总之,新古典主义理论将利润解释为回报,一种对那些将资本投资于生产而非奢侈消费和度假等人的公平回报。为了支持这种说法，在解释利润的多少（利润率）时，也使用了边际均等原理：利润率等于最后（边际的）1 单位资本所产生的价值。换句话说，工厂主得到的回报，是与其投资资本的边际生产率成正比的。

但是，这个简单的定义带来了一个棘手的问题：资本的数量如何测量，从而可以用资本数量来解释利润率（如新古典主义要求的那样）？这个问题引发的巨大争论被称为"剑桥争论"（英国剑桥和美国麻省剑桥的经济学家之间的激烈争论）。争论的结果是，除非利润率已知，否则不同的资本数量是无法测量的。从理论上来看，很难先通过测量资本数量，再测量这些资本能产生多少价值来确定利润率的大小。

不过，这是对新古典主义者所宣扬的"利润反映了对资本边际生产率的公平回报"这种说法的毁灭性打击。如果我们需要在测量资本之前知道利润率，那么又是什么决定了利润呢？利润又从何而来？对资本主义维护者来说更不利的是，这一理论曲解恰恰为马克思及其追随者敞开了大门，他们回答说："利润来自对工人的剥削。"难怪新古典主义经济学家无心再提这个"剑桥争论"了。

7.3.3 资本作为一种社会关系而存在

假设抛开劳动像其他东西一样是种商品的概念转而接受 7.2 节的观点，又会发生什么呢？首先，可以用既定价格（或酬劳）购买单位劳动的概念会作废。在酬劳与工作时间既定的条件下，工人将多少精力投入生产线上取决于许多因素，不仅包括激励机制、监管力度、被解雇的可能性和对失业的恐慌，也包括公司内和社会上的社会规范（例如日本和一个地中海国家如希腊之间工作理念上的差别）。第二，由于企业购买的劳动时间和产出之间不再严格一致，等量曲线也就不复存在。第三，资本与利润会有全新的意义。

要解释上面最后一句话，可以设想这样一个例子。一个公司在没有支付额外报酬的情况下（例如，近来失业率增加导致了更多的不安全感和被解雇的危险），让自己的员工更加努力地工作，其产出与利润自然会增加。这种利润的增加，是因为资本的边际生产率增加了吗？当然不是。利润增加是因为"说服"了员工在未获得更多报酬的情况下付出了更多劳动，至少公司的部分利润是由于雇主向雇员施加了社会压力而获得的。因此，当我们认识到劳动力不是一种可交换的商品，我们也就隐约意识到，利润不单是资本生产率的回报，至少部分是由于社会力量的行使而获得的！

慢慢地但却也是逐渐地，承认劳动力这一人类活动与商品状态是不可分的这一事实，会颠覆我们关于资本并非普通商品的想法。如果公司将利润用于投资以便积累资本，从而进一步提高生产率（这是保持公司竞争力的唯一方式），那么资本就是之前利润的实现形式。但如果利润是公司对员工施加社会压力的结果（至少部分利润是这样得到的），这种资本也就是社会压力的显示。从这种意义上来讲，资本是从工人身上榨取的价值的缩影，而不是通过平等的交换而获得的价值。资本突然作为一种社会关系（或者至少是雇主与雇员间社会关系的证明）而出现。

你可能会说："事情不是很公平嘛？""如果我们赞成劳动力的转移是种竞争性的转移，而不是纯粹的交易，利润就会带有剥削的味道，资本则是社会关系的产物，而不是以纯经济关系的产物形式存在。那又怎么样呢？这对我们如何理解面包的价值、个人立体声录音机的价格，以及杰克或吉尔的生产率有什么不同吗？"的确是有影响的，下面我分两步来解释。第一步是阐释员工和雇主关系的本质。第二步是说明面包或个人立体声录音机的价值反映了社会上整个社会关系网的状态。

第1步：如果工人不向雇主出售自己的单位劳动，那么他们出售的是什么？马克思认为，一种答案可能是：他们以一个价格（工资）出售他们的劳动时间（例如每周工作40小时）。然后，这段时间的购买者，在它所购买的时间内，从工人身上尽可能更多地榨取"实际"劳动（或努力）。工人有效地将自己的"能量"从个人转移到你手中的商品中去，从而使商品具有经济价值。但他不是因为那种"能量"获得酬劳，而是按照工作时间拿报酬。因此利润源于他的"能量"，比其工作时间的价值高。正是由于这种差异，雇主才存在；也正是由于这种差异，才产生了利润。

但是，为什么劳动者会同意以一个仅能反映其工作时间（而不是工作本身价值）市场价值的价格出售其"能量"呢？因为他别无选择，这就是答案。占有生产方式垄断权的雇主们，掌握着所有的控制权。如果你既没有工具、土地、资本等生产资料，又不肯按时

[第 7 章] 批评：教科书中的生产理论是好的经济学、政治学，还是两者都是或都不是？

间来获取报酬（其价值比你所付出的努力的价值少），那就糟了——你会饿死的。就像前面所提到的，按照这种左翼观点，正是由于雇主与雇员间的选择权不对称，才有可能产生利润。

第 2 步：考虑一下这种说法，"面包的价值取决于烤面包的人在它上面花费的'能量'"。这种观点认为，烤面包的人之间的竞争，促使面包的价格反映出做面包的成本。在其他条件相同的情况下，这种基本价值与付出的努力或烤面包所耗费的人力呈正比。

现在，假设杰克和吉尔分别是 S 面包公司和 W 面包公司的员工。假设 S 面包公司的设备很陈旧，使用烧煤的烤炉，W 面包公司使用的是现代电烤炉。那么 S 面包公司只能通过一种方式存活下来，就是让杰克比吉尔更努力地工作，以补偿运转缓慢、价格更为昂贵的烤炉所带来的损失。一天的工作结束后，在杰克和吉尔两人中，有一个比另一个工作得更努力，然而，其劳动产品在市场上的价值却是一样的。在这一阶段，同样强度的努力，由于所使用的机器不同而产生了不同的经济价值。显然，一块面包的价值，不仅仅由劳动者的努力来决定，还取决于所应用的技术。

当然，从长远来看，S 面包公司必然要更新烤炉（否则就得倒闭）。当它更新设备后，杰克和吉尔会以同样的强度工作，来制作具有相似市场价值的面包。随着技术水平提高，生产一块面包所需要的劳动量就会降低。因此，面包的价值取决于社会的整体技术进步。另外，工人将多少劳动力（或者说是"能量"）投入到面包生产中去，取决于 S 面包公司和 W 面包公司的经理们能否成功地说服员工更加努力地工作，以及公司是否采用了最新技术。此外，整体失业率越高，经理的说服工作就越成功，因此，面包的价值也取决于失业率的高低。如果觉得还有其他原因，那就是失业率在不同行业中的分布情况。如果说采矿业内的失业率高、面包行业的失业率低的话，那么面包生产商就无法像采矿工厂那样提高劳动生产率。

对善于进行哲学思考的读者来说，这个故事的寓意很简单：如果接受了劳动力与资本不是简单的商品，而是社会关系的代表，那么，在没有对技术、社会结构甚至整个社会历史的理论进行分析的情况下，就无法讨论面包（或其他任何商品）的价值。

关于这一点的政治性含义则更具争议性：如果我们不首先考察整个社会关系网（如阶级关系、性别关系、种族关系等），我们就无法理解像面包这样简单的商品的价值，那种从经济学角度来看唯一重要的事情是我们可以理解个体市场供需变化的观点就不可能正确。另外，如果利润和资本的积累靠的是能否从工人身上成功地榨取额外（无报酬）的单位劳动，那就说明失业（及其相关的不幸）不只是偶然事件或资本主义的失败。既然是对失业的恐惧增加了（1）工人投入生产中的努力的经济价值与（2）他们所花工作时间的价值（他们的报酬）之间的差别，失业率的高低就在利润和资本积累过程中处于中心地位。

以下几点支持这一分析：

1. 尽管失业是一种资源浪费，但失业是"成功"资本

[第7章] 批评：教科书中的生产理论是好的经济学、政治学，还是两者都是或都不是？

主义经济必备的一个方面（而不是在该经济体系中能够或者应当被强调的问题）。

2．利润并不是对生产活动的回报，而更像是由那些垄断工厂和土地的人收取的租金，而这样做仅仅是因为他们拥有这样的社会权力。

3．供需原理无法解释面包的价值，只能从整体社会和经济关系的角度去解释这一点。

这一具有爆炸性的结论暗含着什么？那就是，资本主义在使用人力与非人力资源方面的效率不足，必须用一个更加合理的系统来取代它。在这个更合理的系统中，经济活动协调集中，并且少数人的发展或利润不是靠失业者的悲惨境地和对多数人的剥削而得来的。

对那些想摒弃这种社会主义观点的经济学家来说，信奉新古典主义理论是件很自然的事。他们认为，一切与生产的经济分析相关的社会事实，都可用等量曲线（从而是生产函数）来简略描述。因此，尽管使用这些新古典主义理论的经济学家都很清楚新古典主义理论的缺陷所在，但在激进或左翼经济学家的小圈子之外，并没有多少人注意到这些缺陷。总之，在教科书中占主导地位的用新古典主义模型对公司和市场所作的分析，最好是解释为一种政治现象，而不是科学现象。

7.3.4 新古典主义对资本主义的维护

有时候,一个政治观点的捍卫者不经意间造成的破坏,反而比其反对者更多。历史上诸如宗教法庭审判官的狂热追随者对基督教的破坏,或是社会主义狂热者的社会主义理想陷入苦境等实例,无不见证了这一点。一些完全支持自由市场经济的经济学家认为,资本主义的理想目标正受到来自新古典主义者尝试捍卫资本主义的做法的威胁。其中最著名的是20世纪出生在奥地利的英国经济学家哈耶克(1899—1992)。他仔细考察了新古典主义理论,并断定它对自由市场既没有很好地进行描述,也没有明智地进行捍卫。

哈耶克似乎在问:为什么我们要告诉初学者和经济学家,完全竞争的模型是对自由市场的理想描述呢?(与本书不同,多数经济学教材都以完全竞争为主要工具来向学生介绍市场与企业的理论。)难道这么做是因为我们觉得这样可以激励学生吗?或是因为这样他们就能认识到资本主义的优秀特质吗?这些特质究竟有哪些呢?哈耶克的回答是,市场不是普通的机构,因为它们不受政府干涉,并且具有不受约束的易变性。没人真正知道在真实的市场里接下来会发生什么。没人能充分了解到消费者想要什么(消费者自己也不清楚),或是最廉价的生产方式是什么。由此引起的不确定性,令每个人都保持警觉并试着确保市场不受大量潜在危险的伤害。他们怎样能做到这一点呢?哈耶克的回答是,通过不断的改革来达到目标。

因为无法知道市场上将会发生什么,所以人们对这种不确定性作出的反应就是发明新产品,创造新的生产工艺。将这种像丛林一样的场景和教材上的完全竞争的模型进行一下比较；后者是片宁静的天地，每个人都很清楚应该知道的事，因此没人能比别人更聪明。既然每个人都知道这一点，他们也都会意识到，除了被动地接受自己的无足轻重之外，做其他任何事都是徒劳的。这就带来了更大的平静。在哈耶克看来，这根本不是动态资本主义经济的模型，而是描述停滞不前的可怕画面。

所有具有政治说服力的经济学家都不会计算！

无论其政治倾向如何，所有的经济理论都存在计算问题。当然这并不是说经济学家不会计算，问题在于识别及（因之带来的）测量变量的困难，这些变量对于那些理论的整体性可谓是至关重要。

新古典主义理论

我们已经看到新古典主义理论在测量劳动投入时会有的困难。该分析中另一个更为严重的问题（经济学教材中随处可见）是关于资本的测量。我们如何来衡量资本呢？如果把资本比作机器，就会有各种不同的机器并有大小新旧之分。我们如何将其叠加并获得一个公司使用单位资本的数量呢？资本的价格如何？除非我们将所有资本加在一起并说"市场上资本的总体供应为 X 个单位"，否则是无法确定资本数量的。因此，新古典主义在测量生产过程中最重要的投入上存在问题,即投入生产中的"实际"劳动与资本的数量。在那种情况下,不可能用边际均等原理来确定劳动与资本的经济价值(因为该原理需要衡量每增加一个单位的劳动或资本对收益的影响)。

马克思主义经济

由马克思创始的左翼方法也会遇到测量困难。当我们说到面包的价值、劳动者努力的价值、劳动时间的价值时,提到的"价值"和"价格"的概念是不一样的。他的方法是:借助价值(而不是价格)来深究价格变化的原因,透过暂时价格的表面看到内在的东西,并找出对价格有长期影响的潜在因素。因此,整个分析是按价值来进行的,以期实际价格能反映出这些价值。这一观点的问题在于,虽然价格可以测量,但价值是无法测量的。而且理论已经证明,价格从来都无法反映价值。甚至不能说价格的变动显示了任何粗略迹象的商品和劳动等价值的变化。

总之,似乎经济理论家都无法测量各自理论核心的有关变量(如新古典主义的边际生产率和马克思主义者的价值),这也是两者都无法证明另一方错误的另一个原因。

哈耶克不仅对教材里的模型并未正确显示资本主义本质的事实表示气愤,他更担心的是政治因素。哈耶克对新古典主义理论批判

[第7章] 批评：教科书中的生产理论是好的经济学、政治学，还是两者都是或都不是？

的形成时期（20世纪三四十年代），正是"依靠自由市场还是中央集中计划经济"（像苏联那样）的争论进行得最为激烈之时。哈耶克认为，新古典主义赞成依靠市场的观点，对集中计划经济的支持者们来说正如一件礼物。

简言之，哈耶克的立场是这样的：教材上的经济学认为，完全竞争是资本主义市场必须追求的理想形式，在那种模型中，任何经济信息（例如公司的边际成本，每种商品的需求曲线等）都具有可知性。但如果事情真是这样的话，哈耶克惊呼，经济可以计划的观点不就是正确的吗？我们可以不靠市场定价，而让计划部门根据各行业的需求和成本条件来确定每一种商品的价格。此外，这种计划经济不会受竞争减弱的影响——这种竞争减弱会由于具有垄断大权的大公司的出现而在资本主义社会常常发生。

哈耶克坚持认为，那些出现在今天教材里的新古典主义模型，给那些想摧毁自由市场经济的人提供了很好的武器。他建议说，如果你想宣称市场是不可替代的，那就应当集中在对于经济猜测的不可能性上。人们的需要总是不断改变，时尚来来回回，技术就像过山车一样不断加速；我们周围存在大量的经济信息，无论计划者多么聪明，无论经济模型的本意多么良好，都不能完全消化这些信息并对这些需求作出明智的反应。

不受政府干涉的市场，是唯一能在这种混乱中创造秩序的制度，尽管这样创造出来的秩序是自发的，或者也可解释为是无法预测的。因此，没有哪个经济模型（即由人类设计出来的）能记录下这个过程也就不足为奇了。如果可以的话，市场也就不具有自发性了。（另外，我们也可就此推论：市场也就不是无法替代的了。）

另一位来自奥地利的自由资本主义的伟大捍卫者是熊彼特（1883—1950）。像哈耶克一样，他认为完全竞争模型将完全竞争理想化了，同时将垄断也妖魔化了。简言之，他的观点是：几乎什么都不生产的企业是不可能追求创新的。只有那些具有重要市场（即垄断）权的大企业才具有研发能力。因此，把完全竞争说成是一种利润趋近为零的理想化市场的观点，简直就是垃圾。如果我们要歌颂资本主义，就得大肆宣传而不是忽视垄断。针对如果垄断过于强大会对消费者造成剥削的说法，他认为这是不成立的，因为垄断力量就像时尚一样一波接一波。一旦小公司开发出新产品，大公司就会逐渐消亡，新公司崛起并最终取代它们。他称这一过程为"创造性的毁灭"。

总之，哈耶克和熊彼特的看法，对拥护自由市场经济的人来说颇具吸引力。但在理论经济学家中，他们的观点却不怎么受欢迎，因为认同哈耶克等人的观点，就等于承认了没有哪个经济模型能捕捉到可以让市场无可替代的东西。尽管从政治上来讲，哈耶克与社会主义者完全相反，但二者在对教材中（或者更笼统地说，对新古典主义）关于企业和市场模型的批评方面却有许多共同点。社会主义者认为，新古典主义提出的假设，不过就是把资本主义描述成自然而公正的（例如，劳动力和资本是类似于面包和黄油的商品，公司没有权力，竞争是静止的等）。哈耶克和熊彼特也对新古典主义的假设提出了批评,不过原因恰好相反,即其最终结果没能很好地维护资本主义的存在。

7.4 进行生产的另一种方法

批判理论总是比改进理论要容易些。在本节,批评的语言要让位给建设性的意见。假设我们不将等量曲线方法应用于企业行为、市场的新古典主义模型(第5章)和个体选择(第2章),我们怎样解释价格和利润是如何产生的呢?不采用新古典主义理论的生产理论是什么样的呢?

首先,不应该把劳动力作为另一种商品来看待,也不能认为利润仅仅是(资本的)价格或认为资本也是类似的(比如,糖可用磅来称,电可用千瓦来衡量,资本也能用类似的方法来衡量)。另外,也要避开新古典主义理论模型一直受到批判的地方。例如,在企业管理者希望实现多个综合目标(包括最大化市场份额和利润、最大限度地控制组织或市场,甚至是一些政治目标)的事实已经显而易见的情况下,仍旧习惯性地认为企业只是具有不断最大化利润的单一目标;或是在分析之前,便明确提出市场构建方式的做法(即有多少个公司、他们如何选择竞争的方式、他们是想办法相互损害对方利益还是会联合起来)。如果建立一个模型并确信上述批评是正确的,这个模型就要避开新古典主义的核心假设。下面的问题就是:我们是否可以在不做任何假设的前提下来讲述价格、工资和利润是如何确定的呢?

7.4.1 纯生产模型（皮艾罗·斯拉法提出）

假设在一个完全假想的经济体中，仅有稻谷种植和养牛两个行业。显然，这两个行业相互依存。养牛场需要买谷子来喂牛，谷物农场需要牛来耕地。这与我们现代社会里一个行业在其生产过程中需要使用其他行业的产品相类似（例如计算机可应用于钢铁和混凝土制造工厂，计算机公司则在用钢筋混凝土建造的房子里）。假设农民生产 10 吨谷子，需要 2 头牛来拉犁、4 吨谷子做种子及喂牛的饲料，还有一个在一定时期内（如 6 个月）做全职工作的人。对养牛场的农民来说，在同一段时间内要养 10 头健壮的牛则需要 3 吨谷子、另外 4 头牛（做小牛的父母）及 2 个全职工作的人。

将这一信息总结在表 7.1 中。

表 7.1 联合生产

行业	单位时间产出	单位时间投入
稻谷种植	10 吨谷子	4 吨谷子、2 头牛和 1 个人
养牛	10 头牛	3 吨谷子、4 头牛和 2 个人

假设每吨谷子和每头牛的生产价格分别是 P_g 和 P_c。只有当其市场价值高于（至少不能少于）生产成本时，生产 10 吨谷子才是可行的。现在，10 吨谷子的市场价值是 $10 \times P_g$（即 $10P_g$）。生产 10 吨谷

子的成本是多少呢？从表 7.1 来看，农民需要 4 吨谷子（成本为 $4P_g$）、2 头牛（成本为 $2P_c$）和 1 个人。用 w 来表示工人获得的报酬，总生产成本就是：

$$\text{生产 10 吨谷子的成本} = 4P_g + 2P_c + w \tag{1}$$

类似地，

$$\text{生产 10 头牛的成本} = 3P_g + 4P_c + 2w \tag{2}$$

要使这两个行业在经济上可行，就必须保证 10 吨谷子（即 $10P_g$）和 10 头牛（即 $10P_c$）的价值至少要超过其生产成本。换句话说，

$$10P_g \text{ 必须大于或等于 } 4P_g + 2P_c + w \tag{3}$$

$$10P_c \text{ 必须大于或等于 } 3P_g + 4P_c + 2w \tag{4}$$

如果要创造利润，等式（3）和（4）左边的收入必须超过右边的成本。但是，只有当经济创造盈余时才能创造利润。我们来看是否产生了盈余。在单位时间内，如果这两个行业想生产 10 吨谷物和 10 头牛，就必须消耗共计 7 吨谷子（4 吨用于谷物生产，3 吨用于养牛）。当该经济中消耗了 7 吨谷子来生产 10 吨谷子时，每个单位时间内就有 3 吨谷子盈余。再来看看养牛行业，两个行业单位时间内"消耗" 6 头牛，2 头用于谷物生产，4 头用于牲畜养殖本身。牲畜养殖能产出 10 头牛（或小牛），单位时间内有 4 头牛的盈余。因此，这种经济在每个生产周期中能够创造 3 吨谷子和 4 头牛的盈余。如果有剩余的话，也就有人可以将其用在别处。是谁来利用盈余呢？不是雇主就是雇员。我们很快就会看到，谁获得了这部分剩余的哪一部分，取决于报酬的高低。

既然两个行业都有利润，(3) 和 (4) 就可改写为等式：

$$10P_g = 4P_g + 2P_c + w + 谷物业的利润 \qquad (5)$$
$$10P_c = 3P_g + 4P_c + 2w + 养牛业的利润 \qquad (6)$$

移项后可得

谷物业的利润 / $(4P_g + 2P_c)$
$= [10P_g - (4P_g + 2P_c) - w] / (4P_g + 2P_c) \qquad (7)$

养牛业的利润 / $(3P_g + 4P_c)$
$= [10P_c - (3P_g + 4P_c) - 2w] / (3P_g + 4P_c) \qquad (8)$

在等式（7）和（8）的左边，可以找到一个行业生产10单元产品（谷子的吨数或牛的头数）获得的利润，与为获此利润而付出的成本之比。如果认为每个行业用于牛和谷子的消费是进行该商品生产必要投资的话，则等式（7）和（8）左边的比例就可以认为是两种行业的利润率。因此，等式（7）描述了谷物种植者在牛和谷子上每花1美元可以得到的预期利润。与之相似，等式（8）同样描述了养牛者在牛和谷子上每花1美元可以得到的预期利润。

用 $PR_g = $ 谷物业的利润 / $(4P_g + 2P_c)$ 表示谷物种植的利润率，用 $PR_c = $ 养牛业的利润 / $(3P_g + 4P_c)$ 表示养牛的利润率。到目前为止，我们对个体生产者的行为还未做任何描述，例如既未假设他们选择生产多少产品，也未设想他们要使利润最大化。为了进行深入分析，需要作一些行为上的假设。不过我们无须像新古典主义模型那样完整地描述企业目标，这里我们只需提出当个体或公司决定投资方向（即将资金投入谷子或养牛的商业生产中）时，他们会选择利润率更高的那个行业。

吸收了更多投资的行业的产出会增加，可能是因为建立了新公司或扩建了原有的公司。供给增加，意味着供应商间的竞争加剧，价格最终会降低，最后行业的利润率也会降低。与之相反，另一个行业（即原先利润率较低的那个行业）的生产规模会缩小。反过来，由于没人投资更好的牧场，这个缺少投资的行业产出会减少，剩余公司间的竞争也会减少，因而价格会升高。这样，利润率低的行业利润就会增加。这两种趋势（即利润高的行业里利润率升高和利润低的行业里利润率降低）发展的最终结果，就是跨行业的利润率相等。

当两个利润率 PR_g 和 PR_c 相等（当然这是假设的）时，等式（7）和（8）就可以合并为一个等式：

$$[10P_g - (4P_g + 2P_c) - w] / (4P_g + 2P_c)$$
$$= [10P_c - (3P_g + 4P_c) - 2w] / (3P_g + 4P_c) \quad (9)$$

等式（9）不可解，因为包括 3 个未知量：两个价格和一个工资。但是，假设我们把两个价格中的一个等于 1。例如，假设每吨谷子的价格为 1，把工资也设为 1。等式（9）就能写成：

$$[10 - (4 + 2P_c) - 1] / (4 + 2P_c)$$
$$= [10P_c - (3 + 4P_c) - 2] / (3 + 4P_c) \quad (10)$$

等式（10）中只包含一个未知量（每头牛的价格），现在就可计算出其数值来。通过计算得到该值为 1.323。但这个价值有什么意义呢？为什么要把其他价格（谷子的价格和工资）设为 1 呢？

把这些值设为 1 的原因在于，这是唯一能找到我们"经济系统"

解的办法,虽然得到的只是其中一个解。但这个解能表示什么呢?既然我们任意地设 $P_g=1$,那么由此推算出来的 $P_c=1.323$ 的值就只有一种含义:用于购买 1 吨谷子的钱不够买 1 头牛!实际上,1 头牛的价钱是 1 吨谷子的 1.323 倍,或者换句话说,1 头牛的价格与 1323kg 谷子的价格相同。尽管我们并不知道谷子或牛实际值多少钱,但我们确实知道这两种商品的相对价值。因此,虽然我们无法借助这个简单的模型算出实际价格,但我们仍然可以推导出经济学家所称的"相对价格"(即谷子的价格比上牛的价格)。

对工资也可采用类似的处理方法:在不知道任何相关量的情况下将其设为 1。这样假设也就说明我们承认无法计算出工资水平。但是,设 w=1、Pg=1 和 Pc=1.323 并将其代入等式(7)和/或(8),可以得出利润率的一个值:

$PR_g = PR_c = 0.354$

[验算可得,当把 w=1、$P_g=1$ 和 $P_c=1.323$ 带入等式(7)或等式(8)时算出的利润率的值是相同的。当然,由于我们假设在谷物行业和养牛行业的利润率相同〔见等式(9)〕,出现上面的结果也就不足为奇了。]

这个利润率意味着什么呢?其本身并没有多大意义,就像找出 1 吨谷子的价格是 1.323 本身也没多大意义一样。$P_c=1.323$ 只有与牛的价格相比才有意义,与此类似,0.354 的利润率也只有在与所设的工资值(w=1)相比时才有意义。可以这样说,如果一个工人在单位时间(如 6 个月)内获得 1000 美元的工资,公司的所有者每投入

1000美元就会获取354美元的利润。

7.4.2 报酬、价格与利润

要想初步理解这个模型所暗示的东西,可以假设最近养牛的方法得到了改进,将生产10头牛所需雇用的直接劳动力的需求量减少了二分之一。从算术学角度来讲,这意味着等式(8)可以转化为

养牛业的利润 / $(3P_g + 4P_c)$

$= [10P_c - (3P_g + 4P_c) - w] / (3P_g + 4P_c)$ （8′）

等式(8)和(8′)的唯一区别是,后者生产10头牛的劳动力成本只有w(由一个工人乘以工资得出),等式(8)中则为2w(因为在引进新的养牛技术前需要2个工人)。在等式(8′)的基础上重新计算此数学样本可得:设w=1、P_g=1,最终可以得出 P_c=1.196,利润率为0.408。

观察这个简单的模型如何描述畜牧业的养殖技术变化对谷子、牛和利润率的相对价格的影响:由于畜牧业中所需要的劳动力的数量减少了50%,所以牛的价格相对便宜了(其相对于谷子的价格从1.323降至1.196,即一头牛的价值比以前少,与127kg的谷子价值相当),利润率则从0.354升至0.408(即向谷物或畜牧业生产中每投入1000美元,公司就能获得408美元的利润)。很高兴这个结论完全可以说明问题。因为减少了人力而产生了相同量的盈余,而工资却未变,所以是雇主们以增加的利润的形式获益。

现在,我们来看看变化对工人们得到的钱(即工资)的影响。在

开始的情况下［等式（7）、（8）和（9）］，我们发现工资为 1（设 1 吨谷子的价钱也是 1），利润率等于 0.354（或者也可说原材料的消耗为 35.4%）。假设将工资增加一倍。设等式（10）中 w=2，牛的价格将会从 1.323 变为 1.414。为什么呢？答案就是，与谷物生产相比，养牛的劳动密集程度更高（回忆一下，1 个工人生产 10 吨谷子，"生产"牛则需要 2 个工人），并且因此当劳动力的价格提高后，牛比谷子的成本相对也会高一些。

将 $P_c=1$ 和 $P_g=1.414$ 代入（7）和（8）中，可以得出新的利润率为 0.172，也就是说，如果工资增加一倍，那么在原材料的花费方面，利润率将由 35.4% 降至 17.2%。上述结果正好反映了这样一个基本观点：当经济产生盈余时，工资率决定了能用于工人身上的盈余的

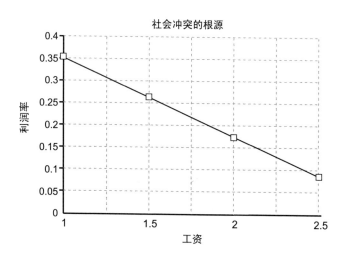

图 7.1a　工资－利润均衡

比例。工资越高,工人获得的份额越大;与之相反,工资越低,雇主的利润就越大。通过计算,可以明确得出工资与利润的关系(见图 7.1a)。设表达式(9)中谷子的价格为 1(与之前相同),就可算出一系列工资率来计算将要出现的利润率和相对价格。

在本例中,我们让工资分别取 1、1.5、2 和 2.5 的值。图 7.1a 和图 7.1b 显示出这些工资率对利润以及牛的相对价格(相对谷子来说)有什么影响。

如图 7.1a 和图 7.1b 所示,工资增加迫使利润率下降,劳动力密集型企业的产品会增值。总之,每段工作时间结束时获得的盈余,能够以工资和利润的形式分配给工人或雇主。谁能获得哪些利益,取决于双方在社会与制度中的相对力量。这种固有对抗是否会在行业

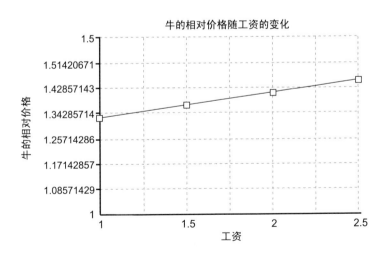

图 7.1b　工资对价格的影响

竞争中溢出（例如罢工、停工、怠工），取决于政治环境、法律仲裁体系和国家的本质等。

7.4.3 纯生产模型的优点、不足与政治因素

优点

先说优点。本模型提供了一种简单有力的洞察方法。它很容易地就解释了价格、工资和利润是如何相互联系的，以及一种商品生产过程发生的变化会怎样引起其他商品价格的变化和整个经济体系中利润率的变化。例如，我们可以看到，养牛方式的改进（养 10 头牛所需人力减少一半）如何引起牛的相对价格下降，从而提高整个经济的利润率。另外，这些观察方法可以通过不太复杂的方式，扩展到用来反映更真实的经济状况。如果想加入其他行业，我们只需增加更多像（7）和（8）那样的等式来表示每一个新增的行业。最后得出的等式会给出每种商品的价格与 1 吨谷子的价格（与之前一样设为 1）之比，并能得到与复杂的、相互依赖的多行业经济系统相类似的模型。

也许本模型的最大力量不在于其构成的内容，而在于它无须一些条件就可以很好地成立，比如它无须假设公司追求利润最大化；或者它不用具体说明公司间竞争的程度与类型如何；或者它不用说明劳动是一种商品，其价格与数量的决定方式与其他任何商品都一样。这样，与第 5 章中的理论不同，这种分析不会招致各种批评，诸如"公司的目标不可能用简单的数学来清楚地表示"、"当新公司加

入该行业并在其未被现有公司'吞并'前，市场要经历多次激烈的竞争浪潮和随之而来的联合浪潮"。这种分析唯一需要作出的行为假设就是，投资会被引至利润最高的行业，因此在不同的行业中利润率有趋同的趋势。

不足之处

再从另一个角度来看上面这个模型。你能看出模型里少了某些很重要的东西吗？是的，到处都找不到消费者的踪影。这当然就是它被称为纯生产模型的原因所在：只分析了生产过程而未注意需求方面。那么,如果没有消费者付款或通过他们的购买行为来影响价格的话，我们所讨论的又是什么价格呢？支持这种方法的经济学家给出的答案是：如果利润率在各行业都大致相等，经济也保持平衡的话，我们讨论的价格就是长期价格——实际价格有向长期价格发展的趋势。这里的问题在于，所衍生出的价格反映了生产的成本，除非消费者支付的价格与成本相符，否则就无法收回生产成本。所以，为了使经济具有可行性并产生盈余，并能维持图 7.1a 和图 7.1b 中描述的工资与价格，等式（10）必须以长期的形式出现。

实际价格与纯经济模型计算出的值之所以相差很多，有两个主要原因。第一，因为投资也许不能很快地从利润率较低的行业转移至利润率较高的行业，这样行业间的利润率就会相差很多。（比方说，如果有的行业垄断现象比较严重，就会因此比其他行业有更多更持续的利润。）如果发生了这种情况，等式（10）就不成立了。而且，既然价格是根据等式（10）计算出来的，我们就没有理由希望真实的相对价格向计算出来的价格接近。第二，消费者可能会不断地改变其消费方式，偏爱这种产品而放弃另一种产品。如果发生这种事情，除非生产成本中反映出了消费者偏好的变化（例如生产产品 Y 的过程中需要多少单位的产品 X），否则更受欢迎商品的价格，就会比模型中计算出来的高，因为该模型只将成本考虑在内，却未考虑需求。该理论在此处的不足，导致了一个更大的缺陷——其模型的静态本质。以索尼的随声听为例，在它出现之前，还没有哪个行业部门会生产随身听。然后，随身听突然出现了，并且由于对该产品有大量的需求，所以个人立体声录音机的新行业也就诞生了。未包含需求因素的理论是无法解释这种现象的。不过我们得承认，还没有任何一种经济理论（无论其是否是新古典主义的），能令人信服地声称其能适应各种动态变化，也许这也可以算是对纯生产模型的一种辩护吧。

值得讨论的最后一个弱点就是，这种经济没有给非生产性商品留有空间（劳动力除外，将在下面的"政治因素"部分进行讨论）。例如，土地或古董都不能视为生产系统的产出。从技术层面来讲，我们无法为计算它们的价格而在等式（7）和（8）上再加一个等式，事实上没有人生产土地或古董，它们只是作为自然的馈赠或先前社会的产品碰巧出现罢了。但如果我们不将其纳入等式系统中的话，就无法得出它们的价格。既然我们已经意识到了（见上一段）本理论只是尝试建立生产模型，这点也没有什么好奇怪的；另外，既然土地不是生产出来的，我们如何期望用这个可怜的模型来计算其价格

[第7章]批评:教科书中的生产理论是好的经济学、政治学,还是两者都是或都不是?

呢?如果说土地或古董具有经济价值,那也只是因为有对它们的需求(即它们的生产是没有成本的)和它们是无法生产的。这一理论缺少需求层面,也就使得其无法给此类资源或产品定价。

政治因素

从政治角度来看,本模型最有趣的方面在于,它吸引了那些强调劳动力特殊本质的人。一方面要注意劳动力之间的差别,另一方面则要注意谷子和牛之间的差别。这三项都是生产过程的投入,也就是其共同之处。但是,与谷子或牛不同,劳动力只是投入,而不是产出;它参加生产过程,却不能在该过程中被生产出来。换句话说,没有行业会生产劳动力。劳动力以人为资源,是人类不可分割的部分,参加生产过程并因之获得报酬。但它不仅仅是一种商品,证据就是,它的价格(即工资)决定过程与谷子的价格决定过程是不同的。

相反,工人因其在生产中付出的劳动而获得的报酬,与雇主保留的利润成反比。换句话说,工资的多少取决于雇主和雇员间的拔河比赛。工资确定于一个社会的、政治的和制度的过程,该过程也决定了公司所有者与工人间的收入分配。可以将这一观点与第5章的新古典主义分析比较一下。第5章认为,工人与雇主按各自对公司产出的贡献进行收入再分配。从这点可以得出的唯一结论就是,在竞争性资本主义经济中,无论雇主与工人做了什么,他们都要一分钱一分钱地赚(上限是他们的劳动值不了更多的钱)。

从上述两种模型中传达出的政治信息角度来看,哪个模型适用于哪种政治安排似乎一目了然。如果你想让你的经济学在"利润是强势的老板剥削弱势员工的结果"方面无须更多争论,那么新古典主义模型就是最适当的模型。另一方面,如果你的出发点是利润率和工资反映了社会权力和阶级冲突,那么纯生产模型就是适用的理论。两种模型在复杂性上如此不同,并且无法证明哪个对哪个错,这就使得选择经济理论更像一个政策性难题,而不是"科学"难题。

7.5 结论

本章对经济学教材中采用的公司、生产和市场模型进行了更改,甚至对生产或休闲的组成和定义提出质疑,并借此表明经济学领域中的任何一个问题都是值得商榷的(见 7.1 节)。从那些没有任何说服力的假设到教材中最无可争议的问题,都有可能(并应该)引发饶有兴味的争论。

在对生产过程进行研究的过程中(见 7.2 节),我们遇到了这样一种说法,即教科书将工厂中的活动描述为拥有不同生产要素的人之间的纯粹市场交换。这种说法错误的原因在于,出卖劳动与出售自己的车是完全不同的。是否将这一点考虑在内,决定了一个人对经济的阐释方法,不仅包括对劳动力的理解,还有对工资以及利润的理解。同时,我们对资本(其价格即利润)的不同解释,也会受到对劳动力特殊本质理解的影响。

然后,我又提出了生产过程的竞争模型吸引人的程度大小,取决

[第7章]批评:教科书中的生产理论是好的经济学、政治学,还是两者都是或都不是?

于个人的政治取向。教科书方法的统治地位,与一个事实有关,那就是它为自由市场披上了华丽的理论外衣。在概念上将劳动和资本视为与香蕉无异的商品,你就会得出结论:在竞争性经济中,雇主对雇员的剥削与雇员对雇主的剥削量是相等的。如果你是雇主,每小时支付给员工1美元,那么这一理论相当诱人!但如果你是一名准备组织工人加入工会的工会主义者,那么,这就会是一个让你头疼的理论。

不足为奇,政治影响会从两方面发挥作用:正如对教科书中模型的赞同并非纯粹来自逻辑上的,对该模型的反感也不仅仅是逻辑上的,而是来自在政治上反对资本主义。有时这些反感甚至来自那些为资本主义进行辩护的人,那些认为教科书里出现的新古典主义对自由市场的称颂不过是一种拙劣工作的人。

最后,7.4节提供了对市场的另一种分析方法,这在教科书里通常是找不到的。其目的在于,在不把劳动和资本的地位降为仅仅是商品的前提下计算出相对价格和利润率。结果就是得出一个十分强调下面这两种联系的理论:(1)雇主与雇员间对社会生产剩余的分配和(2)商品的相对价格。不过,这一模型的不足之处也清晰地显示,通过纯粹逻辑上的辩论来解决持不同观点的经济学家间的争论是办不到的。

具有左翼倾向的非古典主义经济学家,仍会继续批评主流经济学家未能把握生产及7.4节中模型的本质。那些主流经济学家则会反驳那些批评它的人的模型里没有包括消费者,或是在模拟生产的精细程度和劳动力的本质上浪费了过多时间,而完全忽视了消费者喜好和资本主义社会中企业家的重要作用。

事实上,他们说的都有一定的道理。没有哪个经济模型可以独自垄断全部真理。但一个人也无法同时接受两个模型,因为这意味着他必须同时接受两种(或多种)完全相互矛盾的对资本主义的解释。事实上,还有一个事实让事情变得更加复杂,那就是经济学家通常只对技术上的问题进行激烈争论(如衡量资本的问题),对政治层面的争议则避而不谈。

经济学家往往不会勇敢地站出来并承认其观点在很大程度上受到明确的政治安排(例如想为富人减税的愿望,加强政府作用,促进私有化,甚至是贬低资本主义等)的影响,而是假装其观点只是纯科学性的。因此,经济辩论是依照近年来物理学家们的皇家学会大会的模式来进行的,他们的争论也同那些学识渊博、对政治毫无兴趣的物理学家们争论电磁场的本质一样。实际上,经济上的争论是暗流汹涌的政治斗争(通常分为左右两个对立的派别)的回声。

那么你需要做些什么呢?深究经济理论背后的政治因素,将是你未来学习各种经济理论时所要做的事情。我们讨论的内容将由公司和市场拓展到良好社会的组成要素,这会让你更加兴奋不已。第三部分将为读者指出通往迷宫之路。

第三部分 市场、国家与良好社会

[第8章]

回顾：教科书关于市场和社会福利的内容

8.1 福利经济学及其三定理

8.1.1 蛋糕表面的糖霜

理性的个人会最大化其效用。理性的社会应该做些什么？新古典经济学牢牢抓住斯密的著名论断：商人"通过对其自身利益的追逐对社会作出的促进作用，通常比他本身想要对社会做促进要更有效"。根据新古典经济学理论，每个人（甚至是每个手工劳动者或喜剧演员）都是一个商人，如果斯密的理论正确的话，这种追求个人效用最大化不仅会使个人的效用最大化，也将使社会利益最大化。而且有趣的是，斯密补充道，当商人并不真正关心公共利益的时候，上述说法才可能会发生。换句话说，人们不需要甚至是不知道什么是公共利益。他们所要做的只是追求他们自己的利益，然后，公共利益就可得到满足。

当然，斯密给自己的这一论断加了一个限制条件就是"通常"。他所怀疑的一个假设就是，个人利益的追求是否必然能导致社会公德的产生。新古典经济学，通过对比确定了其研究任务就是找到这个问题的确切答案。在什么样的条件下，斯密所说的奇迹才会产生呢？我们已经知道，新古典主义理论学家是如何超越斯密所描述的自我利益的经济个体的。在第2章他们给出了一个完整的经济个体的数学模型。在第5章个体作为企业家被放在模型（比如，完全竞争模型）中，并再次使用了数学方法，分析了在怎样的市场条件下可以满足最大竞争和社会效率。可以想象，用同样的数学方法可以证明：在给定相似的条件下，自由市场中最大化效用或利润的消费者和生产者在不知不觉中就可以产生一个人们期望的理想社会（资源和个人偏好得到满足）。这样的逻辑构成了斯密最终的理论。如果把新古典经济学比作蛋糕，这一逻辑就是该理论蛋糕表面的糖霜。

要证明这一点，对公共利益（共同利益或公共意志）就要有一个明确的定义，否则就没有办法表示一个社会的经济服务于它的事实。在这里，斯密和新古典主义存在一个重要的差异。他们都认为，个体在自由市场中追求最大化效用的目标，可以产生最成功的社会。斯密承认这个事实而不去证明，新古典经济学家不仅承认这一点，还要为它找到证据。然而，正如下面线框里所陈述的，为了证明市场的重要作用，可能反而会因为中间的繁杂过程而偏离市场的作用（例如，其中一个步骤就是需要衡量什么是共同利益）。如果这听起来有些像在绕圈子，那我们就把它放在一边，先来看看新古典经济学在提出证据的过程中三个最重要的基本步骤。什么证据呢？那就是自由和完全竞争市场的社会机制，可以最有效地满足社会需求。

> **什么是公共利益**
>
> 斯密高度赞扬了市场可以满足公共利益的能力，尽管没人关心甚至没人知道它是什么。事实上，他可能在告诉我们，把公共利益弄清楚有多么的困难。公共利益只能是通过彼此分散、互不协调的行为而产生，没有人可以知道公共利益是什么。如果是这样的话，市场服务公共利益的能力就得不到证明，因为没人知道公共利益是什么。

8.1.2 第一个定理：边际均等原理和经济效率

第一个定理阐述了：当每个行业处于完全竞争状态并保持长期均衡状态时（比如，价格等于边际成本），这个经济就是有效率的。在分析这个论断前，我们有必要回忆一下经济学家对效率的定义。

> **福利经济学第一定理**
>
> 长期均衡的竞争市场是有效率的。

在 5.1.2 节，如果改变一种公司的要素投入组合不会造成额外成本并导致产出提高，现有 / 原有这种组合就是无效率的。同样，在社会层面，如果改变资源或商品的分配可以使得某些社会成员处境变好，并且不会使得其他人处境变坏，我们就说现有／原有这种资源或商品的分配是无效率的。

帕累托有效分配理论

如果一种商品或资源的分配没有可能进行改变，而且这种改变能使一些人处境变好但却不影响其他人的利益时，这种商品或资源的分配才是有效率的。

举一个特殊一点的例子，假设把全世界所有的电影票都发给喜欢看戏的人（这些人不喜欢看电影），把戏票都发给不喜欢看戏的人（这些人喜欢看电影）。显然，这是一个愚蠢的分配。我们只需做个简单的交易把第一组中一些电影票和第二组中的戏票做一下交换，就可以让一些人满意（在没有额外成本的情况下），而且没有人会觉得自己被骗。从这个意义上讲，如果这种改进是可能的话，原来的分配方式就是无效率的。

注意，这一关于效率的定义，给人们为什么到市场上进行交易提供了一个合理的解释。如果我们从对商品、属性（例如技术、资产等）的无效分配开始，这个分配就可以被改进（因为按照定义它是低效的）。换句话说就是还有把一些人生活状况变好的余地（没有人状况变坏），这可以通过拿戏票换电影票做到。事实上这就是交易的起源。

当交易对买卖双方都有利时，就会发生交易。其结果是，商品和属性或资产得到重新分配，交易双方的生活状况都会变好；因为如果不是这样的话，他们为什么要进行交易呢？人们停止交易的一种假设就是，已经没有可以在不损害一些人利益的情况下来改善另外一些人生活的余地了。如果没有这样的余地和空间，那么最终资源的分配就是有效的。

　　这种结果是不可避免的。如果按照上述方式给效率下定义，市场交易就是效用最大化的个人对商品、属性和资源的无效分配作出的反应。当人们主动停止交易时，就说明分配达到了有效配置。因此，对福利经济学第一定理的出现无须感到吃惊，就像定理中描述的那样：只要市场是竞争性的，并达到了一个长期的均衡，市场就会导致商品的有效分配。让我们思考一会儿。仔细想一下完全竞争的市场是什么意思？完全竞争市场是指，没有哪一个生产者有足够的能力去阻止商品的生产和销售，消费者为这些商品付出了与成本相抵的价格。那么长期均衡又是什么意思呢？长期均衡是指每个产业的规模根据需求水平进行调节，这样产品的价格才会既不高于也不低于边际成本。在这种情况下，消费者购买的最后一个单位的商品，刚好是按照他准备支付的价格购买到的，同样，生产最后一个单位商品的生产商也是几乎勉强愿意生产和销售它。在完全竞争市场下，不会出现生产能力浪费的情况，因为每个准备支付与商品成本相抵价格的消费者都能得到满足。

　　为了突出上述问题，考虑下面三个市场无效的例子。

1. 竞争的外部阻碍：假设政府对商品 X 确定了最低价格 10 美元，有最多 100 个购买者想以这一价格购买该商品。再假设，一些销售者想以每件 9 美元的价格卖出 20 个 X 商品，购买者会很高兴地购买这 20 个以 9 美元（而不是 10 美元）出售的商品。在最低限价为 10 美元的情况下，销售者将无法售出额外的 20 件商品（由于定价在 10 美元时的最大需求量是 100 件）。政府的干预使得一些销售商可以获得利益（如果他们被允许以每个 9 美元的价格卖出 20 个），同时也有一些购买者可以获得益处（如果他们被允许以每个 9 美元的价格购买这 20 件商品）。这种控制价格的方法，阻止人们进行互惠交易，阻止了效率的产生（无效率的产生是由于政府阻止销售者和购买者进行额外 20 个商品的交易制度）。（注意，在政府的干预下，那些可以按照 10 美元的管制价格卖出 100 件商品的销售者是非常高兴的。效率不是让每个人都受益的！）

2. 垄断：如果市场是垄断的，垄断者在价格等于边际成本（也就是说下一个产品的产出等于生产成本）之前将会停止生产。但这却是一种浪费。企业在达到边际成本前切断生产，拒绝生产那些成本可能低于购买者愿意支付的价格的产品。换句话说，就是拒绝从额外的每一单位产出中寻求利润（他们的花费会比市场上可以提高的价格要少），同时也拒绝了那些愿意购买的客户（我们将在下文讨论垄断企业为什么不利用这次机会消除无效)。因此,这就是福利经济学第一定理为什么坚持市场一定要是竞争的原因——为了获得更高的效率(而不是为了防止垄断或寡头)。

3. 非均衡： 为什么在竞争市场有迹象产生效率之前,该市场要保持"长期均衡"。设想一个没有处于长期均衡的市场。例如,想象一下,需求突然增长而每个企业都想从中获利。从长远来看,(经济学课本告诉我们)越来越多的企业由于受到更高收益率的吸引而进入该产业。也正因如此,价格会被推低到平均成本的水平,最终没有哪个企业会获利。如果没有新企业不断加入该行业,情况会怎样呢？——对商品 X 消费需求的改变不能通过生产 X 商品的企业数量的增加而得到弥补,这时,不均衡就发生了。因此,不均衡就意味着市场没有对客户的需求作出应有的反应；在有垄断的情况下,客户将会愿意支付高出该商品成本的价格来购买这些额外的商品,而商家则拒绝提供这些商品；这就是因买卖双方没有挖掘所有互惠的可能而导致的另一种无效。

这时我们就该想到我们的第一定理和我们可信的朋友(边际均等原理)之间的联系了。以例(1)为例。政府的干预说明：在价格没有完全满足边际均等原理时,它是不能作出调整的。请容许我解释一下。边际均等原理教会了我们什么？具有工具理性的个体,在一个行为的边际成本等于边际收益时，会停止该行为。因此，当购买（或销售）一个单位商品 X 的收益等于购买（或销售）该单位商品的边际成本时，交易自然会停止。现在，如果一些销售者准备以 9 美元卖出一个单位商品 X 的话，那一定意味着他们销售的收益高于他们的成本。如果政府阻止企业以 9 美元出售，政府就有效地阻止了他们遵从边际均等原理中的一些原则：在销售（或者购买）一个单位商品 X 的获益等于边际成本之前，他们已经被政府强迫停止交易了。总而言之，政府将会通过干预（价格控制）来防止有效率的成果产生，这种干预恰好妨碍了边际均等原理作用的发挥。

垄断的无效（上面第二个例子）同边际均等原理有着相同的联系。垄断企业会比在完全竞争条件下减少生产，因为他们可以按照自己的方式创造利润：中断供应，将消费者需求曲线推到左侧的最上端，直到其达到利润最大化——这就是垄断者们的圣经。但是，如果垄断者告诉消费者以下信息，他们就会放弃潜在的盈利可能（这会受到消费者的欢迎）：

> 好的，那我们成交。目前我一直开价 10 美元一件商品，我知道你们不会接受这个价格。但是我的边际成本现在是 6 美元。因此，我很高兴以 8 美元的价格卖给你们一些额外的商品。然而你们必须保证不把这些额外的商品再卖给我现在的客户（愿意以 10 美元买商品的客户）。你们觉得怎么样？

这种情况经常出现。它被称作价格歧视，即对同样的商品售出不同的价格，因为一些客户总是急需，会比其他客户付出更高的价格。当然，商家也不会任何时候都那样做。例如，书商就不能确定客户是否会遵守诺言不把书转卖给现有的客户。如果不能把新的客户与老的客户分开的话，垄断书商就不能索要不同的价格，也就不能生产额外的书。从这种意义上讲，书商和他的客户将不会从交易中获得所有可能的收益。

简单地说，如果垄断或者拥有寡头特权的企业可以同每个客户分别协商价格，所有的交易主体（企业和消费者）都将会在边际均等原理提出的那一点上停止交易，所有的无效都可以被消除，互惠的交易也会发生。如果这种情况成立的话，我们就没有理由说垄断是无效的。然而在现实生活中，垄断企业并不知道每个客户准备付多少钱。就算他们知道，把客户分开再以不同的价格出售也是很困难的（例如，如果他们向杰克开的价格较低，吉尔就可以让杰克代他买几个单位的商品X）。结果，垄断行为将有被认为无效结果的趋势。用分析术语来说，当垄断者无法把消费者分开并向他们索要消费者情愿支付的最高价格时，垄断者只有共同联合起来阻止消费者（和他们自己）按照边际均等原理交易，这是唯一获得利润的方法。（另外一种情况就是，并不是每个人都对效率感兴趣。）

再来看第三个例子，事实上，随着商品X需求的增长，X价格的上升并没有吸引新的生产商，这就意味着生产X商品以外的厂商获得利润的机会将被浪费。如果生产X变得有利可图，其他利润率较低的行业应该会认识到这一点,之后便会加入生产 X 商品的行列中。实际上,这就是边际均等原理告诉我们的:企业会不断地从一种行业向另一种行业转移,直到这种转移所花费的成本与将获得的收益相等为止。如果企业的转移行动并不遵循边际均等原理(例如,因为他们速度太慢,或者他们没有注意到 X 市场的利润是十分丰厚的,或者已有的该行业生产者联合起来阻止新的厂商进入他们的市场等),那么,不仅这些企业将会失去获得更大利润的机会,他们本身也妨碍了 X 商品的消费者提高他们的效用水平。这是为什么呢?

因为如果企业不进入 X 商品市场,随着 X 产品需求的增长,X 产品将会供不应求,价格将会人为地居高不下,产量也会人为地持续偏低。这就是为什么竞争市场里的非均衡会被认为是对资源的无效配置。这也解释了以下这种情况:当企业转入新行业所耗费成本与转移到该行业会获得的利润相等时,企业就会停止在产业之间转移。此时消费者仍然要承受一个很高的价格。

为什么这是一种无效配置呢?我们定义的"无效"是指:在不损害其他人利益的情况下可以使自己的处境变得更好的情况。因此,如果新的企业进入这个产业,这个产业中已有的生产者的利益将会受到影响,他们的利润会随之降低。这种情况是真实存在的,我们可以从新进入该产业的企业获得的利润高于原有企业看出。让我举一个简单的例子来证明:假设有一个生产个人立体耳机的产业(假设每个消费者只想购买一个)。最初,每个时期总共生产 1000 件产品,零售价是 10 美元,成本假定是 8 美元;最后,在总共 10000 美元的销售额中,生产商会获得 2000 美元的利润。

在这种假设下,利润会吸引企业进入,新的企业进入该产业将会使产品的供应量超过 1000 个,因此价格就被压低到了 10 美元以下。假设这种情况不会发生,新的企业不会出现。还会有损失吗?回答是:有。如果新的企业进行了合理的调整,不仅原有的消费者可以省钱(价格下降了),那些不买该产品的新消费者(因为 10 美元对他们来说是难以接受的)也会获益。例如,如果新的企业生产出额外 100 件产品,使产品的单价从 10 美元降到 8 美元,那么,原有的消费者就可以总共节省 2000 美元(每件产品省 2 美元,总共 1000 件商品),新的消费者也很愿意以单价 8 美元的价格购买额外 100 个商品(这就告诉我们,消费者获得了他们认为值得的效用,至少总共 800 美元)。全部加在一起,消费者会因新厂家进入行业而总共获益 2800 美元。

显然,行业的现有生产者们并不愿意看到新企业进入该产业(因为这会让他们从可获利 2000 美元减少到没有利润)。然而,我们可以很有趣地看到,由于新企业的进入而导致该行业生产者的损失(2000 美元),要小于消费者可以获得的利益(最少 2800 美元)。从这种意义上讲,如果新企业不进入可获利的产业中,那么全社会整体上就会受到损失。原有企业的情况又是如何呢?如果没有新的竞争者出现他们会高兴吗?经济学家说,不,当然不会。但也有人坚持说,在对"效率"进行定义时,不是已明确指出只有在不使其他人利益受损这一情况下,这种改变才是有效率的吗?为什么由于新企业的进入使得那些本来安心生产耳机的公司的利润萎缩，却还在说新企业的加入是向更高效率的转变呢？

经济学家的回答很简单：想象一下，如果消费者联合起来共同拿出2000美元给现有企业让他们同意新企业进入，交易会达成吗？答案是会！（因为跟现有企业由于竞争加剧而导致的利益损失相比，这个"礼物"对他们来说更值钱。）但是为什么消费者会这样做呢？为什么要筹集2000美元给这些企业却没有回报？实际上是有回报的，他们早已经计算好了，最少可以获得2800美元：消费者会从额外的100件商品中得到利益，新的厂商也会提供更低的价格。总之，一个可获利的竞争产业若是没有企业进入的话，给人的感觉就好像是，从交易中获得的潜在收益被浪费了。

基于这一原因，第一定理中提出：有效率需要竞争市场处于一个长期均衡的竞争状态。（我们再一次注意到，实际上消费者不愿意联合起来，并贿赂现有企业来高兴地接受新企业加入，现有的企业非常高兴地看到，由于新企业出于各种原因不能成功进入市场，而使市场出现了不均衡［无效配置］的情况。这就是说明有效配置并不流行的第三个例子。）

最后一个例子帮助我们清楚地看到，违背边际均等原理带来的福利的滚雪球效应。一些企业不遵循这个原理，始终处于高利润的市场之外，从而造成整个社会失去了享受低价的机会（因此，通过边际均等原理，边际效用会更低，产出会更多，并会不可避免地获得更多的总效用）。

第一定理总结

第一定理讲了什么 它证明了：只有拥有处于长期均衡状态（也就是说在每个市场中价格都等于边际成本）的竞争市场的经济，才可以在每个不同行业和市场中创造出投入和产出的有效分配。这也被称为总体均衡。

第一定理没说什么 一个竞争市场有必要达到一个长期和总体的均衡。然而，没有理论证明它们一定能够实现。最精确的计算（在一定限制条件下）能够证明这种均衡可以存在；如果一个完全竞争的经济处于长期均衡之中，那么它就是有效的。但是，证明一些问题是可能的是一回事，显示出它是可能的则是另外一回事，更别说肯定了（例如，虽然英国队获得下届世界杯冠军是可能的，但要确定他们能获得冠军则是不容易的）。

它的逻辑 如果每个主体的效用都可得到最大化，每次微小改变的成本等于所获得的相应收益，那么，只要人们的行动和交易没有阻碍，每个人的效用都会与其他人的效用一样高。但这同时也是经济效率和总体竞争均衡的定义，在这种竞争均衡中，所有市场中的价格都等于边际成本，需求都等于供给。

8.1.3 边际均等原理和社会预算限制：生产的可能边界（PPF）

边际均等原理被设计成一种决定个人行为（例如，香蕉的消费）是否应该发生以及何时应该停止（也就是说，当边际收益或效用等同于边际损失或边际成本）的规则。在上一节中，我们看到它是检

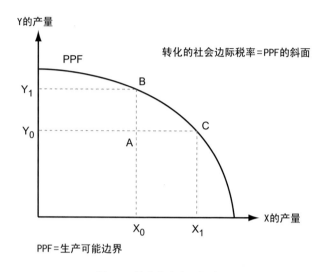

图 8.1　社会的生产可能边界

验市场效率（不同于个人行为的效率）的中心理论。图 8.1 给我们提供了一个更为清晰的视野：为了帮助新古典经济学家建立一个理性社会模型（再次不同于理性的个体），边际均等原理必须从个人层面上升到社会层面。

　　设想一下，假如我们的经济只生产两种产品（多个产品的例子是两个产品的简单延伸）。凹陷的曲线（一般是指生产可能边界——PPF），表示社会可以生产的所有有效率的产品 X 和 Y 的组合。根据我们的第一定理，处在 PPF 曲线上的经济，一定是符合完全竞争长期均衡的类型。

　　为了明白这是为什么，我们假设在 A 点生产了 X_0 单位的产品 X 和 Y_0 单位的产品 Y。现在市场上对产品 X 的生产是完全竞争。试想，如果这个经济可以在 B 点的话，那么它为什么要在 A 点呢？在 X 产品的产出给定的情况下，一定有什么阻止了产品 Y 获得可能的最大产出。是什么呢？我们已经讨论了几个例子。例如，可以是政府对其进行了干预，为产品 Y 进行了最低限价，导致 Y 产品的生产者不愿过多生产该产品。或者是 Y 产品的市场被一些企业垄断（或是被一少部分企业寡头垄断），在这种情况下，供给者将会利用市场的力量（实际的竞争是有限的），通过控制 Y 产品的产量去最大限度地提高他们的利润。我们可以从图 8.1 中清楚地看出，这种非竞争性干预（无论是政府还是企业）将使经济低于它的生产可能边界之下，从而迫使经济无效。

为什么会无效呢？因为任何低于经济生产可能边界的点都可以提高。把经济从图中的 A 点移动到 B 点增加了 Y 的产量，同时 X 的生产也没有受到影响。按照原理所说，至少一个人获得了额外的 Y 个单位的价值，而且这个人的利益在没有损害其他人利益的情况下仍然有改进的空间（也就是通过从 A 点到 B 点获得了利润）。例如，政府（假设可以代表公众利益）可以同产品 Y 的垄断生产商协商：保持垄断者的原有垄断利润，生产额外的 $Y_1 - Y_0$ 个单位的产品 Y，然后同消费者共同分享。（当然，政府也有另一个选择，那就是逐步废除垄断。政府可以通过鼓励竞争或者把 Y 产品的价格设定在竞争条件下应有的价格水平，并借此强迫垄断者生产 Y_1。）

总之，一个只由完全竞争市场组成的经济，将会落在 PPF 线的某些点上（图 8.1）。要弄清这是为什么，请回顾第 5 章中对完全竞争市场的描述：使产量最大化、价格最小化的市场形式。不足为奇，如果所有经济中的市场都可以达到完全竞争，在给定其他产品产量水平的情况下，每种产品的产出水平将会达到最大。这可以在 PPF 上的一个点上反映出来：B 点和 C 点（不像 A 点）是在给定 X 产品产量的情况下，Y 产品的最大产量，反之亦然，在 B 点（或者 C 点），唯一生产更多的 Y 产品的方法，就是减少 X 商品的生产。通过对比，当开始于无效率的情况时（例如，A 点），有可能生产更多的产品 X 和更多的产品 Y——例如把点移动到 PPF 曲线上的 BC 段上。

另一个对 PPF 的解释是，根据前面一段提到的，它被当成社会的预算约束线。假如经济是有效的，它就可以选择 PPF 曲线上的任何一点，但是不能超出这条曲线。在 PPF 曲线上，以 B 点为例，消费额外的 $X_1 - X_0$ 的产品 X，必须是以生产 $Y_1 - Y_0$ 单位的产品 Y 为代价(也就是从 B 点移动到 C 点)。这是一个经济作为整体可以交换产品 Y 和产品 X 的比率。这被叫做边际转换率（从一个单位的 Y 产品转变成为更多的 X 产品的比率）。它等同于 PPF 曲线的斜率。从分析上讲，它和第 2 章的个人预算约束的斜率并没有多少不同。

8.1.4 第二定理：边际均等原理与重新分配

人们的喜好不同，意味着社会在 PPF 曲线上的位置（参看图 8.1），会在使一些人满意的同时让另一些人付出代价。例如，喜欢产品 X 讨厌产品 Y 的人更愿意选择 C 点而非 B 点，反之亦然。同样，Y 产品的生产者更喜欢社会定位在 B 点而不是 C 点。从实际情况来看，根据经济学的观点，所有在曲线 PPF 上的点的效率是相同的，有没有什么办法可以找出哪个点是具备公共利益的点呢？

重述一遍这个问题，具有工具理性的个体，在可以使他们的效用最大化的预算约束线上选择了一个点；这个点就是他们其中一条无差异曲线与预算约束线的切点。那么，理性社会应该如何选择呢？

看图 8.1，如果曲线 PPF 被看作社会的约束线，那么很自然地可以想到，一组反应社会集体偏好的无差异曲线（见图 8.2）可以完成该模型。如果这种社会无差异曲线可行的话，那么边际均等原理将可以解决这个问题。最优社会选择应该是使边际转换率（即 PPF 的斜率）等于社会边际替代率的组合（即社会无差异曲线的斜

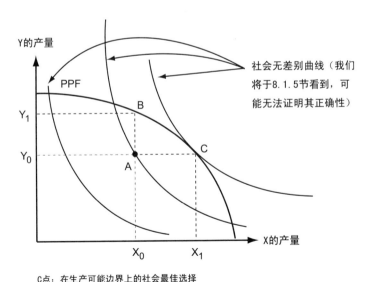

C点：在生产可能边界上的社会最佳选择

图 8.2 社会最优选择

率）——见图 8.2，在该图中，社会的偏好被假定出来，C 点就是社会的最优选择。

福利经济学第二定理

任何帕累托有效的经济，都可以通过资源的合理再分配得到实现。

★ 参见下面关于如何对资源进行合理再分配的讨论。

福利经济学第二定理指出，社会通过资源的合理再分配，可以选择任何帕累托有效的结果。例如，在图 8.1 和图 8.2 中，社会可以控制自身从 B 点移动到 C 点，把更多的生产资源从生产产品 Y 的企业分配到生产产品 X 的企业。但在这种重新分配的执行过程中，一定要格外小心。回忆已经学过的第一定理，效率的获得是通过处在长期均衡中完全竞争的企业。如果曲线 PPF 上的点可行的话，任何重新分配都应尊重竞争市场的机制。

下面是两个对资源合理重新分配的例子：

1. 公众增加了对产品 X 的需要，减少了对产品 Y 的兴趣。结果，企业放弃了产品 Y 的市场转而进入产品 X 的市场，这样做的直接结果就是，经济沿着 PPF 曲线下滑。

2. 政府没收了用来生产产品 Y 的土地（或者一些资源，例如能源），并把土地给了产品 X 的生产者，目的是生产出更多的产品X。这同样是把资源从一个产业转移到另一个产业。但是这是合法的转移吗？

回答是："合法"，这个词用在这里并不是采用其道德的或司法的形式。重新分配被认为是合法的（或者根据第二定理说成是适合的），是因为它是对资源的直接重新分配。在上面的例（2）中，政府把土地从一个产业重新分配到了另一个产业。这是一种直接的资源再分配，没有经过任何市场机制。下面的例子，进一步阐明了不合理（或不合适）的重新分配的问题。

不合理的对资源重新分配的例子：政府给产品X的价格进行补贴。对于每一个单位X产品的生产，政府都会返还给生产者一定数量的资金。这为什么是不合理的呢？因为在这个例子中,政府干预了价格机制而不是资源的重新分配。当政府计划把一些土地、能源或是一些大型机器从一个产业转移到另一个产业，政府并没有直接对企业的生产价格或产量作出干预。相反，当政府直接给X产品进行价格补贴时，就等于直接干预了价格机制，插手了成本和价格。政府的这一介入，不仅导致了产品X的人为高价，产品的成本也超过了消费者愿意支付的价格，因此，X产品的产业吸引了更多新企业进入。同时，由于这些企业放弃了产品Y的产业，结果Y产品的供给下降，产品Y的价格将会超过边际成本（即，一些想购买产品Y的消费者愿意出高出成本的价格购买，但却发现没有人卖）。因此，这样的干预破坏了供给与需求，经济无法达到图8.1和图8.2中的PPF

也就不足为奇了。

　　总之，福利经济学第一定理讲述了包含竞争市场的经济，当其价格等于边际和平均成本（也就是处于长期均衡）时才是有效的。第二定理进一步对新古典经济学进行说明：如果一个社会想要生产比现在更独特和更有效的产品组合，没有什么可以阻止我们。所有我们需要做的就是以一种不会对效率产生影响的方式在不同产业之间重新分配资源。因为效率与一个系统相联系，在这个系统中，竞争市场的力量决定了价格和产量，被认为是安全的再分配（也就是说重新分配不会产生无效率），就是把资源从一个产业转移到另一个产业而不会对企业产品价格和产量的决定进行干预。

　　例如，一个社会需要多一些西瓜和少一些香蕉，社会应该把一些种植香蕉的土地分给种植西瓜的人。但是这种转变不应伴随着政府对西瓜进行补贴，或是对香蕉的消费进行征税。后者是对市场机制（对经济效率十分有必要）的一种干涉，而前者只是把资源从一个产业转移到另一个产业。

　　最后，或许把这两个定理的内容联系起来的最简单方法就是通过比喻。第一定理定义了竞争市场机制（长期均衡）。它就像一个神奇的机器，把一定的投入转化成最大的产出；投入的是社会的生产要素（资源），产出的就是PPF曲线上的产品组合。对于第二定理，如果我们希望产出不同组合的产品（也就是PPF曲线上的不同位置），我们就可以对进入机器的投入进行适当的调整（也就是在不同产业之间进行分配）。然而，我们一定不能干涉机器内部的工作机制，如果我们把机器打开并修改机器内部的机制，这是不明智的。如果我们这样做了，无论我们对机器进行怎样的投入（也就是图 8.1 中低于 PPF 的点，比如 A 点），我们都将破坏机器并最终使产出降低。总之，社会可以自由选择 PPF 曲线上的最终产出的分配。但是，只有通过对生产过程中最初的要素投入组合进行选择，我们才能使以上分配得以进行。一旦选定了最初的分配方式，我们就应让市场把投入有效地转为产出，而不要多加干涉。

8.1.5 前两个定理和效用在社会成员之间的分配

8.1.4 节描述了一个社会应该生产何种商品组合的两难情况。但是还存在一个至关重要的问题：生产的这些产品是如何在个人之间分配的？答案是显而易见的，当市场交易结束时，留给每个人的便是其恰好拥有的。然而，市场是非常残酷的。如果你进入市场时什么都没卖出去，你也就不可能在离开的时候得到太多。

这就是第二定理给出的一个非常有趣的贡献。它告诉我们，如果我们认为产品的分配（及其导致的效用）是不公平的，我们可以在不对市场效率进行妥协的情况下改变它。只要重新分配不干涉市场机制（比如，价格），在市场开始交易之前简单地把一些资源从一个人 A 转给另一个人 B，结果仍然是有效的，只是 B 获得了更多的效用。

在 8.1.4 节，资源从一个产业到另一个产业的重新分配是没有问题的，只要它是一个最初资源的重组而不是对市场运行的干涉，只要买者和卖者的交易条件不受影响，对财富进行重新分配也是可以的。简单地阐述一下，为了提高社会中穷人的收入，对遗产的继承和财产征税就符合这个标准。另一方面，出于同样目的对奢侈产品的消费征税，则是对价格机制的不合理干预（因为它会影响商品的相关价格）。

第二定理给我们提供了另一个可以改变穷人富人之间的分配而不会损害社会经济效率的机会。这一建议带来的问题可能比它能解决的问题更多。假定社会在它的 PPF 曲线上选择了一个点，即生产 3 个单位的 X 产品和 3 个单位的 Y 产品。假设社会由三个人组成：汤姆、迪克和哈瑞特。表 8.1 给出了我们九种可能的有效分配方式，把每种都分给我们这三个人。

表 8.1 中的九种分配方式，使这三个人处在了不同的效用层面上。

例如，分配方式（i）使汤姆和哈瑞特获得了最大效用，迪克获得的效用只能排在他所有能获得效用的第四位。这里需要提醒我们自己的是：新古典经济学家在谈到效用的意义时所作出的让步——表中的效用是不可以进行相互比较的。换句话说，这些是同人们的喜好顺序有关的序数效用，人与人之间进行比较是没有意义的。例如，在分配方式（i）中，汤姆和哈瑞特的效用指数都是 1（他们的第一偏好），但这并不代表他们一样快乐。事实上，可能是一个人高兴、一个人悲伤。所有这些说明，在表 8.1 所有可能的分配方式中，汤姆和哈瑞特更喜欢分配方式（i）。

哪个可行的分配方式是最好的呢？回想一下我们对效率的定义。

表 8.1　汤姆、迪克和哈瑞特的福利

分配方式	汤姆			迪克			哈瑞特		
	X	Y	效用	X	Y	效用	X	Y	效用
(i)	3	0	1	0	0	4	0	3	1
(ii)	2	0	2	1	1	3	0	2	3
(iii)	1	1	3	1	1	3	1	1	5
(iv)	0	2	5	1	1	3	2	0	7
(v)	0	3	4	0	0	4	3	0	6
(vi)	0	1	6	3	0	2	0	2	3
(vii)	0	0	7	3	3	1	0	0	8
(viii)	0	0	7	2	2	2	0	2	2
(ix)	0	0	7	1	2	2	2	1	4

注：效用数字显示出了偏好顺序；例如 1 代表一个人最喜欢的分配，2 是他的第二偏好。我们观察到，与 Y 相比汤姆更喜欢 X，不像哈瑞特从 Y 中获得更多的效用。从另一方面说，迪克的效用看起来是与产品 X 和产品 Y 的总和成比例的（对他来说，X 和 Y 价值相近）。黑体标示的分配是无效的（下面会作解释）。

表 8.1 中有无效的分配吗？回答是肯定的。分配 (iii)、(iv)、(v) 和 (ix) 是无效的；还有其他比这些更好的分配，从这一意义上来讲，它们至少应该使一个人的状况变好而没有人的状况变坏。

比较 (ii) 与 (iii)：从 (iii) 移动到 (ii) 会使汤姆和哈瑞特的状况变好而不影响迪克的效用指数。因此 (iii) 是无效的。下面比较 (iii) 与 (iv)。从 (iv) 移到 (iii)，同样可以使汤姆和哈瑞特的状况变好而对迪克不会造成损失。分配（iv）因此无效。再来比较（i）与（v）。同样，从（v）移动到（i），汤姆和哈瑞特将会获益，迪克却不会介意。分配（v）是无效的。最后分配（ix）是无效的，因为移动到（viii）可以使哈瑞特的状况变好，而汤姆和迪克的情况则没有改变。

相当公平了。一些分配是无效的，而其他的是有效的。谁会消除无效的分配呢？回答是：市场机制！这就是经济学家为什么对市场如此兴奋：市场有足够的能力消除经济无效而不需要政府（或其他干预者）干涉。为了详细阐述，假设一开始的分配是（iv）。哈瑞特可以给汤姆这样的建议：

> 汤姆，我可以看到你的分配（iv）效用水平很低；实际上，你从这种偏好分配获得的效用只能处于第五位。我的也不怎么好，我从分配（iv）获得的效用最多也只能排在第七位。现在我有个建议：我用我的一个单位X换你的一个单位Y。这可以使我们从分配（iv）移动到分配（iii），这样你的效用就提高到了第三位，我的则可以提到第五位。

汤姆想了想回答道：

> 你的建议完全正确。既然交易可以提高我们两个人的效用，为什么我们要接受分配（iv）呢？想想吧，让我们看

得更长远些：我会用我两个单位的 Y 换你两个单位的 X。这样的话我们就可以达到分配（ii），你的效用提到了第三位，我的效用提到了第二位。

哈瑞特没有理由拒绝，此时迪克对此完全不感兴趣，因为他的效用早已不受从分配（iv）移动到分配（ii）的影响。

效率（新古典经济学家的定义）可以是非常可怕的

假设一种分配是，地球上某一个人拥有一切，而其他人都非常不幸、饥饿难耐、陷入绝望之中。按照经济学关于效率的定义，这是一个对资源有效的配置（因为从这个人身上拿走一点都会使这个巨大世界拥有者的情况变坏）。

因此，如果像哈瑞特和汤姆这样的人想要努力实现更高效用，市场机制可以把无效配置变成有效配置。然而，至关重要的是，能否实现有效分配，取决于最开始时的位置。例如，我们看到，如果这些人从分配（iv）开始，交易将使他们达到有效分配（ii）。通过对比，如果他们始于分配（ix），交易可以使他们到达分配（viii）。然而，在第一个例子中，迪克和哈瑞特对他们排在第三位的分配感到满意，汤姆对排在第二位的分配感到满意。在第二个例子中，可怜的汤姆只能选择排在第七位的分配方式，而迪克和哈瑞特则可享受他们排在第二位的最佳分配。

这就是第二定理告诉我们的：对起始位置进行适当选择，任何有效的配置都可以达到，那就是最初对资源、商品和财富等适当的分配。在这个例子中，如果我们想偏向迪克和哈瑞特，而不是汤姆，我们应该从分配（ix）开始。交易的结果将会是分配（viii），这样的结果对迪克和哈瑞特非常有利而对汤姆很糟。如果我们偏向汤姆和哈瑞特，我们可以让他们从分配（v）开始；然后，他们将通过他们自己的交易到达他们喜欢的分配（i），代价是迪克将得到最差的结果。最后，如果我们只想让汤姆比迪克和哈瑞特好一点点，我们就应该让他们始于（iv），因为随后的交易将使他们到达（ii），这样迪克和哈瑞特将获得排在第三位的效用，汤姆则获得排在第二位的效用。

好的，我们承认社会可以获得任何它所期望的有效配置（福利经济学第二定理），但是它应该选择哪个呢？我们要问汤姆和哈瑞特，出于既得利益，他们会愿意推动（i）。从另一方面来讲，迪克则有很强的动机像躲避瘟疫一样避免（i）而期待（vii）。当然，也存在一种分配（iii），它是社会在平等基础上的一种选择（即分给每个人 1 单位的 X 和 1 单位的 Y）。但是，这种分配也可能产生另外一种分配（ii）（由于汤姆和哈瑞特用 1 单位的 Y 交易 1 单位的 X）。有一件事是可以肯定的：经济有效性的概念在这里是帮不上什么忙的，因为存在很多同样有效的分配。那么，我们该怎样决定呢？

经济学家曾经认为，社会可以像个体一样作出这样的选择：最大化社会效用或者社会福利。事实上，如果我们可以证明的确存在一种社会福利和社会效用函数，而且它们也像第2章中所述的个人效用一样可以被最大化，那么，新古典经济学家就可以声明，社会选择问题可以通过边际均等原理的扩展得到解决。这种解决方法在图形上的反映就是图8.2中切点C。我这段开始用的是"经济学家曾经认为……"为什么是"曾经认为"呢？因为自从肯尼斯·阿罗（1921— ）在1953年提出一个里程碑式的理论（也是他获得诺贝尔经济学奖的一部分原因），即这样的社会效用或社会福利函数是不会存在于自由民主社会中的观点之后，该定理成为了福利经济学第三定理。

8.1.6 第三定理：总偏好的不可能性

第三定理（阿罗的不可能性定理）

不可能通过综合个人偏好达到社会偏好，同时（1）对于他们想要什么，没有哪个人的意见比其他人的意见更重要，（2）最终的社会偏好对决定社会该如何做有所帮助。

阿罗定理具有极强的逻辑性。他指出，一个"正确"的社会效用或社会福利函数应当具备四个特性（见下文）。继而他又表示，这样的（函数）是不存在的。故事到此结束！

这是什么意思呢？这意味着：社会效用函数的最大化是公共利益（公众利益、普遍意愿等）得以实现的证据，这种事是没有的。换句话说，这就表明图 8.2 中所画的无差异曲线是不合理的；这意味着，公众偏好不能像个人偏好那样可以通过无差异曲线的方式得以描述。实际上，阿罗证明了我们不能空谈社会效用或是社会福利函数；不能将个人偏好当作原料来构建社会偏好。

这对福利经济学是一记重击。第二定理郑重声明：社会能够拥有它所想要的任何有效的商品组合（或是个人效用水平），它所要做的就是去选择哪个是它想要的。如果我们能够找到可将个人福利函数整合成一种社会效用（或社会福利）函数的规则（或是一个数学函数），问题就可迎刃而解。只要发现何种分配商品和效用的方式能够使该社会效用（或社会福利）函数最大化，我们将可轻而易举地找出社会所需要的东西。当人们都对此抱有乐观态度时，就在一切都准备就绪的前几秒钟，阿罗提出了他的第三定理："这种社会效用（或社会福利）函数是不存在的。"这使得经济学家顿时都目瞪口呆，缄默不语。

阿罗的证明超出了本书的范围。然而，充分叙述他证明的逻辑性以求领会其意义和含义还是可能的。阿罗想要表明，我们不能将个体序数效用函数总合成一个社会效用（或社会福利）函数。阿罗就此展开论述：假设我们可以想出一种能将汤姆、迪克和哈瑞特的序数效用（或效用函数）总合成一个总体的（或是社会的）偏好等级。让我们把这种规则（或是社会福利／效用函数）称作"R"。你是否同意我们想让 R 满足以下五个条件呢？

1. **普遍性**：即，无论个人偏好是什么，R 都必须一样地运作自如。实际上，这就好比说，一个国家的宪法，应该制定得在任何情况下都运作自如，无论哪个政党参与大选、无论他们的政策是什么，也无论选民力量如何等。同样地，阿罗提出，R 必须能够成功地总合所有人的个人偏好。

2. **高效性**：即，如果将所有的人行道都漆成粉色会使部分人的效用提高，而不会影响其他人的效用，R 就应该说是考虑到了公众利益才将人行道漆成粉色而不是其他颜色。如果 R 不符合这个条件，R 事实上就不是在整合人们的偏好，而是侵犯了人们的偏好。

3. **传递性**：即，如果 R 指出，因为建造了一座新的歌剧院而不是一个新的足球场社会效用能得到更快的提高，并指出，建一个足球场会比一座新监狱更多地促进社会效用，那么它不可以同时说（从社会的角度来说），建一座新监狱会比建一座歌剧院产生更多的效用。除非社会偏好在这一意义上来说具有传递性（也就是说，如果 X 优于 Y，Y 又优于 Z，那么 X 就一定优于 Z），否则它们都将是没有用的。如果它们不具有传递性，也就无从知道社会的需要：是需要一座新的歌剧院还是一座新的监狱？或是真的需要一个新的足球场？

4. **与无关选择的独立**：即，试想如果 R 指出，社会更喜欢将公共厕所的内墙漆成粉色而不是灰色，并倾向于将更多的钱花在造游泳池而不是高尔夫球场上。现在，如果由于某些原因（例如，一种由氯气的保健效果所引起的恐慌），社会偏好发生了变化而且突然想把更多的钱花在造高尔夫球场而不是游泳池上。阿罗向我们表明，单是这种变化本身，并不能让我们去设想喜欢将厕所的墙刷成粉色而不是灰色的公共偏好将会改变。因此，在选项 X 和 Y 之间所作出的公共选择，不应该取决于其他两种没有相关的选项 Z 和 W 之间所作出的公共评价。

5. 非专制性：即，一个人的个人偏好不应该比其他人的更重要。如果在社会中只有一个人喜欢粉色的人行道、粉色的厕所墙、粉色的出租车和一大堆的高尔夫球场，而其他人都对这种期望很反感。此时如果 R 说，粉色的人行道、高尔夫球场、粉色的出租车等都对公共利益有好处的话，R 就会把一个人的利益置于其他人的利益之上。例如，如果政府的政策由 R 来决定，而且 R 也有偏见，偏好了某个人的品位，恰恰这个人的品位与其他所有人的都有冲突，那么最终的结果就会产生一种专制。阿罗非常睿智地指出，事情不该是这样的。

我们可以简单地重述一下阿罗的福利经济学第三定理（即众所周知的阿罗的不可能定理）：不可能存在像 R 这样能同时符合以上所有五种条件的规则。坦率地说，在上述第 3 点和第 5 点中有一种权衡。要么是个人效用综合产生的社会偏好没有传递性（并因此而一无是处），要么就是社会中的某个人（比如一个有影响力的专制者）能够压倒其他所有人的偏好。

关于不可传递的社会偏好的一个示例

设想这样一种情形：哈里、汤姆和迪克三个人今晚打算一同外出。他们有三个选择：X＝电影院，Y＝戏院，Z＝酒吧。假设他们各自喜好的顺序为：哈里：Y、Z、X，汤姆：Z、X、Y，迪克：X、Y、Z，他们该如何选择？如果讲民主的话，他们可以进行投票。X 和 Y 两个选项中，X 以 2：1 的优势胜出（汤姆和迪克两票对哈里一票）。Y 和 Z 两个选项中，两人支持 Y（迪克和哈里两票，汤姆一票）。换句话说，这就是所谓的不可传递的社会偏好。注意投票结果所显示出的内容，即三个人更喜欢电影院而非剧院（第一次投票结果），而剧院又好过酒吧（第二次投票结果），但出乎意料的是，酒吧又比电影院更让他们喜欢（第三次投票的结果）。这也就是说，这三个人作为一个整体，没有办法达成一致意见。

8.1.7 小结

在 8.1.3 节的最后，我对前两条理论总结如下：第一定理把长期均衡的竞争市场描述成一个奇妙的机器，它能把社会资源转化为大量的实际商品。第二定理提出，任何这些商品组合和个人间有效的商品分配都能实现。我们可能经历下列各种现象，像人与人之间更不平等、贫富之间差异更大、各种程度的不公平现象等。我们要选择首要的资源分配方式，它决定了不同行业以及个人进入市场之前的分配方式。然后，市场会产生一个有效的"商品组合"以及个体之间的有效分配。这就是我们从前两条定理中所获取的信息。然而问题也随之而来：我们如何了解到在这些有效的分配中哪些是市场想要的呢？第三定理给出的答案是：如果是以个人偏好作为选择基础的话，我们就无法得知最终的答案。

　　事实上，情况比上述问题还要糟糕。作为社会公民的集合，我们所希望的有效的市场产出到底有哪些？对于这一问题，我们不仅无法得知其答案，也无法确定市场是否能产出那些有效的结果。原因是，第一定理（谈论市场效率的法则）并不是绝对可靠的。这一定理认为，市场如果处于完全竞争状态或长期均衡状态，就将是有效的。然而事实却是，没有任何一个市场能被断言说一定会处于完全竞争状态和长期均衡状态之中。对于那些没有完善的竞争机制的市场来说，又该怎么办呢？它们还能有效吗？或者它们是否会在有效性这方面令我们失望呢？

8.2 市场失灵

8.2.1 与生产率相关以及生产过剩

本节将会提供一个实例说明，即使在长期均衡状态下，完全竞争有时也会导致过低的效率。在第 5 章中，我们曾假设一个公司的生产率只是公司自身的事务，与其竞争者没有什么关系。然而，事实并非如此，一个公司的生产率（而非产品）会受到其竞争对手产出量的影响。从几何图形上来看，这意味着公司的等量曲线将会随着其他公司的产出量波动而发生变化。可是，怎么可能会这样呢？我们来看下面的例子：渔民们会发现，他们的捕捞量不但与他们在海上辛苦撒网捕捞的时间长短，以及他们的技术水平和资本密集程度有关，还和其他捕捞船只所付出的努力多少有关。这显然是因为，我们捕捞的总量越大，鱼类资源的总量就会被消耗得越多。因此，随着捕捞总量的增加，如果我们想要捕捞到和原来同样数量的鱼，我们所需花费的时间和力气就要比从前多得多。这也就意味着每个人的捕捞量都降低了。

上述事例说明了为什么一个公司的产量会与其竞争对手的产量呈负相关。这种联系会导致竞争，竞争则催生了低效率或市场失灵的现象。我们来分析一下其中原因：如果捕鱼业具有很高的竞争力，这就意味着从事这一行业的公司（或渔船）将会多得不胜枚举。继而，这也意味着只要能多捕捞一些鱼就可获得更多的利润，因而也就会有更多新的公司或捕捞船进入这一行业获利。但是，如果这种情况发生了，其他渔船的生产率就会降低（伴随着鱼类资源的枯竭）。于是，他们就会捕捞更多的鱼以维持其各自的产量，而这样做的结果则会导致新入行的渔船产量降低，相应地，其工作时间也会延长。

市场总是能够在某个地方寻找到一个均衡点，因此，没有任何一个公司能够获得额外的利润（这常常是完全竞争市场的情况）。但是，关于这一市场均衡最重要的一方面就是它对资源的极度浪费。因为，如果个人或公司能够在限制捕鱼量上达成一个协议（如，每艘船或每个公司每天捕鱼的时间比过去减少40%），那么，随着鱼类储量不断获得补充，总的捕鱼量也就能够随之增长。从这一点来说，自由竞争降低了业内的总体产量（这正是斯密所痛恨的一点），并且是对宝贵的人类劳动的一种浪费（更不用说对生态的破坏了）。有趣的是，在这个例子中，垄断现象似乎更加合理一些，因为它能以限制捕鱼量的方式来达到提高利润的目的。也许对渔民来说，一项合理的折中解决办法是，联合起来并形成一种合作关系，这种合作能够监督捕捞行为，防止过渡捕捞。然而，我们要注意的是，这不过是国家干预自由市场限制市场竞争的一种手段而已。另外，由于过度捕捞的动机依然存在，所以，被授予监管捕捞的国家监管机构，一定要被赋予足够的权力，有权逮捕那些超出捕捞配额的捕捞船只；在协议中，一定要对这一点进行强调（原因就是，如果其他捕捞船只都遵循定额捕捞协议，那么，通过欺骗手段实现超量捕捞的船只将会获得最大的产量）。

这一问题的普遍程度如何呢？目前，关于捕捞定额的问题以及对它们监管方式的问题，使得欧盟大伤脑筋，而且在英国和其盟友（尤其是西班牙）之间也有爆发冲突的危险。除了上述例子之外，还有一些很相似的情况也都与效率有关，并对稀缺资源也造成了威胁。"信息"产业的激增，使我们能够想到很多渔业之外的例子。比如，消费者的大脑的存储空间及计算能力是有限的。因此，企业在"告知"（如广告、营销等）方面的竞争，也导致了类似的负的生产率：广告的效用靠的不仅是它的精妙设计，还在于观众看过的广告量的多少。我们对某一广告看到的越多，我们对其他广告的关注程度就越少。

因此，广告公司竞争对手的产出越大，它自己的生产率就会越低。于是，那些想要传递相同信息的广告，就要制造更大的声势来引起你的关注。最终，广告商以及观众都会因此而疲累至极。只要他们能够达成一致并限制他们对我们大脑的疲劳轰炸，我们就都会好过多了。那么，怎样才能达成这样的协议呢？

无意识的竞争结果是威胁而非美德

单靠捕鱼公司之间达成一定的协议，可能还是远远不够的。尽管处于同一竞争市场的各个公司，更倾向于联合而非赤裸裸的竞争，但它们不能成功地联手经营的原因都是相同的：尽管它们都希望竞争者能遵守协议，但它们自己本身却也有可能会为了经济利益而违反协议。既然这种现象对于每个公司来说都是现实存在的，协议自然也就都是短命的。

总的来说，这其实就是一个圈套，而像斯密等一些经济学家，都希望公司能够陷入这一圈套，因为只有这样它们才会降低产品价格，提高产量并以此来服务公众。然而，在这种情况下，圈套就意味着生态破坏以及大量社会投入的浪费。基于这一原因，有人一直认为，国家需要对此进行立法并建立监管机制，强迫各个商家作出有利于他们的选择和决定。

8.2.2 公共资源及自然资源的开发

有些资源并不专属于某些人，而是属于公众所共有的财产。市场机制的问题在于，它旨在给那些私人拥有的商品指定反映商品价值的价格。然而，当遇到那些不归个人所有的资源时，市场往往会低估其价值，结果也就导致宝贵的公共资源被赋予较低的价格。既然这些资源的价格远远低于其价值，它们就会被大量消费掉，甚至过快地被破坏。比如说，清澈的河流早已被工业部门当成廉价的废水排放处或污水蓄水池。如果直接向河里排放污水的费用比购买合理排污所需污水处理设备的费用要低，那么，河里势必充斥着废水。尽管整个社会都十分珍视那些清澈的河流、不受污染的海滩以及清新的空气，但这些资源不属于个人所能拥有的商品这一事实也就意味着，市场仍然不能给这些资源提供一个合适的估价。

在第1章里，我们试着对工业社会发展崛起的历史进行了简要介绍。这段历史最主要的一个方面就是,在人类历史上,我们首次把富饶的土地、劳动力及机器设备等转化为商品。这并不是说在工业革命之前,那些土地、劳动力及资本就是没有价值的,它们当然是有价值的。前工业社会时代终结的标志,就是这些资源的广阔市场的建立。劳动不再单纯是世世代代的农民所要从事的活动,土地也不再特定地成为征服者的奖赏或者继承者的所有物。劳动和土地都被打上了商品的烙印。然而,并不是每项资源都能如此。比如海洋、我们所呼吸的空气以及流域广阔的江河等,这些都很难变得像商品一样被拿到市场上去进行交易。因此,它们作为不被市场所触及的珍贵的非商品资源而得以保存下来。然而,限制其商品化的一个自然而然的反作用就是,它们的价值被低估并面临毁灭性的开发。

"对于无限制地开发公共资源,我们到底应该采取什么措施呢?"在新古典经济学课本中我们可以发现这个问题。在8.3节中,我们可以发现新古典经济学关于这一问题的两点主要的解答:

1. 制定积极的关于保护公共资源方面的国家政策。
2. 完成从工业革命时期就已开始的商品化过程。即,对个体或公司公开拍卖(公共资源的)所有权,以保证公共资源能够通过这种方式达到私有化,并由此引发社会对其适当的重视。

8.2.3 公共商品的非供给

在上一节中我们讨论了如果公司生产或个人消费方面的投入是国家所有而不是私人所有，市场就会失灵。如果某种生产过程的产出公众可以自由获得（不是一个一个地卖给顾客）的话，市场也会失灵。例如，就拿一流的无线电广播来说吧，全国听众都很喜欢广播，他们把广播看作了解世界的一扇窗口。然而，广播却是一种特殊形态的商品。广播不同于一根香蕉，它不能被你、被我或被很多人同时吃掉，但广播却是既可以被一个人所独享，又可以有成千上万的听众来同时收听。当我多"消费"一个单元（比如，一个电台节目）时，并不意味着（除非广播者增加节目的产量，否则）其他人就会少消费一个单元。因此，我们称这种形式的商品为公共品。

公共品的一大问题就是，这类商品的生产者不能直接向购买者收费。当我在海滩上听着自己的收音机时，广播电台如何得知我在收听他们的节目并要我付费呢？但是，如果生产者无法从消费者手中去获取费用，即使有听众会（如果必须）为节目支付大笔金钱，他们也不会再去制作任何广播节目。这就是市场失灵的情况，因而我们可能会有以下几种情况发生：

1. 一群消费者愿意花钱购买某种商品。
2. 总会有某一个或更多一些的生产商愿意去生产那些公众确定会支付给他们费用的商品。
3. 不会进行生产。因为没有任何一种机制可使消费者去支付一定的、能够反映他们所购买产品价值的金额。

至少在欧洲，主要的广播和电视费用是由政府利用税收收入来提供的。然而，不久之后，伴随着私人电台和电视台的涌现，在关于解决"出售"公共品这一问题上，他们找到了一条新的途径。他们不是向观众收取他们所购买的节目费用（他们做不到），而是利用他们的节目来吸引听众或观众的注意力，目的是将这些获取公众关注的机会出售给更多的广告商，好让他们来宣传自己的产品。最后，消费者其实是经由两种方式进行了付费：第一，忍受节目中插播的广告。第二，由于附加了广告费用，因此，消费者在市场上会花更多的钱去购买广告中所宣传的产品（显然，那些附加的广告费用转移到了消费者身上）。尽管通过引入广告这种方式使得市场失灵这一现象得到了局部改善，但结果仍然是无效的，除非能够找到一种更为直接的交易机制（而非通过利用广告的方式），让观众及广播公司都会收益。付费电视（节目）的发展，就是在这一方向上所迈出的一步尝试，这也是公共品私有化进程中的一步。

事实上，就大多数公共品来说，市场还是能够通过将其私有化的方式，成功地克服其失灵的缺点。我们来看一个足球运动场的例子。过去，足球比赛通常是在乡村的草地上进行并且人们可以随意观看，因此，足球运动是一项公共品。后来，比赛场地周围建起了围墙并且比赛过程也变得私有化了。然而，大量其他商品因为市场不能供应它们并且也无法将它们私有化而完全消失了。供本国或外国游客观光游玩的大型国家公园就是一个很好的例子。对其进行维护，以及抵御那些贪婪开发商的开发，都耗资巨大，因此，对于世界上很多国家公园（尤其是第三世界国家）来说，通过收取门票的方式来支付上述费用是种很不经济的选择。最令人伤心的是，它们都被作为生产其他商品的资源而被私有化了（例如，发生在拉丁美洲亚马逊森林的悲剧。在那里，大面积热带树林和土地被征用来养牛和提供木材），或是由于疏于管理而变得凌乱不堪。最终，作为商品的"国家森林""新鲜空气"甚至是"公众自由"都会消亡殆尽，要么是不提供，要么就是供应不足。

那么，我们能够做些什么来改变这一市场失灵的现象呢？在8.2.2节中我们给出了两个答案：

1. 国家需要接管并供应那些有价值的公共品，通过收费及征税相结合的方式来为公共品的生产筹措资金。

2. 将公共品私有化。

8.2.4 总结：外部性、市场失灵及搭便车等问题

我们分别在8.2.1、8.2.2及8.2.3节中所谈过的市场失灵的三种情况，在经济学当中都是外部性例子。它们的共同点是：在三种情况中，决策主体并不知道他们将要获得的结果完全依赖于他们的决策。在8.2.1节，捕捞船只对捕捞密集程度所做的决断，并不足以决定他们捕捞量的多少，因为捕捞量还取决于一些决策之外的因素。这些

外界因素到底是什么呢？答案就是：其他渔民关于捕捞密集程度的决策。

在8.2.2节我们还举了一个关于外部性的例子。人们享受洁净海滩、新鲜空气及清澈河流的效用，并不取决于他们做了什么，而是取决于化工厂的管理者决定在河水和大气中排放多少有毒物质。最后，在8.2.3节中，公共品的供给也受到一种外部性干扰：事实是，即使你已准备好要为维护你们当地的公共图书馆做一点贡献，你也不用担心其他人可能会和你一样作出类似的贡献（因为在那种情况下，你所做的贡献可能就会是一种重复浪费）。此外，如果你认为早就有人做过这些工作，你可以不用再去做了，你就会省下你的金钱（因为其他人可能已经做了足够多的贡献了）。于是，这样一种现实——公共图书馆的使用寿命更多地取决于其他人所做的工作而非你所做的（也就是你决定之外的因素）——就意味着，即使你和其他人都希望看到公共图书馆继续经营下去并都准备好了支付其维护费用，但最终无论是你还是其他人，都不太可能真正去实施那一行动。

新古典经济学家由此作出如下总结：只要存在外部性（即，一个人的安居乐业并不仅仅取决于他自己的决定，还取决于其他人的决定），竞争市场就不能提供有效结果。另外，对于人们来说，让他们团结起来寻找一条集体的解决之道也是非常困难的，这是由于存在着搭便车的问题。例如，在8.1.1节中，我们提到渔民为了利益可以不遵守那些限制捕捞的协议。这是什么原因呢？就是因为，每个渔民都希望所有人（包括他们自己）都能在没有规章限制的情况下，自主地限定他们的捕捞量，但是，如果在其他人都遵守捕捞限量的情况下，某些个体仍进行过量捕捞，他们就会成为获利最多的一方。如果这种情况对于某一个渔民适用，对于全体渔民也就都适用，因此，协议通常都不会被长期遵守下去，因为每个人都试图搭便车（由此也就产生了搭便车问题）。

搭便车问题也妨碍了我们采取一种简单的方式来解决 8.2.2 节中所提到的由外部性引发的市场失灵现象。以污染为例，如果从每一个公民的利益角度考虑，是没有人会去进行污染活动的，因为污染相应地会引发环境灾难，每个人都会是这一灾难的受害者。然而，限制污染需要花费金钱和努力（大到为工厂的烟囱安装昂贵的过滤器，小到捡起饮料空瓶扔进附近的垃圾桶），并且你更希望得到的结果是：在你破坏环境的同时，其他人来治理污染并支付控制污染的费用（如果只有你一个人来制造污染，做到上述要求并没有什么问题，因为个人所产生的垃圾毕竟在数量上是很有限的。并且我们还可以这么说，如果你把制造的那些垃圾扫到地毯下面去的话，你也就再也看不到那堆垃圾了）。但是，如果每个人都试图通过这种方式来"搭便车"，我们也就可以看到环境灾难正在向我们招手了。

最后，在 8.2.3 这一节里，恰恰是搭便车这一问题妨碍了公共品的供给。尽管每个人都更喜欢他们自己作为被供应者（即使他们需要为那些商品或服务支付一定的费用），实际上他们却不需要为此支付任何费用，这一点使得他们认为最好的结果就是当他们在"搭便车"的时候可以由其他人来支付这一费用（或承担这个后果）。当然，如果每个人都那样想的话，就不会有任何公共利益的提供了（并且具有讽刺意味的是，没有人会停止自己的"搭便车"行为）。

搭便车问题：一项试验

假设有一天你的老师走进教室告诉你们，你们整个学期的分数将会按如下安排获得：每个人都在1到9之间选择一个整数（包括1和9），并把你选择的数字连同你的姓名写在一张纸上。然后，老师会计算出你们选择数字的一个平均值，你的个人分数等于：

11×（所有被选整数的平均值）—（你所选的整数）

例如，如果全班有50个学生，每个人选的都是整数9，那么全部的平均值就是9。因为你选择的数字肯定也是9，所以你的分数（以及全班其他人的分数）就等于：[（11×9）—9]=90，这是一个很不错的分数。从这个意义上说，50个人全都选择整数9的话，对于每个人来说都是有好处的。

想象一下你认为班里其他49个人都会选9的情形。这时候，如果你选了一个小于9的整数，比如1，那么最后的平均值就会从9下降到8.84[（49×9+1）÷50]，但是你的分数却会增加到96.24[（11×8.84）—1=96.24]。你的其他同学（假设他们全都选的9）将会得到88.24的分数[（11×8.84）—9=88.24]。你将会是全班最高分！这就是一个"搭便车"的典型示例——你将会"超越"你的同学。

更进一步地说，这个结果就是你期望你的同学所选择的：无论你所期望的整数选择平均值是多少，只要你选择1，你的分数就会是最高的。不幸的是，如果每个人都这样想，每个人都会选择整数1，结果就会出现班里每个人的分数为10的现象。

从理论角度来说，"搭便车"这项试验有三个重要特征：第一，每个人都希望大家全都选择9而非1。第二，每个人都有选择1的动机。第三，除非你和你的同学之间有比分数更让你们在乎的事情存在（例如友谊，或者如果你选了1，其他人就不会再理你等因素），否则，优先选择9这一协议就会被打破。总之，"搭便车"揭示了工具理性的一群人是如何以一种损害每个人利益的方式来作出反应的。

8.2.5 由于无知和不确定而导致的市场失灵

设想一下，有销售商想以 P 价格销售商品 X。同时，有买主想以 P 价格购买 X 商品。此时，人们通常都会认为，两个人能达成一致并互惠互利地完成交易。然而，设想商品 X 是一辆刚用过一年车况很好的车。但买主则对此不太确定。因为他听说，有人买过一年车龄的车，没过俩月就出现了各种问题（这些车要么是生产线下来的次品，要么是因为第一个车主使用方式不妥）。

假如好多买主都有同样的担心，结果就是，随着预期买主对这种车需求量的逐渐降低，一年车龄的车辆价格也会随之下跌。一旦这种情况发生，一些提供旧待售车的销售商就会对新的低价不感兴趣（比如，他们或许决定宁可保留下那些尚好的一年车龄的车，也不以低于他们车子实际价值的价格卖出）。较好的一年车龄的车会撤出市场，从而增加次品车的比例。随着预期买主听到买二手车的人遭遇烦恼的故事越来越多，他们就会逐渐放弃市场。结果导致二手车需求量进一步下滑，价格下跌。价格的进一步下滑，将更加减少好二手车的数量，从而再次促使待售的次品车比例增加。如此周而复始，直到差二手车把大部分好二手车逐出市场。

为什么上述情况会导致市场失灵呢？这是因为虽然我们会拥有想卖车的车主（他们有八九成新的车），以及想从销售商那里拿货的买主，但最终交易却不会达成，理由是买主无法鉴别销售好质量车的销售商。市场失灵的原因是无知外加担心受骗的心理。换句话说，信息是不对称分布的（销售商比买主更了解他们的车），并且某些人（次品的销售商）会利用信息不对称并试图欺骗买主。令人遗憾的是，好质量商品的销售商和买主都被欺骗的疑团蒙蔽，这一疑团使得他们彼此难以识别并进行有利的交易。

价格是质量的象征

几年前，我们系在暑假期间给高中教师提供了为期两周的进修课程，主要是关于近来经济学理论的发展。考虑到各个中学的财务状况都不是很好，我们决定对他们免费培训。结果只有7名教师感兴趣，我们不得不取消这一课程。第二年，我们以每人1000美元的价格提供了同样的课程，结果有65人报名。为什么会这样呢？唯一的解释就是，当人们对所提供的一件产品或一项服务的质量感到不确定时，价格起了一个标识的作用。如果价格过低，买主就会离开市场。

回顾第5章中的完全竞争模型，这类失灵没有被正视的原因在于这样一个假设，即买主只注重数量，或者说他们能马上识别出产品质量。而当买主做不到这一点时，结果或许就会变成，过度供应长期存在，降价也不能促进需求。为什么不能呢？因为消费者可能会把它解释为质量下降的标志。

目前，因不确定性而导致的市场失灵，已经成为经济理论中一个热门问题。我们能想到很多市场与行为主体无法充分协调的例子。以劳动力市场为例，它好像总是处于失衡状态。为什么总有庞大的失业人群呢（一个不折不扣的供应过剩的案例）？当然，答案取决于个人观点的不同，而在这里我们也没有必要就此展开辩论。不管怎么说，研究上述二手车的例子并提供可能的解释，还是蛮有趣的。

设想雇主对未来要雇用工人的技能、性格和生产率是不确定的，进一步假定雇主不知道工人有多出色，要到几个月过去后他们才会露出真面目（到那时公司已经花费了大量的时间和金钱培训他们）。这种情境与二手车市场是十分相似的。买主对质量不确定，只能在付出昂贵的费用后才能鉴别其质量。结果就是，因为存在不确定性，价格下降，需求量减少。

但随着价格降低，会出现两种情况：(1) 已经很没有把握的买主把日趋降低的价格（比如工资）看作质量越来越差的信号（精明的雇主会想，这么少的待遇他也能乐于工作，他应该不是很出色）；(2) 随着价格（比如工资）降低，优秀些的工人跳槽到别的行业（或其他国家），只留下那些不那么熟练或不那么忠诚的人来申请工作。如果雇主理解（2），(1) 中所描述的作用就能加强。一天下来，聘用率会比应该的低，因为许多熟练或忠诚的工人未被录用，与此同时，有些想雇用他们的雇主则没有聘用。一个不折不扣的市场失灵！

凯恩斯和预言的力量

凯恩斯或许是20世纪最著名的经济学家，他认为，仅有获得效率的机会，是不足以激发市场的良好运行的。在一个不确定的世界上，还需要点其他东西——信任。因而，生产商完全有可能因为担心市场对其产品的需求量不足而不去投资或者减少生产量。结果，不去雇用工人、不去投资，商品需求量的水平自然也就会较低。在自己的心理状态而不是客观现实的驱使下，生产商的担心最终被低水平的需求量所证实。

上面一段所阐述的内容，在某种程度上与凯恩斯在20世纪30年代解释资本主义自由市场有经济危机倾向的立论不谋而合：不确定

性有可能把市场抛进下降的漩涡，并且可能没有向上的可能（没有外部的帮助）。盲目的信任在市场中只会导致市场失灵的永存和加深。

不确定和协调问题：另一个实验

假如把前面的搭便车实验稍加改进。你的成绩由下列公式决定：

11×（班里所选最小整数）—（你选的数）

（注意，唯一的区别是把平均数换成了最小数字）

换句话说，每个人还是像先前一样，写下一个从1到9的整数，老师记下所选的最小的数（与先前搭便车实验里的平均数相反），乘以11，然后减去你选的整数。所得的数字就是你的分数。因此，如果大家都选择9，班里的每个人都会再次得到90的成绩。然而，只要有一个人选择低一点的数，整个理想就会被破坏。因此，如果你认为班里选择的最小数是X（1≤X≤9），那么让你的成绩最大化的整数就是X！不像先前搭便车问题中的例子，你有在可选数字中选最小整数的动机，这里你没有此类动机。如果你选一个和班里选出的最低数字一样的整数，你就会好于别人。

这就是经济学家所称的协调问题。之所以这么叫，是因为每个人都希望协调；大家都非常希望每个人全选9，他们自己也选9。此外，这里也没有欺骗和冲突（不像在搭便车问题中的例子），因为没有人有任何理由通过选比最小数字还小的数来欺骗别人（而在搭便车实验中每个人都有选择1的动机）。在这种情况下，经济学家按照惯例认为理性的人会选9。"他们何以不那么做呢？"他们问，"如果他们有理性的话，他们必须确定这种选择会让大家都好，在没有丝毫欺骗的动机下（和搭便车例子相比）他们会做那样的选择。"这一预言反映出，经济学家在把理性、利己主义和自由选择结合起来，以期产生最大利益上所拥有的信念。然而，事实并不支持这一点。

在一个由113名MBA学生（他们大都是非常熟练的专业人员，具备多年管理经验）组成的班级里，当我让他们做这个游戏决定他们部分的评估分数时，80多人都选了整数1。他们为什么没能有效协调呢？答案是：由不确定性造成缺乏信任。如果"一个人"相信极有可能小组中某个人会悲观地预期有一个人会选择整数1的话，这个人就有足够的理由选择1。如果其他人也这样预期的话，他们也会选择1。最终，尽管不像在搭便车实验中，没有人有欺骗的动机（即选一个小的整数），但整个小组仍然不能协调，作出对所有人都有利的选择。这个实验很好地抓住了前面线框中凯恩斯论点的实质：因为协调问题，市场会失灵；即由于不确定性，人们（正如上述实验中我的学生）会往最坏处想，结果最坏的事情就会发生。例如，公司会担心产品未来的需求量低，于是就减少投资并解雇工人。这样一来，工人丧失了收入，对该公司商品的需求量也就会像预期一样下降。

8.2.6 垄断是一种社会失灵

最后，但却不是最不值得注意的是，有能力影响价格的公司有一定的市场作用力。他们面对的竞争越少，作用力就越大。市场作用力源自一个企业相对的垄断地位。随着这种地位的增长，公司可以通过降低产量从而把消费者需求曲线推到某一点，使其利润最大化。这对垄断者来说是再好不过了，但是市场失灵仍旧会出现。我们已经在 8.1.2 节中解释过其原因。简单地说，垄断会带来市场失灵，因为它降低了单位产出。这种原本能使公司和消费者都受益的产出永远无法实现，这是一个典型无效的例子。取消这种损失的方法是，要么迫使垄断者增加生产（比如国家可以强制推行一个能够促使垄断者增加生产的最高价格），要么消费者成立一个拥有强大购买力的组织，组织的代表可以和垄断者进行直接谈判。

8.3 纠正市场失灵

8.3.1 通过扩大市场进行纠正

一个对市场失灵的反应，在 8.2.2 节中已经有所暗示。如果市场失灵源于资源的公共所有权或是对产品的公共使用权，一个解决办法就是使之私有化。在公共品情况中，私有化能够创造一个让生产者对个体消费者收费的体系。收费电视已经作为一个案例提到过了。通过一定的技术，可以给电视信号加密以便对使用权加以限制，只提供给那些付费的用户。我们把情况再转回至今仍被低估的(被开发了的)公共资源上。私有化就是将可实施的所有权转让给个人。这里有个例子：一个工厂把废弃物倾泻到河里而污染了河流。当地居民抱怨说，他们的生活质量受到损害，是他们这些没有制造污染的人在承担污染费用，而不是那些制造污染的公司。对此，政府可以通过立法，禁止将未经处理的污水排入河中。这是一种非市场的干预。

此外，政府可以通过一项法律，给予居民享有清澈河流的权利。如果企业继续污染，居民协会可以起诉，这样企业就会愿意就此问题和协会或地方当局协商。人们或许会希望随后的谈判可以达成一项协议，使得公司能够通过经济赔偿购买到公司可以接受的污染水平。总之，按照这一设想，使居民享有"洁净的水"的权利，会迫使公司支付污染费用，从而限制该企业。

集体行动的重要性和脆弱性

只有当居民具有强烈的集体要求时，赋予居民以所有权才会是一项有效的政策，例如一个组织好的基金委员会。否则，即使出于居民自身的利益可以构建一个协会来同污染企业谈判，他们也很可能不会那么做——一个典型的搭便车问题。比如，如果在涉及参与运营协会的过程中，有个人成本发生(如在当地城镇大厅长时间地辩论和商议、现金捐献等），每个居民都有建立协会的想法，但却也都会等着其他居民组织起来。如果大家都这么做，就不会有协会成立的时候。此外，还有一个经常存在的危险，那就是企业有可能分化居民，并继续污染而不受惩罚。

采用这种解决方案出现的问题，超越了现实的危险，即居民未必有必要的社会权力，可以去勇敢地面对有经济实力的集团大企业，而该企业的资深律师反倒是能够从某种败诉中窃取最惊人的胜利。另外一个大的担心是，如果这一解决方案在逻辑上是合理的，其实就是什么也不做。想一想：如果居民没有对污染企业起诉，他们仍然可以联合起来贿赂公司以达到保护自己后院不被污染的目的。这里唯一的区别在于：不是该公司贿赂居民以便让他们接受一些污染，而是居民将行贿公司以限制其污染。这两种情况有什么区别呢？

主要区别当然是，在其中一个案例中污染者会给受害者以赔偿，而在第二种情况下则恰恰相反。不过要注意，这不是出于新古典经济学的观点，因为在经济学教科书里没有公平或正义的概念（只有工具理性、效率和最大化的特点）。我们甚至不能说（由于第三定理否认把私人利益纳入社会偏好的可能性）受害者补偿肇事者不是出于公众利益。这更能说明,此论点很可能会左右经济学家反对让污染的受害者贿赂污染企业的解决办法。这一论点提醒人们，搭便车的问题可能会阻止居民协调他们的行动从而使这一问题变得更糟糕，因为他们必须拿出更多的钱，以积聚足够的资金来贿赂企业以便减少污染。

正如我们在8.2.1节提到的与生产率相关的案例中，搭便车问题可能会破坏市场关注其运行失败问题的机会。支持依赖市场自身提供解决办法的人，建议设立一个自我管理的非正式系统，而不是要求国家进行干预或是实施捕鱼限额（或广告配额）。如果生产者意识到通过自我约束能使自己受益，这当然是完全可行的。然而，搭便车问题仍未解决，因为破坏协议仍是符合个人利益的，尤其是在别人都遵守这一协议的情况下。具有讽刺意味的是，为使协议不被破坏，最好的保障是，人们遵守协议不是为了保证自己的物质利益，而仅仅是他们无论如何想要遵守它。从这个意义上来说，在生产者不是最大获利者的情况下，市场运作的失败是可以避免的。

8.2节中提到的信息不对称又该怎么解决呢？同样，这些希望依靠市场自身解决其运行失败，而非依赖市场之外的政府来进行干预的人，提出了这样一个建议：这些关注自我利益的个体，自己就能找到办法解决由不确定性引起的无效的问题。比如，在二手车买卖的问题中，可以借助广泛的担保使二手车的买卖更加安全。在劳动力市场的例子中，我们已经提到了各种解决方案。比如，那些取得一些较难获得的资格证书（如经济学位或工商管理硕士等）的员工，不是因为他们能从中学到很多雇主非常重视的知识，而是他们能向雇主证明自己能够承受较为辛苦的劳动。事实上，可能所有人都知道这些课程是完全无用的。尽管如此，也没有关系。因为要通过这些课程非常艰难，需要毅力与坚持，因此在招聘新人的过程中，雇主可能会想要雇用拥有这些资格证书的人，这样能降低他们对应聘者是否具有奉献精神的不确定性。

再回到我们在 8.2.6 节中讨论过的市场失灵（即垄断）问题，这些希望依靠市场提供解决办法的人，建议扩展市场，而不是通过政府干预。他们建议打破垄断以增加竞争，而不是将垄断国有化或是采取价格控制。另一方面，那些充满智慧、支持市场机制的最权威人士（像熊彼特和哈耶克）则提出：我们不用再担心垄断问题。如果不是为了追求垄断的利润，也就不会带来进步。因为我们现在从中获益的巨大的技术进步，都是在垄断获得的利润的支持下出现的。在任何情况下，垄断性的公司都不会长久存在。像帝国一样，它们也会经历兴衰，并且只有在它们能有所贡献时，它们才能继续存在。

对自由市场经济没有太多热情的人认为，因少数公司掌握过大的市场力量而引起的无效问题，可以通过国家干预来帮助解决；尤其是那些因为固定成本比较高及平均成本正在降低的属于"自然"垄断行业的公司（如电力电网公司、铁路等）。他们的论点是，尽管是人为的，竞争同样可以被引入。例如，铁路经营权可以定期竞拍，竞标公司可以为公众提供最低的票价方案。这种方式能够带动竞争，但这一竞争不是发生在客户一端，而是在公司之间彼此竞争，以便决定谁可以在实现最低垄断利润的情况下进行经营。

总的来说，任何时候市场运作失灵，在社会应该怎样作出反应的问题上，都会出现有利于市场的答案——分配产权，允许自发性的协议约束破坏性行为，通过更好的方式引入更多的竞争等。但没有一种解决方法可以面面俱到。如果制造污染的公司掌握了瓦解居民集体行动的方式（来继续其污染活动），那么把产权分配给居民也不一定能产生效果；捕鱼业或广告业的自我约束可能也会失败，因为通过欺诈获益的动机战胜了对道德准则及社会公益的需求；二手车市场的担保并不安全且成本很高，只有一些名声不好且不可靠的二手车商人才会提供；不管对于个人还是社会,取得工商管理硕士或是其他学位的成本都是很高的，而一旦每个人都得到了这样的学位，它们也就不再能为雇主提供有用的信息了；公共设施经营权的竞拍可能存在招标人相互勾结的作弊行为。因此,对于通过扩展市场（不是把市场推到一边）来解决市场运行失灵这一方法，仍然存在怀疑。

8.3.2 公共利益估算的不足：补偿原则

通过扩展市场来解决市场运行失败，始终会带来以下问题：利益的分配及由市场扩展带来的负担。事实上，不同的市场扩展，对个人的效用（或收入）分配的影响是不同的。在 8.3.1 节中讨论对污染的控制时，我们已经提到了一个例子。如果社会将清理河流的权利交给居民，那么在降低污染的同时，也会伴随收入向他们的转移，因为公司会通过行贿避免被起诉。另一方面，如果企业仍然有一种没有明说的污染的权利，他们可能仍会获得来自于居民的收入（或者，更可能来源于当地政府或中央政府提供的纳税人的资金）作为限制污染的费用。由此，两种不同的"权利"将会造成两种不同的分配：一种有利于居民，一种有利于造成污染的公司。社会应该选择哪种呢?

可能你们，我的善良而敏感的读者，对于究竟谁应该向谁付钱这一问题没有任何怀疑。然而，新古典主义经济学却在这里陷入一种困境。回顾一下第三定理，我们不能用个人欲望来构造一个公共偏好。如果这样做，在完全不知道经济学中"公正"的正确定义的情况下，谁能决定什么才是社会认为的公正、什么才是适合以及符合公共利益呢？在缺少对公共利益有效概念的情况下，我们应该怎样选择扩展市场，即依赖市场自身解决其运行失败的问题呢？

例如，当对铁路的经营权进行拍卖时，政府是应该接受那个获得最低垄断利润的投标方，还是应该同时关注投标者提出的为少数团体提供非盈利性服务的承诺呢？换句话说，从消费者总体角度来看的最佳效果（不惜任何代价最小化垄断利润），是否就是社会公共利益呢？或者说，是否损害总的社会利益来补偿一些群体才是社会公共利益？没有对社会公共利益的定义，这些问题就无法解答。

或者他们可以？一些新古典主义经济学家拒绝陷入第三定理所造成的困境。他们承认第三定理使得我们无法讨论集体目标，但仍认为估算"公共利益"是可行的。有一个摆脱这一困境的观点受到了广泛关注，即对受损失者加以补偿。它的运作方法非常简单：假设政府在考虑一项能使一些人受益而使另外一些人蒙受损失的政策，比如，在主要机场附近兴建新的跑道，以此进一步发展旅游业及经济。在将要新建跑道的地区居住的居民一定会因这一政策蒙受损失，按照严格的经济学（帕累托效率），这一政策是完全不会被推荐的。

当然，问题在于，如果政府只采取那些不使任何人受到损失的政策，它将寸步难行。只要有一个人对可能的改变方案表示不满，就可以对它进行否决：即使除了这个人每个人都能从中受益很大，这一方案也无法实施。这一问题的一个解决方法是：对这个人进行补偿，以免其对方案进行否决。例如，对计划新建跑道地区附近的居民，支付足够的补偿，用来弥补飞机噪音给他们带来的效用损失。如果社会总体能从机场的改建中获利，那么，它一定支付得起对附近居民的补偿费用。然而，实际中仍存在一个问题。首先，很难确定应付多少补偿金给每一个"蒙受损失者"以使他们同以前一样。其次，补偿金应该由谁支付？普通的纳税人？还是从新建机场中获利更多的人（比如，商务旅客、旅店经营者）？

补偿因国家政策而遭受损失这一观点的第三个困难在于，在很多情况下，对损失者进行补偿与这一政策的目的相冲突。比如，假设一个社区里有一个亿万富翁和许多穷人，有人可能会提议从亿万富翁那里拿出仅仅 100 万美元，用来为穷人购买食物、药品等必需品。这是一个好主意，因为穷人的受益将超过富豪的损失。然而，后者不能（也不应该）补偿。

为了避免这些实际的困难，为了发挥政府在政策制定方面的作用，一些经济学家提出了补偿原则。这一原则认为，当考虑某一项政策 X 的实施时，我们不一定要有一个整体的社会效用或福利函数，也不必非要考虑怎样才能符合社会公共利益——只要福利的受益者能够补偿相应的受损失者，这项政策就应该执行。非常简单！注意，这一原则并不涉及任何实际的补偿，因此避免了要准确确定谁应该受补偿、补偿多少、由谁补偿这一系列复杂的问题。它坚持的观点是，如果受损害者的损失低于受益者的收益，原则上来说，后者完全能够补偿前者。在这种情况下，政策 X 就应该被采用，而不需要要求受益者补偿受损害者。

你可以看到这一想法是如何自然而然地就出现在了经济学家的头脑中的：如果从某一政策中所获取的总收益超过了总损失，这就是一个好的政策。这是不是一个简单得了不得的方式，让我们从第三定律中杀出一条道路，了解究竟一个政府应该实施哪项政策呢？为了找出这一问题的答案，我们需要仔细考虑这一问题。假设一些聪明的经济学家将居民吉尔女士与旅行者杰克先生的收益与损失情况进行了一下衡量（见图 8.3），吉尔女士是那些居住在新机场跑道建议路线附近人群的典型代表，杰克先生则是那些通过旅游业来获取利润的商业团体的典型代表。现在，杰克和吉尔效用的组合由图 8.3 中当前效用曲线上的 A 点来表示。

如果建立新的跑道，就会有更多新的可能性产生。图中的粗线条就表示这一新的可能性。此外，我们的经济学家还推测说，如果政府不会在新跑道建立之后进行干涉的话，B 点更有可能是新的效用结合点。那么，我们还应该去建立这一新的跑道吗？我们的"社会"应该从 A 点移动到 B 点吗？根据补偿原则，应该这样去做，由于杰克所得至少原则上使他有能力补偿吉尔，并且他在给吉尔进行损失补偿后也依然能够处于良好的景况。

看图 8.3。我们注意到，对于吉尔来说，尽管 B 点比 A 点的情况

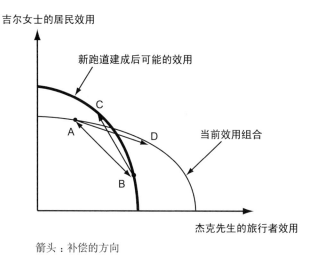

图 8.3 补偿原理的不足

要糟糕很多,但是粗线条的区域却包含了 C 点这样的情况。在 C 点上,杰克和吉尔都能处于良好的景况。因此,从原则上来说,假如吉尔并不反对建立这条新的跑道,杰克就能帮助吉尔从 A 点达到 C 点,这对吉尔来说也是一项难以拒绝的建议。那么,我们如何实现它呢?当这一跑道已经铺就,并且杰克也赚到了足够多的钱 / 或效用的时候,他将会支付给吉尔一定的金额,这可能会使他自身的效用减少但却增加了吉尔的效用(直到他们都达到 C 点为止)。最终,杰克和吉尔的效用都获得了增长,并达到了建立新跑道所想要达成的目的。如果这种帕累托式的改进方式能够实现的话,补偿原则就会建议:建跑道,但不用给吉尔作出任何实质性补偿(回顾我们如何决定由谁来为吉尔作出补偿以及需要补偿多少才能使人们不用再去为建立这样一条跑道而费心）。

总而言之，只要我们能够证明新政策或计划（如建新跑道）是合理的，如 C 点是可以达到的，补偿原则就会建议，这些政策或计划就是可以被接受和支持的，即使事实上通过这种行为可能会使社会整体由 A 点滑到 B 点。对于如何在那些总有人提出质疑的政策中进行选择，这种方法的好处就在于其简单易行。然而，这里还有一件麻烦的事情，那就是，即使这一跑道已经建成，运用补偿原则同样还能把它拆掉。这又是怎么回事呢？

我们再来看图 8.3。假如新的跑道建设必须被立即停止，因为我们大家都处于 B 点之上（根据补偿原则，由于建设跑道，社会已移动到了这一点上）。当然，既建议建设又建议拆除的原则一定很荒唐，然而这却是实际发生的一切。因为如果跑道被关闭，杰克和吉尔也就从 B 点返回到了 A 点，此时，吉尔（原则上来说）就要补偿杰克所损失的效用，并且如果真这样做的话，吉尔就会移动到 D 点。而在 D 点，他们都能比原来更好一些（相对于 B 点来说）。这也就意味着，根据补偿原则，这一新跑道的建设应被立即废止。

一个清楚的事实是：如果补偿原则忽视公共利益，只把注意力集中在机械地比较直接受其影响的人的得失上，我们就无法作出明智且公正的政策选择。图 8.3 揭示出这一原则在实际条件上的不足，因为这一原则在建议一个新的项目能够进行的同时，又认为应该立即放弃这一项目。

总的来说，我们再次回到了起点：在我们希望政府能够做一些事情的情况下，我们迫切需要明确社会公共利益究竟是什么。不幸的是，那些合理的、能够真正反映广大人民共同利益的集体决策的机会，好像越来越小了。

8.3.3 小结：理性社会的新古典主义经济学

本章以一个问题开始：根据新古典主义经济学，理性的人会将效用最大化，理性的社会应该怎么做呢？（最诚实的）回答就是没有答案。根据第一定理，想要高效地将资源转化为商品的理性社会，应该建立竞争型市场，同时保证其长期均衡。然而，事情并没有这么简单。8.2 节中列举出一系列原因，用以解释为什么即使存在竞争，市场也会失灵。此外，即使消除所有导致市场失灵的制度原因（比如，公共品及资源完全私有化），如果市场完全依赖自身机制运行，我们仍然不能确保市场达到均衡（高效）的状态。仅仅由于不确定性所引起的担忧和退缩，市场也可能无法成功达到供求的有效均衡，其原因与凯恩斯提出的相类似。换句话说，市场失灵的原因可能仅仅是：有足够数目的人担心它会失灵。由此可以看出，我们需要一定形式的政府干预也是必然的。

政府干预存在的问题是：它为不同的人或群体带来的利益总是不同的。谁应该获益更多呢？第二定理证明，这应取决于社会。在国家重新分配资源的情况下，任何形式的效用分配都是可能的。这就意味着：国家干预的存在基于两种原因。第一，当市场自身运作出现问题时，它需要外界的帮助。第二，在很大程度上，社会中资源、收入、效用及机会的分配是任意的,并且可以是不同的。"为什么有些人仅仅因为父母的贫穷就注定要贫穷?"有人这样问。第二定理为社会提供了一个改变这一分配方式的办法。

到目前为止,我们发现,不管是在帮助市场运行方面,还是在改变社会利益分配方面,政府干预都起着重要作用。新古典主义经济学的问题在于第三定理,第三定理固执地坚持并明确地告诉我们,如果每个人都是效用最大化者,就不可能得到一个有用的公共利益的概念。那么,社会应该怎样在众多市场干预手段中进行选择呢?应该采取哪种收入分配方式呢?(在这一点上如果不采取任何手段,就是作出了一个高度政治化的决定,即现有状况是可以接受的。)第三定理否认了这一问题存在答案的可能性。但是,如果社会公共利益定义不明确,国家究竟在做些什么呢?国家又在为谁的利益服务呢?

经济学教科书用了几年的时间才承认第三定理。现在看来,好一点的教材已经勉强接受,并向学生承认这一必然的事实:经济学无法告诉你什么样的政策能服务于公共利益。这也是政治民主为什么不可替代的原因。政治过程,以其自身的特性和缺陷,执行着形成某种程度政治平衡的任务(见线框),它决定了一个社会应该怎样做。当然,你很难使守旧的人接受新事物。因此,很多教材仍然采用我们在第 2 章和第 5 章中回忆过的对政治均衡的分析:政党被描述成争夺选票的团体,公民作为自我利益的个体,在不同的政党之中按照能够最大化自身效用的原则作出选择,而民主进程则是各个政党彼此竞争、努力"推销"自己的政策的市场。

> **政治均衡：新古典主义经济学对民主的看法**
>
> 选民有各自不同的利益，他们选举的是最能代表自己利益的政党。政党考虑到竞争者的政策，采纳可以最大程度为自己争取选票的政策。政治平衡的出现，不在于政党之间彼此达成一致，而在于每个政党都没有改变自身政策的动机。随着政治和社会现实的改变，平衡的改变会引起不同政党间的暂时联合。同时，选民形成游说团体，对当前政府施加影响。因此，完全的政治平衡是指，其中没有任何主体有动机改变自己当前的行为，比如，游说者继续按照既定的进程进行游说，政党对其政策的宣言保持不变等。用我们熟悉的方式来说，每个人都遵守边际均等原理，只不过现在他们是在不同的政治方案的结合中作出选择。

这种为政策投票的市场，带来了一组平衡的政策，根据新古典主义理论，这些政策正是当前社会中政府干预的特征。对于一个理性的国家应该做什么，新古典主义经济学或许不能成功地提供一个蓝图，但它却恰恰是在缺少这一蓝图的情况下，对国家应该怎样做这一问题作出了自己的解释。

[第9章]

教科书模式的历史：
经济学领域内关于合法国家的概念——起源、困境及两条逃脱路线

9.1 关于失败预测的记载

新古典经济学关于创建一个理性社会蓝图的失败，我们在第3章中已经演示过了。新古典模式的起源可以追溯到19世纪边沁的功利主义哲学。你可能还记得，边沁在关于人类（追求享受）的问题上做了一个最简单的假设，为的是能够引出他在伦理学和政治学方面的重要主张：每个人都应该追求最多数人的最大幸福（即平均效用最大化）。当然，他无法证明每个人效用的最大化将会导致人人都得到最大的平均效用。这一失败，无疑也预示了新古典经济学在尝试建立社会效用或福利功用时将会遇到的困难（见第8章）。

边沁的政治哲学具有确定无疑的实践意义：他希望能够用它来证明"把财富从富人手中分到穷人手中"这种进步的再分配方式是

正当可行的。他还有效地论证了更加平均地将资源进行分配能够提高平均效用，相应地，平均效用的提高则象征着向更优越的社会迈进。可以想象，向富人征税的计划引起了很多人（尤其是那些通过再分配将会失去大量财产的人）的争议。

在经济学匆忙地证明自己是一门科学的（并由此而成为与政治无关的）学科时，新古典主义经济学必须有能力在这些争议之外另辟蹊径。它确实也做到了——通过禁止对人与人之间的效用进行对比的方式。当他们认为杰克从一个苹果上所获取的效用不能被用来和吉尔从同一个苹果上所获取的效用相对比时，他们也就避免了在关于两人谁应该获得更多的苹果问题上产生的立场问题。然而，他们同样也将自己限制在了一个讨论议题之外，即应该由谁来分得多余的一个苹果，杰克还是吉尔？他们只是不负责任地说，谁出得起高价，谁就可以获得这一苹果。

在第3章中，这一观点是这样描述的：

> 通过放弃效用可以通过人与人之间的比较来测量这一观点，经济学家摆脱了大量……政治方面的争议……当然，他们也失去了了解什么是公共效用的可能性（因为试图把所有人的效用相加来衡量一个社会的福祉的想法，暂时无法实现）。

从本质上来说，早期的功利主义者为了创建一个通用且不会产生争议的个体模式，而牺牲了公共效用的概念。第3章中关于个人选择经济学模型的发展历史，为我们当前的经济学所面临的问题，即确定社会作为一个整体可能会有哪些需求，提供了一些启示：

> 功利主义其实是早期心理学理论的实施，它的主要目的是由此引出关于良好社会的理论，新古典经济学则将其拆分为私人选择的一种计算，其结果就是，它无法辨别社会是好是坏。

一旦不能进行人与人之间的比较，随之而来的就是向序数效用的转变，在这种情况下，很难把个人的要求综合成为公众目标也就不足为奇了。事实上，阿罗的福利经济学第三定理阐释了，通过个人的序数效用功能来创建社会效用功能的方式是不可行的（即使你采取的方式是合法的和有用的）。

在3.3节中我们指出，为了能使人们的契约保持中立，新古典主义模式禁止所有关于偏好的理性评价。因此，富豪在夜总会里烧掉1000英镑纸币以证明其富有的冲动，应该是和穷人对一片面包的渴望一样，处于同等的合法地位。但是，如果国家或社会也支持这种行为，国家采取行动也就没有立足之地了。例如，为了能够给流浪者提供他们所需的食物，我们向一个不愿纳税的富豪征收赋税的行为，就难以获得正当合法的地位。

第3章以一些忠告做了一个总结：那些与政治无关并且超越争议之上（例如关于谁应该得到多少的问题等）的尝试，根本不是保持中立。如果你见证了不公正，并且在你有能力干预的情况下却选择中立，这种做法将会助长这种不公正行为的继续发生。因此，只有当发生在你面前的事情本身也是与政治无关时，中立行为才能真正是与政治无关的行为。经济学家都了解这一点。这就是为什么他们能从福利经济学第二定理中得到安慰。这一定理为各种从一种资源和效用的有效分布到另外一种分布的再分配过程敞开了大门。这里存在的问题是，经济学家希望社会能够准确定位其首选的再分配方式，并将其作为一个具有工具理性的社会选择。换句话说就是，社会需要将某些事物最大化（这一社会效用函数大体上是作为一项社会福利函数被提及的）。

经济学家关于民主看法的核心改变

过去有段时间（如20世纪80年代之前），学经济的学生都知道，政府的作用就是通过"正确的"政策组合，将社会福利最大化。此后，经济学的观点就从"政府将社会福利最大化"的天真假定，演变成了反政府的思想，演变成了"政治本身就是腐败以及没有哪个政府可以信任"之类的攻击。我们是否要责怪第三定理，或者是部分归罪于它呢？无论什么原因，这种核心改变的一个表现就是，减少被选举官员手中的决定权并把这些权力交给那些未被选上的手里没有权力的人（例如，垄断和货币政策的规定，以及建立完全独立的中央银行的呼吁等）。

当然，这一梦想被第三定理击得粉碎。第三定理证明：集体的效用函数是不可行的。因此，新古典主义经济学发现了一点：即使我们已经充分了解了每个公民的效用函数，在公共效用方面，我们也很难形成一个客观的观点。一个无法避免的困境就是：要么反对所有集体的决定（因为没有需要满足的集体偏好），要么支持那些集体决定，使其能在没有共同效用函数（或社会福利函数）的情况下重新分配资源。经济学家各种各样的辩论和反对意见，无不是围绕着这一问题而展开的。强调政府干预的学者，强调要建立集体决议，主张通过国家干预行动，减轻贫困和不公正的现象，建立普及教育和卫生系统。主张自由经济的学者们，则反对上述任何形式的干预。

9.2 最自由的辩论：效率与公平

9.2.1 财富和特权的合理化

过去，当权者不需要去证明他们所拥有的财富是合理的。他们赞美他们的富有，并运用他们的权力铲除那些不愿与其同流合污的异己。然而，即使在那个时代，当权者也强烈渴望能够使其财富合法化。几个世纪以来，他们通过求助于神权的方式来证明他们的富有地位是合理的："由我来统治你们是上帝的意愿。"这是大多数统治者都喜欢重复引用的一句话。然而，随着奴隶制度和封建制度的消亡以及资本主义制度的萌芽，经济大权逐渐转移到了那些不直接掌握政治权力的人（即商人阶级）手中，同时，政治权力本身也随着民主国家的逐步形成而变得不再集中于一人之手了。

在这一新的社会环境中，人们开始提出疑问并要求得到答案。科学家们，如伽利略就曾指出，没有任何一种权威应该得到自发的尊重。通过试验和推理，他们发现，就连地球的运动也与教皇法令相违背。对于统治者来说，单纯靠宣扬君权神授已不足以统治其民众。伴随着工厂的出现、资本积累和一连串导致贵族丧命的民众反抗运动，那个强大的军事力量统治民众的历史阶段就此宣告终结。另一个时代已经到来，在这个时代，当权者需要给为什么由他们来统治的问题找到一个合适的可以说服公众的理由。

比较霍布斯的国家合法化

在第3章中我们介绍了霍布斯如何首次将一个强大国家的自由正义引入当今时代。他的论点是，公民将会发现放弃自己对更高一级权威（比如君王）的反抗的权利，对他们来说是有好处的，因为那样他们就不会再受到为了对抗而引发战争的诱惑。这也就意味着，理性的人们将会"要求"有一个君主来统治他们，因为那样他们才能和平相处。同样，富人们也想通过宣称他们是为了穷人的效用才变得富有的，来使其财富合理化。

对于富人来说，他们可能第一次发现，他们需要去解释为什么社会应该接受一种扭曲的不平等的资源分配。他们的巧妙回答是：不平等可以作为下层阶级努力工作的动机,并且如果他们这样做了,他们同样可以用财富装饰自己。因此,每个人其实都能间接地从财富的分配不公中受益。或许他们还会产生这样的疑问:"如果每个人赚的钱都一样多,我们为什么还要努力工作呢?"换句话说,这是为了所有人的效用,在这所有人当中,一些人富有、很多人贫穷,这也就是所谓的"滴水效应"。

斯密对富人的辩护

斯密在《国富论》中写道:"富人和穷人不同,他们创造了所有的进步。他们由一双看不见的手所指引,创造出几乎相当于生活必需品一样多的分配品,这些产品可以一直被生产出来。他们还把整个世界在所有居住者的手中分成了相等的份额。"

用新古典主义经济学家的语言来表达这一争议就是,无论我们何时要求那些富人去证实他们财富的正当性,他们都会把矛头指向高效率经济和平等社会之间的紧张状态。他们的理由很直接:如果社会选择通过财富再分配的方式来达到平等,它就要承担一定的风险,这些风险就是,不鼓励人们努力工作以及害怕自己投资所得被国家没收而不敢再进行投资——所谓的水准降低效应。

9.2.2 自由思想家及效率与公平的辩论

自由思想家（包括经济学家）发现，他们处于被紧紧束缚的状态中。作为工业革命的产物，自由思想家坚定地相信资本主义所带来的生产力解放，一直热衷于斯密提出的通过持续增加社会剩余来消除世界贫穷的观点。他们梦想着一种非常具有活力的经济，能够产生高增长率，由此使得社会上的每一个公民都能更加富有。在他们眼中，实施国家干预政策的国家前景令人担忧；他们担心，仅仅给百姓分配小小的一块馅饼的后果十分可怕，或者还有更坏的可能性——这块馅饼可能由于国家不鼓励投资和努力工作的政策而缩小。

然而，对效率的关注，并不能阻止某些经济学家对富人的主张提出质疑。因为，后者有足够的动机去强调效率的重要性而忽略公平，并能使他们在纳税方面减少一些政治压力。即使再分配与效率可以完美结合，他们也仍将会站在自己精致的别墅里宣称，他们是为了穷人的效用而承受财富所带来的一切烦恼的英雄。

有效率的再分配

在8.1.4节中，福利经济学第二定理已经仔细地区分了各种情况。在那些情况下，社会再分配过程能够在不丧失效率的情况下进行。回想一下这种情况要求的条件是：只有对市场过程的投入进行重新安排时。任何对市场过程本身的介入和扰乱，都将导致效率的降低。这就是图8.1所阐述的经济生产可能边界下的观点。

自由思想者的两难选择，对于我们来说是有目共睹的：一方面，他们渴望资源能够更平均地分配。这样做能够使更多遭受贫穷的人团结起来，同时也使得那些可恶的富人们可以少受一些"折磨"。还有一种观点认为，更加平均地把各种机会进行再分配，能够解放一部分天才，否则他们将会因为贫穷而被埋没；这些天才有能力为社会创造十分有意义的贡献。另一方面，我们可能会担心那些主张积极政府的国家会扭曲市场激励机制，导致依赖文化的产生，从而放慢斯密提出的带领所有人上升的"电梯"的速度，即使速度不尽相同。

　　效率和公平之间的冲突表现为自由政治和经济之间的矛盾，至少长达三个世纪之久，并且现在依然如此。保守的思想家更多地强调效率并对可能因此导致的不公平愿意接受，因为他们认为，在价格社会，这是获得财富创造能力长期增长所应付出的代价。他们觉得，只有在人们的收入水平下降到某一低水平的时候，国家才应该采取干预手段。而且，即使在那种情况下，国家也必须保证这种支持性行为不会破坏或影响人们敛取钞票或从头再来的动力。与这些保守的思想家相比，自由思想家看到的则是国家所起到的更为重要的作用（例如，国家作为基本必需品的提供者，如教育、医疗等，这些都不可能留给市场去提供），他们并不怎么担心国家在效率方面的干涉所产生的影响。

　　大多数保守主义者与干预主义自由经济学家、政治理论学家和社会学家之间的区别，仅在于身份不同而已。他们都认同效率和公平的重要性,但有时他们也会反对这一点。他们的不同意见主要是关于如何能将两者完美结合以及结合后能取得的最好结果是什么。保守主义者认为,公平和效率的完美结合能让我们尽可能少地损失效率,并且只有在不得已的情况下才会涉及国家。但他们的反对者则把这种最佳结合看成一种包含了过多的公平因素以及国家过多干预政治生活的结果。我们可以通过一种方式来区分这两大对立的阵营,那就是他们重视效率和公平之间关系的程度,这种重视程度会根据他们所处的国家不同而带有互相转换的特性。然而,无论你是日本自由民主党的一员,还是澳大利亚自由党的成员,这都意味着你所拥有的只是那些国家政治范围内的保守权力。作为德国、英国或美国自由党的成员,则意味着你被认为是中立派,该派成员倾向于在追求公平这一事件上由国家来进行大范围的干预。

9.2.3 效率与公平的辩论以及福利经济学的困境

自由经济学家一直抱有这样一种希望:效率与公平之间的紧张状态,能够成为社会自身可以解决的问题。如果社会效用(或福利)的功能能够显示出它们的确是起作用的,那么至少从原则上来说,社会有能力理性地去决定到底哪种效率和公平相组合的方式是其想要的,即能够将社会效用(或福利)最大化的组合方式。当然,即使在那种情况下,当我们真正开始决定究竟应该采取何种组合方式或者如何让社会来达成组合,也会引发大量争论、反驳甚至是公然的对抗冲突。但最终,只要一想到有再分配和国家法律这两样事物的存在，我们就可以高枕无忧了。因为这些事物完全都是以大众的效用为前提的。而我们所要做的仅仅是使这些制度能够施行。

然而，第三定理却证明，即使拥有这样一种期望也是过于乐观了。如果我们不能从我们的个人效用指数上得出社会效用指数，那么，在市场和国家以及公平和效率之间就根本不可能存在一种最佳组合，甚至从理论上来说也不可能！那我们又该怎么办呢？难道国家不需要采取任何措施吗？或者我们有什么方式能够使我们摆脱这样的局面？

对自由主义学派来说，我们有两种解决方案，这两种方案都是在20世纪70年代提出的。在接下来的两小节中，我们将对其进行具体讨论。它们有一个共同特征，即效率和公平之间的两难选择不能起到任何帮助作用，有时甚至会是错误的。这种犹豫不决只不过是分散了我们的注意力，使我们不再关注我们真正应该在乎的事情——公平。第一种解决方案（见9.3节），主要关注社会以及分配的公平。它提出，在我们的社会中，应该存在一种衡量公平程度的标准以及衡量效率程度的标准。因为如果没有这两项标准，我们的社会就会失去效率和公平。第二种解决方案（见9.4节）也强调了"公平"这一概念，但它没有关注社会公正，而是选择了税收制度本身的不公正。人们对"什么能构成完美社会"这一问题的回答，依赖于他们所接受和选择的是哪一种解决方案，会出现巨大的差异。

9.3 从新古典主义经济学的困境中逃脱的第一条路线：罗尔斯的分配公平理论

9.3.1 为了达到一个理性的富有同情心的社会

法国大革命中传播的思想和理念，标志着关于人性政治民主的到来。对于"自由、平等和博爱"的口号，人们早已是耳熟能详。经济学家大量地谈论自由（如自由市场、自由贸易等）却很少谈及公平，更不用说博爱。事实上，个体的新古典主义模型几乎没有给"公平"和"博爱"的概念留出任何空间。如果人和人之间的效用不能进行对比，我们又何谈公平呢？如果某一个体的效用最大化了，那么能使"博爱"这一概念有意义的唯一方法就是：我的效用增加和减少与你的效用增加和减少是成比例的。这种可能性也并不是没有，但要想以一种令人信服的方式让它变成一种模型，却又太难了。相比之下，"自由"这一概念就可能被解释为"不受约束"。

正如在这一节和第8章中已经充分证明过的一样，关于个体的观点，并不允许经济学家给"完美社会"及"共同利益"妄下断言。对这种失败尚有担忧的自由主义学派思想家们很快就发现，问题存在于经济学家给人类做出的那些模型。他们中的有些人甚至在问题发生之前就已经预见到了。

这一点确实不足为奇，因为第2章中所提到的那些人（仅仅关注效用的排序问题）没有共同的利益。他们怎么可能会达成呢？如果允许把共同利益放回那个模型中，人们就应当有能力不仅仅去关心自我偏好满足之外的事情。比方说，假如他们还关心那些不可量化的事物，比如公平以及和他人的团结等，这时获取共同利益还是有可能的。这些自由主义者甚至走得更远，他们争论说，效率和公平（或社会公正）之间的紧张状态，是被那些希望保住自己特权的人所故意夸大的。

像这些自由主义学派思想家的观点，就如同资本主义制度一样古老（与边沁和穆勒在19世纪提出效用观点时所反映出的平等主义和人道主义的观点相类似）。促使我将本章第2节(9.2节)与美国哲学家罗尔斯而不是穆勒、凯恩斯等人联系起来的原因就是，他在自己的著作《公正论》(1971)中的一项不朽壮举：他想要证明，社会同情心，即对公正、博爱以及境况比自己差的人的效用的关心，不仅仅是合乎伦理的、善的，还应该是理性的。这是他的一个重要主张。这一主张也曾使自由主义者十分困惑（回想一下边沁如何没能成功地揭示出理性地将效用最大化的个人为什么会关心社会的平均效用）。那么罗尔斯是否已经成功地实现了呢？如果答案是肯定的，这个既能通过干预手段来修正市场失灵现象，又能实现再分配收入，既可以提供医疗保障，又可以为本国公民提供教育的国家，就是一个理性的国家，同时它也获得了最大限度的自由、公正和效率。

9.3.2 关于什么是公平这一问题的理性而无私的思考：罗尔斯的"无知的面纱"

理性而无私？这怎么可能？在第2章中，新古典主义经济学家将理性定义为高效地追求个人利益的能力。我们将其定义为"工具理性"。一个人如何才能做到理性又无私呢？罗尔斯认为，尽管这一点很难做到，但是，如果我们能够明智地对社会进行思考的话，将理性和无私相结合就是我们需要努力争取做到的。为什么到目前为止我们仍旧不能成功地将"共同利益"这一名词概念化的原因就是：我们都过多关注自身的需求和利益。只要我们能稍稍暂时将自我利益放在一边，对其他事物多一些小小的关心并且不偏不倚地看待整个社会，我们就能让自己处于一种"理性的"状态，从而也就能够决定对社会来讲究竟什么是好什么是坏。

换个角度理解这个观点。想象这样一个情形：一个社会的所有成员都被集中到一个大剧院里。罗尔斯向所有人问好并提问："你们对自己的社会安排还满意吗？它是你们想要的完美社会吗？你们想要它在某些方面（例如，收入分配、政治和经济权力的安置）做些改进吗？"罗尔斯的问题在于，他不能确信我们告诉他的就是我们心里真实所想的。就当下而言，我们当中的确有些人是非常富有的。而这些人也的确是有想要维持现状的动机，他们可能因此而回答说：我们的社会已经做到最好了。即使他们在内心深处清楚地了解我们现今所处的社会其实是个不公平的社会，他们也会有这样回答的动机。另外还有一些人，他们陷于贫穷之中，但除了他们自己以及他们自身的懒惰和缺乏动力和实施能力之外，他们却不能怪罪于其他任何人。他们正好处于另外一种状态：即使从内心深处清楚地感受到社会是公平的，他们仍会有一定的动机告诉罗尔斯说，他们认为这是一个不公平的、可怕的社会，并且他们希望收入再分配能以对他们有利的方式来进行。

　　因此，可怜的罗尔斯站在我们面前，接受着那些他不能去相信的信息。正如我们前面所提到的，他的问题在于，在我们评估社会究竟是什么样子的过程中，人们都太过于关注他们自我利益的实现。而且这还不仅仅是一个对罗尔斯及其他人撒谎的问题，它同样也是一种自我欺骗行为。历史已经反复证明，那些最终变得富有并拥有权力的人，不久就能说服他们自己去相信一点，那就是他们之所以能够达到这样的状态，完全是他们应得的。因此，那个带给他们财富、权力以及名气的社会肯定就是公平的，并且无须接受谴责和改善。于是，罗尔斯意识到，如果想让人们的理性得到释放并客观地评价这个社会，就要采取一些手段或者一些小诡计，即让我们与自我利益相分离的小骗局。

　　设想罗尔斯身旁还有一台机器，它能使时间停止但却不会打断我们的思想意识。当按下按钮的时候，罗尔斯使时间停止了，剧场里每个人都一动不动，但不久之后，我们全都以灵魂的形式从我们的身体里走出来，并且和罗尔斯一起站到剧场的前面。回过头去，我们就能看到自己被定住的身体，还保持着同罗尔斯按下按钮时一样的姿势。在一种恍如隔世的状态中，罗尔斯要求我们做下列事情："回头看看你们自己。想想你们所创建的社会。现在，你们可以拉开一段距离清楚地看到自己，你有什么想法？你们所处的社会到底好不好？它是不是公平的？你们是不是想要改善它？"

在你有机会作出回答之前，狡猾的罗尔斯补充说：

> 下面给你一个理性并诚实地回答我的问题的理由：如果你确定你所处的社会是真正公正的并且希望回去，我可以帮你达成。我只需再按一下同一个按钮。不过，这样做并不能使你返回离开时的身体／自我。这台机器将会随机为你分配一个身体／自我。现在你可以决定：你的社会是真的公正，或是需要进行一些改革，比如说对社会角色的重新分配等。

真是令人震惊！突然之间，我们被告知，我们几乎没有机会做回原来的自己（准确地说，机会等于 $1/n$，n 是总人数）。然后我们仍然必须作出决定，在不确定返回之后的身份的情况下，我们是否还愿意回到原来的社会？实际上，我们现在需要理性地评判各种不同的社会、不同的角色分配以及财富等，因为我们几乎不知道在那个社会中我们将会变成什么样。罗尔斯开心于我们的困惑。因为他已经达到了自己的目的：使我们无私而理性地评价我们的社会。

他的观点是：如果我们在不确定自己将获得何种角色的情况下，仍然决定回到自己的社会，那么我们所处的一定是一个优越的社会。这一观点很容易理解。既然在按过按钮之后，富人和穷人不能保证他们会变得富有还是贫穷；既然勤劳的人和懒惰的人不能保证他们将会变得勤劳还是懒惰；那么每个人都有强烈的动机客观地选择不同的社会安排，而不会受到自我利益的影响。为什么？因为在不确定将会获得何种身份的情况下，保障个人利益的最好办法，就是选择一个优越的社会。优越的社会能使每个人最大程度地获得成功和幸福的机会。

当然，作为一个严肃的哲学家，罗尔斯并没有提到停止时间的机器。这只是我为了表达他的理论所提出的想法。罗尔斯本人称呼这种个人身份的不确定状态为"无知的面纱"。在决定什么是优越的社会时，每个人都要蒙上"无知的面纱"，这层面纱能够阻止他们看到在自己选择的社会中，自己将获得什么样的身份地位。正是这种对自己在所选社会中个人地位的不知情，能促使我们考虑社会公共利益。

无知的面纱

无知的面纱是一种假设的情境。在这一情境中，人们在不知道自己的社会角色、偏好、收入分配、性别和种族等的情况下，从一系列可供选择的社会经济安排中，选择自己想要生活的社会。

扼要重述，为了使我们客观地看待自己，罗尔斯跟我们开了个玩笑。他提醒我们：我们严重地受到自我利益的束缚，以至于看不到我们对自己社会的真实看法。然后，他帮助我们远离狭隘的、以自我为中心的思考，而采取更宽广、更客观的态度看待依靠祖祖辈辈

以及我们的双手创造的社会。当然,他并没有这样一台能够让时间停止、能够保留我们的意识、然后随机为我们分配一个身份的机器。尽管如此,他的假设确实使我们考虑到这样一种理论可能性,即作为理性的个体,我们可以评价自己的社会,我们可以理解社会公共利益。这就是罗尔斯所需要的从福利经济学第三定理中逃脱,从它令人沮丧的说法("甚至在理论上都不存在所谓的社会公共利益")中逃脱的路线。

我们所面对的问题一直都是:如果甚至在理论上公众都没能拥有共同利益,在这种情况下,我们怎么能期望国家为公众服务呢?罗尔斯的观点是,从理论上来说,考虑公共利益是可能的。他的理论(或假设),为国家应当作什么提供了非常实用和可行的政策含义。

罗尔斯理论:对公共利益的宗教性定义之外的非宗教定义

自由主义从形成伊始就受到宗教的影响。回想一下斯密对市场发挥奇迹般调节作用的颂扬。好像有一只无形的手,市场将自私的行为合成为公众的美德,一种世俗的神的干预。罗尔斯的观点与此类似。"无知的面纱"理论使人们能够不盲目地受个人私利的影响,公平地看待利益问题。宗教靠全能的祷告来解决这一问题,罗尔斯则为之提供了一个非宗教的解答。

9.3.3 从理论到实践：根据最大化原则进行再分配

如果罗尔斯是正确的，那么通过"无知的面纱"（即不知道自己的社会地位、权利、收入、性别、肤色等），我们就可在不同的社会安排和收入分配中作出理性的（因而是客观的）选择。但是，我们应该如何决定呢？为了便于讨论，设想我们的选择涉及三种不同的收入分配，它们分别属于三个不同的阶层（为了简便起见，假设每组包含的人数相同），参看表9.1。

表9.1　罗尔斯的公正原则（数字示例）

	分配方式1	分配方式2	分配方式3
A组	20	140	100
B组	20	25	26
C组	20	15	24
人均收入	20	60	50

（数字代表每年收入的千美元；A、B、C每组中所包含的人数相同）

我们的任务就是决定我们应该支持哪一种分配形式。假设现行的分配方式是2。接下来，罗尔斯要求我们比较分配2与分配1和3哪一个更好？当然，属于A组的幸运儿们会按照自己既定的效用，认为现行的分配方式（即分配2）是最好的。注意,对于A组的成员来说，分配2的转变（变为1或3）将意味着失去金钱（转变为分配3将失去4万美元，转变为分配1将失去多达12万美元）。与此类似，

[第9章]教科书模式的历史：经济学领域内关于合法国家的概念——起源、困境及两条逃脱路线

按照自己的既得利益，C组成员会指责分配2是不公平、不公正、令人厌恶的。由此可以看出，因为存在不同的既得利益，我们无法决定表9.1中的三种分配方式哪一种能最好地服务于社会公共利益（福利经济学第三定理的重复）。实际上，由于社会彼此分割，人与人之间的利益相互对立，真正的社会公共利益是无从分辨的。

这也是罗尔斯"无知的面纱"策略起作用的地方。因为如果告诉人们他们会被随机分配到三组当中，他们就不会再考虑自己的私利。A组的成员当前的年收入为14万美元，但是他们现在必须意识到，他们保留这个高收入的机会仅为1/3。实际上，如果社会规则有利于分配方式2的保持，那么，他们还有1/3的机会被分配到年收入只有1.5万美元的一组。所以，面对这种未知的情况，理智的人应该怎样选择呢？罗尔斯的论点非常简单：理性的人一定会赞成，最好的分配方式就是最大限度地提高最贫困者的收入。他将这一论点称为最大化原则。

罗尔斯的最大化原则

"选择能最大限度提高最低收入的分配方式"（从而使最低收入者的收入最大化）。如果社会为了获得最好的收入分配方式而采用这一原则，这一社会组织形式就能提高最低收入者的福利。

在让罗尔斯为这一原则辩护之前，我们先来看一下这一原则的

实际内涵。考虑上面三种分配方式，最大化原则认为，按照"无知的面纱"理论，理性的人们应该选择第 3 种分配方式。原因非常简单：收入最低者（即 C 组）在第 1 种分配方式下的收入为 2 万美元，在第 2 种分配方式下的收入为 1.5 万美元，在第 3 种分配方式下的收入为 2.4 万美元。因此，按照第 3 种分配方式，他们的收入最高。所以，按照最大限度提高最低收入的原则，我们应该选择第 3 种分配方式。

但是，依照"无知的面纱"理论，为什么理性的人会选择最大限度地提高最低收入呢？他们为什么会选择最大化原则呢？罗尔斯的回答是：当你不确定自己的社会地位时，你会考虑到在运气不好的情况下，自己或许会被分到收入最低的一组，成为低收入者中的一员。考虑到这种情况，作为一个理性的人，你会希望尽可能地保证最低收入者的福利。为什么？不为什么，仅仅是因为你也可能成为他们中的一员。

因此，"无知的面纱"理论鼓励每个人都考虑到贫穷的、处于社会底层的贫困者的利益；它是通过使人们设想自己也可能成为其中的一员而做到这一点的。毕竟，这一策略能使我们脱离自己的社会阶层，站在别人的立场上来评价我们的社会。然而，也有人认为，即使蒙上了"无知的面纱"，也仍会有人选择第 2 种分配方式。

例如，天性喜好赌博的人就可能会选择第 2 种分配方式，因为按照这一方式，不仅富人的收入高于其他两组，平均收入也是最高的（平均收入 60，与之相比，第 3 种为 50，第 1 种为 20）。或许，他们更喜欢有 1/3 的机会获得 14 万美元而不是 10 万美元的收入（如果被分入 A 组），这要比有 1/3 的风险得到 1.5 万美元而不是 2.4 万美元（如果被分入 C 组），加上 1/3 的机会收入 2.5 万美元而不是 2.6 万美元（如果被分到 B 组）要好得多。如果他们这样考虑，就可能会抛弃最大化原则而选择第 2 种分配方式而不是第 3 种。罗尔斯认为，这样考虑是不理智的。

他请我们相信，这不是抽彩，这样做是愚蠢的。这是一个一次性的、不可撤销的、非常重要的决定。毕竟，我们有机会重新设计我们的社会，并决定我们共同的未来。设想一下，按他所说，抱着被分到 A 组的希望，我们决定赌博，最终选择第 2 种分配方式。现在想象一下，赌博没有成功，我们最终被分到了 C 组。这时我们一定会后悔自己的决定；因为如果我们选择了第 3 种分配方式，我们的年收入就会是 2.4 万美元，而不是现在的 1.5 万美元。

当然，我们也可能会很有风度地接受这一事实：我们赌过但是输了。但我们能坚持多久？一年？两年？还是十年？我们的子孙因我们错误的赌博而失去了机会，他们又该怎么办？最终，C 组的人将会感到不满。他们会捶胸顿足，承认自己出于赌一把的思想选择第 2 种分配方式是愚蠢的，他们要求重新分配。不满的情绪一定会出现。因此，罗尔斯认为，蒙着"无知的面纱"，理性的人不会选择赌博，而会支持最大化原则。

9.3.4 罗尔斯面对效率对公正的窘境

如果我们按照最大化原则作出选择,社会公共利益这一难以捉摸的概念就可以定义为:任何能够提高最低收入者福利的政策,都将服务于社会公共利益。这能成为一个令人信服的答案吗?罗尔斯认为,这一结果完全是逻辑上的,而非情感上的。我们应该以这种形式改革我们的社会,因为这是理性的做法。我们选择在全社会中公正的收入分配方式这一事实,正好反映了我们是理性地作出选择的。换句话说,对于"理性的社会应该怎样做"这一问题,罗尔斯的答案是:"对于最需要提高福利的成员,社会应该给予最多的关注。"

有趣的是,罗尔斯关于公正和分配的理论,似乎解决了长久以来一直存在的公正与效率的冲突。注意,罗尔斯的机制既没有站在传统上要求公正的一面,也没有支持无情的、不惜任何代价追求效率的要求。实际上,第 1 种分配方式要远比罗尔斯支持的第 3 种分配方式更加合理均衡。罗尔斯认为,第 1 种分配可能会更加平均,但却不会更加公平。罗尔斯问道:为了降低不均衡而使每个人更加贫困,公正又从何体现?

罗尔斯在《公正论》中对"合理的不平等"的定义

由制度结构所定义或孕育的不平等是具有任意性的,除非我们能够合理地期望它们能对所有人都有好处,同时具备这样一个前提条件,即它们所依附的或是能从中受益的身份或职位,是向所有人开放的。

在某种意义上可以说，为了每个人的利益，罗尔斯在一定程度上支持不平均。如果更多的不平均的存在能增加最低收入者的收入，这种存在就是公正的。但是，如果不平均的代价是使位于收入底层的人的生活条件变得更低，就应视为是不公正的。

正如罗尔斯反对"平等在定义上就是公正"一样，他也反对"追求更高的效率永远是合理的"这一主张。比较一下表 9.1 中的第 2 种分配方式和第 3 种分配方式：前者对应的是更高的人均收入（在第 2 种分配方式下平均收入为 6 万美元，在第 3 种分配方式下，平均收入为 5 万美元）。但这并不意味着一个理性的社会就应选择第 2 种分配方式。对于罗尔斯来说，理性的人如果客观选择（即蒙着"无知的面纱"），他们会选择第 3 种分配方式，尽管在这种分配方式下，人均收入（或总收入）比第 2 种分配方式下要低。

9.3.5 小结：罗尔斯和优越社会

总的来说，为了提供一些意义深远而又现实可行的政策建议，罗尔斯的公正理论从一个把戏开始——让我们设想所有的社会角色都是随机分配的。在不知道自己将分得的角色的情况下，我们是希望维持还是想要改变现有的权利、角色及收入的分配方式？如果我们一致决定支持某种分配方式，我们就达到了目的——一个优越的社会。只要能避免因既得利益的偏见影响我们的判断，我们就能站在公正的立场上（因为蒙着"无知的面纱"，所有人都是平等的），决定我们最喜欢的社会经济分配方式。达成全体的一致，与全体具有平等的出发点结合起来，就意味着这样选出的分配方式不会是不公正或不合理的。

下一个问题是：应该选择哪种社会经济分配方式？罗尔斯的答案是：能最大限度提高最贫困者的福利的方式。为什么是最贫困者？这是因为，既然不知道自己将分得的角色，在做决定时，理性地来说，我们应该确保自己不幸被分到收入最差的位置时，应尽可能地使自己感到满足。这就是最大化原则，这一原则建议，我们应该首先并仅仅考虑最贫困者的福利。

"我喜欢税收。通过税收我们可以购买到文明。"

奥利弗·霍姆斯

政策的内涵显而易见：国家必须通过向富人征税的手段来进行调控，并将所征收的赋税以收入的形式转给穷人，创建最基本的健康和教育安全网络等——一句话，理性的国家是鼓励社会公平的。但是，国家干预也是有一定限度的，超出这一限度，任何更进一步的干预本身就象征了不公正。当再分配上任何附加的干预手段影响效率，达到伤害了它本应要扶持的民众的程度时，就表明干预已经达到了极限。国家应该把那些只有当社会上更贫穷的人的收入出现问题时才能被消除的不公平现象放到一边。

当然，核心问题还是没能解决：为什么每个人都会愿意加入罗尔斯的设想试验？如果他能强制性地给我们蒙上一层"无知的面纱"

并将我们置于一种别无选择的状态中,我们只能在不知道自己最终会变成什么状态的情况下进行分配选择,也许他是对的,也许我们会根据"最大化原则"进行选择。但这也只能是假定的情形,因为在现实中他根本不可能做到这些。那么我们又为什么要同意去和他一起做这样一种设想试验呢?比方说,我们中的有些人可能就会转过头对罗尔斯说:"我不想在关于哪种分配方式更好、更公平或更理性等这些问题中作出选择,我很满意自己现在的状态。管好你自己的事吧!"因此,罗尔斯必须要承认的就是,他的关于寻找完美社会的方法,只有在社会上每个人都有兴趣去寻找时才能奏效。

然而,对于下面这一点,罗尔斯还是成竹在胸的,那就是,如果社会想要从社会经济学的分配中寻找到社会公正,有一种方式可以施行。让我们先暂时忘掉自己的社会地位,并且想象一下当按钮被按下的同时,我们可能会处于任何其他人的地位上(比如,从女王的位置转化成大桥底下几近冻僵的无家可归的流浪汉)。那么,到底我们要处在什么样的社会状态下,才能不用担心会发生这样的转变呢?那就是处在一个其特征是最大化的社会公正得到了实现的社会。如果我们希望能够生活在一个努力实现这一美好社会的国家中,我们就知道了那个国家应该采取何种措施了,那就是:以一种消除贫困、提高生活前景的方式来进行干预。

罗尔斯承认,一个人不能单纯指望社会或国家自身去达到一种社会公正。富人怎么会高兴地赞同国家向其征税是其中一部分的最大化原则这一理论呢?从这一点来说,罗尔斯的理论是缺乏预见性的。因为他没能预见到，他的计划只有在人们拥有一定的智慧时，才能被采用。但从另一方面来说，他的理论又是富有预见性的。因为他告诉我们，一个国家可以不用考虑民众是否感兴趣如何主动为公共利益服务。他最基本的观点就是：除非国家采取行动真正提高穷人的福利水平，否则它仍将是一个不公平的国家，并且人类历史中不乏这种类型的国家，而且直到今天这种国家也仍然存在。

然而，罗尔斯并非只是为了说教。他认为，除非国家为公共利益服务，否则不满情绪将会逐步酝酿并转化成社会冲突，从而使得人力资源不能得到有效利用。从这个意义上来说，不公正永远都不会是合理的，因此，一个合理的社会需要一个积极地致力于追求公正的政府。罗尔斯相信，如果个人足够理性的话，他们将会认识到这一需求。然而，这却并不是我们在第 2 章中所提及的理性。罗尔斯的理性所要求的，不止是满足需求的能力，它还需要具备反思的能力。他认为，一个理性的人必须有能力换位思考；这一观点和康德关于理性的观念不谋而合。罗尔斯成功地创建了一种公共利益的理念，因为他摆脱了经济学教科书中所坚持的将人的效用最大化的模式。

这对经济学来说又意味着什么呢？如果我们接受罗尔斯的观点，我们就必须接受这样一点：当社会采取行动去改善市场失灵现象或消除分配不公时，除了效用之外还有一样事物也会岌岌可危，那就是公正。因此，我们有另一个更好的理由去怀疑经济学课本中所提到的工具理性（除了第 4 章中所提及的多种理由之外）：除非我

[第9章]教科书模式的历史：经济学领域内关于合法国家的概念——起源、困境及两条逃脱路线

们能够给"理性"这一概念作出更宽泛的解释（即它不止是一种满足私人需求的能力），否则公共利益就不可能被认可，更不用说被满足了。

罗尔斯和卢梭的社会契约

罗尔斯的观点，在自由主义的范围内将古老的传统发挥到了极致。这一观点似乎可以追溯到卢梭的理念。卢梭在其经典著作《社会契约论》中首次提出了这一理念。根据他书中的观点，合法国家应是作为理性契约和公平的结果而产生创建的。如果国家显示出自己作为一个社会机构的权威超越了个体所能接受的程度，它就会是不合法的国家并因此而不稳定。为了能够在关于一个国家应该做什么的问题上达成一致，通过直接的政治活动而使民众凝聚在一起的过程，也是形成理性国家和理性的个人的过程。从这个意义上来说，国家不仅仅是一个用来服务大众需求的机构而已。它的功能比这要更多。当民众聚集在一起进行辩论、达成共识、举行选举和转变看法的时候，他们就演变成了国家的公民，这时他们就变得理性。最终，国家的建立以及理性公民的塑造，就成为两大共生的过程。良好的社会能够创造出理性的公民，反之亦然。

罗尔斯论证了，由经济学家所想出的两种观念，如何突然间从

对手的状态转化成同盟的状态。与此同时，在社会背景下使公众变得理性的意义，也摆脱了枯燥的经济学教科书的束缚（即摆脱了工具理性的伪装）。上述两大观念就是理性和公正（或者相当于效率和公平）。借由反对新古典主义经济学家对理性所抱持的狭隘观点，罗尔斯揭示了理性社会（作为道德的对立面）将会选择为社会公正原则所指引。这一直都是迄今为止在法国大革命前开创的传统中最美好的时刻，法国大革命将良好和公正的社会看成公民之间达成的一项最重要的协议。

9.4 从新古典主义经济学的困境中逃脱的第二条路线：诺齐克关于公正的权利理论

9.4.1 过程而非结果

诺齐克（1938— ）是另一位美国当代哲学家，他呼吁说："稍等一下。"如果你认为你能很轻易地宣布一个国家的合法性——这个国家随意干涉人民的生活，违背人民的意愿获取大量金钱并将民众置于其官僚的随意统治之下，那么这时你就需要再仔细考虑一下了。诺齐克在他 1974 年出版的杰作《无政府、国家和乌托邦》一书中，对所有主张国家干预的人，其范围从罗尔斯到社会主义者，都提出了反驳。他对国家职能就是监控及改进对收入、特权、需求及社会权力广泛分配观点的反驳，短小精悍。

诺齐克提出这样一个疑问：假设我告诉你说去年吉尔的收入是

X，这是公平的吗？她应该赚得更多还是更少呢？当然，如果不提供给你更多的信息，你是无法就这个问题给出答案的。你需要知道吉尔是以什么工作为生、她的工作努力程度、在过去十年中她为了能承担今天的工作接受了多少培训及放弃了多少收入、为了能赚到X多的薪水她都需要承担哪些风险等。换句话说，你需要知道她是否有资格赚取X数量的收入。如果给你这些详细信息，你就能对她赚取X的薪水是否公平这一问题给出一个判断。相对而言，在缺乏上述信息的情况下去评判吉尔的收入，那就是一种不合乎情理的行为，甚至是一种不公平的行为！然而，这却恰恰是上一节中罗尔斯要求我们去做的行为。

事实上，罗尔斯为在不同的收入分配之间进行选择设计了一个方案——根据社会中每一个体的收入水平来进行选择。并且他要求我们只要照做就可以，而无须过问那些人是怎样赚取这份收入的。因此，诺齐克声称，任何试图在不同的收入分配中进行选择的理论，都不可能关注每个人是怎样维持生计的，而是去关注人们赚了多少钱。这正如我们前一段提到的吉尔的情况一样，是不合情理的，也是不公平的。在这种情况下，事情会变得更糟糕，因为（1）每个人（不只是吉尔）在社会中都会被不公平地评判；（2）这样一种歪曲事实的行为，已经作为对社会公正的履行被大肆宣扬。

总之，如果社会公正是我们所渴望的——诺齐克提出了一个有趣的观点——比根据收入水平来评判个人和社会更好的方法就是，我们要去问这样一些问题：他们有资格获得他们所拥有的一切吗？

根据他们的行为和品质，他们应该赚取更多（或是更少）的收入？坦率地说，并不是最终的结果在决定收入分配是否公平，而是公平的过程才会带来公平的收入分配。

9.4.2 良好社会中个人有资格拥有的三项权利

诺齐克的三项权利

1. 公平的获取权

    个人有资格拥有那些由他们自己发现或发明的资产。

2. 公平的转换权

    个人有资格拥有那些在自愿的市场交易中所获取的资产。

3. 前两项权利被破坏后的修正与补偿

    无论何时，只要他们与权利 1 和 2 之中相符的任何一项资产获取权遭到侵害性的转移，都能获得相应补偿。

为了提高这一观点的说服力，诺齐克进一步提出，在一个自由的社会，或是良好的社会中，个人必须有资格获取上述线框中所列出的三项权利。第一，关于保留个人发现（不能被其他人所拥有的）或是由发明产生的资产（即有价值的东西）的权利。第二，个人有权利获取那些通过与他人的合法交易所获得的资产。第三，公正系

统（公安机关、法庭及法律等）的权利。这些系统能够在个人的第一或第二项权利被侵害的情况下采取修正行为。

例如,如果有人偷了你的东西(侵害了第一或第二项权利,因为贼将会拥有非法所得的财产),这个良好社会就必须采取逮捕这个小偷并将偷窃的财产物归原主的行动。同样,如果一个人在未得到授权的情况下使用了你的某项发明(如违反著作权),你也有权获得赔偿,因为你的第一项权利被侵害了。

在良好社会,对于上述权利,任何理性的人都不会去反驳。人们都应该获得上述三项基本权利。诺齐克信心十足地期盼着我们能够都同意他的这一观点。然后,他大声宣布:你们根本没有办法证明一个施行收入再分配的国家是否公正!为什么?因为诺齐克将那三项权利奉若神明,而那三项权利是将税收排除在外的。因为税收属于非自愿行为(也就是说,税收部门在向你征收赋税之前从来没有征求过你的同意),所以它侵害了你前两项权利中的某一项。

例如,根据第一项权利,你有权保留你通过一系列发明所获得的财产。根据第二项权利,你有权保留通过合法交易所获得的财产。然而,罗尔斯的干预型政府(或者其他关于通过税收体系来支持国家强制再分配的理论)却侵害了上述权利,因为收税就等同于获取上述财产的一部分,这些财产是你应得的并且是你不情愿放弃的一部分。因此,如果你已经认同了诺齐克在前面提到的权利,他强调说,你也就必须同意他的另一观点,即,公安部门有责任拘捕税收官员(因为第三项权利要求国家拘捕那些侵害了个人第一和第二项权利的人)。

既然我们不可能让公安机关去拘捕那些执行国家政策的政府官员,我们也就只有如下两个选择:要么个人必须放弃他们的基本权利(如诺齐克所昭示的三大权利),要么国家必须放弃通过税收系统来进行收入再分配的政策。作出你自己的选择吧。如果你仍旧认为再分配是必要的,那就按照你的想法去选择吧。只是要记得一点,你将会持续地侵害人权,而那恰恰是很难和社会公正相一致的行为。

诺齐克本人的选择很简单,即他的三大权利中所涉及的人类最基本的权利,应该被视为是不可被剥夺的。那些关于公正社会以及重大的涉及平等的社会契约,如果是建立在侵犯人权的基础上,将会无可避免地成为一场噩梦,成为极权国家。那样的国家是以理论上所说的那种共同利益为借口,粗暴地对待其公民的人权。真正良好和理性的国家,应该是那些了解其活动的范围并且置身于人们生活之外的国家。国家要扮演的合法角色,仅仅是提供安全、法律以及法令方面的保障,以确保个人能够自由地生活、工作并与他人和谐相处。

9.4.3 总结

罗尔斯在寻找社会公平分配的过程中,为我们描绘了一张如何进行收入再分配的蓝图,诺齐克则将寻找社会公平的理由全都给扼杀了。他们两人都试图给我们描绘一种每个人都能幸福地生活其中的社会形态。然而,罗尔斯所关注的是结果,而诺齐克则将焦点放在了过程之上。一旦收入分配能够实现，人们对社会的满意度能有多少呢？这个问题让罗尔斯度过了无数个不眠之夜。然而对于诺齐克来说，他并不认为这个问题是我们能够担心得起的。只要每个人得到了他应得的那份收入，这就达到了我们能够承担得起的公平。任何为了达到提升公正的目的而试图干预收入分配的行为，就如同在集中营里追求自由的行为一样。

9.5 对罗尔斯和诺齐克两人的评价

9.5.1 罗尔斯和诺齐克作为契约主义者

当三个火枪手宣布要彼此忠诚时，他们就进入了一种契约状态：人人为我，我为人人！同样，一生的朋友都会遵循一种不成文的行为准则，在他人处于危急时刻不顾一切地给予援助。因此，将这种不言而喻的一致当成是促进人们团结的不成文的契约，也是可能的。

想象一下社会中所有成员都进入这样一种不言而喻的契约状态中的情形。因为我们谈论的人数比较庞大，要使他们团结起来就需要有一个能在人们需要时及时提供援助的正式的公共机构（例如，公安机关及救护服务等）。于是，国家在那种情况下就被视为实现其与公民之间重要契约的工具。如果一个国家的机构和制度确实反映出它是一个能够使人们进入幸福状态的契约，这个国家就一定是合理的。否则，这个国家就是随意破坏社会利益的。

下面线框里的内容,涉及一种被称为契约型国家的国家形式。罗尔斯和诺齐克两人,全都在关于契约主义的探究过程中提出了他们自己的理论。罗尔斯努力地描述了作为重要协商(在"无知的面纱"之后)的结果而存在的良好社会。诺齐克也相信公正社会应该就是那种能够显示出以下情形的社会,即,每个人,如果给他们机会,都能一致地赞同那些支配他们国家行为的法则。他们两个人之间的巨大差异,则存在于公民所达成的一致赞同的性质上。罗尔斯认为,如果我们理性地去考虑的话,公民的协定应该最终产生一个以修正机会和收入再分配为目的的福利国家。诺齐克则宣称,理性的个人将会把国家的范围单纯地限定在保护生命和财产的权利之上。

国家和反对者的契约理论

这是一个传统,它使我们最终回到了伯里克利(公元前5世纪雅典黄金时期的统治者)的演说"墓志铭"中的观点。在他的演说中,他把独裁的和自由的国家按照赞同程度做了一个区分。在欧洲启蒙运动时期,自由国家被定义为所有公民都同意拥有参与宪章会议的机会,目的是对他们所希望的国家形式进行商讨。

在这一假定的情形下,每个人都将围在桌前进行协商,直到他们就采取何种国家体制问题达成全体一致为止。当然,现实中没有任何国家是通过那种方式建立的。但是契约主义者认为,如果我们观察一下现今的国家就会发现,如果一个国家能够以一种契约的形式建立，它也许真的就能成为良好的国家，这一点是可以想象的。另一方面，如果我们甚至都无法想象在我们现在生活的国家里人们的满意度到底有多少，那么我们也就不用再争辩了，这个国家就是一个不合理的、独裁主义的国家。

然而，这一"故事情节"并不能说服每个人。有些人将它看成一个愚蠢的童话故事，有些人甚至将其看成淫秽小说一样抛到一边。比如，当代政治理论家卡罗尔·帕特曼，在她的著作《性别契约论》中指出，在过去的两个世纪中，支持现代国家创立重要契约一个最重要同样也是被隐藏的方面，就是它小心地故意（不是偶然）将妇女排除在外。社会契约是男人们之间的协议，只有当它建立在由男人强加给女人的、隐含的性别契约基础之上的时候，才有可能产生。男人的公民身份（以及他们对现代国家建设过程的参与）是建立在以下情况之上的：他们把妇女排除在公共领域之外并让她们以非公民的身份闲居在家，作为不用支付报酬的劳动者。处于不同背景和社会阶层的男人们达成了一致，因为他们具备很多共同点：他们共同"拥有"女人。因此，社会契约能够被刻画成一个和自由与赞同的故事差不多的征服和压迫的故事。

帕特曼对社会契约传统的攻击，反映出早期左翼人士的批评（比如马克思）。左翼人士指出，如果一个现代国家

> 能够表现出大范围的一致，它反映出的一致就是资本拥有者（如雇主）之间的一致。他们通过政府机构去协调他们的活动，从而达到他们对工人阶级最大程度剥削的目的。

导致这些争论的原因有两方面：第一，罗尔斯关注的是社会结果（例如，收入分配问题）而非产生这个结果的过程（例如，人们是如何获取收入的）。相反，诺齐克对结果并不感兴趣，而是关注过程。第二，罗尔斯相信人们有权利生活在这样一种社会里——当它使每个人都能获益的时候，就允许不公平现象存在。诺齐克则声称另外一项权利——在不侵犯其他人的财产拥有权的情况下，保留人们获取创造出来的所有财产的权利——是极为重要的。

9.5.2 罗尔斯和诺齐克理论的内部矛盾

罗尔斯和诺齐克通过各自不同的方式，给新古典主义经济学提供了解决之道，使它能够从第 8 章结尾处所提到的困境中解脱出来。忽然之间，他们使得经济学家不顾第三定理而去谈论社会利益的行为再次成为可能。然而，对于那些愿意遵循罗尔斯和诺齐克所开拓的路线的人们来说，这并不是一条完全平坦的道路。因为他们两个人的理论内部都有严重的问题。先从罗尔斯的理论开始说起吧。他的理论有三个明显的问题。

第一，我们很难了解到，当人们在对他们所处的社会进行评价的时候，他们如何能够获取一种公正的、客观的观点，即使他们按照罗尔斯的建议从自己现有的身份以及社会地位中脱离出来,并且不知道自己将会被再指定到何种地位之上。比方说,当我们在两种社会经济学的分配方式上选择其一的时候,在其中一个中,女人仍旧扮演相对不那么重要的社会角色。另外一个则拒绝由性别所产生的歧视。这时候,对于人们来说(无论男女),要让他们放弃已经形成的偏见,可能会有些困难。

我的意思是说,有些偏见是非常根深蒂固的,以至于至少有一些人(尤其是男人)会选择带有歧视色彩的分配方式,因为那些偏见在他们的脑海里早已牢不可移。简而言之,仅仅通过说服我们自己说我们的社会角色(甚至身体)已经不同了,我们仍然不能把自己从社会规范和偏见中解放出来。

第二,在罗尔斯关于良好社会的方案中,有一种假设,即当我们处于"无知的面纱"之后,我们应该考虑所有可能的选择并由此获得机会去选择能够满足我们全部需求的东西。但是,我们如何得知所有可能的选项呢?谁来告诉我们这些?在我们思考的过程中,如果我们没能考虑到真正好的选项该怎么办?设想有一个1000年前的社会,按照罗尔斯的方案去分配社会角色、特权及金钱。他们能考虑到的所有选择,都会或多或少地涉及奴隶制。回到那个时代,想象一下,一个社会在没有奴隶的情况下也能照样运行,这是不可能的。

难道这样就能认为奴隶制度是公平的吗?当然不可能。罗尔斯假设的含义是,关于当今社会制度安排的其他选择,是由历史转变创造出来的，并且它们是不能被提前预知的（除了某些极有思想的人，不过，这些人在他们所处的时代通常会被排斥，并被看成疯子）。因此，罗尔斯的方案不能产生一个社会的公正结果，而仅仅是产生了一个对某一特定历史时期来说好的结果，这一结果是人们能够设想出来的。

第三，罗尔斯的方案并不能很好地把握变革和时代的脉搏。回顾一下我在9.3.2节中所做的比喻：时间停止了，我们被要求去回顾一下我们所处的社会并要在时间恢复运转之前对其作出重新安排。在时间静止的时候，在我们处于"无知的面纱"背后的时候，我们可以决定谁最终会得到什么。比如说关于收入的分配问题。然而，一旦时间恢复运行，人们就会开始采取措施，利用他们身边的资源来使自己的状况变得更好，或者来进行交易等。当人们这样做的时候，如果他们又将我们在无知的情况下所选择的分配方式再次打乱，我们又该怎么办呢？

比方说，有人会拿着分配给他的钱去最近的赌场赌博。这时社会应该进行干预并把他输的钱都返还给他吗？如果社会不能这样做，那就等于它对破坏"人人都赞同的就是最好的分配方式"行为的宽恕。如果社会这样做，那就消除了那些处于社会底层或收入分配底层民众的任何责任感。他们就会认为：他们可以高枕无忧地去赌博或者去冒险。如果他们赢了，就可以爬升到上层社会，即使他们不能赢，他们也不会损失什么，因为国家会把他们的收入再次恢复到正常水平。这就是公平的吗？罗尔斯一定会说，那是由于他的右翼反对派们带着嘲讽的色彩去看待他的这一观点。

我们再来看一下诺齐克理论的内部矛盾。主要有两点。回顾一下第一项权利。根据诺齐克的观点，公正社会中的每一个人都应享有这项权利，即有权享有通过我们的发现和发明所获得的一切。这个观点看上去很有道理。如果我发明了一个新的时间旅行机器，没人有权利把它从我手中夺走。只有我才有权利通过独家享有古希腊之旅的经营权来获取全部商业价值。但是，如果情况发生了变化，又会怎样呢？假设我们中的一群人乘坐飞机旅行，发生了很糟糕的事情而紧急降落在了沙漠之上。没多久，我们所有人都很渴，我们急需寻找水源。这时我们中的一个人发现了该区域里的唯一一口井。这个人能宣布他可以独占井水的使用权吗？依照上述公正的规则，我们要求人们为了一杯水而放弃自己所拥有的一切这种行为，能算是合法的吗？

诺齐克拒绝承认这些是他的第一项权利所蕴涵的意义。他援引了英国哲学家洛克的观点。在这一问题的研究上，洛克主张在以下情况下人们有权利拥有他们所发现的任何事物（例如石油、水源以及金属等等）：（1）发现物是与发现者的劳动相结合的。（2）最后能将大量的自然产物留给其他人。当然，在上述情况下，这一问题也可以这样阐述：我们需要在发掘和培养的过程中付出多少工作量才能满足上述（1）的要求？多少才够我们满足上述条件（2）？谁来给其作出一个判定？

诺齐克的问题中还掺杂着一些他的支持者的观点。这些支持者希望诺齐克不要太过谨慎。例如，他们要求忽略掉最后一段提到的洛克的两大条件（通常被称为洛克的附带条件）。另一个例子就是，想象杰克发现吉尔的农场坐落在一个油田之上。吉尔对此一无所知并同意将农场以适中的价格卖给杰克。谁有权利拥有这些石油？杰克还是吉尔？考虑诺齐克关于表面价值的第一项权利，发现者有权拥有发现的财产。也就是杰克有权利（因为是他首先发现了石油）。如果那样的话，在飞机失事中发现了泉水的幸存者，同样有权利按照他或她的意愿来使用他们的发现物。

因此，诺齐克的第一项权利只可能被某些人完全接受，那些人认为，即使吉尔发现了杰克所使的花招之后，吉尔也没有权利去控诉杰克。并且在沙漠里，幸存者的同伴们也没有理由去控诉他高价卖水的行为。可见，诺齐克的问题在于，大多数人都不会同意这一点，因而，也就会反对他的关于公正的权利理论。

诺齐克的第二大难题是关于他的第三项权利的，即人们有权生活在一个能够保护其免遭前两项权利被破坏的社会中。如果你的车两年前被偷了，一天，你看到了你被别人偷走的车，你有权利要求警察采取措施并将车归还给你吗？你当然有权。但是，这个时间到底要退后多长才能使这一法则仍然发挥效力？

设想你交付了一些能够证明在1921年的时候，布朗先生曾经骗取了你曾祖父母一大笔钱财的文件。你决定开始你的调查，你发现布朗家族（也就是布朗先生的后代）已经变得非常发达。昔日的那个偷窃者早已不在人世，他运用从你家族骗取来的钱财创建了一个工厂，其运作十分成功。三代之后，它已成为一个在多国拥有分支网络机构，能为布朗家族带来数百万收益的跨国工厂。这时，你有权利在法庭上挥舞着你所找到的布朗先生在1921年骗取你曾祖父母钱财的文件证据，来宣称你对布朗家族财产的拥有权吗？

不难想象这样一种情形，即布朗家族的律师会对法官这样说："庭长大人，是布朗家族三代人的企业家天分及其运用，他们的幸运以及智慧这所有的一切加在一起，才创造了这一工业奇迹，而这绝对是一项艰难的工作。"他们还可能会这样说："最初的资金的确是偷来的，但它只不过对布朗帝国的建立起到了极其微小的建设性作用。"你怎样通过其他方式来证明这一点？你不能。但是，如果法官拒绝受理你的案件，这就意味着法庭将违背诺齐克所提的第三项权利。更有可能的情况是，法官判决布朗家族付给你一定的金额，作为1921年所发生事件的赔偿。不过，这笔金额的大小如何判定？我们必须作出一个公正的判决。然而诺齐克的公正原则（他的三大权利）却没有给出任何说明。因此，关于公正结果的理论在这里是必要的。而这一理论也恰恰正是诺齐克所强烈反对的。

通过布朗欺骗案，我们可以引出诺齐克理论所存在的普遍问题。如果我们去研究一下任何社会的起源，我们就会发现（前提是真正努力去研究了），关于财富的分配是通过违反诺齐克权利的方式而决定的。财富是通过秘密活动、行窃活动以及征服行为而得以分配的。当今关于社会角色以及收入的分配，也能映射出过去不公正行为的巨大影响。我们如何能够摆脱这一糟糕状态并重新恢复公正呢？如何才能使诺齐克的第三项权利起作用呢？如果我们试图去将散落在历史档案中的所有不公正行为重新定案，那么，公安部门和法庭将会被潮水般的案件所淹没。

有一种解决方案就是不采取任何行动。这一方法深受那些其现有财产都来自他们父辈罪恶行为的人的欢迎。但是这样一来，我们如何能够证明那个社会是公正的并且它的公民享有一个能够纠正任何侵犯人权行为的系统呢？我们真的愿意生活在这样一个社会里吗？在这个社会中，罪犯能够长期逃避惩罚，而社会则尽力粉饰这一违法行为。另一个解决方案就是，试图把过去的不公正行为重新公布于众。但是，正如布朗案件所呈现的那样，这并不是一件容易的事。事实上，过去的不公正行为，并不能通过将受害者过去所失去的东西重新移交回去的方式来纠正，因为时间已经改变了被偷财产的价值，以及受害者与罪犯的身份。看上去消除不公的唯一方式就是将那些由于父辈所受到的不公而导致其社会地位低下的人们的收入进行重新分配。但是，如果诺齐克有他自己的分配方法，并将收入进行再分配的能力从国家手中夺走的话，我们应该如何去将收入进行再分配呢？

将诺齐克理论的第二个矛盾加以总结，我们发现，他的前两项权利（即，人们有资格获取他们发现的或通过交易所得的财产）其实是和第三项权利（即，国家有权纠正不公正行为，无论是过去的还是现今的）对立的。前两项权利要求国家不能强制移除个人创造或经由交易所获得的财产，第三项权利则要求国家有权向人民征收赋税并且有权将收入移交给他人。最终的结果，可能会出现一个患了"精神分裂症"的国家。在这个国家中，它的司法部门、社会服务部门及税收部门的官员都面临着一个不可能出现的两难境地——将收入再分配以满足大量贫困阶级的第三项权利，没想到却会被公安机关所拘捕，因为他们侵犯了有钱阶级的第一和第二项权利。

澳大利亚土著与东欧：诺齐克矛盾的两大示例

澳大利亚土著

当欧洲人登陆澳大利亚之后，他们就开始贩卖当地人口。事实上，直到现在，澳大利亚的法律仍然强调澳洲大陆在欧洲入侵者到来之前是无人居住的（领土为空）。在经历了两个世纪对澳洲土著土地的征用、租种、开采，以及在其上面大兴土木之后（与此同时，土著居民则被大量屠杀、转变成奴隶或是传染上各种欧洲疾病），澳大利亚社会开始逐渐意识到他们对土著的不公。根据诺齐克的第三项权利，土著有权要求"纠正"这一系列的不公正行为。他们如何获得赔偿呢？澳大利亚国内生产总值的哪一部分是他们有资格获取的呢？澳洲的乡村、悉尼及墨尔本的哪些区域是他们应该得到的呢？

唯一可行的解决方案就是，在澳洲土著和非土著之间进行协商，遵循所有政党都同意的路线来决定收入、财产及土地的再分配。因此，为了使诺齐克的第三项权利能够代表土著居民的利益而起作用，他最大的梦魇就将成为现实——国家将按着全社会公平结果原则的路线，对收入进行有效的再分配。

东欧

东欧的故事也和前面的大致相同。自从共产主义政权解体之后，很明显的一点就是，那些社会中的中坚分子，成功地通过完全非法的手段（例如，由于他们位于政权高端或者由于和黑手党进行勾结），获取了最多的战利财产。当一切尘埃落定并且这些社会将发展成为守法的市场社会时，多年来所形成的那些中坚分子的家族，将会在社会中扮演最重要的角色。那么，这样的社会又如何能呈现出公平的现象呢？除非有国家干预，将那些中坚分子的财产进行再分配，否则诺齐克的第三项权利就会被侵犯。因此，我们再一次发现诺齐克所说的权利其实是相互抵触的。被国家所弃之不管的那些权利（为了富人的效用），与获得赔偿的权利（为了那些被欺骗的人的效用）之间，产生了激烈的碰撞。

9.6 总结：经济学家与他们的教科书所处的困境

旧的经济学教科书中并没有承认它有问题。它们坚持认为,如同个人的偏好能够通过效用函数来获知一样，公共利益也能很轻松地被定义为社会效用(福利)函数。尽管日益增加的大部分新教科书都保留了这一虚构的关于社会效用(福利)的概念,但阿罗突然提出的一项定理(即福利经济学第三定理)还是被接受了。阿罗告诉我们,任何一个将社会效用(福利)建立在个人效用函数之上的想法都是不可行的。然而,教科书常会不经意地提及社会(福利)效用,尤其是当它们的作者想要支持某些想法(如竞争和改革)时。例如,他们会写道:"竞争是有益的,因为它能将社会福利最大化。"而这样做的结果就是,学生们被弄得晕头转向。

讲述这种欺人之谈的,主要是那些关于国际贸易的章节(或整本教科书)。在这些章节中,一个国家的国际贸易是以无差别曲线的形式来体现的,如同第2章中杰克和吉尔的曲线一样。当无差别曲线图不顾阿罗的第三定理而出现在学生面前时,尤其是当学生们遇到第三定理并要求使用它来说明国际贸易能促进国家整体效用的提高(或社会福利)时,学生们往往会感到迷惑不解。为什么会发生这种事情呢?

这里有两种解释,并且对经济学家最低程度的奉承就是,他们还没能抓住关于第三定理真正及有效的内容。这一内容就是,我们不可能去判定社会效用(或福利)函数以及社会无差别曲线。坦率地说,经济学家仍然无法用这一破坏性的主张来武装自己的思想。因此,在编写教科书的时候,出于惯性,他们仍旧会涉及那些关于社会效用(福利)的概念,即使在某些章节(通常是分开的章节)里他们确实也会提及某个著名的、名叫阿罗的人已经证明了那些概念是不可能实现的事实。第二种解释是，对于新古典主义学派的著述者来说，把关于社会效用（福利）函数实际上并不存在这一事实对学生如实地表达出来，实在是件很困难的事。因为，除此之外，他们如何还能提出其他有利于市场、放松管制、私有化和反垄断法规的说法？除非他们能够证明上述所有事物都能推进社会效用并由此而获取公共利益。

经济学课本中不断出现社会效用（或福利）函数这一概念，证明了经济学领域内普遍存在的一个问题。它揭示了，很多经济学家并没有完全掌握他们所珍视的这一学科，而只是靠主观愿望将某一思想和模型强行灌输给学生。学生们可能会囫囵吞枣般地接受这些知识，但未必能将其完全消化掉。他们怎么可能消化呢？他们已经习惯于把政府的良好政策想象成就是那些能够将社会效用（或福利）最大化的政策，没想到，他们从后面几个章节中竟然发现，正是这个社会效用的概念的定义是有问题的。在这种情况下，他们对经济学持怀疑态度还会令人惊讶吗？

当然，不仅仅只有含糊的社会效用（福利）概念或者一个无差异曲线让学生感到困惑、侮辱学生的智慧。教科书还有更加微妙的方式来迷惑学生。通常，对社会的利益是通过把从不同商品中所获取的效用和购买这些商品时所损失的效用（即所谓的消费者剩余）相加来衡量的。但是，难道这不是把效用相加的情况吗？新古典主义经济学不是已经明确地禁止这种对比吗？

那么，当你在教科书里遇到社会效用（福利）这一概念时，当你看到无差别曲线用来描绘一个团体、一个国家甚至一个社会的利益时,你怎么做呢?一定是嘲笑!因为很快你就会意识到一种情形,要么是作者本人是困惑的,要么就是他/她想使你感到困惑,或者是二者兼有。如果一位教师坚持认为公共利益的确存在、只能从个人的无差异曲线产生、也有社会效用函数,你可以很客气地告诉你的老师,公共利益的定义是有问题的,有待仔细审查。如果你的老师对此不屑一顾,那么你也要怀着谦虚的态度建议他/她去查阅一下阿罗在1951年出版的经典作品《社会选择及个人价值》。

带着新的观点去关注一下新一批经济学教科书的内容,将是很有趣的一件事。这些教科书已经避免谈及将公共利益作为社会效用(福利)函数最大化结果的这种言论,取而代之的是去讨论根据契约主义者的说法,社会需要什么。这些好一些的课本中涉及了几页关于罗尔斯及诺齐克的理论,并将其解释为:个人对哪些权利更为重要的看法(要求公平分配的权利或者要求通过合法手段获取财产的权利),将会决定你对国家应采取何种措施这一问题的不同观点。国家应该继续保持局外人的状态并让市场交易去决定谁最终将得到什么吗?还是国家应该去干预财富再分配的过程并在其中扮演重要的角色?

这些教科书所面对的问题主要是:要想做到不偏袒某一方面是不太可能的。打个比方,由于开发公共资源或环境污染等因素而引发市场失灵时,国家必须以这样或那样的方式来对其进行干预。国家所选择的具体干预行为,将会决定社会中哪一个群体受益,是生产者还是消费者？是生活在污染区的居民还是那些未受污染影响且他们不愿为清理污染支付费用的居民？是那些有可能因为造成污染的工厂被关闭而失去工作的工人们，还是那些生活在受污染的河流岸边且他们的后代将会遭受更高致病率的工人们？

如果经济学课本能够给出任何政府应该如何回答上述问题的指导，它就能够不用靠简单地回答一句"政府必须采取那些能够将社会效用（或福利）最大化的政策"来解决问题了。鉴于后者（本身）是没有任何意义的，经济学课本的作者们发现，他们自己已经陷入政治论战的困境之中。如果他们想要说些有帮助的话，他们就不可避免地会带有偏袒的色彩。他们必须告诉我们，他们到底是喜欢像罗尔斯一样只关注结果呢，还是喜欢像诺齐克一样去关心国家不能随意触及任何人的财产问题。

随着本章接近尾声，我们像是又回到了原点。在第1章中，我们了解了经济学如何借助于新古典主义模型使自己脱离了与政治之间的关联，从散发着政治恶臭的泥潭中脱身而出，成为纯洁的、充满了知识的社会科学中的佼佼者。到了第8章，这一梦想已经烟消云散，因为有一点已变得很明显，那就是，我们不可能冷静地去讨论理性社会应该是什么样子这一问题。

在徘徊于数学和几何学的虚幻世界之后，经济学被迫回到现实并在真实世界的政治辩论中获取其一席之地。经济学家真的愿意秉承始自传统社会的契约精神而去追求良好社会吗？这一始于古希腊的社会契约精神，在欧洲被卢梭重申，并且找到了其尊崇者罗尔斯。

或者经济学家希望能有一个社会契约作为秩序和安全的提供者有效地治理国家？这一传统始于霍布斯，并在诺齐克的理论中得到发展。或者，经济学家正在考虑一条中间路线？

于是，经济学重又陷入阿罗第三定理的谦恭状态之中，这一定理消除了效用最大化能产生理性社会的任何希望。经济学不再可能从政治、哲学的辩论中逃脱出来，这些辩论使得各个人文学——从文学到社会学，从政治学到道德哲学（伦理学）——都产生了共鸣。这是一个很好的现象。最终，在长达一个世纪持续不断的卖弄之后，经济学又能够重新变得有趣起来。

如今的问题是，人们发现经济学课本已经很难适应新的社会现实。结果，大部分课本也就只能继续伪称经济学的梦境仍在持续，经济学能够以一种更新更巧妙的借口，即"边际均等原理"来讨论关于良好社会的问题。对这一矛盾仅仅做一象征性的承认，只会使学生更加糊涂而对他们理解问题没有任何帮助。但是，这就是现实：大的谎言导致许多混乱，而这些混乱并不能通过对其进行注解的方式来加以修正。

[第10章]

批评：资本主义社会能否优越？

10.1 受意识形态和历史支配的经济学

10.1.1 作为意识形态的经济学

理性的人会改变自己的观念去适应世界，去"融入"，非理性的人则总是试图改变世界来适应自己的观念。这就是萧伯纳（一位言辞犀利的爱尔兰社会活动家、知识分子、剧作家、评论家）如何利用讽刺的方式给"理性"这个词冠以污名的。事实上，想要改变世界需要伟大的构想（或者只是个妄想）。也许萧伯纳是对的：有这种想法的人肯定是不理性的。但是，人的观念真的能够改造世界吗？20世纪最伟大的经济学家凯恩斯对这一观点有可能（见下页线框内容）持肯定态度。其他人（如革命家恩格斯）则将他们渴望得到更美好世界的希望寄托于历史，认为历史可以改变科技、社会结构进而改造人们的世界观。然而，无论是观念改变历史，还是历史改变观念，最终都变得无关紧要。正如法国后现代主义哲学家福柯所指出的那样，即使观念不能改变世界，事实上我们也已经成功地利用它们使"狂人执政"的幻想破灭并使它们摆脱了被扼杀的命运。观念是构成社会的一个重要成分（无论它们是推动历史进程的因素，还是历史进程的产物）。如果经济学课程或教科书很重视观念所做的一切，那是因为它们总是会随意地愚弄我们对世界的想法。

正如我们在本书中所发现的那样，新古典主义经济学家一直致力于创造一种摆脱人们观念束缚的社会经济学。他们从自身利益出发，精心构建了一种人类模式，以此来证明自由市场（即资本主义）是社会组织的一种形式。然而，在第9章的最后我们发现，这一英勇的长征被迫告一段落，因为经济学陷入了与政治和哲学辩论的泥潭之中。而新古典主义经济学家正试图将其从这一困境中解救出来。简言之，我们发现，对于新古典主义经济学而言，想对政治和意识形态过去300年间的辩论不作任何表态而大谈理性的、美好的社会是不太可能的。

关于历史、意识形态及经济学的两大观点

无论对错，经济学家及政治哲学家的思想力量之大，往往出人意料。事实上，统治世界的就是这些思想。实干家认为他们远离了任何学术影响，但是，他们往往是某些已故经济学家的奴隶。那些当权狂人信奉的只是若干年前某

些末流文人的狂妄思想的碎片。狂人执政，自以为得天启示，实则其狂乱想法不过是从若干年前学术界拙劣作家的作品中提炼出来的。我确信，与那些逐渐被侵犯的思想相比，这些既得利益的力量被过分夸大了。

凯恩斯，《就业、利息与货币通论》（1936）

导致社会变革及政治革命的决定因素是什么？这个答案我们要从生产和交换方式的转变上，而非从人们的思想以及人们逐渐增长的关于永恒真理和公平的见识中寻找；这一答案要从新时代关注的经济学而非哲学中去寻找。

恩格斯，《社会主义：乌托邦以及科学》（1892）

因此，我们发现，要论及何种社会才是我们想要居住的社会，我们就必须像政治哲学家罗尔斯和诺齐克一样，超越新古典主义经济学。这已经成了一个政治问题。我们应该向谁求助？坦率的回答就是：这取决于一个人的意识形态。那些倾向于社会民主（也就是在满足基本需要以及收入、财富和社会机会再分配方面"国家"扮演了积极角色的社会中）的人会发现，他们与罗尔斯及其支持者之间能够自然地达成共识。那些不喜欢"国家"干预的人，将会与诺齐克站在同一立场。在第 2 章、第 5 章和第 8 章中做了专业性的经济学分析之后，我们重新回到起点——政治偏见和意识形态。

10.1.2 作为历史的经济学

大部分实践经济学家都求助于何方呢？经济学领域的另外一个主导因素——历史——引起了人们的注意。大多数经济学家就像年轻人追求时尚一样追随潮流。经济界人士喜欢把国家角色视作历史之风的风向标。退回到 20 世纪 60 年代以及 70 年代初期，那时罗尔斯的思想主导潮流。西方世界实现了近 20 年相对的、不受干扰的繁荣，并且他们也在努力证明自己可以掌握好平衡——把市场机制作为协调经济行为的主要手段，同时与社会经济进行严格划分，把诸如健康、教育、子女津贴、自然垄断事业（如发电、铁路），甚至是那些所谓的战略部门（如采矿和钢铁业）留给政府，这也就是所谓的混合经济。

这种混合经济可以将资本主义与社会主义（先不考虑它们的缺点）的优势相结合。实际上，当我在 20 世纪 70 年代末进入大学校门的时候，这种追求构建混合经济的想法依然盛行。然而，现在这股潮流已经逐渐消退了。1981 年，当我毕业的时候，我的老师们似乎已经改变了他们的态度。转瞬之间，整个经济学界又有了新的信仰——市场的威力——并普遍开始对国家的干预怀有疑虑。为什么会发生这种情况呢？答案很简单，即战后的经济奇迹早已成为泡影。战后经济奇迹的出现，是凭借着国家对经济的干预，在未损害价格机制的前提下，将失业和不平等保持在一个很低的水平。

紧随 20 世纪 70 年代的石油危机，政府经历了一场价格持续上涨、贫富不均和失业等危机共存的噩梦。即使处于那样的情况之下，政府仍认为他们能够调控资本使其获得社会价值，并能降低通货膨胀。他们认为，在最坏的情况下，他们可以牺牲一部分社会利益来获取更稳定的价格及经济效率，反之亦然。但他们没有预料到的是，不受他们行动的影响，市场机制（如，调整价格通胀）和社会体制（如失业率增加、收入不平等现象）同时崩溃。对许多人来说，国家已经失去了调控经济和社会的能力。

弗里德曼及经济学政策的局限

弗里德曼关于政府不应试图"干预"就业的观点，可以从简单的新古典主义思想中找到。即，如果一件商品并不稀缺，那么它就不具备价值，且它的价格必须为零。如果它的价格不为零，那么它一定就是稀缺的，因此，相应也就不会有大量未出售的那种商品。同样，如果工资非零，那些希望能够通过工作来获取相应工资的人会找到一份工作。如果政府试图通过借用和出售的手段来进一步增加就业人口的数量，它所能得到的只能是更深程度上的通货膨胀。最终，雇用水平将仍维持原状。

也就是在那个时期，那些已经过时的经济学家的声音突然成为关注的焦点。像美国经济学家米尔顿·弗里德曼（1912—　），多年来一直都在进行挑起争端的激烈辩论，这些辩论围绕政府试图转变社会生产率以及雇用量的愚蠢且冒险的行为而展开。20世纪70年代末期，弗里德曼和他的支持者们有了一个转变，从最初嘲笑那些行为古怪的人，转变到去嘲笑业内和业外的舆论领导者。而那些在弗里德曼所在大学（芝加哥大学）接受教育的经济学家，也变成了自由资本主义的新预言家。到了20世纪80年代中期，由于受到来自美国政府和英国政府激进保守党的支持，大学内外在经济日程上达成了共识（至少在理论上）：政府需要退出经济干预的舞台。故事还没有结束，如果国家试图进行干涉，哪怕是最好的干涉也会引发经济灾难，而这种灾难将会导致通货膨胀并最终会使更多（而不是更少）的人失业。

在经济领域，主流思想随历史而变的情况已经不是第一次发生。支持市场的经济学观点，是在抨击凯恩斯学派关于国家作为资本主义管理者这一观点的基础上而产生的。从某种意义上说，它是对1930—1970年间所盛行的凯恩斯主义的一种报复。当20世纪20年代至30年代的大萧条已经成为社会现实的时候，几乎没有人去怀疑资本主义是不稳定且不可靠的。随着生产力的大幅度下滑以及失业人口的大量增加，关于市场运转正常并能有效地调节经济行为的言论就变得比较可笑了。没有人会去责怪在战争中垮台的工会，也没有人将控诉的矛头指向当时的政府。事实上，那些工会在垮台之前就已岌岌可危，然而大部分政府依然坚信从事经济事务与他们无关。那么，市场体制是如何在国际市场限制持续放宽、政府干预无足轻重及工会联盟十分脆弱的时期内崩溃的呢？

当全球都在经历20世纪30年代这一不期而至的萧条之时，凯恩斯的话打破了支持市场者的信条，他说：不能相信市场！用经济学的语言来说就是，我们为什么要习惯性地假设，在主要的市场中（例如，劳动力和资本市场），价格总能符合市场需求并由此来恢复供求平衡及市场均衡的状态呢？如果在这一切发生之前，价格不再符合市场需求而市场依然按照惯性运作，且存在大量处于闲置状态的劳动力和资本，我们应该采取何种措施？凯恩斯对经济学传统学说的最大挑战就是：他宣称，我们应该预料到市场正在以这种方式进行"欺骗"。当它们这样做的时候，它们自己本身就会变得异常"紊乱"。除非政府能够采取积极措施支持经济活动，否则市场将会陷入一种可悲的停顿状态。同时，成千上万的人都会受到牵连。凯恩斯的预言在大萧条时期产生了非同寻常的反响。年轻的经济学家开始迫切期盼参与社会重要改革。他们想要成为政策咨询师，来给政府提供那些关于如何辅助市场机制运行等问题的建议。对于经济学家来说，那是一个令人兴奋的时代。凯恩斯主义潮流大行其道。

凯恩斯的革新理念

当然，如果在我们将那些稀缺资源（包括劳动力）根据它们稀缺的程度（及其价值）来进行分配以前，价格能够保持在一种不断调整的状态，这些资源就能被充分利用起来（例如，没有失业问题）。但是如果价格不能处于这种调整的状态，价格就不可能反映出一件商品的真正价值。这是什么原因呢？原因是资源会因不被完全使用（或雇用）而

> 变得不再稀缺。在这种情况下，任何稀缺的事物都将是必需的！于是，政府所要扮演的角色，就应该是通过增大需求的方式来促进经济发展。

第二次世界大战大大推动了凯恩斯主义的发展。整个世界都了解到政府对经济的干预能够消除失业、创造高新科技部门并能产生持续的繁荣。很可惜，这并不是迈向理想社会的一步，而是迈向大屠杀和毁灭的一步。第一个实施（也许并不是自愿的）凯恩斯建议的政府，就是20世纪30年代的德国纳粹政府。一方面，庞大的政府投资被投入到工业和铁路的建设中去；另一方面，则被投入到武器装备上。希特勒之所以在1935—1939年间那么受欢迎，就是因为他的政府给经济"注射"了一支强心剂，成功地给予市场发展所需的推动力，提高了收入并消除了失业。很多年之后，在20世纪80年代早期的美国，政府在武器装备上的开支（在里根总统任期内）有一个相类似的巨大增长，并因此大大降低了失业率。幸运的是，鉴于现代核武器工厂带来的无限破坏，里根重整军备的行为没有像40年前的希特勒一样引发一场战争。

第二次世界大战一爆发，其他政府（尤其是美国政府和英国政府）就开始消除对市场干预所存有的疑虑，并开始重新接管私营机构的投资权和经济决定权。大量的资金直接从储蓄及各种各样的经济活动转移到了武器制造业中。战争时期出现了一种有趣的混合现象，即在由国家控制的战争资本主义中，企业家们都会在官僚主义者或政治家的确切指引下去投资于某一特定的经济活动。惊人的经济增长，使得战后的美国迅速成长为主要超级大国。当一切尘埃落定，那些经历过动荡战争年代的经济学家和政治家相信，如果一个政府能够在战争时期为经济的良性发展作出贡献（通过干预、扶持新兴企业而减少失业率）的话，它在和平时期应该也能做到。

　　为什么政府只能在增加我们互相杀害的效率方面成功地进行经济调控，而一提到改善社会生活就无能为力了呢？战后持续了20年的繁荣证明了上述想法。在它破坏了传统（新古典主义的）的自由市场经济理论的同时，在凯恩斯（和他的信徒们）的尖锐文字的披露之下，自由市场经济理论在世人眼中已经日益沦为被嘲弄的对象。经济学家和各级政府不仅开始接受世人对市场是否具有调节价格以减少失业率的能力的疑虑，而且开始怀疑始于斯密的基础的经济学观点：相信资本家和企业家都将利润用于购置更多、更好的机器，以增强自身竞争力并实现长期的利润最大化。凯恩斯打碎了理想主义者的幻想，他提醒政府，当经济呈现萧条的迹象时，他们永远都不能指望依靠资本家的理性投资来阻止萧条的发生。他在《劝说集》（1931）中这样写道：

> 当代资本家就好比是习惯于在风和日丽的天气状况下航行的水手。一旦暴风雨来临，他就会弃航行的责任于不顾，为了让自己登上救生艇，他甚至可能急切地将同伴推入水中。他这种慌不择路的行为，甚至可能会弄翻能救他

性命的救生艇。

第二次世界大战结束后至少有20年,凯恩斯的精神实质影响了政府和主流经济学家的目标、方法及思想。在政治哲学领域,罗尔斯的《公平论》达到了凯恩斯主义、社会民主观点以及预测的极致。这本书正是在凯恩斯主义革命失败后写成的,它捕获了整个研究在政治方面的基本原理——社会能够变得更加优越。它需要的仅仅是将效率和公平结合起来。这一结合需要一个积极参与的国家,它必须能够在追求社会目标的时候进行干预,同时还懂得何时应该给个人(及市场)让路。

罗尔斯对凯恩斯理论的贡献是,他证明了国家干预并不单纯是一种常识(因为市场在满足大众需求方面频频失灵),它也是社会公平及社会理性的先决条件。即使会产生某种程度上的不公平,也要让市场协调经济活动,这并不是对不公平的妥协,而是一种促进公平的方式。倘若国家能够理性并明智地选择它的政策,市场调节与政府干预的结合,就能引导社会向合法而正义的目标前进。实际上,罗尔斯的书标志着社会民主政治经济达到了高潮,它将后者安置在了政治和经济辩论的中间地带。

凯恩斯—罗尔斯主义的左边是马克思主义者。他们认为,由于资本主义从本质上来说是低效率和不公平的,唯一的解决方案就是对社会进行根本上的变革。凯恩斯—罗尔斯主义的右边是那些分散的、独立的极端自由市场主义者。在大学校园中充斥着马克思主义者对资本主义的叙述、比喻及谴责的那段时期里，苏联也隐约成为资本主义的主要威胁者，凯恩斯—罗尔斯主义统治着整个资本主义支持者的阵营。和那些极端自由市场主义者不同，凯恩斯—罗尔斯的计划考虑到了每一个人。凯恩斯—罗尔斯主义以一种极好的妥协姿态存在于极端主义之间，是政治、知识及经济相互妥协后名义上的统治者。自由市场主义者无处容身，只得接受自己被边缘化的现实。

因此，他们在20世纪七八十年代中期的复出，带有明显的复仇特征，这种复仇是他们期望已久的。毫无意外地，自由市场主义者的理想破灭，波及了经济学领域之外。这种流行病开始在大部分社会学科中流行。我们已经详细地研究过它在政治哲学中的最突出的表现，也就是第9章中诺齐克关于正义的理论。这一理论对于自由市场主义者而言，相当于罗尔斯的正义理论之于凯恩斯主义者。既然凯恩斯主义革命已经在经济政策的战场上被击败（尽管经济学家努力去了解其中的原因，但是政府已经不能有效地控制失业和生产力了），那么攻击其政治和哲学基础的路径也就明确了；那就是攻击他们的社会政策：通过将市场的最佳表现与国家干预社会政策的优势相结合，政府就能造就理想社会。

诺齐克的著作《无政府、国家与乌托邦》再次将刀子刺入遍体鳞伤的凯恩斯主义理论。这本书出版于1974年，书中不乏对自由主义右翼各派别的攻击。芝加哥学派的经济学家，如弗里德曼和贝克尔都宣称，国家不再试图干预（如果国家这样做，不仅会加速通货膨胀，从长远看还会增加失业），不但从经济效益角度来说是明智的，而且国家放弃这一愚蠢念头也是公平的。

根本不存在社会这回事。

撒切尔夫人的著名言论（1987年11月）

由此，道德方面的掩饰也加入了经济学关于"政府不应扰乱市场机制"的观点。更加离谱的是，那些全心全意地支持诺齐克基本原理的政治学家们，如撒切尔夫人在接受"妇女同胞"节目采访时说出了对诺齐克哲学最真实的总结：唯一正义的国家，就是那些不认可社会目标而只认同个人与家庭权利的国家。

复仇终于实现了：资本主义现在可以大肆庆祝而无须再为证明它能否产生优越社会而担心。如果社会不存在，关于优越社会的理念也就带有欺骗性质。这种理念掩盖了中产阶级知识分子和官僚主义者的吹嘘，以达到其通过散播混淆视听的概念来满足自身利益的目的。

苏联的分崩离析，为自由市场主义者增添了更多的动力。社会民主人士（凯恩斯—罗尔斯派）宣称，将不再寻求狂热的中央集权下的经济统治与自由市场思想体系之间的妥协。

自然失业率

20世纪70年代支持市场的经济学家将自然失业率定义为，通货膨胀率保持恒定时的失业率。即使有30%的人失业，只要通货膨胀率不上升，多数经济学家依然认为这时的失业率是自然失业率。他们指出：降低自然失业率的唯一方法，就是减少实际工资或提高生产率。

此外，市场支持主义者还取得了更深层意义上的成功，在仅仅十年（约1980—1990年）的时间里，他们根除了大众文化中"完全就业"的概念。如今，经济学家称失业率大于等于8%为自然失业率。提到"自然"，人们会有一种不可避免却又可以接受的感觉。

当我写下这段文字时，支持市场主义者正在经济学领域中占据主导地位，这一学说曾在几十年前被凯恩斯及其支持者所边缘化，如今则像先前的凯恩斯主义学说一样强大。就像支持市场主义在艰难时刻（20世纪30年代至70年代）没有被消除一样，凯恩斯主义的观点也从未消亡过，它们依然活在一些寂寂无名的经济学家的心里。这些经济学家在参加者寥寥无几的会议上对话，在不流行的杂志上发表文章，他们等待着一股能使自己的理论重新盛行的历史潮流，届时，他们就可以对现今的经济主流施加报复。

历史学家看经济健忘症

那些经历过经济大萧条的人至今仍然难以理解，为何声名狼藉的正统自由市场理论在20世纪八九十年代再次接管了经济，并且引发了全球性经济萧条。这次萧条同样让自由市场主义者无法解释或应对。这种奇怪的现象为历史的主要特征做了例证，它提醒我们：经济学理论家和经济学实践者都患有难以想象的健忘症。

艾瑞克·霍布斯鲍姆，《极端的年代》(1994)

10.1.3 经济学与变化

过去,成为一个自由市场经济主义者就是要成为一个革命者。回到那个国王与主教掌控着人们命运的黑暗封建时代，提出个人在不伤害他人的前提下做自己想做的任何事的建议是极端激进的。辩论围绕这一想法展开，不计其数的男女牺牲在捍卫这一建议的战场上。同样，追溯到20世纪70年代，苏联政府同样鄙视那些主张苏联应采取市场经济的人。但是，市场经济一经建立，过去的激进派便变成了保守派。

在9.4节，我们看到诺齐克的个人主义论、拥护市场，以及正义的观点是如何排除那些无法使受其影响的个体达成共识的变化的。这些对于新的拥护市场的保守主义者来说或许是一幅美好的蓝图。原因很简单，如果每个受到影响的人在影响发生之前就对此持支持态度，那么任何细小的变化都可能会发生。诺齐克及新的权威指出定义公共利益的不可行性,以此为自己的保守进行辩护（参看8.1.6、8.3.3、9.1、9.2节关于福利经济学第三定理的讨论）。

如果民主可以改变一切，民主早就被禁止了。

匿名

因此，最新的消息是：作为一个团体，只做那些不会真正改变任何事的事就行了。比如，可以举行选举、成立政府、建立部门，但不要做任何能够使最恶劣的偏见者和施虐者变得更加沦丧的事，以及使顽固不化者和伤心绝望者感觉雪上加霜的事。

重新回到本章第一段（萧伯纳把"非理性"定义为"试图改变世界的人"），事实上，占统治地位的支持市场的理论告诉大家：你的选择只有一个，那就是让自己和自己的观点适应周围的世界。放弃所有通过联合大众并号召大家奋斗的方式促使集体组织（比如政府）采取措施去限制非法利用、压迫、贫穷、疾病的想法吧！除非在这一过程中任何人的特权都不会丢失。联合行动的可能性被排除了，唯一的选择就是个人的追求，这一追求肯定是富人和当权者的权利，除非他们自觉选择放弃。

自由市场意识形态中变革与进化的位置

对于支持市场理论的经济学家哈耶克和哲学家诺齐克这样的人来说，变革尤为重要。哈耶克赞颂市场，因为市场能够为我们的生产和消费方式引进创新和变化。由此，哈耶克认为，政府采取的一切试图"改进"市场的措施都是徒劳的。诺齐克同样认为，这一进化过程导致了收入分配的永久性变化。市场总是以一种神秘莫测的方式运转，因此人们的财富也在不停地随之变化。紧随财富变化的是人们对公平的看法。但是，这种变化是无规律的、自发且迅速的，因此，在我们看来，没有任何一种分配制度（1）是被公认为公平的；（2）在未来我们会继续认为它是公平的。因此，诺齐克的结论就是，任何一种分配制度都不是绝对公平的，也不可能让政府堂而皇之地将其作为调控目标。

渐进性变革的观念，是隐含在新右派、放任自由主义、颂扬市场的下面最强有力的观点。然而，像哈耶克那样的经济学家和诺齐克那样的哲学家却信奉"变化是由个人行动引起的"。由民主方式（例如，绝大多数人投票赞成累进税）或集体行动的方式（例如，呼吁废除性别或种族歧视的政治运动）带来的变革，即使不会彻底遭到敌视，也会引发怀疑。结果，即使变革的观念在前市场理论中占据重要地位，那些由国家政府或民主运动带来的变化依然被排除了。

鉴于这种希望微乎其微，政治变革也变得纷繁复杂，你用来获得社会权利使之影响道义上能接受的社会变革最大的赌注是什么呢？答案就是提高自己的"市场价值"，从而能够在市场上兑现这种价值，并随意支配你从中得到的利益。如果这一前景没有什么吸引力的话（可能因为在市场上丰富自我的同时也剥夺了理想主义），那么仅剩的选择就是改变你对世界现状的期待，而不是希望世界改变。

很多人都会发现这一信息的合理性及其显著的可行性，另一些人则会觉得前途惨淡，他们将追随萧伯纳打破传统的说辞：做个非理性的人，并与其他非理性的家伙联合起来，依照自身的意愿把社会改变成你们期待的样子！想象一下，如果你有追求这种理想的兴趣，个人如何通过群体行动促使社会改变呢？改变的目标是什么？我们已经看到一个答案：罗尔斯的思维过程。这一思维过程使他建议市场与政府应联合行动。这确实是一个选择。在本章接下来的部分，我将研究一种更为根本的选择，一种更加怀疑市场调节的选择。

10.2 来自市场的社会公平和自由

10.2.1 来自劳动力市场的自由：诺齐克与罗尔斯的漏洞

毫无疑问，对大多数人来说，为自己工作的幻想（与为他人工作相对），是对自由的强烈渴望。为什么呢？蔬菜商和鱼贩并不想退出出售蔬菜和鱼的市场，他们只是梦想着更多的生意和更高的价钱。为什么工人却想着退出劳动力市场呢？答案在第 7 章已经有所暗示（详情参见 7.2 节），劳动力与其他商品不同。没有哪个合同能规定出劳动交换的数量。这一模糊性意味着工人永远无法知道雇主的要求何时才能得到满足。因此，把自己放在雇员的位置，就意味着要接受雇主一系列的剥削和压榨。

当然，雇主也受到了限制。由于不知道需要多少劳动，他们必须相互竞争，最大限度地榨取雇员的劳动。当每个劳动力的生产价值低于市场价格时，那些在是否勒索雇工上犹豫不决的雇主，也许会是下一个破产的人。因此，指责雇主试图通过压榨雇员的劳动以提高生产力的做法，是不合理且没有意义的。压榨是每个劳动力市场都会玩的游戏。这样我们就可以理解，为什么大多数人都是愿意为自己工作而不愿意为老板打工——他们只是不想让自己处于被"压榨"的地位。

自由市场理论家与他们对不可预测性的崇拜

自由市场理论家的理论，似乎基于以下观点：我们生活的世界必将挫败我们试图控制它的集体努力。为什么我们集体塑造世界的努力会失败呢？因为它是如此混乱，因为它会同时涉及许多方面，以至于我们无法对它进行规划。他们相信，就像生物进化一样，无论我们怎么看待它，我们都无法成功地阻止它。不过，这里存在一个矛盾：尽管他们认为政府不可能给予我们想要的任何（或者大部分）东西，几乎任何事情都可以通过个人的、分散的行为得以实现。但是，如果人类无法控制社会，他们如何相信自由经济和"看不见的手"能够避免市场的复仇？

诺齐克及其正义理论可以从中得到一些教训吗？像诺齐克这样的思想家也许会问：当工人自愿受雇时何谈压榨？如果他们自愿出卖劳动力，这一交易一定像其他任何交易一样公平。但就像我们在第4.3.3节和7.2.4节中论述的那样，绝望的人会做绝望的事。他们选择这样做，并不意味着这样对他们来说就是公平的。

劳动力市场使人们接受了那些只要还有其他选择他们都会拒绝

的条件，即在没有社会福利这个"安全网"的社会中要忍饥挨饿，在有福利的社会中要在救济所门前排着长队。就像 7.2.4 节所述，在自由竞争背后，没有任何一项观察结果可以证明劳动者出卖劳动是否出于逼迫。如果以上论断属实，那么，那些在南非金矿和钻石矿工作的黑人工人就不能把自身的经历描写成不自由或被剥削（矿场的环境糟糕到老板不会把宠物放在那里的程度，因为这是对宠物的伤害）。毕竟是他们自己选择出卖自己的劳动力的，难道不是吗？

因此，所谓自由平等的交易，是指各方在有其他选择时依然决定从事该活动的情况。而劳动力市场则是建立在极不平等的基础上：除了出卖劳动力没有任何其他选择的劳动者与有很多劳动力可供选择的雇主。这一不平衡使雇主具有压榨的权力，如果他们不压榨，他们很可能会破产，因为总有竞争者（这种竞争者可能存在于地球上的其他角落）通过使用压榨的权力降低成本，提高生产力。因此，劳动力市场对于那些不得不出卖劳动力的人来说，就是一个不自由的地方。

因此，与卖古玩、番茄、汽车不同，出卖自己的劳动力已经是一种失败，是人们没有维持生计的其他选择的确凿事实。与此相反，购买劳动力则是一种社会权力的象征——拥有剥削他人血汗的经济势力。在这种背景下，大多数劳动力都想建立自己的公司，自己做老板的冲动是梦想从劳动力市场获得自由的宣言。如果这一说法可取的话，或许可以指责劳动力市场不仅有失正义，而且敌视享受个人努力成果的基本自由。劳动力购买者（即雇主）在劳动力市场上获得的价值，就是在压榨中获得的利润，就是对他人自由的限制。如果实施诺齐克的第三个原则（政府必须对任何不公平负责），警察机构就应取缔一切资本主义工厂。在这一意义上，政府必须宣布资本主义劳动力市场是非法的。

以上观点不只是对诺齐克（及新右派）的批评，也从根本上否认了公平与资本主义的调和。资本主义是建立在劳动力买卖基础上的经济制度。为了实现劳动力购买，必须有属于少数所有者的生产资料（流水线、工厂、农场、机器等）的购买者。他们的收入不是个人劳动的结果，而是财产所有权的结果。财产所有权使他们拥有社会权力，反之，由于历史原因，一些人没有生产资料，因此只能出卖他们唯一拥有的东西——劳动力。但是，劳动力就是劳动力（它不是另一种商品），它的出卖体现了不工作的雇主对无财产的雇工剥削压榨的过程。

显然，对于两个群体（有产者与无产者）收入的划分，反映了有产者有权剥削无产者的事实。原因如上所述：劳动力出卖者处于劣势。我们再来看一个更加普遍的事实：如果所有的雇主联合起来解雇所有的工人，工人将因饥饿而死。相反，如果所有的工人联合起来，拒绝出卖他们的劳动力，雇主则总有办法清偿资本。他们也可以自己工作。（雇工如果与地主发生口角，就会无地可耕；而地主与雇工不同，他们可以自己耕种土地并以此为生。）

尽管上述任何情况都不可能发生，但两个群体之间的收入分配也反映了双方选择的平衡。而且它也反映了这样一个事实，即有产者群体比无产者群体人数少。这就意味着，后者要形成统一的立场和观点，要比前者面临更大的障碍（即搭便车效应）。因此，工人最终只收到他们努力的部分回报也就不足为怪了。

如果这一论据充分，既会破坏诺齐克对自由资本主义是公平的社会的辩护，也会推翻罗尔斯对混合经济（即国家干预经济）的资本主义是公平的社会的辩护。为什么呢？因为罗尔斯所说的不公平没有考虑充斥劳动力市场的压榨，没有注意到劳动力市场在资本主义社会到处存在，大多数人都要通过出卖劳动力为生，这是罗尔斯主义的巨大漏洞。反过来，难道罗尔斯在收入分配中没有谈到公平吗？不，他谈到了。但他并没有分析资本主义制度下收入趋向不公平的原因。

罗尔斯关于资本主义市场的观点，就像登山者的探险一样：一些人成功地登上顶峰，另一些人则不可避免地坠入悬崖。在他所谓的优越社会中，所有人应该达成一致，那些身强体壮的人必须放慢速度，扶持弱者，帮助他们前进。如果强壮者没能抵达最高峰，至少他们在没有抛弃任何同行者的情况下，竭尽全力地向上攀登了。确实，通过这种方式，确保了最不擅长者走得尽可能远。但另一方面，那些行动迟缓和不擅长攀登的人，不可能指望身强力壮、行动迅速的人和他们一样行动迟缓、步履蹒跚，他们必须接受别人的扶持。通过以强扶弱，他们确保了行进过程中的安全，最终登山的辉煌是均分给每一个人的。为什么必须如此？因为罗尔斯宣称，这是理性的登山者在不能确定孰强孰弱谁会受伤时在山脚下达成的协议。

但如果这种隐喻对资本主义市场来说并不恰当呢？如果那些登上山顶并获得所有荣誉的人只是冒充的登山者又如何（他们以食物为交换，让当地的农民将他们背上了山顶）？此时正义会要求什么？解散二流的登山俱乐部？嘲笑这些"大师"？都不是。正义和常识都要求我们采取彻底的措施。因为在恶劣的天气条件下，这种攀登显然不安全。因为紧急情况下那些体弱的人根本帮不上任何忙，而那些能发挥作用的人体力已消耗殆尽，不能发挥决定性的作用。隐喻最后委婉地传达了左翼（大多是马克思主义者）的观点：因为其本身固有的低效率与"不合理性"，使得资本主义无法变得文明起来。

在左翼看来，罗尔斯（社会民主派）与诺齐克（自由市场主义者）之间的辩论是不合理的。如果仅仅是一些人比另一些人更擅长攀登，那么，诺齐克或许会宣称：应该让擅长爬山的人毫无拖累地爬到山顶，他们本应有权这样做（尽管大部分左翼派仍赞成为那些出于自身原因掉队的人建立安全网公积金）。按照前一段中的精神，如果市场依照奥林匹克竞争原则运行，那么像诺齐克这样的右翼自由派的观点就是正确的。富人有权富有，政府无权向他们征税以帮助穷人。但这恰恰是左翼反对的。资本主义之所以没有问题，是因为一些人比另一些人更幸运、更勤奋、更有计划和敢于冒险。资本主义不能为人们接受的原因是，少数人的成功是建立在剥削多数人的基础之上的。富人利用他们在劳动力市场上的权力致使穷人"失败"。此外，这不仅仅是一个道德问题。根据左翼的观点，雇主持有和使用的权力，是导致劳动力市场失衡的主要原因。他们建议，要注意因失业和产业冲突（如罢工）导致的生产力下降。

因此，在资本主义制度下，如果人生像百米赛跑或真正的登山探险，就会产生赢家和输家。而优越社会则像体面的体育裁判一样，会保证队员获得罗尔斯和诺齐克提出的公平和正义。如果我们支持罗尔斯的公平分配的想法，就等于同意好的运动员必须放慢脚步扶持那些在比赛和探险中垮掉的人。另一方面，如果我们同意诺齐克的观点，我们就是强调速度快的人要先到达山顶或终点，而不是停下来帮助伤者。但是劳动力市场不是奥林匹克竞赛，它更像罗马的竞技场。在那里，全副武装的格斗者会面对赤手空拳的受害者。后者倒在血泊中不是因为他们没有努力，也不是因为他们没有天分，只是因为最初的盔甲（资本的原始形式）分配不均。

类似地，在资本主义制度下，工人在工厂外排队乞求被剥削压榨（或者说，出卖自己的劳动力）。就像在罗马竞技场的行为准则无法要求禁止残杀性质的表演一样，现代社会维持正义的唯一方法就是取消当代奴隶制度，即解放大多数靠出卖劳动力为生的人。这是大多数左翼社会学家和少数左翼经济学家的呼声。当然，这不是一种温和的呼声，而是一种试图设立另一种社会制度的呼声。这种制度在一定程度上避免了以苏联为代表的社会主义体制的隐患。

10.2.2 商品化的信息与知识的恩赐

假设你是一个第三世界国家的卫生部部长，每年，你的国家都有不计其数的儿童死于一种疾病，这种疾病通过服用一种境内外资制药厂生产的成本较低的药物就能轻松治愈。但问题是：外资制药厂对药物要价太高，你的卫生部预算难以承担。怎么办？过去，墨西哥政府试图通过对那些制药厂采取强制性措施解决这一问题，迫使它们降低价格（忠诚度也随之降低）、保持产量。但是，药厂通过联合撤资的方式威胁卫生部并获得了胜利。

印度被暗杀的总理英迪拉·甘地，在1982年召开的世界卫生大会上演讲时指出："一个秩序更好的社会，指的是一个医学发现不被专利垄断，在生存和死亡之间不存在投机的社会。"新古典主义经济学家通过他们的效率论反驳了这一观点：如果要研制质优价廉的药品，必须投入大量的研发经费，而只有在生产这些药品有利可图时，制药厂才会冒险进行大规模投资。如果允许墨西哥或是任何需要药品的人去侵犯知识产权（或版权）以治愈眼下这些患者，就不可能生产出物美价廉的药品。因此，为了未来患者的利益，为了善良，我们必须残忍。

同一论点的另一种表述方式是：信息（如知识、技能等）必须被看作商品，它的供应必须由市场控制。为什么？因为新古典主义经济学家认为，市场是商品生产最好的组织者。但是，信息不同于其他商品，回顾一下第8章中讲述的私人商品与公共财产的区别：当一个商品属于稀缺商品，一些人消耗掉X%，库存就只剩下（1－X%），这样的商品就属于私人商品（以一盘香蕉为例，吃了一半，就少了一半）。相反，如果一个商品可以供大家同时使用，"总量"不会削减，我们就称其为公共财产（例如：广播节目一个人可以听，一亿人也可以听)。因此,信息是公共财产中的一种。法律保护信息"所有者"唯一的方法,就是禁止他人使用它。法律如何做到这一点呢?

看看英联邦国家的版权法,我们就会发现"作品"(如一本书或一个化学公式)被分为两个部分:一部分是私有财产,另一部分则是公共财产。这种划分可以追溯到18世纪。那时一方面认为文学作品包含:(1)一种"思想"(即,情节的构思),供人们在茶余饭后谈论,因此被视为公共财产;(2)一种"表达"(即,精妙的用词),这是作者的所有权。但这种所有权与通常所说的所有权不同。与"实物"所有权(如土地所有权)不同,版权会在某一时刻过期,一旦过期,任何人不得再购买。版权为什么如此特别?因为版权法试图调节信息的两大特质:知识性和艺术性——其私人属性和公共属性。一方面,试图通过金钱方式的激励,使"创作者"创造新信息、新知识等。另一方面,则试图保护创作,防止别人使用它(主要目的是让后来的"创造者"在创造新知识之前有机会学习前人的知识)。

从18世纪开始,社会经历了由习俗统治一切到市场居主导地位的巨大转型。随着科技进步,市场侵入人们生活中更多的领域,版权法也涉及一些设计之初未曾涉猎的领域。例如:农业资本主义(使用拖拉机、收割机和农药)已经使得自主生产原材料(饲料、燃料、驱动能源)的农民消亡。现在,许多农民甚至从大公司购买种子(作为农业生产的副产品),而那些大公司则充满了研发新型基因种子(如抗霜冻或杂交的品种)的热情。由此带来的直接结果就是,农业方面的研发性质发生了深刻的变化。作为主要力量,研发新品种植物的公共实验室已一去不返。它们被 Shell、ICI、BP、CibaGeigy 这些兼并传统种子公司的企业集团取而代之。这些集团公司投入大量的经费研发新植物、新品种、新生物技术，期待将来能从中获利。自然，他们拥有自己的"创新"，并利用版权立法等保护版权免遭"非法使用"。在医学方面，我们也可以观察到类似的情况。

经济学家也许会说，上述事实证明了市场的高效以及通过政府（即合法的）干预把知识转化为私人商品（至少限制别人使用）的重要性。但是，版权法试图达到保护创作者和保护大众获取知识的权利之间的平衡这一目标，却被生物科学的新发明打乱了。例如，公司寻求第三世界的生物种类的多样性，在基因上略作调整即可从中获利。以西非的豇豆为例，几个世纪以来，非洲农民用它抵制害虫。现在它居然被授予了专利（当然，也经过了基因的微调），使得狡猾的公司从中获利。事实上，非洲居民很可能会花高价购买西方公司的生物技术，而类似的技术他们已经使用了许多年。当然，这不是版权法希望达到的目标，很显然，这是一种歧视——反映动植物几个世纪生长的"农民知识"是毫无价值的，相比之下，"专家知识"（也就是为公司工作的科学家的知识）却是有价值的。

21世纪的殖民主义

历史上，种子资源在第三世界国家被视为免费的物品……这些利用极低成本取得的种子，最终给第一世界的公司带来了数亿美元的巨额利润——第三世界却没有得到任何直接回报。另一方面，发达工业国家的种子工业成熟后，他们就把手伸向了全球市场。最初在第三世界获得的生物多样性基因再次出现在第三世界，不过是以商品而非免费物品的形式出现的。

杰克·克劳本伯格，《关于植物生物技术的政治经济学，1492—2000》（1988）

版权法与公共创造的知识

化学公司的科学家，堪称知识产权保护的典范。农民在任何方面都与作家不同，他们的贡献是集体贡献而不是个人的贡献，是传统习惯而不是创新，是进化而不是变革。猜猜看，谁获得了知识产权？

詹姆斯·博伊尔，《加利福尼亚法律评论》（1992）

问题不只是不公平以及公司与传统社群之间利益分配不均，同时这也是一个效率问题。当研究丧失公益性日益受到利益的驱动时（它离开大学与政府公共研究机构转向公司的实验室），处于同行业但各为其主的科学家之间的信息共享越来越少，为了优先得到专利，公司经理不鼓励公开讨论研究攻坚阶段的技术细节。这就破坏了设置专利与版权法的主要意图——效率。公司把公共知识与私有知识的界线划分得越清楚，愈加限制公共知识，也就愈加没有效率。1980年，版权法在美国拓展到了动物基因工程。尽管个人不能申请把自然（如语言）归为己有（例如，没有人有权申请猫、狮子或英语的专利），但法庭规定，如果科学家"改变"了现在的基因或DNA，那么科学家就拥有它们。或许这在相似的有关植物的规定中也适用。但我们何时才能止步呢？1991年，科学家们开始申请人类基因组专利。美国《纽约时报》引用詹姆斯（前人类基因工程组组长）的话，表明这种受利润驱动的、对人类了解自然的限制，将会导致无效。如果一个人研究某个基因许多年，而另一个人在还不了解他将会获得什么基因之前就申请了专利，那么，"揭示基因功能的公司就要被迫向那些分离了基因的公司缴纳特许权使用费"。

信息要求自由！

匿名电脑黑客

除了把信息私有化并由市场控制其生产和分配外，是否还有其他选择？的确有。考虑一下广受欢迎的信息仓库——公共图书馆吧（尽管它现在日益没落）。什么是图书馆？它是一个充满知识和资料的公共机构，目的在于为公众提供信息而不是商品。图书馆把书、磁带及其他资料借给大众，供大家分享使用，而不设置所有权。那么，谁支付这些资料的费用（更进一步说：谁支付生产的成本）呢？公众通过纳税行为进行支付。当然，为了证明这一系统的合理性，并拓展到公共系统对基因、制药等领域的研究，人们首先必须接受一个公共利益的概念，认为纳税合理。这样，我们就又回到了第9章的讨论。无论如何，我们得出了重要的一点：信息（如同劳动力一样）"不是"商品，当它被视为商品时，其结果不仅不公平，而且效率很低。

总之，市场经济社会的进化仍在继续。最初人类劳动的商品化（见第1章）演化成了一种事业商品化，这种商品化如今被认作是在市场机制掌控之外的（如体育运动）。现在我们看到，市场已经渗入基因世界。就像英国18世纪圈地运动的胜利导致那些最没有经济实力的人（没有土地的农民）遭遇悲惨的命运一样，当今市场势力的获得，仍然是以丧失他人的利益为代价的。因此，后者千方百计从市场上要求自由。而那些认为市场无所不能的经济学家，则将这些呼声视为无理的牢骚而不予理睬。

市场稳步侵入人类生活（伯纳德·艾德尔曼，1991）

因为生命是一个不断进化的过程，所以市场融入生命轻而易举。它始于象征性地远离人类的一些事物（蔬菜领域），从那里传到微生物组织，继而扩大到像牡蛎这样的最低级的动物生命。现在它的目标是整个动物王国。我们处于人类的边缘，忧心忡忡于先辈的命运，希望他们能保证整个市场系统已经结束，使任何抵制都变得困难。而今，人类的工作却要求在从来没有所有权的自然界中得到回报。

10.2.3 血液、教育权利、人体器官的商品化是对人类行为的亵渎

理查德·蒂特马斯关于血液供应的著名研究，令许多经济学家都为之吃惊。《礼物关系：从人血到社会政策》（1970）的主要发现是：英国的无偿献血多于其他国家，但当有偿献血时，人们为什么反而不愿意献血了？如果用新兴古典主义经济学的边际均等原理解释大概行不通。因为如果献血有机会成本（不便或扎针带来的些许疼痛）的话，金钱的回报当然会给人以鼓舞。尽管有些利他主义者献血不计报酬，但这仍然无法解释支付金钱为何会"挫伤"人们献血的积极性这一现象。这对于新古典主义经济学家来说是个谜。

但当我们放宽视野，了解人类本性的时候，有偿献血反而会对献血产生抑制作用就不足为怪了。在第 4 章（4.2.5 节及 4.3 节）中我认为，作为人，我们是有创造性的，我们的创造性表现在我们理解自身经历的方式上。并且这种创造性破坏了用效用最大化模型对社会进行简单解释。在献血这一案例中，论证通过如下形式展开：人们喜欢通过不同的形式表现他们既不是极端自私也不是特别无私。比如我们对不可能再见到的陌生人很热忱（为他们开门）。我们为何这样做？因为我们喜欢做体面的事并得到别人肯定的目光。这一部分是出于自私（在乎自己的形象、面子），但另一方面也是无私的表现（毕竟在没有人看到的时候，我们还是会做正确的事）。

简言之，我们以如此温和的方式满足自己的利他主义行为，以至于我们并不认为这是自我牺牲。想象一下，如果这时市场以金钱作为回报，人们还会这么做吗？不会。因为：（1）金钱抹杀了行动

的无私成分（这些行动最重要的动机成分）；(2) 不再采取这种行动或拒绝接受金钱现在给人的感觉就像是一种巨大的牺牲，因为它涉及拒绝接受金钱。

把这一解释运用到像英国那样的国家献血（在这些国家献血是自愿行为）的例子中，想象一下走进停在公路边的"献血挽救生命"的汽车中，既不是一种牺牲，也不是一种自私的行为。但是，如果献血车变成商业工具并付钱给献血人，走进献血车就完全变成了另一回事——从一种高尚行为变成一种市场交易。换句话说，如果他们出去时收取了金钱，他们献血的决定就失去了利他主义金光闪闪的外衣。人们为什么坚持献血而拒绝收钱呢？因为当人们轻蔑地拒绝接受金钱的时候，这使得献血不再像以前那样是一种温和的无意识的利他主义行为，而是成了一种有意识的几乎是态度坚定的利他主义行为。简言之，献血变成商品就减弱了献血的吸引力。献血者得到的那一丁点儿钱，根本不足以弥补他们的损失。

到目前为止，有很多这方面类似的例子，本来免费提供的服务因为引入了正式的支付而受到根本的危害，其价值也被大大地贬低。教育就是其中一例。对于那些有责任感的老师，教育不仅仅是可以挣得工资的服务，它还包含着一种对学生、对社会的义务。当然，教师也想得到金钱回报，通常，他们努力奋斗以免自己的生活水平无情地下降，但他们拒绝把自己的努力看作商品，拒绝承认他们的劳动合同只是以一定的酬劳出卖劳动力的凭证。

我刚开始在大学教书时，经常在晚间给有特殊兴趣（或需要特殊帮助）的学生举办业余学科研讨会。当然，报酬是没有的。这是利他主义行为吗？不完全是，因为我享受了有趣的讨论可能带来的快乐。坦白地说，我享受了学生眼中有良知、有师德的教师的角色。这是完全的自私吗？也不全是，因为我奉献了我的时间，因此在科研方面落后了，而我本可以借助科研保证以后的工作。总之，额外课程变成了一个灰色区域，它把温和的利他主义与温和的自私区分开来。

然后，教育体制改革从各个方面把我们推向了商品化：院系排名是根据他们各项工作的时间来确定的；它鼓励学生把自己想象成我们这些老师的顾客，我们签署合同并向学生传授知识；而老师的评优标准是我们与同学有多长时间的接触，我们做了多少行政性工作，我们发表了多少篇文章等。最后，这些评优点总会在提升晋级的过程中得到兑现。换句话说，我们这些老师的工作被量化了，同时被看作商品。市场已经渗透到学术生活。这样做有理想的效果吗？在这种体系下，老师可以提供给学生更好的教育吗？

不管新市场驱动体制的优点是什么，有一点是清楚的：我和我的同事现在已经很少为有兴趣的学生开设非正式的晚间辅导了。为什么呢？与血液因商品化而减少供应是同一个道理。我的工作的方方面面都被看作令我受益（或受损）的商品，给学生的额外补课似乎也是为了给自己评优加点分。因此，给学生上课的兴趣减弱了，因为学生和同事可能会怀疑我这样做只是为了提升晋级。另一方面，从额外补课中加分不能满足要求（比如说，我可以致力于发表论文得到更高的评优分）。因此，我也就不再给学生上这样的课了。

最后，把市场引入大学，意味着那些有特色的东西会越来越少。这是否利大于弊呢？尽管大学老师比以前更忙，更爱到处乱跑（追求使他们晋级的分数），我个人却对此表示怀疑。在我看来，市场的闯入，促使我们做了更多可以量化的事；并以放弃那些将大学生活变得激动活跃但却不可量化的事为代价（辩论、思考、研读与眼下的科研无关的书籍、和学生讨论等）。我们没有用10年时间去写一本巨著（那种50年内都可能有读者的书），而是写了许多短篇。现在，我们不再写文章，而是更愿意完成更多的申请，填写表格，重写简历等。教育和献血一样，把这种公共行为转变为市场上交换的商品，降低了这些服务的质量。

人们想知道市场会威胁人类努力的哪些领域。在前一部分中，我认为将知识商品化充满了危险。在这部分的前一半，我详述了劳动市场上男女要求自由的主张。这里我们看到，如果能让献血和教育免受市场的干预与侵害，或许是最好的。从这些例子出发，很容易找到类似的例子。大多数人都表示，生活在一个允许自由买卖人体器官的社会中会让人感到恐惧。一想到未来可能生活在富人可以买穷人的器官，器官移植是基于银行的平衡而不是基于需要的社会中，人们就会感到恐怖。在上文讨论的语境下重新思考一下，需要更多考虑的不只是道德伦理上对市场机制的反对，还有经济论点对市场的反对。

如果器官捐献最终像献血那样商品化，那么器官（肾、眼睛、心脏、肺，肝等）交易看上去似乎会减少而不是增加。以我本人为例，如果我死后捐献的器官被高价拍卖给富人，我将撕毁我的捐献卡。而且，我相信与从交通事故的受害者身上摘取器官并支付给亲属一笔钱相比，这些亲属更愿意将它们捐献给最需要的人。值得庆幸的是，作为人类，并非我们身上的所有器官都是可以用金钱购买的——至少现在还不是。

总之，这部分把第4章的重要想法汇成对盲目信念的猛烈抨击。抨击这一信念竟盲目相信市场扩张会改善有价值的服务，提高其效率，增加其供给。通过指出商品化如何贬低人类的价值，这种想法严厉地谴责了把人类的捐献行为用金钱来衡量的亵渎行为。这一论证的关联性有多大？这取决于人们对市场和资本主义制度喜好的程度。回想一下，我们都是历史和哲学两个主人的傀儡。

10.3　市场失败还是市场本性？

10.3.1　市场调节失败是规律还是例外？

经济学教科书总是首先花大量篇幅向读者描绘市场如何与经济行为相得益彰，然后才会讨论市场调节的弱点，这自然就给学生留下这样一个印象：市场总是运行良好，只是偶尔会失败。同学们在从普通经济学转到具体经济学（如国际贸易）时，更加强化了这种想法，因为国际贸易认为市场总是有效运行（例如，假设是完全竞争）。在这种情况下，同学们只能对市场调节失败这一章有一个遥远而模糊的记忆。事实上，大部分市场并不是竞争的，即使具有竞争性，在提供教育、卫生医疗、污染处理、自然资源（如渔业、矿业）、法律与社会秩序、国家安全、正义和机会平等方面也是一团糟，只是这一事实已被人遗忘而已。

马基雅维利药品

在为佛罗伦萨的大臣辩护的时候，马基雅维利相信，在雇佣兵市场上雇用职业军人是一个坏主意。他坚信让普通市民守护国家边境会更好一些。因为如果政府雇用了佣兵代表国家去打仗，战争很可能永无休止，因为他们会为了延长战争以增加收入而在战场上不做任何努力。统治佛罗伦萨的梅第奇最终同意了这种说法，因为他听到了这样的消息：一位雇佣兵上校下令攻打自己的士兵，以免他们攻下被包围的城池，因为战争结束就意味着失业。

美国经济专家埃德·内尔在《理解改变的经济》（1996）中做了一个有趣的类比。

如同进行一个不必要的外科手术，或者在法律上拖延一个案件，制药业的趋势是首先制造大规模的疾病，然后集中治疗，这样做不仅可以大赚一笔，而且可以博得媒体的赞扬。到目前为止，最大的成功体现在公共健康和卫生方面采取的措施，由公共机构实施最简单的预防措施，通过预防已经根除了地方性的瘟疫。但在这一过程中，私人

> 获利的机会很少。公共健康经费的削减，使得原先抑制住的疾病（如肺结核）卷土重来。

那么什么是正确的呢？我们应集中注意市场调节的成功还是失败呢？（两者都有许多方面。）答案也不止一个。那些在思想上极其愿意接受自由市场和资本主义制度的人，只关注成功的故事，另一些人则大肆宣扬失败的故事。

一些人甚至会进一步争论说，那些通常描绘的市场调节失败，是市场机制的自然状态。如果说本章具有批判性，我将试图推翻成千上万的教科书中所描绘的对市场的颂扬：教材上指出的市场调节的失败，其实是市场真实的属性。在供求协调失败的例子中，没有哪个能与劳动力市场相提并论——它见证了世界上几百年来不计其数的失业者。

10.3.2 经常失灵的劳动力市场可以得到纠正吗？凯恩斯的答案

供求关系看上去很简单，但却威力无穷。如果商品没人要，价钱一定太高，即使降价也会有一定量的商品剩余。因此，经济学家坚持把劳动力看成商品，并相信除非劳动的价格（即工资）降低，否则所有的劳动力都会剩余（即全部失业）。更进一步论证：如果有失业的话，肯定是由于某种原因使得工资居高不下。由此，研究转向了工资保持不变的原因（即工资刚性）。右翼经济学家很清楚工资刚性应该归咎于谁——工会（通过产业行动把工资抬到"不平常"的高度）

和政府（通过立法限制最低工资的直接手段或发放失业福利救济）。经济学家中的中间派和偏左派（如凯恩斯、琼·罗宾逊夫人——都是 1930—1980 年间的剑桥派经济学家）指出，失业在工会成立之前以及政府引进失业福利救济很久以前就已大规模地存在。

在第 1 章中我们看到，早在 19 世纪，笃信资本主义的李嘉图就在担心资本主义体制会使整个经济陷入萧条。10.1.2 节阐述了 20 世纪经济学家对市场体制信心的波动起伏。20 世纪故事的中心人物凯恩斯，他像李嘉图一样支持资本主义，但却并不主张无条件地相信市场机制。他相信，不管资本主义有多好，它的本质都是靠不住的，并会不断产生失业和灾难。

自由主义经济学家很有信心，他们相信市场总是能够自我修正：当供大于求时，价格就会回落直到供应量降至和需求量同一个水平。为什么不会在劳资市场中发生这种情况呢？在经济衰退（或是经济危机）期间，劳动力市场供大于求，为什么工资不会减少直到供求相等呢？为什么利率（也就是借贷和投资的价格）下降不能刺激投资呢？要是这两种市场都能起到新古典经济学所期望达到的作用的话，就业岗位将永远不会如此缺乏（至少对于那些愿意为了工资而工作的人来说是这样），利率的下调也会避免企业投资的失败。因此，如果市场无可责难，失业就一定是工会和政府的错误导致的。

凯恩斯并不怎么信任自由市场，因此他解释了失业的顽梗和经济不景气时投资不足的原因：让我们设想一下，出于某些原因，对商品的需求将会减少。当销售额和自信心降低时，通过经营获取资本的需求也减少了。这是在投资"价格"（也就是利率）下降后不久发生的（当对任何"商品"的需求都受到了影响的时候）。在利率下调后，为什么投资一点都不见好转，而且尽管利率下降了，投资还是在继续下滑呢？凯恩斯做了一个简单的解释：资本不像某种商品那样其需求量会和它的价格形成正比。经营需要有信心，相信所投入的钱会转化成有买家的未来产出。如果对后者有疑问的话，无论利率有多低，做生意的人也不会投资。

那么，什么决定着经营信心？协调心理学回答了凯恩斯的疑问。如果每个人都希望其他人去投资，那么所有人都会因为对未来销量有良好的预期而投资（大量的投资基金进了工人和借贷商的口袋，因此投资者认为它们迟早会刺激商品需求）。另一方面，如果每个人都不希望其他人去投资，也就没有人会去投资，他们都相信这些钱会付之东流。的确，利率的连续下调至少在一段时间内可能会产生相反的效果，因为降息恰恰向经营者证明了"投资前景不容乐观"。到现在为止，凯恩斯已经解释了为什么一旦畏惧的种子播下之后就会形成投资危机。因为一旦发生投资危机，工人将会丢掉他们的工作。为什么工资不能减少到足够低以此来制止就业率的下降呢？凯恩斯和新凯恩斯理论的继承者认为，有三个方面的原因。

第一，因为许多雇主都倾向于解雇工人而不是减少工资。减少工资比起解雇一些人会造成工厂内更多的不满情绪。因此，雇主就会假定减薪所带来的不满情绪会导致较大范围的生产力损失，这样就会使减薪划不来。为了避免危害到余下工人的生产力，他们试图通过解雇更多的工人来减少成本；毕竟，这些被解雇的工人只能在工厂门外怨声载道。

第二，因为工人经常和相关岗位上的其他工人进行工资比较来衡量自己的工资。例如，钢铁工人可能会抗拒减薪，这不仅是因为他们不满于收入减少，也是因为他们不想看见他们的工资比矿工的还低。因此如果钢铁厂陷入困境但采矿业却没有受挫的话，钢铁工人的工资也不会减少到我们不得不根除该行业失业状况的程度。

第三，劳动力和资本市场的串联不当，以及工人不相信如果他们接受了低工资就能保住他们的工作这种说法。回想一下凯恩斯对那些行业巨头的描述，他将他们看作在一场暴风雨中没有航海经验的水手们，这些人不仅对经济来说是一种危险，对他们自己也是一种危险。即使工资因为劳动力供过于求（即失业）而有所减少，事情也还没有结束。商业人士可以很好地解释工资的减少对于他们未来的销售前景是个恶兆；他们将它视作即将发生需求不足这种非常可怕的前景（由于工资减少引起需求量下降）。在那种情况下，工资的减少首先引起了经营信心的不足，进而导致投资下降。所有这些导致的结果就像是一个不断下降的螺旋，从中减薪并不能挽救经济。继而，为了避免资本主义崩溃，政府成了唯一看似可能的救星。

总结一下目前的情况：自由党（或自由主义者）右翼认为劳动力市场没有任何问题（假如工会和政府都能妥善地做好他们的工作的话）；中间派和偏左派则都希望劳动力市场陷入困境，这样，他们就能随即提出使其好转的建议。凯恩斯之所以功成名就，不仅仅是因为他诊断出了资本主义的弊病（资本和劳动力市场走向衰败的趋势），也因为他给出了治愈的良方。当市场显示出有倒退迹象并在"失败"的边缘挣扎时，政府应当干预而且要在公共基础设施上花钱。这样，它将稳定商业人士的神经，这些人在政府的额外支出中预见了，百姓口袋里会有钱去买他们的商品。凯恩斯希望这样的措施能够阻止（甚至是扭转）商业投资的崩溃，进而阻止或扭转劳动力市场的崩溃。如果国家对此有所警惕，能干预进来纠正其失败之处的话，资本主义就还有挽救的余地。

一个关于资本与劳动力市场失败的新凯恩斯主义解释：不确定性、协调故障和搭便车现象

资本市场不会随着需求的减少而反弹，因为对未来销售的不确定性致使企业家们推迟了投资。问题的本质使得那种不确定性越来越大：要是他或她认为其他人会跟风，那么每个人都会投资。我们发现这个问题和前面讨论的"协调问题"很相似。当公司协调不周时，投资就会减少而且

压力也主要在降低劳动成本上。在劳动市场中出现了两个问题：第一，公司可能倾向于通过裁员而不是减薪的方式来降低劳动成本。第二，当企业家们观察到他们的竞争者都降低了劳动成本时，他们就预见到对其产量的需求也会进一步减少（因为工人失去的那部分工资将使得工人的购买力降低）。因此，对一家公司有利的情况（即减少工资成本），会被看作对整个经济灾难性的打击（即更低的消费水平和经济衰退）。结果就是，公司越来越失去信心并减少投资额。如果他们能团结起来商定不再减少工人收入并进行共同投资，就会结束这种螺旋式下降的趋势，商业也会再次好转。然而，他们并不能达成一个明智的决定，因为他们都陷入了我们前面讨论过的搭便车现象。他们仅有的机会就是政府干预。

那些反对凯恩斯、崇尚新古典主义的人固执地认为，凯恩斯的建议只会导致价格上涨。他们辩称：要不是这些硬币和纸币还和以前那样与同等的商品相称，那么通过借贷和消费，政府就会"注入"更多的美元、英镑或马克到经济中去。所以结果就是，货币比商品的比率要高，或者说价格更高了，但商品还是和原来一样多。总之，他们警告政府，如果凯恩斯的建议得到重视的话，生产力和失业问题将会依旧如故，而通货膨胀指数则会飞升。凯恩斯对此的回应也很简洁：如果政府将更多的钱注入一个不景气的经济中（即一个有

着严重失业、机器闲置等问题的经济情况），这些注入的资金就会刺激经济，工厂将会重新开门，失业者将会找到工作，由此也将会生产更多的商品，所以最终将会有更多的钱来购买更多的商品。在这种情况下，价格将不会上涨而就业率和产量则会有上升的空间。

凯恩斯的想法被证明是正确的。每当失业率有升高的迹象时，各个政府都会在不影响价格的情况下推动消费，缓和失业状况。直到20世纪70年代早期，一直都是这么操作的。但自70年代后期起，让人感到恐怖的是，失业率持续升高，政府加大投入，但是失业率却没有相应地降低。相反，价格暴涨，失业率不断上升。自那以后，在经济学家看来，凯恩斯的形象也不再像先前那么光辉了。

10.3.3 马克思的观点：将高涨的失业率看作资本主义的调节装置

与凯恩斯和凯恩斯主义者不同的是，马克思和他的追随者们都拒绝接受这样一种观念：就资本主义而言，失业就是一种失败。这部分马克思的观点在第1章、第6章和第7章中都有详述。在关于市场失败倾向这个问题上，他们也毫不含糊：周期性的人口失业和经济衰退对于资本主义的意义，就好比地狱对于基督教的意义：这是一种令人不快但又必不可少的装置，没有了它，整个体系将会变得极度不稳定。对于那些捶胸顿足，埋怨政府和社会的中坚力量在与失业作斗争和增加就业机会的事上没有做足功夫的人，马克思这样说道："统治阶级的社会力量和经济实力，是由经济衰退和失业率来维持的。为什么他们想要根除失业——特别是当就业者不怎么关心失业而且失业者也不再选举的时候?"简言之,我们在这里碰到了一个很惊人的想法,失业与其说是资本主义的一种意外或是某种失败,不如说是自由市场经济中至关重要的一个方面——是资本主义的成功传奇!

为什么这种观点很惊人呢?因为,如果这种观点是正确的话,那么在社会边缘苦苦挣扎、吃尽苦头的上百万失业大军这一事实,就不是错误或失败造成的恶果。如果这不是一种失败,那么一个精明的政府(纵容那些直接或间接从失业中获利的人)如何能够(或是为什么必须)尝试着去消除它呢?十分有趣的是,似乎在热衷于自由市场的人和马克思主义者之间达成了某种默契:他们都同意失业是自然的。当然,这种共识是流于表面的,马克思主义者把失业看成资本主义下的一种正常情况,并不意味着他们认为资本主义的存在也是正常的。他们的观点是,要使社会摆脱失业的折磨,我们就需要让社会摆脱资本主义。

在对待10.3.2节中凯恩斯所作出的分析时,马克思主义者既表示同情又露出了不屑。他们也认为资本主义市场绊脚跌倒、受挫失败是它的本质所致。其实,马克思已经预见到了凯恩斯关于需求不足的论断;其要义为:每个资本家都通过降低工人工资来从中获益,但是当他们都这样做了之后,工人阶级的收入减少了,同时对资本家拥有的货品的需求也降低了,结果,企业家们就剩余了许多没人要的商品。在这一点上,许多马克思主义者都和凯恩斯意见一致,他们都认为一个睿智的政府有可能通过最低工资和尽力刺激经营信心等手段来避免危机发生。然而，对于马克思主义者来说，资本主义市场的失败，是由一种更为隐秘的过程造成的；这种过程不只是简单地打击经营信心，而是一种无论多英明的政府都对其无计可施的过程。

政府所不能摆脱的这种隐秘的过程又是怎样的呢？正如马克思所说的那样：资本主义在繁荣时期也有培育经济危机种子的倾向；一种在经济日益繁荣期间个人资本家的形势会逐渐恶化的趋势。即使公司没有意识到这一点，经济增长周期也会破坏个体公司赖以生存的发展基础。所以也存在某种经济增长的限制水平线，一旦到达这一水平线，就会引起一系列公司多米诺骨牌式的破产倒闭，这种情况将会是灾难性的。在一段很短的时间内，整个经济大幅下挫，出现衰退现象（产量下降、贫穷加速、失业严重等）。换句话说，当形势看似得到好转之时，情况注定会更加恶化。

但是，为什么会发生这种情况呢？是什么使个体资本家的财富和资本主义经济的状态这二者形成了一种反比关系呢？回想一下马克思的价值理论，在长期经济增长中的竞争，会促使企业家在节约劳动力的设施上投资，因为这是他们唯一能降低成本和击败竞争对手的方法。然而，也正是因为他们这么做了，单位商品所包含的劳动减少了，从而减少了公司的利润空间。

所以，一方面，经济似乎正处于蓬勃发展之中。机器的新订单就意味着要有新的生产线去生产这些机器，而且在生产机器的行业还要雇用更多的人。更多的就业机会则意味着工人的口袋里会有更多的钱，继而他们会在超市、电影院、剧院和加油站消费。这是一种在机器上投资（即资本积累）所形成的繁荣阶段。然而，即将到来的危机早就在欢乐时光的表面下播下了种子。将要到来的厄运的祸根又是什么呢？那就是利润危机，这种危机就是要开始啃食和挑选最无利可图、最易受到打击的公司。

当一些公司的利润率开始出现负增长时，另一些公司的利润则会翻倍。在这些无利润可言的公司里，他们的雇员、中层管理者、蓝领工人、原料和机器的供应商都会遭受收入损失。反过来，他们将会明显减少他们对其商品的消费。这些生产其他商品的公司将会看到自己的收入下降。对于其中许多早已无法承受利润率下滑的公司来说，这最后的挫折将会是导致失败的最后一击。破产！更多的工人和供应商会失去收入，会减少他们在市场内的消费，从而更多的公司也会倒闭关门。雪崩般涌来的苦难，将会导致整个经济陷入低谷。

这种可怕的循环就没有尽头了吗？在经济衰退的漩涡中就没有解救的办法了吗？马克思写道：的确没有解救的办法。当公司数量严重缩减时，那些幸存下来的公司就会面临很少的竞争。所以，即使在所有公司间分吃的经济馅饼（即消费总量）尺寸将会大幅减小，分给每一个幸存公司的切片尺寸也会比在经济繁荣之时的尺寸要大，这是很有可能的。因此，幸存公司的经营状况比起经济衰退时的状态要好，这一点支持了马克思的观点：当资本主义表现不佳时，资本主义公司的财富反倒是最多的，反之亦然。就这一点而言，经济危机对资本主义来说是有好处的——经济衰退帮助资本家在一段时间的不断积累资本后（即在公司增加对新机器的投入之后）恢复他们的利润率。

从这个角度来看，经济衰退并不是一个意外。实际上，它们是在帮助资本去克服日益增长的投资和日趋激烈的竞争所引起的不可避免的利润危机。没有了经济衰退，资本主义很快就会停滞不前，失去发展势头。经济衰退是怎样防止这种情况发生的呢？我们在以前的段落中可以看到，一旦经济到达了衰退的最低潮，幸存的公司就会从他们日益增强的市场竞争力中获利。而且，每多失业一天，失业工人的心情就愈发绝望。

失业率越高，失业持续时间越长，工人们就越愿意为了一个低于他们劳动时间价值的工资工作。随即公司的利润率就会上涨。但这还不是全部。永远都不会失业的工人也会害怕失业（当他们看见排得长长的领取救济品的队伍时），所以他们会更加努力工作以防自己被解雇，因此在相等劳动时间的情况下（这就是雇主支付的所有工资），他们会为雇主提供更多的现实劳动。所以，公司最终以支付较少的工资换取了更高的劳动生产率，而且利润率也会高涨。此外，在经济衰退期间，有许多剩余资本廉价待售（比如，属于即将破产的公司的卡车、计算机和锅炉）。

工人劳动时间的价值（也就是工资）

据马克思所说，一辆小汽车的价值就等于生产其所必需的社会必要劳动时间。那么工人劳动时间的价值又该如何衡量？1.2.4 节中已经解释过，工人的劳动时间也是一种商品，需要生产资料的投入以维持工人的再生产能力。工人需要一篮子生活必需的商品（比如食物、衣服、交通、基本的休闲方式等）以支持每天的工作。因而，他们的劳动时间的价值（也就是工资），就相当于这些必需商品的总价值（也就是等于其他工人所付出的创造这些必需商品的劳动力总量）。

对这种工资模型存在一种反对意见，它将男人和女人的时间当作是另一种商品（它将自己与实际劳动区分开来，将实际劳动看作工人在其出卖给雇主的时间内强制要完成一定工作的行为；也就是说，劳动不像劳动时间，它不是一种商品）。女权主义者提出，将孩子养大并使其能够将劳动"出卖给雇主"，和将一些投入混合在一起以此来"生产"一个人不是一码事。创造"劳动时间"和制造一辆小汽车不同，因为这是完全在市场之外发生的一种"生产过程"。因此，成人的劳动时间价值不仅仅取决于他们吃下去的牛奶和饼干的价值，也取决于他们的母亲在家被利用的程度——比如，母亲为养育孩子所花费的不为人知、没有报酬的所有时间。对养活成年工人来说同样如此（比如，使他们保持身体清洁、供给食物、供养他们等）。简而言之，劳动时间的价值（即工资）不仅仅取决于工人所需的必要商品的价值，还取决于那些在公共领域中算作工人的群体，从他们的母亲、姐妹和妻子所做的，能帮助他们"创造"和"维持"他们出卖给雇主劳动时间的没有任何报酬的工作中获利的程度。

此外，当经济衰退迫使工人为低于他们劳动时间价值的工资工作时，这就意味着照顾他们的人（通常是妻子）不得不在家里生产更多的商品以代替用她们丈夫的工资再也买不起的市场商品。因此，经济衰退不仅加剧了对在劳动力市场中出卖劳动的人的剥削，也加剧了对其劳动在公共领域（比如，劳动力市场）不被看作商品的人（这些人的劳动只花费在家庭内部）的剥削。

总的来说，已经从经济衰退最萧条的时期中幸存下来的公司，将后者看作来自天堂的一份礼物。同时，他们享有了更大的垄断力量（因为他们的竞争对手都破产了）、更低的工资开支（因为失业工人都准备好，至少是在短期内，都会为了低于他们劳动时间价值的工资而工作）、更高的生产力（因为现有的工人都害怕会被解雇，所以更不计酬劳地努力工作）、更低的原料价格和真正廉价的资本（即机器）价格。这样说来，经济衰退就是调节资本主义的一种很好的办法，而根本不是一种错误或失败。当然，当经济持续衰退时，对于没有收入而且心绪不宁的人来说，萧条的经济还是很糟糕、很残忍、很难耐的，但是对于工人来说，这就是自由市场的现状：萧条的经济使他们很易受到损失。

总结一下马克思的论断：有损无益的失业，对于一个成功的资本主义经济来说，是一个必要的方面（而不是一个在这种经济体制中可以或者应该被称为问题的方面）。经济危机对于重振在繁荣之时日渐衰败的资本主义公司这方面起了重要作用。经济衰退时的大量失业，是系统重要的调节手段之一：通过降低工资成本，更重要的是，加大雇主在工人身上榨取劳动（即生产力）的力度，他们逆转了利润率下降的趋势。一旦发生这种情况，一个经济发展的新时期就来临了。然而，恰恰和以前的原因一样，一个经济繁荣的新时期正在孕育着下一次衰退。

我们不得不经历的经济衰退

> 前澳大利亚总理保罗·基廷，对受其政府调控的 1990 至 1992 年的经济衰退发表了如上看法。在之后《悉尼先驱晨报》上的一则漫画中，基廷先生被刻画成了给失业家庭授予"特殊失业十字勋章"的人。

因此，马克思将会在某种程度上同意凯恩斯和自由市场主义者的主张。他显然在资本主义有摇摇欲坠、陷入严重危机的倾向上会和凯恩斯达成一致意见。他也认为一个英明的政府能够缓和这些危机（通过采用凯恩斯赖以成名的一些小伎俩），而一个不明智的政府则会延长危机持续的时间。然而，马克思不赞成这种危机调节能永远运作下去。资本主义将会对试图淘汰必要的调节机制的人反咬一口（就像它在 20 世纪 70 年代所做的那样）。在这个想法之下，我们发现，对于引起商业活动周期性危机的原因，马克思作出的评价比凯恩斯强调的协调问题更为重要：当经济膨胀时，科技进步和利润率之间的形势会变得更加紧张。任何政府都对其无计可施。

从这个意义上说，马克思赞成自由主义经济者的观点：通过政府购买或其他方案是不可能保持经济的稳定发展且达到失业率最小化的。他甚至会同意经济学家哈耶克和熊彼特的观点：资本主义需要弱肉强食的原则，需要公司的兴起和没落，需要经济衰退所提供的氧气来维持其活力。然而，他也会对过分简单的主张抱以轻蔑的一笑：这种观点认为只要工资保持弹性又足够低，失业将永远不会发生。回顾马克思的理论：经济衰退的原因与工资水平无关，但和科技进步与利润率相对立的方式却息息相关。事实上他认为，不管工资水平多低（即无论工人会变得多么的不幸和贫穷），资本主义系统总是会产生利润危机继而导致经济衰退。

马克思与凯恩斯主义者和自由市场主义者立场不一致的地方就在于，他认为危机和失业是不可避免的。自由市场主义者认为，低工资和自由市场的组合将会避免这种问题的发生。凯恩斯认为：明智的政府援助会使资本主义不必经历经济衰退。相反，马克思则相信：无论工资水平如何，无论市场运作多么自如，也不用去考虑政府是英明还是糊涂，资本主义还是会像轮船总要进港那样自然地走向衰退。实际上，资本主义需要牺牲世代工人和他们家庭的利益，来满足那些拥有生产资料并必须通过频繁的经济危机来扩大其利润的人的利益。经济危机以大多数人低廉的工资、持续的痛苦和无望的人生,来换取少部分人的更高利润率。

最后,马克思总结道:资本主义市场之所以失败,是因为它没有达到其拥护者(从斯密开始)所制定的标准;它不能协调好生产活动和人力资源两者的关系,是因为它不断地谴责大多数主动能干的工人,将他们视如社会的垃圾。我们需要的既不是雇主去享有更大的剥削自由,也不是一个英明的政府去调节剥削的程度。我们需要的是用一种新系统去替换现有的不合理的系统,在这种新系统中,经济活动以价值的方式(而不是以谁拥有社会权力谁就能去剥削的方式)得到回报,剩余价值的获取不应建立在进一步地折磨和剥削劳苦大众上。简而言之,只有生产资料的社会(或集体)所有才能形成一种经济系统,这种系统既能避免技术进步成为导致经济危机的一个原因,也能使锃亮的新机器变成人类的奴仆。

10.4 总结:挑战伟大的自由主义论断

10.4.1 政府干预不能使资本主义文明化

9.2 节中所提及的伟大辩论,在政治圈和经济圈中流行了一百多年:要追求公平,效率应该妥协到何种地步?国家应该救助穷人吗(即使这意味着至少他们中的一些人会很快乐地靠着国家为生而不再自主脱贫)?或者,这是否意味着富有同情心的国家必须狠下心来拒绝给许多值得救济的人提供帮助以此来避免创造出一种依赖性文化——这种文化会使这些人陷入贫穷和乞求施舍的恶性循环中？在9.3节中，我们借用当今时代最重要的两个哲学家罗尔斯和诺齐克的观点作为这个问题的两个答案。

这两个答案定义了自由的边界。出于政治和经济方面的原因，罗尔斯和诺齐克都很重视市场中交易、交换和参与的自由。正是通过在市场中的参与，个体才能使他们的生活变得更加美好。因此对于罗尔斯和诺齐克来说，市场机制确实在聚集财富方面效率很高。但对社会组织（如国家）是否应当积极干涉社会效率和社会公平，他们有完全不同的意见。罗尔斯认为，以正义（分配）的名义，这样的干预是应该的。诺齐克则持反对意见，认为从个人权利的角度看，政府不可能实现收入的合理再分配。

有趣的是，马克思主义立场完全避开了这样的争论。马克思厌烦这种争论，并且失去了对它的耐心。首先，他从不认为资本主义是高效率的。正如10.3.3节提到的，马克思关于资本主义市场及其引起经济危机可能性的研究指出，这种少部分人占有社会产品而大多数人却占有不了的经济体制，存在着结构的不合理性。这不是一个道德观点（即使他从不排斥引起读者道德义愤的可能），而是一个经济学观点：这种经济体系依靠周期性的、惊人的波动生存，这种波动体现在失业、生产不足、浪费资源（人力资源和非人力资源）上。这样的经济体系当然不可能被认为是有效的。他认为，一定有更好的体系可以用来组织经济和社会生活。

如果马克思的观点是正确的，罗尔斯关于文明化资本主义的蓝图就会有麻烦。在个人利益方面，罗尔斯支持一定程度上的不平等。如果引入一些别的不平等因素能增加工资最低者的收入，那就是可行的。然而，如果这些不平等因素的引入，是以降低社会最底层人民的生活水平为代价，那就不合理……这种政策含义很明显：国家必须干预经济，对富人征税以增加穷人的收入，建立健康和教育的最低保障，简而言之，理性的政府能带来社会的正义。然而，任何干预都无法逾越其自身的不正义。当政府对再分配的干预使社会效率降低，使本应受到帮助的人们利益受损时，这种局限性就显现了出来。政府不应去干涉任何可能消失的不公平现象，除非已经危害到了社会贫困人们的收入。

以上观点取决于政府干预"无法逾越其自身的不正义"这一局限性的存在。是不是真有这样的局限呢？如果真有，我们如何得知呢？在实践中我们发现：在资本主义社会，政府征富济贫的再分配越多，社会平等的水平会越高，但市场效率却会降低（因为再分配意味着商人和富人要承担更多的税收，这会引起国家资金大量外流，投资减少，最终导致生产能力和生产效率降低）。因此，政府干预的局限肯定是：

1. 干预的水平必须高到能够消除一些与人们应当享有基本权益（如自由）的获得相矛盾的不公平。

2. 干预的水平必须低到除了必需的社会公平以外，不牺牲任何社会效率。

这样看来,马克思的观点就是:在资本主义中,政府的干预不可能同时既满足条件(1)又满足条件(2)。寻求社会正义的政府必然会失败,因为这些有利于穷人的经济干预,一方面对于改变劳动市场中被剥削的一方所遭受的不公平情况收效甚微,同时,从某种意义上说,国家对财富再分配的任何干预都太过分了;从长远来看,这降低了商业利润率,也让我们距离下一次经济危机更近。当经济危机再次来临时,社会的弱势群体又会失去他们之前从政府那里所得到的任何利益。

简而言之,马克思反对罗尔斯的主要观点,即适当的政府干预可以缓解市场的残酷性,使资本主义文明化。为了达到这一目的,国家可以将劳动力市场和社会的正义相结合,然而这太理想化了,注定会使受剥削者、穷人以及那些被社会遗忘的人们生活得更加悲惨。值得注意的是,这种对罗尔斯(及新凯恩斯主义)社会民主进程的激进左翼批评和诺齐克在9.4节中的论述相类似。然而,在这一类似的下面却也隐藏了一个与诺齐克的看法有着巨大分歧的观点。

诺齐克认定,如果政府试图将正义平等加入资本主义社会,只会使事情变得更糟。根据他的总结,让市场自己管自己比较好。为什么呢?即使你并未从收入分配中获利,至少在市场交易结束后,买卖双方都明白,没人会从讨价还价中获益,没人会被迫放弃任何商品和财产,没人会再剥削任何人。最后,诺齐克总结道:让我们都学着去尊重别人的权利，那就是保留他们自己所拥有和所创造的一切资产，也不侵犯别人的相同权利。在劳动力市场上，雇主和雇员的交易其实是一种制度化的偷盗行为，这也是绝望的人们怎样同意自己被剥削的最好的例子。

整个资本主义完全否定了社会中绝大多数工人，在诺齐克眼里，这些人的权利本应该是被推崇的，即"保留他们自己所拥有和所创造的一切资产，也不侵犯别人的相同权利"。此外，要想维持发展动力，防止体系崩溃，资本主义必须确保不能让绝大多数工人熟悉生产过程。若不浪费资源、天赋和生命，这种经济体系本身便无法革新。所以，工人要么是晚上拿着自己创造的一点资产走回家，要么就是毫无目的地寻找着一些根本不存在的工作。

总而言之，罗尔斯所倡导的把资本主义文明化的方式，与马克思的观点相冲突；因为资本积累机制是资本主义持续发展的保证，而罗尔斯的观点则想要缓解资本主义的非平等性，这就破坏了资本主义资本积累机制。因此，他们绝对不可能将野兽文明化，因为作为一种平衡砝码，国家的干涉对于正在进行剥削的体系来说既微不足道，又很多余，因为国家干涉会影响到资本主义与生俱来的自我修正机制（即周期性的失业狂潮和随后的贫富差距）。所以，我们只有两种选择：其一，赞同诺齐克的观点，即我们一起能够做的最完美的事情就是什么也不做；其二，改变社会发展模式，寻找另外一种组织经济活动的方式。马克思称后者为社会主义。

10.4.2　在一个带有剥削性、种族主义和性别歧视的社会当中，公共利益毫无意义

在这一小结中，我想与你一起重新审视第 8 章和第 9 章中所争论的重点，即共同利益或公共利益之类的存在性。当然，你会想到福利经济学中危险的第三定理；该定理认为，根据个体效用的次序，我们无法推断出公共利益的内涵。本章所用的根本方法将对这一问题另眼相看。

新视点基于一个很简单的问题：在一个严重分裂的社会（至少不是一个能够让其社会成员认可且照章行事的社会）当中，是可以没有共同利益的。第 8 章所讨论的用经济学手段探究个体共同目标的方法，没有考虑到社会成员所处的社会环境因素。因此，这种研究方式抽象出来的东西也就毫无意义，因为人们之间的社会经济关系决定着他们是否拥有共同的目标。人们的偏好来源于社会经济关系，而不是社会经济关系来源于人们的偏好。因此，当一些新古典经济学家不考虑社会成员之间的社会联系，却根据该社会成员的偏好去对社会共同目标进行推断的时候，对于他们的一无所获、什么都没有弄明白，我们也完全不应该感到惊讶。

一些社会制定了强烈、具有凝聚力的共同愿望，并且处于这些社会当中的社会成员倾其毕生经历想要使其成真。而在另外一些社会，如北爱尔兰，它的社会内部严重分裂，在这样的社会当中谈及公共利益，就是一种对社会现实的忽视。除了这两种较为极端的社会类型之外，绝大多数社会都属于共同目标和重大分歧共存的类型。

另外，有一些分歧有着自己的解决之道，如果更加慷慨和略有远见，这些分歧就能克服。例如，法国政府和德国政府将两国间长达几个世纪之久的冲突搁置一旁，在欧盟内建立了强大的法德轴心，从而使两国都获益匪浅。

然而，还有一些分歧更具弹性，因为有人不断地从分歧当中获益。例如：曾经发生在南非的种族隔离，并不仅仅是白人对黑人的偏见（当然，他们确实怀有偏见）。这是一种作为白人财富的经济剥削，建立在对黑人矿工、农民、工人，以及受雇于白人家的用人的剥削之上；那些没有得到宪法保护的人们沦为了那些白人的廉价劳动力，把高额的利润都给了他们的白人雇主。在这种情况下，同其他情况一样，机构化的歧视及非正式性的歧视，都源于一个有效的剥削机制。在这样一种社会规划下，寻求公共利益是毫无意义可言的。除非彻底根除这种恶劣的剥削体制，不然，分歧的双方甚至不会开始寻求共同的根基。

这种类型的社会分歧的存在，主要是因为特权者凭借日渐强大的社会力量获得了利益，我们不需要从南非的种族隔离当中探究这种社会分裂。全世界的妇女占有世界上1%的财产，承担60%的工作，却仅享有不到20%的收入（联合国，《社会和经济学统计》，季刊）。众多国家里（发达的与不发达的），都充斥着习惯性的、非正式的歧视妇女的体制，阻碍着她们走向社会当中更加有力的角色的道路，阻挡着她们为自己应得的收入进行呼吁。当我们论及公共利益时，妇女的集体利益是怎样消除这种社会的剥削性和歧视性特点的呢？当我们浏览了第 8 章便会意识到：显然，有关公共利益经济方面的争论，已经无暇顾及上述问题。

有关剥削模式的另外一个问题就是，不同的剥削方式通常会交织在一起，从而产生了歧视和非正义。举两个例子：(1) 男性工作者在为少量工资工作一天之后，在无情的老板警惕的目光下回家休息，仅仅是将另外一种残忍施加到他的妻子的身上；而他的妻子在连少量工资都没有的情况下收拾房间、照顾孩子也工作了一整天，甚至连休息的时间都没有。(2) 一些职业女性花很少的钱雇用移民妇女，目的很简单，就是为了摆脱家务劳动，逃向公共环境当中去（所有的经济价值和社会价值都在这个环境中得以创造和分配）。这两个例子所描述的情况就是：社会中出现了形态各异的剥削方式，它们既系统化又有持久性，因为这些剥削方式给那些有权进行剥削的人们带去了利益（如：残酷的老板通过系统地剥削劳动力而获利，丈夫们通过家务劳动带有性别歧视的分工而得到好处，那些职业女性则通过劳动力市场中的种族歧视主义得到好处）。

显然，在那么多得到小心保护的剥削模式面前，公共利益在最好的情况下就是一种幻想，在最坏的情况下则是一个让人作呕的笑话。想要在一个民主多元的社会中创造出一种人人都崇尚公共利益的氛围，我们就要摒弃那些模式。那为什么我们不去摒弃呢？我们缺乏起码的道德吗？不，我不那么认为。主要原因就是这些模式都可怕地纠缠在了一起。特殊的个体受到一种模式的恶劣影响，同时又从其他模式上收益颇多。想要终止整个剥削和歧视的联结，继而得出使公共利益的实现变为可能的一种切实可行的想法，只需让公民形成大联盟。但使公民都团结起来是一项艰巨的任务。

10.4.3 浅谈优越社会

右翼社会理论家（如诺齐克）都建议，不要设想或规划优越社会。因为这些梦想都有变成噩梦的可能，所以只有用流血和伤痛才能实现这种美好的社会。看看一再被社会称颂的法国大革命吧（平等、自由、博爱），革命使得革命者一个接一个地倒在了血泊之中。从俄国革命中我们也注意到，起先全世界工人和农民都抱以巨大希望的俄国革命，最终也以苏联的工业封建制度的形成而告终。根据右翼者的观点，当个体行为的目的只是为提高个人利益时，社会就会往最好的方向发展。有意使社会得到进步的宏伟工程，只会冒改良社会之名形成暴政。建立优越社会的政治行为，只会导致邪恶帝国的形成。

社会民主主义者（比如，凯恩斯主义者、罗尔斯主义者等）都相信，改革而非革命性变化可以获得成功。受到公共教育、公共卫生和一种稳定平和的对劳动者和下层阶级收入的再分配所带来的文明作用的影响，就能形成一个正义的社会。

马克思在 19 世纪对资本主义经济制度进行了首次抨击，那些支持马克思的左翼人士对资本主义的改革不抱任何希望。在他们看来，即使在最好的情况下，资本主义社会也只能制造美好的假象。即便是这样，也只能维持一段时间而已。在第二次世界大战之后，引起欧洲人民和第三世界国家兴趣的共产主义的威胁，再加上先前爆发的1930年前后的资本主义经济危机的可怕记忆，都促使英、法、德及其他地区的国家再次以分配收入、减轻剥削和试图以凯恩斯建议的方式去抑制经济危机的发生。另外，劳苦大众第一次能够享受到全民教育、健康和社会保险。人们产生了社会极具凝聚力和资本主义下的公共利益得以实现的一种错觉。但是，这种错觉就像所有的错觉一样不能长久。

在20世纪60年代后期，下一个经济衰退的迹象开始显现。就像在经济衰退期中经常发生的那样，劳苦大众的利益再次变得岌岌可危。在20世纪80年代，另一次残酷的危机（1979—1983年的经济衰退）和对另一种失败的经济体系的体验（这种体系极其不适合苏联）又大大减少了那些受益。到了90年代，资本主义已经克服了社会民主对它的干扰和阻碍，完全赞同自由市场法则。

当右翼为其具有历史意义的胜利大肆庆祝时，左翼也振作起了精神：其理论为，从英国国家卫生署的失败或法国社会保障制度及其高等教育系统的夭折中明显可以看出，当今的资本主义还是"江山易改，本性难移"。这个论断中让人感到困惑的一点是：既然左翼的威胁已不存在，社会民主的窘境就在于缺少说服强势的自由市场理论家去追求优越社会的方法。

与此同时，政府的政策（不管谁当权，右翼或是社会民主主义者）偶尔也会为建立一个包容性社会的这种理想说上几句好话，但在另一方面又会不断地去瓦解任何能够实现那些理想的有效机制。毫无疑问，诺齐克和新右翼已经赢了最后的这一回合。你可以从各行各业中一清二楚地听懂他们所要表达的意思：报纸、电视、潮流产业、学校、大学，当然还有经济学讲座及其分支的管理类课程——你要适应这个世界，而不是去改变它！

然而，不管这一言论有多么振聋发聩，你依然能辨别出一种既苍白无力又极具讽刺意味的声音，那种声音来自萧伯纳的魂灵，它告诉你："来吧，试试吧！去梦想一种你想象中的合理世界吧！它将有别于你每次打开电视或是走在城市的街道上看见的那种纷繁杂乱的世界。看在上帝的份上，请不切实际些吧。至少请在你年华老去、白发满头的时候对你还没有尝试过的东西仍饱含热情吧！你梦想的是哪种世界呢？它是怎样的呢？"

也许，这种世界包括那些失业的，或者在工厂上着夜班的人们，他们出生的社会并没有给定他们社会经济成功的特有几率，这样的几率取决于他们的父母是否在大公司享有股权。回想一下人权战士小马丁·路德·金的话，社会地位不应该由人的肤色决定，而应该由人的性格决定。在这个社会中，女婴们伴随着光明的未来而降生，不再经历过去那种经年累月的残酷虐待，不再将她们限制在社会的小角色中。在这种社会团体中，每个人都因个人努力和科技进步而受益；而不是因为科技进步（这种科技进步以维系私有特权和剥削为目的）所带来的危机和人性堕落而受损。总之，这是一种能让公民在生活和工作中自主选择合作伙伴的社会，他们可以从多种社会角色中进行选择，并且有机会去开发生产力和创造力，从此，人们不仅受益于他们的努力,还受益于他们的需求。

　　这听起来是否有些过于理想化了呢?当然。但是,与几个世纪前人们妄想没有奴隶制的社会相比,上述设想反倒实际得多。拥有梦想可怕吗?当然可怕。一个人永远不能确定下一个梦想是否会变成一个噩梦。保守党右翼分子承认一点:那些最终被关进集中营的伟大空想主义者们,无论成功还是失败,他们的看守都声称曾为他们的精神所鼓舞。那么,我们何时才能丢弃梦想呢?如果没有为了争取思想自由而爆发的1789年的法国大革命,我们今天的权利也不会让人如此的迷恋,正是因为争取自由的风暴到达了美国海岸,才激发了美国革命。而且,在我们这个时代,如果没有另一个思想、梦想和乌托邦式的迸发去改变世界,未来只会是现在苍白的再现。除了效用最大化主义者,谁会想继承一个这样的未来?

[上卷结论]

基础与跨越

与其他简介性教科书相比，这本书是微小的。它的薄厚会是一个问题吗？或许更令人担忧的是本书的目录，因为它缺少经济类教科书中常见的章节繁多的问题（包括国民收入的构成、消费量的决定性因素、投资、储蓄存款、税收、对资金的需求等）。那么，当这本小书涉及极少甚至根本未涉及一些重要课题（比如通货膨胀、兑换率、国际贸易、总投资等）时，它是否还有这种权利去充当一本普通的经济类书籍吗？

答案当然是相反的，因为它并没有佯装成一本经济类书籍，哪怕是一点点！更确切地说，它是一本关于经济思想基础的书。本书认为，理解任一体系的结构，无论它是埃菲尔铁塔还是经济原理，一个人必须从它的基础着手；从毫不起眼的旁门左道进入或者走前人没有走过的路，一个人在大胆探索求新时，有可能会失去一些华丽的外表或引人入胜的观点。他的观点可能并不炫目，但却有深刻见解。

我希望，前面的章节能够让你在经济思想基础理论的发展历程中尽情畅游。如果它们成功地做到了这一点，超越表层而且融入了公众（利益）的思想，那么你将会再次发现你会更加自信，并更加富有透过复杂的表面和繁华看本质的能力。例如，当你遇到关于金钱的作用、政府的财政政策、国际贸易或者本书没有提到的问题的争论后，你将能更好地甄别不同的观点，识别它们的来源，理解这种争论是什么，以及在这些争论中不同参与者背后的动机。

本书上卷的三个部分，特为帮助读者获得这些技能而设计。每一部分的第二章（教科书模式的历史），都会让我们超越教科书的内容去探寻这本书思想的源泉。我希望它能揭示出一些概念的哲学和政治根源，比如消费、商品、偏好、竞争、效率、公平等。知道这些来源，是学会分辨不同经济学家提出的观点中所反映的政治和哲学偏见的第一步。每一部分的第三章（评论），对这些思想观点进行了激烈的评判。即便你对这些评论可能并不完全赞同，但至少它们可以让我们知道，那些看似天衣无缝的观点，也是可以受到质疑的。知道怎样去评价一种观点，就相当于知道如何剖析和领悟它们。

当你遇到本书没有讲到的一些问题时，我希望本书中提到的各种模型和关键章节会对你有所帮助。你将惊奇地看到，今天的大部分观点和政策主张，都是从我们前面曾详细阐述过的三到四种不同的理论观点衍生出来的：新古典主义的自由市场主义者，总是运用边际均等原理来对世界进行模型化；主张解放市场的自由市场主义者们，偏爱市场而反对政府干预；凯恩斯—罗尔斯主义的社会民主党人士，提倡政府与市场的混合作用；马克思主义者抨击资本主义的不公，因为它是无效率的。不管你赞成哪一种观点（或者你想推销你的世界观），当你遇到新观点时，你就会知道那些传统理论的来源。为了证实这一点，让我们看三个例子。

货币与政府

你或许会非常惊奇地发现，到此为止，我们还不曾涉及货币这一概念。是的，我们曾提及价格，然而我们却没有谈及真实的货币。当我们讨论香蕉或劳动或者其他东西的价格，以美元或美分标注的价格被当作数字例子，但我必须承认，这些数字是相当具有欺骗性的。为什么？因为在它们背后并不存在一个货币理论，实际上，所有这些我们看到的价格，都只是一个相关的概念。在第2章中，一个苹果的价格总是以多少单位的其他商品（比如橘子）来度量，一个人可以提供一个苹果的价格（唯一重要的价格就是价格率，它是受预算约束的斜率）。从这个意义上说，我们需要说的只是相对价格，而不是真实价格。同样，在第5章中，劳动的价格也是相对于资本和土地的价格而提出的。甚至7.4节中更为极端的生产理论，也只谈到相对价格。

[上卷结论] 基础与跨越

> 两位经济学家在路上相遇，一位问另一位："你丈夫最近可好？"另一位回答："相对什么而言？"

因此，如果迄今为止我们所涉及的经济学都依靠的是相对价格，大概我们也只能将这些理论运用于易货经济。这种经济里没有货币的参与，交换价值只有通过"相对"这一术语来表现：两个橘子的价值与一个香蕉相同。一旦引入货币，问题也就产生了。什么决定了它的价值？吉尔对金钱的渴求依赖于货币的价格（你能想象出那意味着什么？）还是依赖于他的财富？这种依赖能达到什么程度？在经济体系中流通多少货币，政府应该怎样选择货币？政府是否有权去做这样的决定？货币总量和价格之间（真实的或相对的）的联系是什么？正如你所知，这些都是对经济学至关重要的问题。尽管本书并未涉及这些争论，但我们可以运用前面章节中学过的知识来进行解释。

新古典主义的自由主义者依据早期的两个福利经济学定理来考虑经济问题，他们如何看待货币总量的变化对经济产生的影响呢？这些原理假定，处于长期均衡状态的竞争市场，会持续不断地获得最大产量。这个产量会是多少？假如市场的长期平衡状态永远也不会被打破，这个产量就是当生产的平均成本最小化时的产量。那么，货币的数量是否会影响市场？不会。货币的数量也不会影响产量。由于它不会影响生产的水平和强度，因此，它也就不会影响劳动的数量、资本及其他生产要素。

但是，如果产量和消费量保持不变，工人、生产者和消费者也一定不受货币数量的影响。怎么会是这样呢？很简单，新古典主义经济学家将会这样答道，只要相对价格保持不变。那么，如果政府额外印制大量钞票并使它们流通的话，会没有任何变化吗？显然有些东西是会受影响的。由于商品的产量不变（即与先前一样生产相同数量的商品），这样就会有更多的钞票来争着购买这些商品，随后，每种商品的价格都将上涨。不过，相对价格并不受影响。在经济中，货币数量越大，贴在商品和服务价签上的数字也就越大。但是，无论商品还是就业或者相对价格都不变。如果政府降低经济中的货币数量，唯一将要改变的就是绝对价格（将会降价）。没有哪个人的生活变得更好或更坏，事实上，没有人会真正变得与以往不同。

总之，如果相信福利经济学的两个定理可以极为近似地描绘出资本主义市场的运作状况，那么，这就等于去建议政府抵制任何通过改变经济中的货币总量（比如产量、就业、机器的数量）来改变现实的各种诱惑。新古典自由主义者们承认，如果在短时期内供应商经常把商品的价格增长误当成商品相对价值的提高，那么，产量的短期提高是可能的。但是，当他们意识到相对价格并没有受影响时，他们又会回到以往的生产水平。换句话说，政府要想愚弄欺骗公众，它就可以通过增加货币的供应量来促进产量和就业。不过，一旦公众发现了这个问题，产量和就业就会又回到原来的"自然"水平。然而，这种欺骗是应该避免的，因为它会导致不确定性，导致公众对流通货币和政府的信任危机。如果没有这种信任，欺骗消费者的政策可能会产生深远的影响，比如：资本家会停止投资或是把资金移向海外以寻求更为稳定的价格。

当然，如果我们用新古典主义关于市场的观点来解释，结论将会完全不同。以凯恩斯主义为例，就像我们所看到的，凯恩斯主义者确信资本主义已进入持续的衰退期。当这个衰退期出现后，商业界和消费者的信心都消失了，产量将会灾难性地下降。如果在那一时刻，政府把大量额外的货币投入到经济中运行，货币就给了衰败的经济一个助推力。当生产加速后（对于投入在商品上的货币的反应），新商品将被生产出来，一种状态（即更多的货币去争夺相同数量的商品）将被消除掉。这些额外的货币将会用于购买那些（否则就无法生产出来的）商品。总结一下这些凯恩斯主义者的观点，政府能够也应该以货币的供应（在不良时期增加供应，在良好时期控制供应）去尝试管理资本主义的周期性危机。

工资和货币的假象

在货币被引入之前，工资是以商品的方式支付的；也就是说，工人将会以得到小麦的数量作为报酬。在这种情况下，了解工资对小麦的相对价值就是件很自然的事情。不过，随着工资以钞票方式支付，我们只有在计算出这些工资能买多少小麦之后，才能知道工资多少。因此，真实的工资被定义为工资数额与小麦价格的比值（或者说工人购买所有商品的平均价格)。

因此,把劳动看成商品的新古典主义经济学家把这一雇主和工人都关注的劳动的价格定义为工资与平均价格的比率,这被称为真实工资。换句话说,工人不是关心工作一小时能拿多少钱,而是关心那些钱能买多少商品——真实工资。有道理吧,不是吗?有趣的是,如果工人和雇主仅仅对真实工资感兴趣,而且劳动就像其他商品一样(在某种意义上,如果供应量超出需求量,它的价格将会下降),那么,失业问题也就不再存在了。为什么呢?

设想一下,假定对商品的需求因为某种原因降低了,工厂打算降低产量,因此,工厂对劳动力的需求也会降低(即就业和工资数将降低)。对劳动力需求的降低,首先会转化为劳动力数量和报酬的降低。由于工资降低,一些工人将会辞职。不过,商品的价格也将降低(所有这些都是因为商品的需求降低而引起),因此,即便工资数降低,真实工资却是不变的,因为工资相对于平均价格的比率并没有发生变化。换句话说,虽然工人拿的工资少了,但他们现在得到的钱将会买到不少于工资降低之前所能买到的商品数量。

因此,工人们将会意识到,尽管他们带回家的钱少了,但他们的真实工资一点也没降低,结果,相同数量的工人将会生产相同数量的商品,这些商品在市场上将出售给相同数量的消费者。唯一变化的事情就是,消费者将会付出更少的钱购买这些消费品,工人将会得到更少的工资。然而,在这一过程中,并没有发生任何实质性的变化:尽管对商品的最初需求降低了,产量和就业仍然保持不变

（唯一的变化就是价格和工资同比例降低）。

以上是新古典主义自由市场论点的另一个版本：市场最了解也最能把握需求的下降，而且也不会产生失业（至少在长期运行中是这样）。出于某些原因，凯恩斯并不同意这种观点。原因之一，在他看来，人们都难以逃脱金钱造成的假象的迷惑。人们往往更喜欢工资和价格同时增加10%，而不是工资和价格都降低10%。你可能看到了，这往往是因为纯粹的心理原因。实际上，这两种情况是完全一致的：每个人的工资所能买到的商品数量并未改变。但是，大部分人都会对第一种情况感觉更舒服。

除了上述心理原因之外，还有其他原因造成了工人在降价期间反对削减他们的工资。在经济滑坡时期，收入和价格几乎总是下降。在此期间发生了什么？雇主马上放弃了所有的投资项目——所有的。那些知道这些情况的工人们，在商品需求上也有显著的下降。他们预见到：因为需求在持续螺旋式下滑，即使他们的工资下降了，他们的工作安全性并没有受到影响。因此，他们意识到，降薪让他们得到的只是老板的利润提高了，而不会制造更多的工作机会。正是部分地出于这方面的原因，以及部分地出于社会影响的结果，工人们判断他们的薪水不是按照真实工资的变动成比例地调整，而是根据其他可比较行业的工人工资。当这种情况发生后，上页谈到的市场的自我服务机能将会失灵并将导致失业。

我们又一次看到，新古典主义经济学家对市场的笃信，导致他们获得了一个可怕的结论：失业不能归咎于市场。凯恩斯则不相信人们具有透过笼罩在市场上变幻莫测的迷雾洞察市场的能力。他坚信，市场是错误的，在市场中不受约束的人们也是错误的（比如，金钱造成假象的迷惑），这种错误的累积有可能导致市场机制大面积崩溃。

马克思主义者们从另一方面就此争论提出了完全不同的观点。他们把经济衰退（即物价下降、实际工资降低和失业）和通货膨胀（物价上涨）看成将一些工人创造的并竭力为自身争取的价值（通常通过工会活动）返还给雇主的手段。经济增长、失业率降低的期间，正是工会为解决工人就业而与工厂谈判、达成协议的时期。在这种情况下，物价的膨胀超出薪水的膨胀，也是对工会所争取的结果的一种扭转。但是，一旦下一次经济衰退发生，工会通过集体谈判所获得的结果就将遭受致命的打击。此时，如果工人处在经济增长（和物价上涨）时期，受到金钱造成假象的迷惑越深，通货膨胀也就越容易使得收入的重新分配更有利于雇主；反之，在经济衰退时期，工人受到金钱造成假象的迷惑程度的高低，将会是雇主利润扩张的一种（通常无效的）阻碍。

国际贸易和第三世界

还记得新古典主义经济学对社会福利的讨论吗？新古典主义经济学的国际贸易理论是对它的一种纯粹的延伸。福利经济学第一定理认为：一个处于长期平衡状态的完全竞争的市场才是有效的（也就是说，一个人生活福祉的提高，就会有其他人的效用和福利的下降)。这就意味着,在一个社会中,不同行业竞争越是激烈,整个社会产量就会越多。但是,这样一来也就产生了一个问题,政府对不同个体和不同行业间的贸易不能采取任何限制措施。因为如果政府采取了一些限制性措施,来自贸易的所得就会丧失,经济也就无效了。如果社会想从富人那里重新分配给穷人一些收入,它必须采取一次性地转移财富同时不影响贸易额或商品价格的方式。

现在,我们不再仅考虑由一些行业组成的一个国家,让我们把视野放大一些:把整个世界想象成由许多国家、许多行业组成的集合体。运用福利经济学第一定理,我们可以推论:世界经济竞争越激烈,世界的产量(包括收入)也越多,不同国家间的贸易限制性措施也越少——世界自由贸易的蓝图。如果世界组织想把世界的收入由富国重新分配给穷国,它们不用通过改变商品的贸易价格或贸易数量,只需直接把财富转给穷国就可以了。

事实上,这意味着禁止任何国家(穷国或富国)采取进口关税、进口配额或是补贴。相反,保持开放和自由的贸易,让自由贸易使世界变得更富有。如果富国同情第三世界国家的不幸和贫穷的话,他们应给穷国更直接的帮助;特别是在可以帮助穷国生产一些能在世界市场上交易的商品方面的帮助。出于仁慈之心,不要再让他们错误地认为:人为设置障碍(像关税、配额或补贴)可以防止外来竞争,并保护他们自己的民族工业。

以上概括了 1995 年关贸总协定的协议和世界贸易组织的精神。这种观点的核心支柱是:发展中国家和发达国家都不应该被允许保护他们尚不成熟的行业免于外部无情的竞争。为什么？因为如果一个国家通过竖起一堵墙（无论是通过关税、配额或者补贴）来保护它的民族工业，其他国家也会效仿。结果将会是世界范围的贸易遭受损失，即世界性竞争的减少和世界产量的降低以及价格的提高。所有国家（包括发展中国家）都将遭受这种损失。

仔细观察一下就不难发现，这是本书前面讨论的搭便车问题的再现。如果没有贸易限制措施（事实上，这种限制措施在当今社会随处可见），每个国家都将更为富有。但是，至少实际上，不管别的国家做些什么，每一个国家都有动机去设置一些限制措施。这恰恰是发动一场关于自由贸易战争的诱因所在，能够阻止这种战争发生的，只有通过实施能够强迫各国开放贸易的国际协定。

我们已经看到，新古典主义关于社会福利的理论怎样被轻而易举地扩展开去，并导致自由贸易协议的产生。对此，新古典主义的批评家们也有他们自己的看法。那些对市场经济可以自动产生最优结果持怀疑态度的人指出：处于长期平衡状态的竞争市场是有效的是一回事，消除贸易壁垒会加剧竞争和世界产量的增加则是另一回事。

例如，很多人都认为，世界市场被少数大型跨国寡头所占据，特别是在一些相对较小的国家，他们通过倾销廉价的进口商品，占据了市场，直到产生坚不可摧的垄断。然后，他们限制产出，抬高价值以得到更高的利润。在这种情况下，如果政府推出一项进口关税，将会鼓励跨国公司在当地进行生产（以逃避关税）。简言之，对那些并不相信市场是自然竞争的人来说，如果谨慎选择的关税和补贴没有对世界贸易造成严重问题，这些做法就会对那些国家产生积极的正面作用。

最后，那些带有马克思主义倾向的人们，以那种反映资本主义基本模型的方式来理解国际贸易和第三世界国家的发展。他们把资本主义体制看成自相矛盾和无效的体制。一般来说（特别是处于衰退期），发达的资本主义都要承受持久的、超负荷的痛苦：科技的飞速发展推动了国民经济的发展，并显现出生产能力已远远超出其吸收能力的趋势。结果是，西方国家的企业拼命地为他们的商品和更廉价的进口商品（包括劳务和稀缺原料）寻找新的市场。如果他们不能确保进入这些市场，国内就会出现利润危机。结果，第三世界变成一个西方那些令人讨厌的商品的仓库——这些商品以地方无法抗衡的最低价格倾销进来。

发达国家过剩的生产能力，同自由贸易相结合，不断地制约着当地经济的发展。这种结合所推动的经济活动，仅仅是廉价劳动力和稀缺资源的开发和掠夺。由于有限的竞争、不成熟的市场和腐败的官员（经常出现在西方跨国公司薪水册上的政府职员），第三世界国家的资源被跨国公司几乎无偿获得。其结果就是，当地社区的居民被迫迁移，那些薪水很低的工人聚居在工业区（经常是大城市之外的贫民窟）。由于跨国公司在这些国家的垄断，这些国家的发展并不意味着当地生活水平的提高，而是贫民窟在城市周围的增多。一些经济学家把这称为"不发达国家中的发展"。对他们而言，自由贸易使第三世界的自由丧失并使其随之陷入更加痛苦的深渊。

当然，也有一些发展中国家（特别是东南亚一些国家）反驳这种描述。那些不赞成这种"不发达国家中的发展"观点的马克思主义者们指出，因某些历史原因，少数发展中国家经历了严重的工业化发展阶段（经常是因为跨国公司出于某种目的而选择了它们）。为什么一些第三世界国家（东南亚经济）会取得经济的腾飞？一个可能的原因是，新产品的发明需要高科技的生产线（比如更高技术的电脑），而一些生产工艺简单、陈旧的商品（如电视机）在西方国家（如日本）的生产已经不经济了。因此西方会用更新的、更复杂的生产线去生产那些有更高市场价值的商品，这样，传统商品的整个生产线就被输送到那些发展中国家。

尽管这种传统产业的输出给输入国带来了重大发展，但是这种方式也只能使相关的少数国家受益。那些受益的国家（像韩国）经历了一段（大约20年）相信增长已经成为他们社会中永存特征的时期。但是很快，那些以这一方式发展起来的国家就意识到：资本主义经济越发展，它越有可能产生危机。此外，这些国家的工业化经常是伴随着发达国家的特定地区内的去工业化；主要是一个或两个世纪前发生工业革命的老工业区（比如，英国中部和北部）。这就像是部分第三世界国家被输送到第一世界国家的旧工业区。最后的结局是，富有的资本家精英，通过攫取来自世界不同地方的工人创造的财富而变得更富有。但是，他们持续榨取这些"租金"，恰恰是依赖对那些不发达国家进行高度工业化，这种工业化是与广大第三世界国家的困苦和第一世界国家中旧工业区的去工业化过程相伴随的。

最后的结论就是,经济学就像音乐一样。一旦你已适应某种特殊的流派或某一特定的作曲家,即使你以前从未听过,你也能很容易地辨别出一首曲子是哪个流派或哪个作曲家所作。本书的目的就是,让你充分地了解各个经济流派的思想基础,这样当你听到一些经济学家或政客们对你讲一些好听的术语时,你对他们的观点是与政治无关的还是客观的,是不带有任何偏见的还是真实的,都会一目了然。我希望你能透过他们的语言发现其中的哲学内涵,确认它们出自哪里(是新古典主义者,哈耶克和诺齐克新右翼的追随者,凯恩斯主义者,或马克思主义者?)并揭去它们的面具。总结所有的观点和说法,"知识就是力量"才是最真实的。

忧虑（下卷）

[第11章]

经济学理论有价值吗?

11.1 批判假设:有效的评估还是浪漫的耗时?

本书从一开始,甚至在前言部分,就抱着一种批判态度。在第4章中,我们批判了经济学家最喜爱的假设,那些假设将个体塑造成了效用最大化主义者。事实上,比起教科书中所说的,现实中的人类要复杂、理性得多。在第7章中,我们批判了厂商和市场边界理论,因为新古典经济学假设不能说明什么构成了生产、劳动、资本和竞争。第9章和第10章彻底结束了这场批判之战,指出一个由秉承了新古典经济学观念和行为的人掌控的社会,不会具备公共意识。难道即使证据确凿,我们的批评也只是在浪费时间吗?

请设想以下场景:一位读过本书全部批评的新古典经济学家走上讲台,在我所有的读者面前露出嘲讽的笑容,说道:

干得好，干得好！祝贺你这些天才的、无关紧要的攻击！你当然是正确的。我绝不想让我的子女，或者其他任何人，像第2章中提到的那些可怜的、模型中的生物一样，成为效用最大化主义者。当然，第5章中提到的完全竞争也没有真实的市场模型。这些你都说对了。但不幸的是，我的朋友，你忽略了最重要的一点。我们不是哲学家、心理学家或者历史学家。没错，与我们经济学家相比，哲学家对人类有更深刻的理解，心理学家也是一样。未来的经济历史学家，将会在合适的时机对当今的市场运行作出解释，这种解释将比任何一位经济学家的模型都有说服力。

然而你似乎忘记了，我们经济学家的任务不是创造哲学、历史或其他什么，而是创造经济学！假设仅仅是假设。是的，我不得不承认，假设通常都很愚蠢。然而，一种经济学理论需要它们去推断某些可以投入测试的实体。最后，这一理论就如同它的预测（而非假设）一样好。结果，第2章（就像你在第4章中所说的那样）中所有关于个体人格的讨论以及第5章（就像你在第7章中所说的那样）中关于竞争市场的假设都是荒谬的。如果这些公认的愚蠢（或者说单纯）的假设产生了一套理论，能够预测我们感兴趣的柠檬、汽车和火箭的价格，那么对这些假设的学术攻击就失去了意义，因为任何理论都不能听从这样一种逻辑的差遣：只有事实和观察能证明或推翻一种理论。

天哪！这听起来简直是对我在本书中向你陈述的全部批判的致命一击。我花费大量时间和精力提出的批评，难道连听起来都毫无道理？难道假设只是没有价值的理论搭建工具？难道正如我的新古典经济学伙伴所说的，经济学理论的正确与否无关紧要，重要的只是它的预测能力？在我们试着回答这些问题之前，让我们先来看一下以上论点的来源。

我的（假设的）新古典经济学伙伴的一系列论点，都与哲学中的实证主义相一致。实证主义是一个更古老的概念经验主义的分支，但在我们的讨论中，这两个概念可以互换（见下面的线框）。两者最主要的论点是：如果没有经验帮助，人们就一无所知。

关于实证主义和经验主义的定义

经验主义

经验主义的一系列理论认为，知识来源于经验（主要是感觉），而不是来源于理性主义者所声称的推理或内在的想法。将知识严格局限于经验范围之内的激进经验主义者，甚至怀疑我们对知识的最基本的所有权。

实证主义

实证主义是经验主义的哲学分支，其诞生可以追溯到孔德，他认为一切真正的知识都来源于感觉经验，并且只能通过系统的实验来扩展。

从历史上来讲，中世纪是一个教会集权的历史时期，而实证主义正是教会集权的产物。它针对坚持信仰，但不涉足只有教会才有权探讨的永恒的真理以及质疑一切事物，而且不把任何想法当作先验真理（指没有实验和观察作支撑的真理）的宣言提出了抗辩。

事实上，伽利略发现地球围绕地轴转动以及他对教会的蔑视，是早期实证主义付诸实践的实例。实证主义的参与创造了大量知识。在实证主义者看来，世界史是由一系列的阶段组成的，每个阶段都存在着可辨别的模式。对先验知识的否认，暗示了任何事情都不是必然的；任何事情都应该有所不同。只凭逻辑与推理已经不能解释我们生活的世界。只有存在一个可能世界的时候，人们才能创造出先验知识。

因此，既然存在一个无限的可能世界，我们就只能通过观察去探寻宇宙。而且，即使我们能观察到某种事物如此，我们也不能声称这种事物必须如此。例如，所谓的边际效用递减法则根本算不上一条法则，它只是观察到了消费和边际效用通常负相关而已——尽管它们也有可能正相关。上述内容可以总结为两条庇护实证主义方法的论断：

1. 知识必须基于经验，因此，对一种理论的评价只能以理论预测的精确程度为依据。
2. 我们观察到的一切本应不同。

因此，对于实证主义者来说，推断是我们对抗无知的唯一武器：推断就是去解释，或者说，行得通的就是真理！

到现在为止，一切都还不错。但是，当实证主义从早期的物理学（即经典力学）向现代物理学（如光学、离量子力学）转化，以及进一步向广义的社会学与狭义的经济学转变的时候，问题就出现了。实证主义与经济学的关联性，在自由市场理论者弗里德曼那里得到了强调（他攻击凯恩斯的观点并获得了诺贝尔经济学奖。他还在芝加哥大学成立了一所学院，聚集了许多志同道合的经济学家，成为右翼经济学的代表人物）。

弗里德曼指出："实证主义提供了一系列概括性原则，预测环境变化可能导致的结果。"也就是说，消费者选择理论只有一个意图：预测各种变化将会如何影响消费者需求。那么，我们应该如何评价这种理论呢？站在一个纯粹实证主义者的立场上，弗里德曼补充道："依据是：理论对它所要解释的现象的预测能力。"（《实证主义经济学方法论》，1953）

赞同经验主义

作为一个经验主义者，我依旧把科学的概念图式当作一种工具，最终，我可以借助过去的经历去判断未来的经历。

奎因，《从逻辑的观点看》（1961）

确实，正如我们所知，经验主义理论中有一些不恰当的地方。通过严格考察经验主义哲学的学说来源，我们发现了这种不足：所有的人类知识都是不确定的、不准确的、片面的。对于以上论断，我们还没有发现任何限制。

罗素，《人类知识的范围与局限》（1948）

关于实证主义

赞成：

任何人类知识分支的发展都连续经历了三个理论阶段：神学或虚构阶段、哲学或抽象阶段，以及科学与实证阶段……因此，培根和所有知识分子都承认，除了基于观察的事实以外，没有真正的知识。

孔德，《实证主义概论》（1948）

反对：

经验主义曾习惯于依赖过去；现在，所有的经验主义理论都在关注未来，因此真理成了证明某些假设的工具。关于过去的假设无疑无法证实，它们最多可能被关于过去的新假设证实，而这些新假设同样依附于那些从本质上就不可能正确的真理。一致性是一种珠宝，就像其他珠宝一样，我们为某些人愿意为其付出的高价而感到惊奇。最终，我们被引向这一奇怪的结果：极端的经验主义者必须否认前人的观点，尽管这种观点可能是完全正确的。

桑塔亚纳，《美国性格与美国观点》（1921）

换句话说，我们要么忘记经济学假设的推论，要么忽略可耻的经济人本性；忽略前者还是忽略后者并不重要。重要的是，这一理论准确预测价格和数量的能力，如果理论不能作出准确的预测，弗里德曼大概就会同意丢弃那些模型了。相反，如果模型的预测是精确的，那么不管它的假设如何，我们都必须接受它。然而，不幸的是，对实证主义者来说，事情并没有那么简单。

11.2　无法剥离的理论与事实

假设我们接受实证主义的方式，着手将一种理论付诸试验。当然，在测试之前，我们必须弄清这一理论预测了什么，将其预测的结果与现实对照并得出结论。唉，只可惜这个主意并不像听起来那样好。因为如果我们依此行事，许多优秀的理论就可能遭受不公的抛弃。就拿牛奶的需求曲线向下倾斜来说吧（即，价格越低，牛奶销量越大）。假如我为你提供了一组来自20世纪80年代中期欧洲的数据。数据显示，在很长一段时间里，价格和牛奶的销售量同时下降。从这一假设中你得出了什么结论？你是否发现需求曲线向上倾斜，从而推翻了需求曲线向下倾斜的理论？

这可能有些不公平。如果你仔细核对数据的时间，你会发现，牛奶需求量与价格同时下降，是由1980年的切尔诺贝利核事故引发的。那次事故中的核泄漏可能覆盖整个欧洲，引发了人们对牛奶质量的担忧。价格和需求量同时下降，是因为需求曲线先向下倾斜、再向左倾斜（并非因为它向上倾斜）。投入测试的理论必须有对等的机会，那么，什么样的测试才是公平的？

实证主义者使用"其他条件不变"来解决这一问题。这意味着我们并不打算将经验与一种理论的假设相比较，而是与这种理论的预测相比较（在其他条件不变的前提下）。也就是说，假定这一理论要接管的一切都是一成不变的。

然而，"其他条件不变"对实证主义测试的修正仍然不够。设想一个简单的道理：一个理性的行人在过马路时不小心跳到了一辆疾行的巴士前。如果我们恰巧目击了一个人在LSD的影响下做了这样的事，并打算以此为依据推翻LSD，那我们就太愚蠢了。因此，我们必须进一步改进我们的测试基础。我们不能单纯地将实证主义的预测结果与经验相比较，而是要附加一个前提，即其他条件不变，但是，仅有这一个前提还是不够的，我们应该将二者在"其他条件不变"以及"个体是理性的"双重前提下进行比较。

海森堡（1901—1976）的
不确定性原理 / 测不准原理（1927）

当代物理学怀疑实证主义。他们发现，在很多情况下，随着提出的问题或者投入测试的理论的变化，"被试"的反应也会随之变化。例如，在测试光的波动性的实验中，光就表现成波的样子。但在测试其粒子属性的实验中，它却表现得好像由粒子（而不再是波）组成一样。因此，这种

> 理论的假设不能独立于其观察的现象，当然也就不能通过观察它预测行为的能力去测试它的优劣。

上述内容提醒我们，与自然科学领域相比，实证主义在社会科学领域可能存在更多问题。在古典力学或古典化学中，一种理论对物质的属性或行为的预测（例如，单摆或化学品），能够与被研究的物质的实际属性或行为进行大量的比较。如果两者一致，这种理论就通过了测试。否则，研究就必须重新开始。为什么实验室实验能够证实一种理论的优点呢？回答是：

1. 一种理论可能有很多种实验结果，但这种理论不会与所有结果相一致（比如，如果没有热量，化学家就不可能声称其理论证实了某种结果）；

2. 观察到的现象独立于理论预测之外。例如，某化学家预测X物质与Y物质混合时会产生热量。这些物质才不管化学家的预测呢！它们之所以产生热量，是因为这是它们的天性，而与化学家的理论无关。

因此，基于上述两条原因，化学家的理论能在实验室中得到有效的预测。

经济学家能像上文中提到的化学家那样准确地测试他们的理论吗？似乎不太可能。原因很简单，他们的理论过于结构化了，以至于没有任何一种观察能与之抗衡。从这一点出发,再次思考一下这个简单的道理:"如果吉尔是理性的,那么,她一定会等待所有的车辆通过之后再穿过马路。"但如果吉尔被车撞倒了,经济学家仍可以坚持他们的理论,指责吉尔的不理性。这是经济学家对理性的吉尔应有行为的假设(而不是测试)造成的,观察到的结果并不能为理论测试提供直接的证据。根据上一段的说法,经济学理论并不将(1)和(2)作为经验主义理论测试的有效前提。

从另一个角度看待同一问题,假设本身并不重要(即,真正重要的是预测有多准)的论点显然是错误的。因为在经济学中,假设是预测中不可或缺的一部分。我们已经看到了关于吉尔的预测,这种预测以她是"理性人"为前提:"如果吉尔是理性的,她的偏好不变、她的购买力持续,她将在牛奶价格下降时购买更多的牛奶。"现在假设价格下降后她没有购买更多的牛奶。我们能证明假设是错误的吗?不能。

社会预测与社会现实:一种科幻小说式的展望

在其天才的科幻小说《基地》(1951)中,阿西莫夫讲述了一位科学家创造"心理史学"的故事。心理史学能十分精确地预见未来。然而,他很快就发现,如果人们事先知道了预测的内容,他的理论就失去了效力。因为,如果一位统治者(或者其他什么人)打算用心理史学预测未来,他们会故意让历史向着与预测不同的方向发展。因此,阿西莫夫的主人公为了确保未来的信徒有准确的预测能力，就把这些人用火箭送到宇宙的角落去了，以保证他们与心理史学家的预测保持最少的接触。他们对经济与政治的未来预见能力，取决于他们与心理史学的较少接触。

阿西莫夫的"心理史学"寓言，为我们提供了一个很好的例证，说明在社会科学领域中，我们不可能用自然科学家的方式将经验主义检验模式化。在经典物理学、气象学和化学中，科学家的理论和预测不会影响其观察的现象。例如，如果一位全世界最好的气象学家预测纽约明天会有飓风，那么，飓风袭击的可能性不会因为气象学家的预测而改变。然而，在社会科学中，事实就可能受到理论和预测的影响。如果一位著名股票分析专家预测明天纽约股市崩盘，那么，股市可能真的崩盘。然而，这并不意味着基本理论因其预测的精确而精确，股市分析专家可能只是开了个玩笑而已！

总而言之，在社会科学中，预测是我们所要解释的世界（和事实）不可缺少的一部分。阿西莫夫有趣的故事表明，一个完美的社会理论如果过于贴近社会，就会因其完美而丧失预测能力。因此，社会理论没有必要像它的预测那样完美。

情况可能是，在降价之前，她改变了对牛奶的看法，不再像以前

那样喜欢牛奶了。因此，她减少了牛奶的购买量。但这与上一段中提到的预测并不冲突，因为预测的假设条件是：她的偏好不变。然而，这也就意味着类似的预测永远不会错，因为总有理由去解释为何假设有效，事实却总是偏离假设。

总之，我们有理由担忧，在经济学中，很难将理论（如边际均等原理）和与理论配套的假设与"事实"作比较，来得出理论的优劣。理由是，经济学中的预测不可能与我们想要评价的假设相分离。在物理学中，一种电磁学理论所提出的假设可以通过实验来检验，以证实或推翻这一理论。经济学中则没有这样的实验。为什么？因为人类如果不按照预测的结果行动，经济学家就会作出化学家不可能做到的事：因预测失败而指责人们或人们的信仰。他们甚至可以改变预言，以适应那些被观察的行为。相比之下，化学家和物理学家则不可能怪罪分子和原子，指责它们不依规则行事。经济学家的劣势就在于，尽管没有人能证明他们是错的，但他们也不能用经验证实自己是正确的。

11.3　为什么经济学理论不能用事实评价

回想一下新古典经济学的理论假设："所有理性的人都会追求效用最大化。"在本书中，我花了大量篇幅来辩驳这一理论的特质及其政治暗示。为什么我们不跳过这些讨论，直接判断这一命题正确与否？我们如何判断？我们确实能在实验室中完成许多实验，证明人们是否按照效用最大化理论去行动。问题是，这种测试并不能确定人们就是效用最大化者。

如果人们没有追求效用最大化，新古典经济学家可能会提出改进后的假设："人们会追求某些东西的效用最大化。"可能事实确实如此，问题是，这一假设永远不可能被推翻，当然它也不可能被证实。如果我们确定人们不追求效用最大化，新古典经济学家就会站出来问："你怎么知道人们不追求某些东西的效用最大化？"回答是：我们不可能知道。因此，我们无法证实人们追求效用最大化的假设是错的，也因此，所有经济学教科书中都包含了这种诞生于经验主义者和实证主义者理论评价体系之下的理论。

事实上，新古典经济学的理论基础不能被检验也在意料之中。让理论远离经验主义检验，是保护理论免遭批评的一种方式。而且，这不仅仅是新古典经济学家的特权。马克思主义经济学家同样将理论建筑于假设之上，实验和数据中都无从证实这些假设。总之，各家思想的重要观点都依赖经验主义假设。

下面我们举三个例子（两个属于新古典经济学，一个属于马克思主义经济学）来验证最主要的一点：实验和统计分析所得出的事实表明，经验主义无法平息经济学的辩论。

11.4 不可测量验证的经济学理论的三个例证

11.4.1 理论1：消费中的边际均等原理

请回想第2章中提到的理想的个人选择模型。假设吉尔的收入和效用水平不变（也就是说，她仍旧在同一条无差别曲线上），如果苹果的价格下降，她就会购买更多的苹果。新古典经济学理论明确地预测，吉尔的无差异曲线介于苹果和其他商品之间且向下倾斜，她应该增加苹果的购买量。

在这种情况下，如果吉尔没有购买更多的苹果呢？我们是否可以据此推翻这一理论，或是通过以下方式维护这一理论：指出她的行为取决于她不喜欢苹果，或者取决于她当天的工作不如意，因此她没有仔细考虑购买什么（也就是说，她没有进行理性购买）？

我们为理论辩护（即使它不能准确预测吉尔的行动）的能力，使得理论变得不可测量：如果理论能够被证明是正确的，它就会被接受，如果它被证明是错误的，那可就是经济主体的错了。不管怎样我都赢定了。实证主义者只采纳对自身理论有利的测试，就如同建立一个只受理那些易于辩护案件的法律体系一样！

11.4.2 理论2：生产中的边际均等原理

经济学教科书中关于厂商理论的假设是有争议的：厂商要实现利润最大化！许多书籍都在连篇累牍地讨论利润最大化对厂商来说是否明智。他们是在浪费笔墨吗？例如，一位实证主义者会说这是一个经验主义的问题。让我们验证一下如何将新古典经济假设投入检验。

我们需要检验所有厂商都追求利润最大化（命题1）。正如我们在第5章中见到的，新古典经济学理论由命题1生成了第二个命题：当边际成本和边际收益相等时，厂商就实现了利润最大化（命题2）。问题是，我们无法同时验证这两个命题。例如，我们假设当边际成本与边际收益相等时，厂商实现了利润最大化，我们能通过仔细测量和观察来确定"所有厂商都追求利润最大化"的假设。同样，如果我们假设厂商追求利润最大化，我们就能检验"厂商的边际成本等于边际收益"的假设。

显然，要验证其中一个命题，我们就必须把另一个当作前提。但是，这意味着我们要么想当然地把厂商追求利润最大化（在这种情况下我们没有验证利润最大化假设）当作前提，要么想当然地把边际成本和边际收益相等时厂商在一定生产规模下实现了利润最大化（在这种情况下我们不能验证生产中的边际均衡法则）当作前提。

不能同时验证这两个命题带来的问题就是，当其中一个命题与事实不符时，我们就能用另一个未经验证的命题去弥补前者的失败。例如，假设一个厂商的边际成本和边际收益相等，厂商却没有实现利润最大化，那么理论提出者就可以声称：是边际收益（举例来说）的不确定性，使得边际成本和边际收益不相等。

最后要指出的是，厂商通过让边际成本和边际收益相等的手段达到利润最大化的说法是不可验证的。

11.4.3 理论3：马克思的利润理论

正如我们在前几章中了解到的，马克思认为，资本主义制度下的一切经济价值都来源于人类劳动，因此（资本家占有的）一切利润来源都可以区分为劳动者的劳动力价值和劳动时间价值。表面上听起来这像是一个能付诸实践的假设。但这一假设并不像它看上去那么直接。原因是，马克思的理论包含两个（或更多）不能同时验证的假设。

在马克思主义理论中，这两个命题是：一切经济价值都来源于人类劳动（命题1）和一切利润都来源于劳动和劳动时间的区分（命题2）。也许我们可以再次利用经验主义的方法，通过测量和观察利润如何在时间序列和产业之间波动，去了解第二个命题在多大程度上是正确的。

然而，假设命题的预测出现了错误，例如，我们发现当劳动力价值和劳动时间价值的差距缩小时，利润反而增加了。我们要推翻理论吗？理论的反对者或许希望我们这么做。另一方面，理论的捍卫者则可能会指责利润的测量方法没有依照理论的假设确立（例如，理论的假设是：利润反映的是竞争的资本主义市场决定的价值）。同样，我们也不能只验证一种理论假设，而在另一假设未被验证的时候就将这种理论解释清楚。

总之，我们不能同时验证马克思主义的两个命题，因此，马克思主义关于资本主义的观点，也不能通过经验主义的方法去证实或推翻。

11.5 "事实"如此令人迷惑，我们如何找出真理?

在第 1 章中，我将经典物理学和新古典经济学的研究过程做了一个比较。两者的最后一步都是通过实验来判断理论价值。然而，正如我们在本章中所说的，经济学家不能像物理学家那样泰然自若。

一方面，我们缺乏一个控制经济学家假设情境的实验室，而这种情境偏偏是经济学家的数据来源。但是，即使当我们像经济学家一样真的在实验室中做了实验时，和我们打交道的依然是有着不同思想的人，这些人的思想是我们不能用物理学家的方法控制的。而且，由于经济学家的研究对象是人，任何关于经济理论的测试，必须基于我们的被试（被观察的人）是理性人的假设。问题是，我们不知道这意味着什么（见第 4 章中的争论）。即使我们之中有一部分人知道理性是什么（例如，在第 2 章中，新古典经济学家对工具理性的观点感到满意），我们依然无法将这些观念检验付诸测试。

这是因为新古典经济学关于理性的观点过于肤浅。他们假设所有的客观情况都是确定的。而他们所谓的理性正是基于这种假设（一个人能有效地执行自己的想法）之上，因此，如果事实与理论不符，他们就可以指责被试的情况不符合假设。一个人总是可以用一系列客观条件解释任何一种行为。一个物理学家不能责备原子没有按照它们应有的表现去行动，或者没有遵守约束它们行为的法则，但一个经济学家却常常以违背"理性假设"为由来拯救一个理论。

政治成就事实

20世纪80年代,英联邦保守党政府无数次变更了"失业者"的定义,每次重新定义之后,失业率都"下降"了。

1977年的澳大利亚,新选出的保守党联盟政府打算通过排除利息支付和其他"非消费者市场决定的"价值的方式,重新衡量通货膨胀。这样做可以降低通货膨胀率,使得与通胀率相关的失业者、养老金领取者、母亲等相关者的福利增长幅度下降,政府则能达到节省4亿澳元的目的。从这个事例中我们可以得出这样一个道理:宏观经济变动难以客观地衡量,即便能够衡量,政府也不打算去衡量。

我们在经济学实验室中遇到了困难,因此我们不肯依照理论预测的效果对这种理论进行评估。但另一方面,作为经济学家,我们甚至对"实验室之外"的事实(像通胀指数、失业率等)也不敢苟同,因为这些事实的根基都是一些不可测量的、有争议的、被政治驱使的经济理论。那么,我们该怎么办?我们如何接近经济现实?如果我们不能像一个审判者一样在不同的经济理论之间接近"事实",我们如何裁断哪种理论是正确的、哪种理论是错误的?

米瑟斯对经济学理论的评价

确立经济学的特殊地位的……是其定理不能通过经验

> 去证实或推翻……衡量经济学定理准确性的唯一尺度，是从无须经验佐助中独立出来的独一无二的理性。

初步的回答是，我的经济学伙伴在本章开头指责本书试图引发学术争论的做法是错误的。如果对理论评价的标准不是其对"事实"预测的准确程度，理论的实质（也就是它的逻辑结构、它的假设、它关于男人和女人的现实描述）就十分重要了。

实际上，在西方社会科学和哲学的悠久传统中，有许多与我对新古典经济学的指责不同的论调。我们必须依照理论结构的逻辑性和理论的研究意义去比较和评价理论。下面线框中的内容表明了这一经济学观点，它的根基可以在理性主义哲学中找到。

理性主义的定义

> 理性而非经验是知识的唯一主要来源，因而我们有了内在的想法，从而形成了我们对世界的先验和我们对世界的首次接触。

我们可以从上面米瑟斯的观点追溯到法国理性主义哲学家笛卡儿的观点。笛卡儿因提出用"我思故我在"来证实人类的存在而闻名。这一论断终止了人类的思考。笛卡儿相信理性和逻辑（见下页线框）能够对假设和理论作出评价。我们可以这样驳斥一种理论：一是说这一理论被错误地演绎了，二是说导出这种理论的根源本身就是错误的。

笛卡儿：我思故我在！

当我们说到我们在思考，这便是一种非推理的原始意识。当一个人说"我思故我在"时，他不是通过推论发现了思考的存在，而是通过大脑自发识别的。

因此，笛卡儿认为真理与观察（事实的假设）无关，而是由逻辑和直觉产生的。

当事实与假设冲突的时候，实证／经验主义者会指出事实不利于假设；与之相比，理性主义者认为，当事实与逻辑或数学冲突的时候，我们必须重新思考我们编纂"事实"的方式。笛卡儿相信知识的统一。他把知识看作一株大树；哲学是树根，物理学和数学是树干，社会科学是树枝。

依照这种观点，一种假设（如效用最大化）必须依照其逻辑一致性来判断，而不是通过它的预测来判断。笛卡儿描述了一种突出的（有说服力的）理论，这种理论必须在形式上严格遵从知识树的生长结构。首先是观察理论的"根"，也就是支撑它的哲学。它有吸引力吗？如果有，然后就是观察知识树的树干，以检查它的逻辑／数学一致性。最后要看树枝（理论生成的社会科学描述和社会科学预测）：它们是否包含了对世界的全部暗示？我们可以接受通过了这种概念测试验证的理论，否则，理论研究就必须重新开始。

[第 11 章] 经济学理论有价值吗?

在某种程度上,在上卷的批判章节中(第 4 章,第 7 章,第 10 章),我也采取了这种方式。首要问题是:经济学教科书中的个体模型、厂商模型和市场模型的哲学是怎样的?它有吸引力吗?接下来我指向了这些模型的逻辑一致性(例如,预测许多竞争厂商的存在必然将价格引向成本。这种预测有意义吗?)。最后,我审视了模型的社会暗示(如,由效用最大化主义者组成的自由市场社会将呈现何种状态?它会构成新世界的基础吗?)。

那么,最终我们是否找到了一种能够明确指出哪些理论值得研究、哪些理论必须抛弃的方法呢?恐怕没有那么好运。首先,关于哪种哲学基础(知识树的树根)令人满意,我们无法达成一致。对人性的不同理解,将会产生不同的社会理论。其次,许多人仍然坚持认为经验/实证主义是我们最好的筹码,即使"事实"被扭曲或者"事实"过于依赖理论。就像理性主义者指责实证主义者不能组织有意义的测试去区分理论的好坏一样,实证主义者也以牙还牙,指责理性主义者两耳不闻窗外事,只依照他们的"推理"去理解现实。

当然,事实就存在于两者之间。忠实的实证/经验主义者认为,争论是愚蠢的,理论本身无关紧要;狂热的理性主义者则认为,人们可以通过推理找到真理,观察并不重要;然而,人类不可能单凭观察或推理就找到真理。一种将推理的重要性与观察的针对性相混合的方法指出,尽管我们需要通过身边的世界辨别事实,但要理解这些事实,就必须严格按照笛卡儿的知识树所提供的证据进行判断,而不是通过物理学计算或观察。

> 坚持索取证据的人,从来不知道自己有多荒谬。
>
> 卡尔·波普,《客观知识》(1972)

无论如何,现在清楚(我希望是这样)的是,经济学中的任何争论,甚至是关于如何发起平息争论的争论,都完全是政治的、哲学的、意识形态的竞争,反映了自古以来人们对人类社会生活应有的面貌及其发展趋势的不同意见。如果我们认为这一切都能通过简单的方式(某些经验主义检验,或是先验的理性主义者的思维)解决,未免太放肆也太乏味了。社会科学和经济学中的理论大战是古老的、有吸引力的,是几个世纪以来哲学和政治思想冲突的反映。只要对人类本性的理解有一种以上,这种争论就将持续下去。问题依然是:我们如何获得知识?英国哲学家培根用象征手法回答了这一具有里程碑意义的问题:

> 那些与科学打交道的人,不是实验家[经验主义者或实证主义者],就是神学家[理性主义者]。实验家像一群蚂蚁,他们只顾收集和使用事实;理性主义者收集蛛丝,根据自己的意识编织蛛网;蜜蜂居于两者之间:它不仅从花园的花朵中采集原料,还用自己的力量进行消化。

问题的关键就在于,如何做一只社会科学领域的蜜蜂。

11.6 那么，经济学理论有价值吗？

实证主义者（或经验主义者）认为，只有能够提出预测的理论才是有用的工具。然而，这种理论本身和理论假设却没有任何价值。我们是否认为假设是彻底的、现实的，对人性的假设是善是恶，生产模型是否精确地描绘了工厂中的情形都不重要。重要的是，这些理论能否帮助我们预测价格、产销额、工资、利润及其他。

实证主义者的言辞经常被新古典经济学家用来逃避那些对现实主义和新古典经济学理论实质的指责。如果实证主义者的话是准确的，经济学家（和经济学专业的学生）的日子就简单多了，也好过多了。我们都将依照实证主义的理论编纂我们的理论，提出我们的假设，随后在社会生活实验室中比较哪种预测表现得更好。那些表现更好的理论将被筛选出来，其余的则被丢进垃圾箱。而且作为专家，我们必须步调一致，并且要公平地对待全人类（和我们的学生）。我们将像物理学家一样，就理论基础达成共识，共同反对那些关于未知事物（如黑洞）的、还没有机会投入实验的假设。

不幸的是，经济学将永远被当作（或者是与生俱来的）麻烦制造者。就像我们在本章中所见的，我们不可能像物理学家那样操控自己，我们的研究对象（人类和人类社会）根本不是一个客体，而是最主观的主体。我们的理论是我们要解释的世界的一部分，我们的预测不能被验证，我们的数据也被我们的理论和想法玷污了。这些错综复杂的事情使得我们原本具备竞争性的理论核心，超出了测试所能达到的范围。因此，任何一种光辉的理论（如，凯恩斯理论、新古典理论、马克思主义理论等），都不可能被证明是正确的或者是错误的。

结果，在过去 300 年间，几乎没有一种经济学理论被抛弃。与物理学家集体嘲笑早期某些试图了解自然的行为不同的是，被人遗忘已久的经济学观念可以名正言顺地重返江湖。经济学理论的兴盛，非但与其"科学"价值关联极少或根本无关，反而与政治和意识形态的迂回曲折关系密切。与此同时，过时的理论在经济部门重新获得了拥护者，等待着理论的复兴。例如，当前流行的新自由主义观点，曾在 20 世纪五六十年代中期遭到社会的遗弃。它的支持者在当时被当作极端主义者和疯子。如今，那些主张政府干预经济的人则被边缘化，甚至被当成了专业领域的怪人。

既然这样，经济学理论重要吗？我的回答是，非常重要。这当然是因为政治。每位主教、总统、大法官、司库，甚至是教育部长，都想用他们的政治主张来改变我们的生活，并利用经济学理论为他们的干预（或不干预）提供证明。在过去的几个世纪，统治者利用宗教使他们的行为合法化，如今，他们用的是经济学理论。在遥远的过去，人类最大的敌人是原罪，如今则是经济学的无效率。于是，各种各样的政策都冒了出来，试图将我们从经济学的无效率中拯救出来。然而，在讨论消除经济学无效率的背后，却隐藏着不为人知的利益。复杂的经济学学说伪装了这些利益，将我们蒙蔽在黑暗中。用凯恩斯的话说："实干家认为他们远离了任何学术影响，但是，他们往往是某些已故经济学家的奴隶。那些当权狂人信奉的只是若干年前某些末流文人狂妄思想的碎片而已。"

这就是我们要理解、审视和揭晓经济学的原因：防止经济学家迷惑我们并通过这种迷惑辅助那些"当权的疯男人（或疯女人）"残忍地玩弄我们的生活，让我们无法塑造我们生活的社会。简言之，经济学理论很重要，因为如果它只被少数人掌握而被大多数人忽视，它就会成为极具杀伤力的政治武器。从这种意义上讲，比起那些认真学习经济学的人，那些不喜欢经济学（和经济学家）的人可能要对此负更大的责任——至少伏尔泰会这样想。

伏尔泰与《圣经》

伏尔泰曾在他的书桌中存放了一本《圣经》，当被问到一位无神论者为何这样做时，伏尔泰指出，作为一个无神论者，他必须比基督教信徒更了解《圣经》。

经济学理论非常重要的最后一个原因是：它会剧烈地影响我们的想法以及我们生活的世界。总之，学习经济学之后，我们将会有所改变。文学或物理学，对那些研究小说、诗作及做量子物理学实验的人有着潜移默化的文明影响。而经济学面临的悲哀与嘲弄则是，它经常会不利于经济学专业学生的人格发展。我将在最后一章具体阐述这一最终的焦虑。

[第12章]
对经济学的指责

12.1 经济学会严重破坏你的人格！

人们常说，每建起一所学校，社会就可以毁掉一所监狱。令人欣慰的是，教育的作用得到了全世界的称赞。教育不仅能减少暴力，还是对抗无知和不满的有力武器。一个具备良好教育的社会，即使贫穷一些，也是健康的。但是，有一种教育似乎对受教育者起到了相反的作用，那就是当代经济学教育！

实验的结构

两位被试要求在扮演"攻击者"和"合作者"之间作出选择。他们必须同时作出选择。他们的报酬决定方法如下：

- 如果你表现出攻击性而你的对手表现出合作性，你将获得 10 美元。

- 如果你们都表现出合作性，你的报酬是 5 美元。
- 如果你们都表现出攻击性，你的报酬是 2 美元。
- 如果你表现出合作性，而你的对手表现出攻击性，你将一无所获。

最后，他们被告知，他们的对手也知道同样的条件。

实验证实了我们中某些人一直怀疑的问题：大学中的经济学教学方式对学生的人格有不利影响。一位美国经济学家罗伯特·弗兰克，组织了一系列实验去研究经济学的学习对学生人格的影响，并在《经济学展望》(1993)（后来在《经济学家》中报道过）中发布了令人沮丧的实验结果。实验也包含了线框中面临搭便车问题的学生的行为（也称囚徒困境）。

简言之，每位被试都有两个战略选择：表现出合作性或表现出攻击性。都合作比都攻击得到的报酬要多。但是，最丰厚的报酬要在自己表现出攻击性、对手表现出合作性时才能获得。同样，最坏的结果是自己表现出合作性而对方表现出攻击性。线框概括了这一实验的结构。

显然，都合作比都攻击更能使双方获得更好的报酬（每人 5 美元对每人 2 美元）。但是，新古典经济学关于工具理性的定义认为，被试者都应表现出攻击性。因为不论对手怎样做，这种方式都会让自己获得更好的报酬。这是否意味着经济学家给了他们的学生这样一种建议：一有机会，他们就必须欺骗和攻击，而不是冒着风险合作？

新古典经济学家认为这不是他们的建议。作为"科学家"，他们仅仅指出，在这样的游戏中，如果被试只在乎钱，他们会依个人期望获得更好的报酬，即表现出攻击性。当然，他们还会说，如果人们对钱以外的事情感兴趣则更好；例如，他们能从使他人获利或者达成合作的快感中获得"效用"等等。然而，这些也是（工具）理性的表现。

罗伯特·弗兰克和他的合作者，请学生们参与实验并观察他们的行为。被试坐在电脑前听取游戏规则，电脑使他们可以匿名与他们看不见的对手一起做游戏。简单地说，实验者发现，与其他学生相比，经济学专业的学生表现出了明确的攻击性（合作性少），而且，他们对合作的态度也要更悲观，更倾向于欺骗。

问题出现了：是经济学吸引了那些合作意识弱、无情的年轻人，还是与经济的接触使他们变得无情、悲观和喜欢攻击？为了找到答案，实验重复如下：首先，实验在一群大一新生中展开。抽样包括了经济学专业的学生和其他专业的学生。实验证明，这两群人在合作倾向上没有什么区别。因此，我们没有找到支持"选择经济学的人都是怀疑人性者"的证据。几年后，当这群学生临近毕业的时候，实验又进行了一次。结果，经济学专业的学生脱颖而出，他们更悲观、更不愿与人合作并更具攻击性。结论无疑是：学习经济学很可能会让一个人变得不爱与人交往、更喜欢攻击、更不爱合作——总之，很糟糕。

　　我们应该为此担忧吗？新古典经济学家可能会这样来维护他们的理论：我们不能指责经济学使得学生的财商提高了。这恰恰意味着什么是工具理性——一种不择手段地获取所需的能力。这有什么错？回答是，错误百出。首先，在上述博弈中，经济学组比其他专业（如心理学和工程）组获得了更少的报酬（我们要意识到，大多数经济学组的成员互相背叛，只获得了 2 美元，而其他组成员互相合作，各获 5 美元）。如果工具理性的训练没有让小组成员报酬最大化，那么依照它自己的标准（所有的标准都是依照所得多少而定），它肯定是失败的。

　　其次，在我看来，作为经济学家，我们对我们的学生造成了很大伤害。我们装作对人们必须想要什么一言不发，而只是将注意力集中于他们如何得到想要的一切。例如，以上文中的博弈为背景，我们会看到新古典经济学家如何为自己开脱：人们关心钱以外的事当然更好，但是，如果他们想要的确实是钱，表现出攻击性就是"工具理性"的。那么，伤害体现在哪里呢？通过说明"具备攻击性"是一种工具理性战略（具备合作性是一种非工具理性战略），我们向学生发出了这样一个信号：做一个糟糕的攻击者从某种程度上说是值得的，做一个合作者则会成为"被动的人"（谁不想理性？）。作为教师，我们为自己给学生的人格造成的负面影响感到愧疚；我们间接地（也是以最胆小的方式）影响着他们的动机，我们应该受到全世界教育权威的谴责。

12.2 灌输式的经济学教程

12.2.1 例1：经济学家对抗合作的故事

回顾前一节的博弈。正如我们看到的，经过"训练"的经济学专业的学生，作出了采用攻击性战略的理性选择。这是否表明他们在合作方面的造诣很低，对他人越发怀疑了呢？当我们让被试再次参加这个匿名对手的游戏时，新古典经济学家，就像我们已知的那样，期望人们能学会使用攻击性战略。

假设我们给了被试第二次选择机会。在他们作出选择之后，把对手的选择告诉他们，并给他们一次重新选择的机会。被试者将会怎样表现呢？依照新古典经济学家的看法，他们应该首先作出与自己的真实想法相反的选择，让对手在得知自己的选择之后转而选择合作战略，然后在第二次选择中，重新采用攻击性战略，以获得10美元的最高报酬。无论在什么情况下，新古典理论认为，合作战略都不应该是一个人的最终选择。

想想我们是如何教育学生的吧：我们教给他们只有欺骗和攻击才是工具理性的，其他一切都是非理性的。难道这不是在教一个人如何成为悲观的人吗？我们发现，参与实验的人一旦得知对手选择了合作战略，他们也都十分愿意改为合作战略——经济学专业的学生除外。当他们的老师告诉他们诚实与合作是非专业和非理性的表现，并依照他们的理性程度来衡量他们时，他们该如何是好？我们真想以专家身份宣称，我们没有对学生的人格施加任何负面影响吗？

12.2.2 例2：经济学家对社会责任的稀释

假设你正在街上行走，突然发现前面有个空啤酒罐。现在你有两种选择：(1) 把它捡起来，拿着它走500米左右，直到遇见一个垃圾箱。(2) 走自己的路，不去管它。你会如何选择？作为经济学家，我们告诉我们的学生，在这种情况下，人们会依照净效用（即，效用与负效用之差）在（1）和（2）之间作出选择。选择（1）使一个人获得了清理街道的快乐、做了正确事情的欣慰感，等等，从而为她提供了效用。但是，她处理空罐需要付出一定的努力，部分效用又被带走了。选择（2）虽然没有带给她做了正确事情的欣慰感，但另一方面，她也无须付出任何努力（没有负效用）。选择（1）还是选择（2），取决于哪一个选项产生的净效用最大。

假设你就是那个选择者。显然，是你不小心把空罐扔在了那里，还是你偶然发现它躺在那儿，没有任何区别。(1) 与 (2) 的效用计算，与空罐的历史以及被卷进这一事件现场的你根本无关；计算效用时，过去就是过去（我们只关心当前效用）。如果你喜欢清净整洁的街道，并从清洁街道的努力付出中获得了效用，你就会选择 (1)。如果你认为毫不延迟、无须费力地离开是更好的决策，你就会选择 (2)。

简言之，效用最大化的结果主义（和工具理性）认为，在众多因素之中，能左右人们作出选择的，只能是各种选项可能带来的结果。因此，唯一相关的信息是，你从没有空罐的街道获得了多少效用，以及处理空罐让你付出了多少努力（即负效用）。除了效用，其他都无关紧要。

当我们向学生传授这些观点时（尤其是不使用批判的语气时），我们也就等于是在间接而有力地告诉他们，责任这种东西根本不存在。我们完全不必在乎我们是否弄脏了街道、污染了河流，重要的是我们的行为包含了多少效用。"一个人必须捡起自己丢掉的垃圾，因为这是他的责任"，这种说法在新古典经济学家看来是荒谬的。为了让我们的学生远离这种说法，我们再次伤害了他们。

空罐引发的思索

我们可以直接把空罐的例子扩展到其他更令人困扰的案例中。假设有一个穷困潦倒的人，我们是否应该给予他经济援助？如果我们提供经济援助所获的效用超过了我们付出的金钱，新古典经济学家会回答：是的。但是，这个人的穷困是由其他外部原因造成的，还是因为我们利用了他，偷走了他的财产，把他丢在了大街上呢？依照效用主义的逻辑，二者没有区别。结论就是，利用者无须为自己造成的后果承担任何责任。

12.2.3 例3：经济学家的教导：只有可量化的价值才能存在

经济学家以实践者自居，并引以为傲。他们喜欢用事实和数据说话，将琐碎的观念问题交给心理学家和政治学家。从理论上讲，经济学家也承认事物的价值无法量化，因为价值取决于事物给人带来的效用,而效用则是无法量化的。但是,他们又认为市场价格是价值社会的忠诚向导,认为伟大的市场机制能够确定各种事物的准确价值。

如果我们接受新古典经济学的基本假设,这些就都是可以理解的,否则,还有什么能衡量价值呢?但从教育学的角度来讲,这却是一个令人发愁的问题。假设一场大火吞噬了一片濒危的森林。灾难过后,国家财富却增加了,原因很简单,动物群落和植物群落都被烧成了废墟,可它们没有市场价值,也不会出现在国家的财政赤字里;而在另一方面,消防车的汽油费、消防员的加班费等,将会增加某些人的个人收入,从而也就会增加国家的总收入。

我们如何向学生解释这一切呢?我们会直接(而准确)地告诉他们,生态灾难不可估价。原因是:生态系统没有市场价格,尽管它对人类来说很有价值。间接地,我们也是在告诉学生,作为一个经济学家,我们要更多地关注石油价格的变动,而不是关心石油泄漏会给海洋生物带来何种危害。当然,经济学家不应该因为社会的构建方式而受到指责。就算某些有价值的东西无法用经济价值衡量,也不是信息传递者(即经济学家)的错。

在当今社会,只有成为私有财产的物品才能体现其价值。在这一背景下,经济学家有责任全面地为学生讲述这种社会的缺点和非理性。如果他们没有承担起这份责任,他们就应受到指责。当我们假惺惺地指出这些社会问题可以通过环境私有化解决时,我们理应感到愧疚。事实上,我们想方设法地让"解决办法"与主流经济学分析保持一致，并不是因为这些办法有多少优点，而是因为它们与我们一直受到训练而成的思维方式相吻合。

更加概括地说，近年来，经济学家将自由市场精神推广到了非营利机构和公共政策领域（学校、公共医院、大学等）。这些机构或领域的任务，从表面看，是衡量那些迄今不能量化的东西（例如，教师的表现），以提高效率。但是，其结果往往低估了这些东西的价值。在10.2.2中我给出了量化有价值的教育贡献（受新古典经济原理启发）的例子，说明了这种量化经常以贬低教师道德、低估教育过程而告终。正如20世纪60年代的希腊政治家所说，数字增长了，人们却在受苦。在这种环境中成长起来的经济学学生，都成了把不可量化的东西量化、让无价之宝贬值的狂热之徒。

12.2.4 例4：经济学家的致歉：不可宽恕的社会失灵

1995年3月，纽约股市遭受了一场暴跌。为什么？经济学家竟然说这是由就业人口过多造成的！来自美国商务部的数据表明，当时的失业率从5.5%降至5.3%，更可怕的是，岗位数量增至70.5万。《国际先驱论坛报》写道："许多经济学家指出，这一数据危险地逼近了完全就业。"

新古典经济学家不能清楚地解释为何非自愿失业总是持续存在，只好声称一切失业都是"自然失业"。以"自然失业"为借口为10%的失业率开脱，这如何能让人接受？总之，我们有什么本领去对抗自然和自然秩序？就像伏尔泰在《老实人》中嘲讽的那个名为潘葛洛斯的人一样。潘葛洛斯认为自己目前生存的世界是最完美的，任何时代都无法与之相比，因此，他认为任何试图改造世界的行动都注定要失败。

在纯粹盲目乐观的形势中，经济学家（根据大多数法则）似乎已经总结出，只要通货膨胀可控，不降低工资和提高劳动强度就不能改进劳动力市场；只要价格体系有效运行（即通货膨胀率没有加速），可观察到的失业率保持在自然水平，任何一个政府想要降低失业率的努力都注定要失败。作为经济学家我们可以花费好几年时间去争论这些问题。但是，作为教师，我们必须停下来考虑一下这些理论对学生们的影响。我们是否应该告诉他们：失业是浪费和灾难，但我们这一代经济学家还不能应对；作为我们的接班人，攻克失业是你们的责任？除了这些，我们还能对他们说什么？如果我们说"失业是自然的（在通货膨胀率可控的前提下）"，但经过推理，他们认识到失业不能以自然以外的其他方式存在，他们是否会指责我们？

选择性敏感

在第 3 章中我们指出，经济学家担心，把不同个体之间的效用进行比较，可能导致当局干涉人们的生活（例如，假设吉尔从一个苹果那里获得的效用比杰克多，国家就以此为借口将杰克的苹果分给了吉尔）。经济学家抛弃了基数效用，声明一个人获得效用不能成为另一个人损失效用的经济借口。你可能认为这是对自由主义理想的敏感，值得称赞。但是，把这种敏感和很多经济界人士为追求"效率"支持政府和大企业进行"裁员"时的那种轻松进行一下比较吧。当局为何不赞同通过那些他们认为有巨大"效用"的经济学手段来干预人们的生活？

12.3 作为神职人员的经济学专家

我们为什么要用现在这种方式教授经济学？就像前几节中提到的那样，我们为什么要用间接灌输的方式玷污年轻人？要回答这一问题，我们必须明确各类学科是如何诞生的。它们产生和发展的方式近似于蚂蚁部落或者人类宗族。不仅是经济学，任何学科体系的建立方式，都只是部分地反映了寻求科学真理的需求。好像专家们开发了一种强烈的群体利益，他们对这种利益的追求，就像蜜蜂和蚂蚁追求它们的群落利益一样。具有讽刺意味的是，这种关于公共利益的观点，在上卷第三部分中提到的时候，还是一个很难定义的概念，如今它却被用来解释经济学的进化。

如果一种信仰既能说服社会中的大多数人，又能说服大学中的少数权威，让他们相信这种信仰贡献了某些有意义的知识，那么它就成功了。更值得强调的是，一种信仰要取得成功，必须建立具有以下三种功能的机制：

1. 将伪装成"专家"（即创造垄断力量）的骗子拒之门外。

2. 将每种贡献依其价值进行评估和定位（即建立一个价值体系）。

3. 它的重要性能够让社会大众信服（即为社会创造丰富的需求）。

在传统意义上的科学社会中，如英国皇家学会，采用同行评审机制以保证（1）和（2）的实现。首先，通过测试年轻科学家重复前人工作的能力作为初步的筛选标准。然后，根据科学家创造新知识的能力作为评价他们的标准（他们被分成了不同的等级，例如，助理、研究员、专家、诺贝尔奖获得者）。这些人在各自的领域中发展成为某一特殊领域的专家，并成为之后学者们的审核者。最终，这些职业就演化成了具有内在行为准则和目标的社会层级。

当然，仅凭这种层级的演化是不能保证职业成功的。要想说服社会大众，必须证明专业层级的建立能够为社会带来利益，必须让社会产生一种强烈的、对专业观点的需求。在工业革命之前，科学发现是一文不名的，它们仅是王室成员餐桌上的一些谈资罢了。当社会权力逐步向厂商转移时，社会科学理所当然地开始盛行。一旦他们建立了对发明和发现的同级评审体系，他们本身就成了广告，而无须为出售它们的商品 [即第（3）项任务] 而担忧。

桥梁建设、蒸汽机及电话的发明，一切宏伟的进步都因新的自然科学而实现，社会也给予这些学科以高度评价。那些整日在实验里奋战、性格有点古怪的专家和工程师们，在人们的心目中是纯洁而高尚的。不过，不管他们的理论在演讲厅里听起来多么遥不可及或是千古不朽，理论的合法性不仅要接受实验室的检验，也要接受实践的检验。

不幸的是，尽管新古典经济学家心怀希望，经济学依然没有像自然科学那样引领一场社会革命。最主要的原因是，新古典经济学只是一种虚假的自然科学。它从其他社会科学以及斯密、李嘉图和马克思的传统政治经济学中分离出来（即，消除一切政治、历史、心理学、哲学因素），意味着许多有才华的经济学者不愿加入新的经济学专业领域。物理学则不同，不论物理学家们的观点是否一致，他们都站在同一立场上。然而，在经济学领域中，不信奉新古典经济学的经济学家们，与那些新古典经济学家们是彼此分立的。而且，这种新的同行互审结构的建立，似乎要追求和改进新的社会物理学（即新古典经济学）。这种结构搭建了一座巨大的篱笆，将那些对社会运行有新观点却又不赞同新古典模型的人排斥在外。

提及经济如何运转，新古典经济学家与其他社会理论家之间也有一条鸿沟，他们之间的争论不可能用调和自然科学家们争论的方法解决。结果，新古典经济学家与其他经济学家之间的鸿沟不断扩大，以至于两大阵营都不再过问社会经济是如何行使其职责的了。

面对那些对新古典经济学的基础和假设心怀敌意的人，新古典经济学家需要向世人展示他们的社会发现和贡献。新古典经济学缺乏自然科学那样的说服力，它不能像桥梁、车辆、飞机或治疗手段那样推动经济学的发展。它们只能用复杂的模型和越来越巧妙的方法让世人明白市场是最明智的。尤其是在战争期间，经济学家发现，当公众知道自由市场理论不够灵验时，向人们推销这种理论就变得困难了。

一位经济学家的忏悔

威廉·维克瑞是1996年诺贝尔经济学奖获得者，当《时代》记者提及他那篇写于1961年的使他获奖的文章时，他承认："就人类福利而言，经济学充其量也就这点作用。"

然而，那是一个政局动荡的时期。资本主义身陷危机，苏联试图建立社会主义，法西斯主义正在向欧洲和世界其他地区扩张。这一切合到一起赋予了经济学家在公共舞台上的特殊位置。新古典经济学家以"自由资本主义"卫道士的面貌出现了。尽管它没有解决当时社会的巨大危机，它作为"资本主义意识形态"的价值却得到了高校和大多数社会阶层的称赞。于是，经济学家度过了那段艰难的时光。后来，叛逆的凯恩斯倡导那些早已被人遗忘的19世纪的政治和哲学观点，人们开始期待经济学能切实地帮助社会避免许多暗藏的危机。不久，经济学便走向了繁荣。

"二战"结束后，经济学继续发展。20世纪50年代见证了新古典经济学最重要的数学成果（福利三定理）。它们的创造者（阿罗、德布鲁以及后来的弗兰克·韩恩等经济学家）并没有生活在错觉中。他们从不认为自己的数学模型能够准确描述经济，他们很清楚自己只是发现了证明某些定理的特定数学情境罢了。

以韩恩为例，他曾在《发现万物根源》（1996）中写道：

> 经济学中的数学推理最伟大的价值在于，通过它最精确的假设，"真实的世界"越来越可预见了……上次战争结束之后，我们的任务是演绎出一系列公理所需要的证据，我们已经基本完成了这一任务。但对于人类的认知，我们的贡献却非常有限，尽管这种贡献也有其自身的价值。

不管真正的新古典经济学创始人怎么想，新古典理论都是不可阻挡的。自从凯恩斯的异端学说被驱逐出专业领域（伴随着20世纪七八十年代政治和经济的发展），东欧剧变发生（20世纪90年代早期）之后，新古典经济学几乎取得了全面的成功。其数学定理，尽管连它的创始人都认为不适于评估资本主义的社会现实，也因其建立了自由市场理论而被奉为圣经。一旦从数学背景中脱离出来，福利经济学的两大定理都成了右翼政治势力的后盾。新古典经济信仰的反对者被边缘化了，所有教科书都按照新古典经济学精神编写，全世界的学生都在学习新古典经济学。每当股票交易陷入低谷、通货膨胀发生时，记者们只采访受过新古典经济学训练（尽管可能没受过教育）的经济学家（缺乏对新古典理论局限性的最基本认识，没接触过阿罗、德布鲁或韩恩的理论)。尽管记者和学生们都不喜欢新古典经济学家(他们对记者要报道的、学生们感兴趣的真实世界缺乏兴趣),他们仍然听从了新古典经济学的花言巧语,因为他们很难从另一个角度思考,或者推崇一种没有"更多市场"的观点。这种政治潮流不仅让新古典经济模型的反对者沉默了,也湮没了新古典经济学创始人(见下面的线框)的抗辩。他们曾经提醒世人,他们的理论不能对经济作出总结。

一位被崇拜者忽视的创始人

曾和阿罗一起证明了福利经济学第三定理的德布鲁说道:"这种理论……已经完全从逻辑上被人们曲解了。"然而,新古典经济学的推行者似乎忘记了这一点。他们不断为制定各种经济政策提出建议(如降低工资、减少政府支出等),还声称这是德布鲁的理论的建议!

---

20 世纪 80 年代至 90 年代,社会主义阵营受到剧烈冲击。与此同时,在社会科学领域,各个学术团体之间的战斗结果也揭晓了:(新古典)经济学在社会科学领域中取得了主宰地位。如今,不论是社会学家、政治学家、人类学家还是历史学家,都学习第 2 章中提到的人类行为模型,并试图把它们融入各自的学科中。为什么?新古典经济学家认为,原因无非是新古典经济学理论有着过人之处。但我不同意他们的说法。我认为,更可能的原因是,在当今社会,新古典

经济学具有某种成功的特质，即新古典经济学的一切基本主张都呈现出一种无政治意义、完全客观、完全理性的面貌。即使我们中的某些人认为那些主张是错误的，它们仍然意义重大。我承认，新古典经济学的成功并非取决于它是否有助于我们了解或改进社会（我认为这根本不可能），而是取决于，作为特权的守护者，它有一种科学的、数学的、不关心政治的形象。

为了表明这一点，我们可以举一个例子。假设有笔学术资助将要在社会学家、哲学家和经济学家之间进行分配。社会学家会在他们的申请中保证这些钱将用于调查中产阶级的层级演变，尤其关注层级内部变迁的影响。哲学家要用纳税人的钱组织一场国际会议，讨论"良好社会"的概念。最后，经济学家列出了他们的计划：衡量政府纳税计划的变动对出口行业产量的影响。

哪个申请最可能成功？看上去经济学家把握了最佳机会，尽管他们的胜出与研究本身的价值无关。他们的成功有两大因素：首先，他们的申请看上去与政治没有任何关联（也不与政府官员的观点相冲突）；其次，经济学家具备科学实用地推销自己研究的能力。即使观点和目的毫无用处，经济学家也能让他们的观点听起来头头是道，他们会从金钱的角度阐释地税结构对出口的意义，这是社会科学家和哲学家所不能及的。经济学家更锋利的武器是，他们的理论基础是个体行为理论，这种理论虽然简单，但看上去却很科学。相比之下，哲学家和历史学家的话听起来（对政府和国会来说）就让人有些不知所云。最后，政府官员有责任向纳税人解释税款的用途，他们认为，将税款分配给经济学家比较容易说服纳税人。这才是最要紧的！

概括地讲，新古典经济学的成功源于：第一，它将那些怀疑其理论基础（例如，效用最大化理论是构建社会理论的根基）的社会科学家拒之门外；第二，它编造了一个吸引政府、厂商和社会权力阶层的故事，它将其他社会科学边缘化，并成为其他科学的绝对领导者。结果，大多数社会科学基金都被经济学部门占用了。例如，迄今为止，我所在大学的经济学家都在领取一种津贴（有别于哲学家、社会学家和其他社会科学家），分享我们的"市场价值"。事实上，经济界人士承认，只有用新古典方法研究社会理论，他们才能从众多社会科学家中脱颖而出，成为唯一"真正的科学家"。

实际上，一个部门越是受到新古典经济学的青睐，它从其他部门（如政府部门、厂商、研究会）吸引来的资金就会越多。一个部门越能成功地吸引资金，那些受鼓舞的经济学家就越有可能加入该部门，从而形成无限循环。不出所料，但凡有野心的经济学家都希望接受新古典经济学教育，成为成功的新古典经济学家。社会学家和非新古典经济学家通过借用新古典经济学模型，给予了新古典经济学最高评价。经济学开始在社会科学领域内实现了帝国主义。

令人疑惑的是，这种短暂的成功与经济学原理的"科学贡献"极不相称。在自然科学中，我们可以用很简单的方式评价科研结果：你设计的飞机是顺利安全飞行，还是在速度达到最大时坠毁？然而，在经济学中就没有这样简单的测试。通览全书，我们接连不断地遇到经济学的弱点和（概念上的）问题。那么，经济学家的观点为何会如此成功？

因为经济学编织了一张解释各类现象的网，并能有效地经营操控这张网。一段时间之后，经济学家也就不再关心其理论真相是否正确，他们真正在意的是他们的理论能否令他人（例如政府、公众、厂商等）信服、是否天衣无缝。用阿兰·克尔曼（1987）的话说，经济学家从不关心舰队的适航性（即理论的实用性）。正如我先前提到的，经济学家关心成功，而他们的成功往往用社会学或人类学的语言得以理解。英国人类学家埃文斯－普里查德分析阿赞德人时发现，尽管牧师和神谕没能预测或预防灾难，神职人员的统治依然持续了很长时间。他这样解释阿赞德人那不可动摇的对巫术、神谕和魔法的信仰：

> 阿赞德人同我们一样看到了神谕的失败，但他们已经被迷信的观点缠绕，使得他们必须使用这种观点去解释失败。经验与迷信之间的矛盾要用另外一种迷信去解释。

经济学也是如此。当一种经济学理论不能预测某些经济现象的时候（事情通常都会如此），经济学家就会用另外一种曾经失败过的、同样令人迷惑的经济学观点解释预测的失败，但偶尔也会产生新的观点去为先前那些观点的失败开脱。例如，市场不能促成完全就业，而且早先的经济学理论也不能解释市场不能促成完全就业的原因，因此自然失业理论也就应运而生，以解释市场和经济学预测的失败。更概括地说，失业和供不应求（供过于求）是不完全竞争的"证明"。这种不完全竞争是通过放松管制来完成的。如果放松管制不起作用，那就进行私有化。如果这也不起作用，那就一定是劳动力市场的错，因为它没能从工会和政府社会保障利益的诅咒中充分解放出来，或是诸如此类的理由。

总之，新古典经济学的成功，就像阿赞德神职人员的成功一样，因为他们为自己的失败找足了借口。他们的成功同样归功于他们维护了自己在经济学领域中的垄断地位，确保新古典经济理论是唯一受到关注的理论。这一切都是因为那些想成为经济学家的人感到，他们应该在某种程度上成为神职人员。

经济学的仪式

> 每一种祭典都有自己的仪式。诺贝尔经济学奖得主科斯笔下的经济学家曾经这样说服他们的学生：这种新的理论体系的好处是，不用与真实世界接触，就能用图表填满整个黑板，就能做生动的演说。

这一领域另一个吸引人的地方在于，不同于阿赞德人，在经济学领域中不存在一位绝对权威的主教。任何人都可以写一本书批判新古典经济学。也的确有很多人写过这样的书。但是，正如我先前所说的，目前经济学所处的学术环境是，经济利益都倾向于那些围绕新古典经济项目展开的经济学分支，因此，即便是反对新古典经济学观点的经济学家，巨大的（通常是自我施加的）压力也使得他们不得不发表新古典经济学文章，否则，他们便不可能帮助他们所在的部门争取到资金（而且他们还有可能害了自己）。

最后，非古典（或反对新古典）的书籍和文章不是不能出版，就是获得很低的学术评价。为什么？因为，如果你是一位经济学家，当你设法撰写一本新古典经济学的书籍时，阅读那些非主流的著作毫无用处，你需要的是一些新古典经济学的文章，帮助你提出你的新古典模型，并使著作更具市场价值。因此，非新古典经济学著作的需求量很低，低需求量则进一步减少了它的出版量和市场价值。最终，那些反对新古典经济学的观点不战而退。

再说经济学专业的学生：如果一位学生想成为学者，成为一位被社会承认的经济学家，这位野心勃勃的学生就必须积极学习新古典经济学；用很多年时间去研究效用和成本，研究如何使效用最大化、成本最小化，并要查阅许多关于信息、选择以及其他假设的平衡解决方案。毕业时，这位学生的新古典经济学成就决定着他本人的就业机会。大约十年之后，当他或她羽翼丰满时，他们可能就会具备一些牧师的特质。

教学的真谛

矛盾的是，法律禁止一个香波生产商伤害学生的头皮，却不禁止教育机构肆无忌惮地给学生的大脑灌输谬论。

相反，如果一个天才的学生认为新古典经济学的思考方式没有任何价值，却勇敢地投身许多年的新古典经济学训练，直到成为专家才亮出自己的反对观点。这样的天才学生要么会收回他们的反对情绪，要么就是转而去研究其他学科，如历史学、数学、社会学或人类学。不论怎样，经济学的模型还是会持续下去，即便没有人去延续这些模型。

12.4 经济学的报应：危机中的高校经济学系

尽管战胜了其他社会科学，经济学却也逐渐成为自身成功的牺牲品。在大多数高校中，选修经济学的学生人数正在急剧下降，结果，经济系的经费也在大幅度减少。管理、会计、市场营销、广告和公共关系等新兴学科迅速成长，轻而易举地说服学生们舍弃了经济学。1992—1994年间，美国经济学专业的在校生缩减了15%。在顶尖的文科院校中，下降的比例超过了30%。直到最近，社会科学类的学生仍要在政治科学、哲学、社会学和经济学之间作出选择，尽管自由市场理论很盛行，那些想在自由市场中获得成功的人却发现经济学课程对他们没有任何帮助。新古典经济学为市场辩护，赢得了学术战争。但无论它如何炫耀自己的胜利，它都难以逃脱被人遗弃的命运。

新兴学科的崛起，成为威胁经济学的最主要因素，尽管它们的发展与经济学密切相关。让我们回到20世纪二三十年代，那时候，经济界存在一场热烈的争论,争论的焦点是:经济活动应该由市场调节还是应该进行宏观调控? 新古典经济学家站在市场导向的角度,激烈地为市场辩护。后来,在20世纪六七十年代,争论的焦点改变了,但其实质却并未改变:政府应该在通货膨胀和失业之间寻求平衡还是应该竭尽全力降低通货膨胀率?同样,争论的代价是高昂的,争论的焦点依旧是政治。

漂流

有两个热气球飞行员,在暴风雨中漂流了两天,终于发现了一座房屋。于是,他们缓缓降落在屋子上空。恰巧,屋子的主人看见了他们。其中一个飞行员便向主人询问:"我们现在身在何处?"主人答道:"在气球里。"听了他的回答,另一个飞行员说:"他一定是个经济学家,回答精确却毫无用处。"

争论不断升级,在新古典经济学取得决定性胜利之前,人们认为调控起到了更为关键的作用。但是,一旦自由市场思想轻易地赢得了这场争论(截至20世纪80年代之前),真正的反对者的缺乏,使得新古典经济学家对自由市场思想的辩护几乎失去了意义。政府部门和就业机构不再需要聘用(就像他们过去做的那样)受过严格经济学训练的毕业生。取而代之,他们开始寻找具备实用技能的人。大多数厂商都要求应聘者懂得广告、市场营销和会计,而不是新古

典理论下的福利定理。而且，这些学科（如市场营销）比经济学要简单得多。现在你知道选择经济学的学生人数急剧减少的原因了吧。

虽然大银行和政府部门需要经济学家的预测，他们仍然对科班出身的经济学家不感兴趣。为什么？因为后者狂热而固执地主张市场调节是如何的完美，个体行为是多么的理性，政府应该无为而治等。受过这种思维训练的学生，往往不能预测真实世界中真实人的行为。摩根斯坦利的前任总裁近期描述了他们在招聘时，"坚持要求应聘人员要有3—4年的工作经验，这样可以缓和这些人在大学课程中被灌输思想的影响"。简言之，新古典经济学不仅在学生的需求数量方面走下坡路，其受尊敬的程度也在下降。《纽约人》杂志（1996年12月号）发表了一篇题为《经济学的衰退》的文章，指出诺贝尔奖被玷污了。它的开篇写道："凯恩斯是在他生活的年代里最受尊敬的人。50年后，他的继任者在哪里？"

12.5　为经济学辩护

英国作家艾利斯·默多克曾在其绝妙的哥特式小说《独角兽》（1963）中写道："正是一个虚幻上帝的惩罚使其变得不真实了。"这似乎也是经济学未来的命运。是的，它成功地成为了社会科学的统治者，但却已不再具有绝对权威。它的成功不是因为它有不可动摇的科学真理，而是因为市场理论在20世纪末的历史性和政治性的成功。现在，它的学生们抛弃了它，它的统治地位也动摇了。

从天才学生到白痴专家

1991年，美国研究生经济学教育委员会，一个由12位经济要人（大多数是新古典经济学家）组成的机构发布了一篇报告，指出他们对大学教育的担忧：大学产出了一代"白痴专家"，精于技术却对现实经济一无所知。斯坦福大学经济学教授安妮·克罗格会长不久之后写道："那篇报告花费了每个参与者大量的精力，但是，基本上，如果那篇报道和一枚大头针同时落地，大头针发出的声响可能会更大一些。"

全世界的经济学家都在思考为何学生们成群结队地离开了经济学，为何我们成了为其他学科"服务"的教师，而且，我们在新生入学时拥有近1000名学生，为何毕业前夕只剩20个？因为经济学的教科书太枯燥了。当有天赋的学生以如此生硬的方式接触社会生活的时候，他们不会觉得亏吗？当然会，而且，对复杂技术的错误强调，也成了学生们放弃经济学的原因。以我们的经验（也是我大多数同事的经验）来看，大多数学生对经济学的评价都很低。就我所知，没有任何一门学科（除了会计）如此被学生瞧不起。

也有人可能会问：为何大批学生在20世纪80年代选择了经济学？我们教的不是同样的内容吗？答案是，尽管我们的教科书基本没有变化，那时候的经济学领域却充满了竞争。东欧社会主义经济体系摆出了取而代之的架式（尽管他们也在苦苦挣扎），非古典和市场怀疑者的声音在经济学领域中依然可辨。因此，经济学成了关键政治分歧的扩展，政治家们需要新古典经济学为自由市场辩护。从某种程度上讲，经济学是政治争论的最高表现形式。新古典经济学对经济学领域的绝对统治结束了这一切。经济学变成了一种要求学生机械掌握的技术。当学生们可以选择其他更简单的学科时，他们为什么要费尽力气去学经济学？

总之，经济学的成功是因为它从名义上脱离了政治、哲学、社会学、心理学和历史学。就像我们在本书中所见到的，这是一种聪明的政治战略。但是，这种战略一旦成功，剩下的就只有枯燥复杂的、脱离实际的经济学理论，既不能解决重大问题（例如，哪种生态政策体现公众利益），也不能引发年轻人的热情。因此，那些更具"实际价值"、市场价值更大（耗费更少的脑细胞）的竞争者（如市场营销）一出现，经济学就输了。

那么，我们应该怎么做？我已经在本书的前言中表明了我的观点：我们必须再次引发激情；重新找到潜伏在经济学教科书字里行间的政治学和哲学。只有这样，我们才能复兴经济学，吸引学生们选择这门复杂而乏味的学科。

我们有必要这样做吗？是不是已经到了承认经济学高估自身价值的时候了？工业革命的奇迹已经使得经济学在群体心理中获得了特权，社会是否已经不再需要斯密、马克思甚至新古典经济学的神话了？也许当今社会需要的是技术（如市场营销、金融、会计等方面的专家），而不是讲故事的人。

凯恩斯论被忘却的经济学教育使命

学习经济学似乎不需要特殊的天赋。从学术角度讲，与哲学和纯科学的高级分支相比，经济学是否简单得多？然而，优秀的，甚至是称职的经济学家都十分罕见。经济学真是简单到几乎无人精通！对于这种矛盾的解释是，经济学大师可能需要同时具备几个方面的天赋，他必须在好几个互不相关的领域中达到高水平，他必须是数学家、历史学家、政治家、哲学家——在某种程度上，他必须懂得符号，必须会说人类语言，他必须从一般中得出特殊，又必须同时具备具体思维能力和抽象思维能力。他必须依据过去的经验学习现在并预测未来。他必须舍弃作为人类的本性和习惯。他必须有所追求，将各种情感置之度外。他必须像艺术家那样冷漠而正直，有时又必须像政治家一样实干。

如果像某些人说的那样，历史已经走到了尽头，我们已经到达了这样一个历史时刻——所有大规模的冲突都解决了，所有重要的问题都有了答案，只剩下一些仅靠技术就能解决的小问题——那么，上述结论就是正确的。

"历史的终结"这种人性的观点，在东欧剧变后得到了印证。如果这种观点是正确的，那就意味着每个人都成了世界体系的一部分，听从市场规律的指挥,只关心如何增加自身效用和市场价值。在这种情况下,社会完全嵌入市场之中,每个人都被打上买者和卖者的标记,成为同质的国际市场中的一员。由此,光辉的故事也就开始失去存在价值(可能斯密"看不见的手"还能不时地发挥作用),我们不再需要它们帮助我们了解世界。同经济学家们设想的一样,经济学将会让位于财务、保险、税收、市场营销等专门学科。

但是,我们真的"到达"了吗?或者还是我们正生活在新的"中世纪"中——一个不够清晰,但却孕育着经济和社会关系的结构升级,引致新的、热烈争论的时代(注意18世纪革命之前的中世纪有多么不景气)?只有历史才能给出答案。就我个人来说,我只知道两件事。

第一,已经"到达"历史尽头的错觉,可能会将我们引向最愚蠢的奴役。我们的生活将只剩下对教科书的简单重述,不假思索地接受某些在可能最贴切的现实中被认为是最好的东西,从而丧失了人类对客观世界真正运行机制的好奇。

第二,如果现今的情况就是我们的命运,那可就太痛苦了。我们生活在一个自给自足的社会中,社会自我满足能力的攀升,伴随着大多数人的痛苦和少数人的富裕。现在有一对矛盾:(1)要在技术不断发展的同时改善人们的生活和(2)大多数人的生活水平在变差。矛盾的共存,体现了社会结构的不合理。

这对矛盾导出了下述简单结论:经济学必须重新活跃起来,允许关于经济关系、联邦、市场、机构等问题的各种观点碰撞出智慧的火花。如果离开对这些大问题的争论，我们就会受到极权主义和蠢话的引诱。

为了避免这种引诱，唯一的方法就是挖掘出久经考验的经济、政治和哲学辩论。本书正是以这一理念为基础。有洞察力的读者会发现，我不是新古典经济学的疯狂崇拜者，但我依然要细心而热情地敦促你学习新古典经济学。它是一幢宏伟的大厦，结构优美且暗含政治和哲学。通过批判学习新古典经济学，学生们将会难得地了解资本主义社会最高级别的守护神，不是吗？

其实我并不这样想。从个人角度讲，新古典经济学为一种非理性的体系提供了绝妙的借口，这种体系建立在不充分的人性模型之上，并对我们的物质生产与再生产方式进行了错误的分析。当然，我只是一个普通人，你们不用太介意我的结论。请得出属于你的结论吧。

出于同样的原因，我也鼓励你仔细学习阿赞德人的谜题和魔法——如果你想了解他们的社会的话。一个高雅的社会和可鄙的社会的区别在于，前者中充满了好奇的人，这些人不断探求事情现在如何、其他人认为如何，以想象事情应该如何。而且，为了构建自己的理想社会，一个人首先要知道这个社会的主要意识形态。

为何要研读亡故的经济学家的理论？

这是因为社会理论有一大特点：它能使曾经清楚的道理变得模糊，它能将真理与那些使得真理变得复杂的错误一同抛弃。

推崇批判

用哲学的眼光批判地审视经济学的观点是克服机械的、伪技术的新古典学说不良影响的最佳方式。不管学生们是否认同像第4章中那样的批评，这样的辩论都能使他们免受当代经济学对其人格的改变。而且，它可能促使当前致力于其他人文科学的优秀学生们迷上经济学，将经济学人性化。

在过去的社会中，主导的意识形态是宗教、神学和巫术。这些意识形态编织了社会关系网，决定一个社会的制度，赋予主教和统治者们统治权。

在当今社会，新古典经济学取代了宗教，是经济学教科书中的那些观念、图表和牵强的假设支撑着当今社会的利益网，申明了市场必然性、竞争的快感、私有化的功绩、帕累托无效的罪过以及政府无为的好处。

新古典经济学是当代的传说、宗教仪式、符咒和布道。要想了解当今的社会和政治结构如何能在矛盾和分离势力的威胁下生存，没有比研读经济学教科书更好的起点了。带着批判的眼光学习它，你必将有所收获。

最重要的一点是，一个人不必抱着获取"真理"的期望去学习，刻意让这种学习变得充满激情和意义。一位人类学家研究了一些部落，从他们的创世记神话中得知了许多社会现实。虽然这些神话并没有蕴涵许多创世记的真相，它们依然囊括了大量关于部落的历史和社会经济现实的信息。

胸有大志！

伟大的想法与愚蠢的观点并存。荒谬伴随着伟大，就像动物园中的一只害虫一样。没有任何一种学术杀虫剂能保证消灭荒谬，只让真理留存。当检验事物存在价值的时候，常识是最糟糕的工具。

P. 坎贝尔在《伦敦书评》中评论埃德·里吉斯的《科学也疯狂》（1993）

新古典经济学也是一样。即便如我所说，它只包含极少的经济学真理，它也是我们这个时代的主导意识形态（或神学），这正是它的魅力所在。假设多年以后，你的足迹遍布了新古典理论的每一个角落，即使你同我们一样发现自己回到了起点，并且对现实的经济知识一无所获，你的旅程也绝非徒劳。你将会变得更加聪慧，而且，你将能够识破经济学家的谎言，以及那些雇用经济学家为自己编织毒网的政客们的诡计。

深入阅读

必读书

罗伯特·海尔布隆纳（Robert Heilbroner）的《世俗哲学家》（*The Wordly Philosophers*, 1953），书中详细介绍了经济思想的发展。

教科书

为今天各种各样的学派奠定基础的第一本经济学教科书是保罗·萨缪尔森所著的《经济学》（1948）。它是"二战"以来最著名最有趣的教科书。所有的教科书都试图模仿它，但就像大多数模仿一样，它们都只能是局部的成功。那些熟悉教科书历史的人，将会从萨缪尔森的巨著中获益匪浅。

非传统教科书

维姬·奥索普（Vicky Allsopp）的《认识经济学》（*Understanding*

Economics，1995），将各种各样的话题进行重组，使得初学者更容易认识到经济思想比体操更需要技巧。

通往天堂之路

让我们面对现实吧：大部分时间，经济学都是很无聊的。经济学家尽了最大努力也不可能让人们怀着兴奋和喜悦的心情多读上几分钟（当然，我把自己也归入这一类）。为了不再无聊，我建议你去关注一下经济学与其他学科的交叉地带。通过这种方式，即使不能让你豁然开朗，也会开拓你的思路。

逝去的经济学家和他们留下的遗产

这里我推荐两本非经济学家写的书：一本是波兰尼（Karl Polanyi）的《大变革》（*The Great Transformation*，1994），主要讲述了现代经济学家认为价值和动机是永恒不变并可用于各类社会主体这一假设是多么的愚蠢，这是一本很不错的书；还有一本是麦克弗尔森（C.B.Macpherson）的《独享个人主义的政治理论》（*The Political Theory of Possessive Individualism*，1962），这是一本批判新古典经济学哲学体系的伟大著作。

最后，让我们一起享受一下摆脱教科书的自由吧！